사회복지학개론

강용규 · 정재필 · 김영호

KNOWLEDGE COMMUNITY 공동체

머리말

급변하는 사회와 다양한 사회문제의 출현은 '인간다운 삶'과 '삶의 질'에 대한 관심을 증대시켰고, '외환위기' 이후 '중산층의 몰락'과 '양극화'라는 갈등상황은 우리의 사회복지를 다시금 돌아볼 수 있는 계기가 되었다. 또한 이러한 사회적 현상은 가족 및 사회해체라는 구조적인 문제로 인식되었고, 불안한 미래에 대한 대비책을 강구하는 움직임들이 나타나면서 사회복지에 대한 관심과 미래 사회의 유망한 직군으로 부각되는 모습까지 보여주고 있다.

사회적 상황의 변화에 따라 사회복지라는 학문이 대중적 인기를 끌고 있고, '사회복지사'라는 직업이 시대적 소명을 다하지 않으면 안 될 정도의 각광을 받고 있다. 급속한 경제성장 속에서 발생하기 시작한 인간과 환경 간의 조화롭지 못한 관계는 긴장과 갈등을 불가피하게 양산하고 있다. 이로 인해 우리 사회가 당면하고 있는 각종 사회문제는 비례하여 증가하고 있는 실정이다. 전통적으로 구빈의 기능이 강했던 시혜적 성격의 보호가 현대사회에 들어오면서 사회적 권리의 하나로서 기능하기 시작했고, 더불어 사회적 대처능력을 강화하고 국민의 생존권을 구체적으로 보장하는 제도로 정착되고 있는 것은 무척 다행스러운 일이다. 외환위기 이후 한국의 사회복지는 급격히 발전하기 시작했고, 이와 함께 사회복지의 영역에 있어서도 전문적이며 체계적인 교육이 이루어져야 할 것으로 보인다.

사회복지학개론은 사회복지 학업에 있어서 시작이며 출발점에 해당하는 부분이다. 충실한 교육을 통해서만 실천적인 사회복지사로서의 동기와 역할, 사명을 다할 것으로 생각한다.

본 교재는 대학의 교육과정에 입각하여 제3부 14장으로 구성되어 있다. 1부는 사회복지학의 이해, 제2부는 사회복지의 접근방법, 제3부는 사회복지 서비스에 대해서 서술하였다. 사회복지학의 기초과목으로써 전반적인 영역에 대하여 포괄적인 안목과 시야를 갖게 되기를 바라며 자신의 바람직한 진로에 대하여 확신과 영감을 얻기를 기대한다. 끝으로 교재를 편찬해 주신 공동체 가족 여러분들의 노고에 깊은 사의를 표한다. 앞으로 강의를 해나가면서 미진한 부분은 수정하고 보완해 나갈 것을 약속드린다.

2023년 1월

저자 일동

차 례

PART 02 사회복지의 접근방법

제1부
사회복지학의 이해

제1장 사회복지의 개념과 가치

학습목표

1. 사회복지의 의미를 이해하고 개념을 설명할 수 있다.
2. 사회문제와 사회복지의 가치를 설명할 수 있다.
3. 사회복지실천 시 사회복지사로서 역할에 대해서 설명할 수 있다.

1. 사회복지의 개요

1) 사회복지의 의미

사회복지는 한 국가의 사회경제적 조건과 구성원들인 국민의 복지의식 변화에 따라 표현하는 용어가 상부상조, 자선사업, 인보사업, 박애사업, 사회사업, 사회정책, 사회복지, 사회봉사 등으로 점차 변화하였다. 사회복지라는 용어가 내포하고 있는 본질을 명확하게 규명하는 데에는 곤란한 점이 많은데, 여러 학자마다 다양하게 그 의미를 표현하고 있기 때문이다. 그러나 사회복지는 궁극적으로 인간의 '삶의 질(quality of life)'을 향상시키는 데에 목표를 두고 있다.

사회복지는 사회(social)와 복지(welfare)의 합성어로서, 사회적으로 안락하고 만족스러운 상태에 놓여있는 것을 의미한다.

〈표 1-1〉 Welfare의 어의적 의미

well	satisfactorily, successfully properly, fittingly, reasonably	만족스러운, 좋은, 적합한, 알맞은, 괜찮은
fare	state of thing	~상태
welfare	안락하고 만족스러운 상태	

위의 표에서 보는 바와 같이 welfare의 어의적 의미는 '안락하고 만족한 상태', '건강하고 안정적인 상태'임을 알 수 있다. 행복을 누리며 바람직한 삶을 스스로 영위할 수 있도록 모든 사람에게 정신적, 육체적, 사회적으로 발달의 기회를 부여하는 것이 사회복지의 실천이다.

사회복지가 지향하는 수준과 목표는 사회현실을 반영하고 있고, 현존하는 사회의 역량, 즉 구체적으로 경제력, 사회복지에 대한 국민의 의식 정도에 따라 사회복지의 수준과 내용, 방법 등에 차이가 발생하게 된다. 그러므로 사회복지는 한 국가와 사회의 다양한 특성을 반영한 사회제도인 것이다.

2) 사회복지의 개념

사회복지의 개념은 인간의 충족되지 않은 사회적 욕구와 사회문제를 해결하기 위한 사회적 노력이다. 모든 국민의 인간다운 생활을 보장하고, 건강과 번영을 증진시키기 위하여 인간과 사회제도 및 사회체계 간의 상호작용에서 파생되는 제반 문제나 사회적 요구에 보다 효과적으로 대처해 나가도록 계획적인 사회정책과 사회적 서비스를 계획하여 제공하려는 공공 및 민간기관들의 조직적인 노력이며 체계적인 실천 활동이다.

(1) 협의의 개념

협의의 개념(사회사업)으로서의 사회복지는 사회복지를 소극적이고 제한적인 개념으로 받아들이는 것으로, 정상적으로 사회생활을 영위하지 못하는 개인을 심리사회적・경제적으로 지원하려는 사회적 노력이다. 즉, 사회적 사각지대에 존재하는 아동, 장애인, 여성, 노인, 한부모가족 등을 위한 사회복지 서비스와 빈곤층 및 저소득층 등 사회적 약자계층의 영속적인 빈곤을 방지하고, 자립・자활할 수 있는 기반을 조성하는 등의 사회복지 서비스를 제공하는 사회사업(또는 사회복지사업)을 의미한다. 이와 같은 사회복지사업을 전개하는 데에 사용되는 실천과 기술은 사회사업 혹은 사회사업실천, 사회사업원조기술이라고 한다.

(2) 광의의 개념

광의의 개념(사회복지)으로서의 사회복지는 모든 국민을 대상으로 최적의 인간다운 생활을 영위할 수 있도록 지원하는 사회제도적 노력으로, 국가에 있어서 최저수준(national minimum) 또는 평균적인 욕구가 충족되지 않는 개인, 가족, 집단 등에 대한 다양한 사회적 서비스를 의미한다.

광의의 개념은 사회복지를 목적개념이 아닌 실체개념으로서 파악하는 견해이며, 협의의 사회복지 서비스와 더불어 보건의료, 교육, 여가, 노동, 주택, 안전, 거주, 환경보존 등을 체계적으로 조직화하고 이것을 총칭하는 개념이다(김만두・한혜경, 1993 : 21).

(3) 사회복지의 개념 변화

사회복지의 개념도 시대와 이념, 그리고 경제・사회적 상황의 변화에 따라 그 중심점이 변화하고 있다. Romanyshin에 따르면 사회복지의 개념은 점차 다음과 같은 방향으로 변화되어 가고 있다고 한다.

① 보완적인 것에서 제도적인 것으로
② 시혜적 자선에서 적극적인 사회복지를 주장하는 시민권으로
③ 특수한 서비스활동에서 보편적인 서비스활동으로
④ 최저기준의 달성에서 최적기준의 달성으로
⑤ 개인적인 개혁에서 사회적인 개혁으로
⑥ 자발적인 것에서 공적인 것으로
⑦ 빈민구제에서 복지사회 건설로

이러한 변화를 표(표 1-2)로 요약하면 다음과 같다.

〈표 1-2〉 사회복지 개념의 변화

기본 이념	보호 · 구제 → 참가 · 정상화의 실현
대상자	저소득자 · 약자의 보호 → 복지욕구(need)가 있는 모든 자
공급주체	공적 공급 · 법인위탁 → welfare mixed, 복지다원주의
공사관계	공사분리 → 공사협동
재 원	공비부담 · 무료복지 → 공비부담 · 이용자부담(서비스 유료화)
국가와 지방	중앙집권 → 지방분권
서비스의 결정	행정청의 재량 → 이용자의 선택 · 자기결정
서비스의 질	최저기준의 보장 → 삶의 질 향상
서비스 공급	공급자 중심 → 이용자 중심(선택, 참가)
서비스 공급장소	시설복지 → 재가복지

출처 : 고명수 외(2018).

3) 사회복지의 정의

(1) Friedlander & Apte의 정의

W. A. Friedlander와 R. Z. Apte의 저서 『사회복지개론』에서 사회복지란 "사람들의 복지와 사회질서의 기능화를 위한 기초로 인정되는 사회적인 욕구(need)를 충족시키기 위해서 그 대책을 강화하거나 보장하는 제반 법률, 프로그램, 급여 그리고 서비스의 체계"라고 정의하고 있다(W. A. Friedlander & R. Z. Apte, 1980 : 4).[1)]

18세기 후반에 접어들면서 시작된 산업혁명 이후 산업사회로의 급속한 발전은 전통적으로 가족, 이웃, 종교단체, 지역사회 차원에서 해결할 수 없는 다양한 사회문제를 출현시켰고, 사회구성원의 생존과 인간다운 삶의 유지, 사회질서를 위해 보다 조직화된 체계를 필요로 하였고, 이에 따라 사회복지제도가 등장하게 되었다.

---

1) Social welfare is a system of laws, programs, benefits, and services which strengthen or assure provisions for meetings social needs recognized as basic for the welfare of the population and for the functioning of the social order.

(2) Wilensky & Lebeaux의 정의

산업화가 이루어진 미국 사회에는 잔여적인 사회복지(residual welfare)와 제도적인 사회복지(institutional welfare)라는 두 개념이 발전되어 왔다.

잔여적인 사회복지는 가족, 이웃, 지역사회, 시장경제 등이 정상적인 기능을 수행하지 못할 때 사회복지가 부족한 부분을 보충해 준다는 소극적인 개념이다. 이 견해는 개인 욕구충족의 기본적인 제도가 가족이나 시장경제이며, 개인이 이러한 것을 이용하지 못하게 될 때, 사회복지제도가 일시적으로 가족과 시장을 대신하게 되는 것이라고 보며, 기본적인 제도가 정상적으로 기능을 발휘할 때 활동을 중지하게 된다.

제도적인 사회복지는 현대사회에서 개인이나 집단이 만족할 만한 수준의 삶과 건강을 누릴 수 있도록 도와주기 위해 만들어진 사회적 서비스와 제도의 조직화된 체계이다(김만두 · 한혜경, 2001 : 30). 이 제도는 각 개인이 지역사회 안에서 자신의 능력을 최대한 개발하고, 제도권 내에서 자신의 복지를 증진시킬 수 있도록 해주는 개인적인 그리고 사회적인 관계를 목표로 한다.

복잡한 현대사회 속에서 발생하는 각종 위험과 사고 등 생활상의 문제는 자신의 혼자 힘으로는 해결 불가능한 것이기에 이를 '정상적인' 상태로 간주한다. 발생하는 사회생활상의 문제를 해결해 주기 위해 존재하는 원조기관은 제도적인 지위를 갖게 되며, 이러한 역할과 기능을 수행하는 사회복지는 각 개인의 자아실현을 돕기 위해 존재하는 하나의 중요한 제도로 받아들여지고 있다.

(3) Titmuss의 정의

영국의 Titmuss는 복지제도의 유형을 잔여적 복지모델, 산업적 업적성취모델, 제도적 재분배모델로 설명하였다.

잔여적 복지모델(residual welfare model)은 사적 복지욕구의 해결기제인 가정과 시장이 기능을 제대로 발휘하지 못할 때 사회복지제도가 일시적으로 개입하여 부족한 부분을 보충해 주는 것이다.

산업적 업적성취모델(industrial achievement-performance model)은 사회적 니즈(social needs)는 업적, 기여도 및 공헌 정도, 생산성에 따라 충족되어야 한다는 것이다.

제도적 재분배모델(institutional redistributive model)은 1차적 분배에 따른 사회적 불평등과 사회적 공평성 차원에서 재분배하여 균등화, 평준화를 추구하는 제도로, 사회적 통합을 지향하는 모델이다.

(4) 사회복지와 유사 용어들

사회복지는 사회사업, 사회보장, 사회정책, 사회행정, 사회봉사, 사회적 서비스, 사회복지서비스, 사회안전망 등과 유사한 개념이나 이들 개념의 통합개념으로 이해할 수 있다. 사회복지(social welfare)는 다른 개념에 비하여 그 의미의 범위가 넓고 사회문제를 해결하기 위한 제도적 시책을 말한다.

사회사업(social work)은 Friedlander와 Apte가 말한 바 있듯이, "인간관계에 대한 과학적 지식과 기술을 토대로 하여, 개인이나 집단이나 공동체로 하여금 사회적 혹은 개인적 만족과 자립성을 갖도록 돕는 전문적 서비스"라고 정의할 수 있다. 즉, 클라이언트로 하여금 사회문제를 예방하고 해결하게 도와주고, 그들의 사회적 기능을 회복하고 고양시켜 주도록 돕는 전문 직업 및 서비스를 말한다. 이러한 업무를 수행하는 전문직 종사자를 사회복지사(social worker)라 부른다.

〈표 1-3〉 사회복지와 사회사업의 구분

구 분	사회복지	사회사업
개 념	거시적(macro)	미시적(micro)
목 적	사회환경 변화 : 바람직한 사회	개인 변화 : 바람직한 인간
기 능	예방적, 사전적	치료적, 사후적
대 상	일반적, 보편적	개별적, 선별적
범 위	보편성	개별성
방 법	정책, 제도	전문지식과 기술

사회보장(social security)이란 질병, 실업, 세대주의 사망, 노령 및 폐질, 그리고 우연한 사고에 대비해 사회입법으로 보장하기 위한 계획을 말한다. 즉, 개인이나 가족이 질병, 실업, 사망, 노령, 불구폐질, 사고 등의 이유로 인해 경제적, 사회적 위기에 빠진 경우 국가가 취하는 보호조치를 의미한다. 보호조치는 사회입법을 통해 여러

가지 형태의 사회보험, 공공부조, 보건 및 개별사회적 서비스를 통해 강구한다. 사회보장이라는 단어는 1993년 미국에서 최초로 등장하여 1935년 사회보장법에 명기된 이후, 다른 나라에까지 급속히 퍼져나가 국제화되었다. 우리나라의 사회보장기본법 제3조는 사회보장을 "출산, 양육, 실업, 노령, 장애, 질병, 빈곤 및 사망 등의 사회적 위험으로부터 모든 국민을 보호하고 국민 삶의 질을 향상시키는 데 필요한 소득 · 서비스를 보장하는 사회보험, 공공부조, 사회서비스를 말한다"라고 명시하고 있다. 사회복지는 광의의 사회복지 개념 안에 포함되는 것으로 볼 수 있다.

사회정책은 사회적 욕구나 문제를 해결하기 위한 국가정책을 의미하고, 사회봉사는 주로 소득유지, 교육, 보건, 주택 등의 요구에 대한 법적 대책을 말한다. 사회행정(복지행정, 사회복지행정, 사회복지관리)은 사회복지의 정책과 운영 · 관리를 연구하는 것인데, 국민을 위한 복지정책과 최저생활의 보장을 도모하는 여러 시책을 말한다. 사회적 서비스(social service)는 영연방 국가에서 주로 사용하는데, 사회부조, 사회보험, 아동복지, 교정, 정신위생, 공중보건, 교육, 오락, 노동보호, 주택제공 등을 포함한다는 점에서 매우 광범위한 개념이다. 다시 말하면 사회적 서비스란 인적 자원의 보존, 보호, 개선을 직접적인 목적으로 하는 조직화된 활동을 말한다. 미국의 사회복지를 포함하여 인간의 복지증진을 위한 매우 포괄적이고 종합적인 활동을 의미하는 휴먼서비스에 해당한다.

사회복지서비스 혹은 사회복지사업은 우리나라와 일본에서 주로 사용되는 용어로 사회복지라는 제도적 틀 안에서 제공되는 개별사회적 서비스라는 보다 제한된 의미로 이해된다. 현행 우리나라의 사회복지사업법 제2조를 보면, '사회복지사업'이란 다음 각 목의 법률에 따른 보호 · 선도(善導) 또는 복지에 관한 사업과 사회복지상담, 직업지원, 무료 숙박, 지역사회복지, 의료복지, 재가복지(在家福祉), 사회복지관 운영, 정신질환자 및 한센병력자의 사회복귀에 관한 사업 등 각종 복지사업과 이와 관련된 자원봉사활동 및 복지시설의 운영 또는 지원을 목적으로 하는 사업을 말한다. 관련 개별 법률의 명칭은 다음과 같다.

① 국민기초생활 보장법, ② 아동복지법, ③ 노인복지법, ④ 장애인복지법, ⑤ 한부모가족지원법, ⑥ 영유아보육법, ⑦ 「성매매방지 및 피해자보호 등에 관한 법률」, ⑧ 「정신건강증진 및 정신질환자 복지서비스 지원에 관한 법률」, ⑨ 「성폭력방지 및

피해자보호 등에 관한 법률」, ⑩ 입양특례법, ⑪「일제하 일본군위안부 피해자에 대한 생활안정지원 및 기념사업 등에 관한 법률」, ⑫ 사회복지공동모금회법, ⑬「장애인·노인·임산부 등의 편의증진 보장에 관한 법률」, ⑭「가정폭력방지 및 피해자보호 등에 관한 법률」, ⑮「농어촌주민의 보건복지증진을 위한 특별법」, ⑯「식품 등 기부 활성화에 관한 법률」, ⑰ 의료급여법, ⑱ 기초연금법, ⑲ 긴급복지지원법, ⑳ 다문화가족지원법, ㉑ 장애인연금법, ㉒「장애인활동 지원에 관한 법률」, ㉓「노숙인 등의 복지 및 자립지원에 관한 법률」, ㉔「보호관찰 등에 관한 법률」, ㉕ 장애아동 복지지원법, ㉖「발달장애인 권리보장 및 지원에 관한 법률」, ㉗ 청소년복지 지원법, ㉘ 그 밖에 대통령령으로 정하는 법률 등이 있다.

사회안전망(social safety-net)은 브래튼 우즈(Bretton Woods) 협정기관들인 IMF나 세계은행(World Bank)이 즐겨 사용하는 것으로, 기존의 사회보장제도하에서는 보호를 받을 수 없는 사람들을 보호하기 위한 대책을 말한다. 사회안전망을 광의로 볼 때는, 모든 국민을 실업 · 빈곤 · 재해 · 노령 · 질병 등의 사회적 위험으로부터 보호하기 위한 제도적 장치이다. 이것은 사회보장제도의 보완적 장치로서 공공근로사업, 취업훈련 등을 포괄한다. 사회안전망을 대량실업, 재해, 전시 등의 국가위기 국민에게 기초생활을 보장해 줌으로써 국민들이 안전된 사회생활을 할 수 있도록 한다.

〈표 1-4〉 사회안전망의 구분

<table>
<tr><th colspan="2">사회안전망</th><th>제 도</th><th>사회적 위험</th><th>대상 계층</th></tr>
<tr><td colspan="2" rowspan="2">1차 : 예방
(사회보험)</td><td>의료보험</td><td>질병</td><td>일반국민</td></tr>
<tr><td>국민연금
산재보험
고용보험</td><td>노령
상업재해
실업</td><td>근로자</td></tr>
<tr><td rowspan="2">2차 :
기초생활
보장</td><td>보완적
장치</td><td>공공근로자사업
직업훈련
각종 부대사업</td><td>실업</td><td>실직자</td></tr>
<tr><td>공공
부조</td><td>기초생활보장</td><td>빈곤</td><td>저소득계층</td></tr>
<tr><td colspan="2">3차 : 긴급구조</td><td>긴급식품권
긴급의료권</td><td></td><td>저소득계층</td></tr>
<tr><td colspan="2">민간사회안전망</td><td></td><td>실업, 빈곤</td><td>저소득계층</td></tr>
</table>

출처 : 고명수 외(2018).

4) 사회복지의 목적

(1) 일반적 목적

사회복지의 일반적 목적으로는 첫째, 인간의 존엄성 유지, 둘째, 인간다운 생활의 보장, 셋째, 자립적인 생활의 촉진, 넷째, 인간의 건강한 성장과 발달의 보장, 다섯째, 정상화 이념의 확보, 여섯째, 사회적인 통합의 촉진 등을 들 수 있다(김만두 · 한혜경, 2001 : 179-189).

① 인간의 존엄성 유지

인간의 존엄성이란 한 개인이 인종, 종교, 연령, 성, 교육수준, 경제력, 사회적 신분 등의 차이와 관계없이 한 인간으로서 존엄한 가치를 지닌 존재라는 것을 의미한다. 특히 현대사회에 들어와서 중시되고 있는 사상이며 가치이다.

복지국가를 향한 국가적 노력은 흔히 "요람에서 무덤까지(from cradle to grave)"로 표현되고 있으며, 인간의 존엄성을 위한 각종 사회복지적 노력이 강구되고 있다.

우리나라의 헌법 제34조 제1항에는 "모든 국민은 인간다운 생활을 할 권리를 가진다"고 명시되어 있다. 이 조문은 사회보장기본법과 사회복지사업법의 법원(法源)으로 작용하고 있으며, 인간다운 생활이란 인간의 존엄성이 유지 · 확보되는 사회복지의 최고의 목표가 되고 있다.

② 자립성 유지

자립성이란 타인에 의한 보호와 의존에서 벗어나 자신의 삶을 스스로 영위할 수 있도록 하는 것이다. 개인이 자신의 생활을 합리적으로 관리하고, 주체적으로 결정하도록 하는 자립성 또는 자율성의 유지는 사회복지실천의 목표이다.

③ 개인적 성장과 개발

모든 개인은 성장하고 발전할 수 있는 무한한 잠재능력을 가지고 있다는 믿음 아래, 사회복지를 통하여 개개인의 잠재능력을 계발시키고, 성장시키며 발달할 수 있도록 원조하는 것을 목표로 한다.

(2) 사회기능적 목적

① 사회통합과 안정

사회복지제도는 생활상 곤란을 겪고 있는 개인들에게 정상적인 사회생활이 가능하도록 원조함으로써, 개인적으로는 사회생활에 적응하도록 하고, 사회 전체적으로는 사회혼란을 방지하여 사회통합과 안정에 기여하게 된다.

사회복지는 사회제도의 하나로서 다른 사회제도가 제 기능을 상실하게 되었을 때, 그 제도를 일시적으로 보충·보완함으로써 사회 전체의 질서와 안정·통합에 기여한다.

② 경제성장과 안정

사회복지제도가 경제에 미치는 영향을 전제로 한다. 일반적으로 단기적인 차원에서 사회복지가 경제에 커다란 영향을 미치지 못하고 있는 것처럼 보일 수도 있지만, 장기적으로 볼 때에는 긍정적인 효과를 가져오는 것으로 인정되고 있다. 사회복지활동을 통하여 개인의 잠재능력이 개발되면서 교육·훈련된 인적 자본의 질적 수준이 높아지기 때문이다. 즉, 건강과 보건, 교육, 주택, 환경, 대인적 및 심리사회적 사회복지 서비스는 개인의 만족도를 향상시켜 근로동기를 높여줄 뿐만 아니라 교육·훈련을 통하여 축적된 지식과 숙련된 기술은 고용안정과 높은 소득을 보장함으로써 개인의 생활안정과 더불어 국가 전체적인 경제성장을 가져오게 된다는 것이다.

③ 정치적 안정

사회복지제도는 정치적으로 중요한 기능을 하고 있는 것으로 인정되고 있다. 사회복지제도의 발달 역시 정치적 결정의 결과물이기 때문이다. 또한 어떤 경우에는 사회복지대상자의 지속적인 권리신장을 위한 정치적 노력과 시민들의 제도개선을 위한 조직적 참여의 결과로서 사회복지는 근세에서 근대사회로 전환되는 20세기 초에 급속도로 발전하였다.

우리나라의 경우 1997년 12월, IMF로부터 구제금융을 받으며 시작된 공공 및 민간부문의 대량감원과 구조조정이 대규모의 실업사태를 가져왔고, 기존의 사회적 안전망으로 존속하고 있던 공공부조제도의 문제점들이 표출되면서 제도의 변화(시혜적 성격의 생활보호법 → 권리적 성격의 국민기초생활보장법)를 불러 왔다.

또한 증가하는 실업문제 속에서 근로자의 생활안정과 노동의 유연성을 가져오기 위하여 고용보험을 전면적으로 확대·실시하게 되었고, 제도의 시행을 통하여 근로자 및 사회 전반의 구조적 불안이 감소되었다.

사회구조적 문제에서 발생하는 실업 및 빈곤과 같은 사회적 불안감의 확산은 정치적 불안정과 계층 간 대립과 분열을 조장하는 것이므로 사회적 안정과 통합을 위하여 국가는 사회복지제도를 정비하고 확충하는 것이다. 사회적 변화는 사회복지제도 변천의 동인(動因)이며, 사회복지제도는 정치적 안정을 가져오는 동인(動因)이라 할 수 있다.

5) 사회복지의 구성

사회복지는 주체, 객체, 기능, 재원 등으로 구성되어 있으며, 이외에도 이데올로기나 전달체계도 매우 중요한 요소이다. 구성요소들 간의 상호보완관계가 형성·유지될 때 사회복지의 목적을 달성할 수 있다.

(1) 주체

사회복지의 주체는 가족으로부터 국가에 이르기까지 다양한 형태가 있으며(민간, 반관반민, 국가), 운영주체의 성격에 따라 사회복지의 형태도 달라진다.

전통적인 사회일수록 사회복지의 책임이 개인, 가족, 마을, 교회에 있었기 때문에 상호부조(mutual support)를 사회복지의 기본 형태로 간주하였으나, 현대사회에 들어오면서 시민권의 발전에 따른 기본권으로서의 복지권(welfare rights)이 발달하게 되어 사회복지의 책임이 사회와 국가에 있다는 인식이 높아지게 되었다.

오늘날 민간의 자발적인 복지활동으로서 사회사업이 나타나게 되었고, 국가의 강제적인 복지활동으로서 사회정책이 출현하게 되었다. 따라서 오늘날 사회복지는 사적 복지활동에서 공적 복지활동으로 전환되는 경향이 있다(김영모, 2000 : 5).

최근엔 복지의 남용과 오용을 막기 위하여 사회복지 서비스의 유료화가 추진되고 있어 논란이 예상되고 있다.

〈표 1-5〉 주체별 사회복지 형태

주 체	복지 형태
개 인	상호부조, 박애사업
가 족	가족복지, 재가복지
마 을	계, 인보사업
교 회	구제사업
직 장	공제회, 기업복지
지역사회	공동모금, 지역복지사업
국 가	사회보장, 사회복지정책

(2) 대상

사회복지는 욕구결핍, 반사회적 행위(비행, 일탈행위 등), 심리사회적 결함(부적응, 동기부족, 의존심, 나태 등), 기능상의 장애(노령, 질병, 불구 등), 사회 불평등(성, 소득, 기회 등), 빈곤과 같은 사회문제를 지니고 있거나 지닐 가능성이 있는 사람들을 대상으로 한다. 즉, 사회적 욕구를 지니고 있는 사회복지 대상의 문제를 효과적으로 예방, 치료하기 위해서는 대상이 갖고 있는 상태에 대한 정확한 파악이 선결되어야 한다.

(3) 방법

① **정책적 방법**

사회복지의 정책적 방법은 사회제도의 결함으로 생긴 사회문제를 사회정책적인 방법으로 해결하겠다는 시각이다. 이러한 시각에서의 사회문제는 빈곤과 불평등 및 계층 간의 갈등・대립 등이다. 이러한 유형의 사회문제는 개인이 책임질 수 없으므로 사회 및 국가가 책임져야 할 것으로 간주한다. 즉, 국가정책에 의한 제도적인 사회복지를 통하여 사회문제를 해결하려는 방법이다.

② **전문적 방법**

사회복지의 전문적 방법은 사회복지를 인간관계의 조정기술로 보는 시각이다. 인간이 지니고 있는 잠재적인 욕구를 문제 상황으로 규정하고, 이러한 문제는 사회적 부적응이나 개별적 욕구 불만에서 비롯된다고 보는 것이다. 이러한 시각은 사회적 환경조건의 개선과 개별적인 능력(잠재능력)을 계발시켜 줌으로써 개인과 사회환경을 적절하게 조정하여 문제를 해결하려는 것이다. 이와 같은 문제해결 기술을 전문사회사업이라 하고, 내용은 사회심리적 서비스를 특징으로 한다.

전문적인 원조방법은 고도의 전문적 지식과 기술을 지닌 사회복지사에 의해 이루어지고, 개별사회사업, 집단사회사업, 지역사회복지사업 등을 주 내용으로 하고 있다.

③ 통합적 방법

사회복지의 통합적 방법은 정책적 방법과 전문적 방법의 중간적인 방법으로서, 주로 사회해체(가족해체 등)의 결과로 발생한 사회문제(유기, 가출, 이혼 등)를 예방・치료하기 위한 것이다. 사회해체로 발생한 사회문제는 개별적인 각각의 방법(정책적 방법 또는 전문적 방법)을 통해서 해결할 수 있는 것이 아니라 이 두 가지의 방법을 동시에 적용해야 해결이 가능하다. 고도로 발전하고 있는 산업사회 속에서 발생하는 사회문제의 복잡한 양상을 고려하여 사회복지사업에서 통합적인 접근 방법이 점증하고 있다.

(4) 재원

사회복지사업의 재원은 조세, 기부금, 공동모금 등을 통하여 조달되고 있다. 사회복지에서 공공비용의 재원은 조세(세금)인데, 조세의 원천은 소득세, 부가가치세, 사회보험 기여금(보험료), 지방세, 범칙금 등이다. 또한 민간 사회복지활동의 재원은 기부금, 후원금, 회비, 교회의 십일조, 사찰의 보시, 기관의 수익금, 자원봉사 등이 있다.

〈표 1-6〉 공공 사회복지와 민간 사회복지의 특성

구 분	공공 사회복지	민간 사회복지
장 점	• 재원 : 세금(재정적 안정) • 국민의 최저생활 보장 • 보편적 · 계속적 서비스 제공	• 융통성 • 클라이언트 입장 대변 • 클라이언트의 자존심 유지 • 독창적 서비스 개발
단 점	• 관료적 운영(획일성) • 탄력성 결여 • 융통성 결여 • 즉각적 대응 결여	• 재원확보의 불확실 • 서비스의 계속성 곤란 • 자선적 • 선별적 서비스 • 보충적

2. 사회복지의 가치

개인들이 간직하고 있는 신념과 태도인 가치(values)는 사회 내에 존재하고 있는 사회복지의 유형을 결정하는 중요한 요인이 되고 있다. 이러한 요인에 의해 정책과 제도, 실천방법들의 방향이 결정된다.

1) 인간존중

사회복지가 지향하는 첫째 목표는 '인간존엄성의 구현'이므로 사회복지는 하나의 가치개념이라고 할 수 있다. 인간존중사상은 사회복지의 본질적인 가치를 이루고 있다. Watson은 "인간은 누구나 개인으로서 존중받아야 한다는 사상은 모든 인간에게 해당된다. 그것은 그 사람의 성취 여부에 관계없이, 비록 어떤 결함이 있는 사람이라 할지라도 인간인 한 존중받아야 한다"고 말하고 있다(D. Watson, 1985 : 46; 박석돈, 2001 : 36 재인용). 이와 같이 인간을 존중한다는 것은 사회복지에 있어서 가장 기본적인 원칙인데, 사회복지는 사람이 정서적으로 안정되고 사람들로부터 존중과 애정을 받으며 우호적이며 협력적인 인간관계 속에서 걱정과 근심 없이 만족스러운 삶을 살아갈 수 있는 능력을 길러주고 발전시켜 주기 때문이다.

따라서 인간을 존중한다는 것은 사회 구성원들이 인종, 성(性), 정치적 · 경제적 · 사회적 지위, 종교, 교육 정도, 지능, 육체적 조건과 같은 속성에 따라 판단되고 차별되어서는 안 된다는 것을 의미한다.

인간존중사상은 인권사상으로 발전하였고, 누구나 인간인 한 존엄한 가치를 가졌고 존중받을 권리를 지니고 있다는 사상은 1948년 제3차 UN총회에서 채택되었다. '인권에 관한 세계선언'은 그 전문에서 "인류사회의 모든 구성원의 고유의 존엄성과 평등하고 양여(讓與)할 수 없는 권리를 승인함은 세계에 있어서의 자유 · 정의와 세계평화의 기본이 되는 것"이라고 하였다(조상원, 1984 : 3701-3702).

서구사회의 인간존중사상은 그 근원이 유대민족의 신앙에서 출발하며, 이를 계승한 그리스도교에 의하여 육성되었다. '사랑'으로 대표되는 그리스도교의 사상은 서구 정신사의 큰 축을 형성했으며 사회복지의 지향과 역사에 면면히 스며들었다.

인간존중사상에서 비롯된 인권사상은 17세기 이래 점차 확대되어 영국의 시민혁

명, 미국의 독립혁명, 프랑스 대혁명 등을 통해 인권선언으로 이어졌다. 이러한 인권사상은 인간은 인격자로서 대우받아야 하며 평등하게 취급되고 자유로울 때 비로소 인간다운 생활을 할 수 있다고 본다.

| 그림 1-1 | 인간존중사상의 발전

'인간다운 생활을 할 권리'란 생활권적 기본권의 가장 핵심적인 권리이다. 이를 바이마르(Weimar)공화국의 헌법 제151조에서는 "인간다운 생활"이라 했고, 세계인권선언에서는 "인간의 존엄성에 상응하는 생활"로, 또 UN의 경제적・사회적・문화적 권리에 관한 규제규약에서는 "상당한 생활조건을 가질 권리"로 표현하고 있다.

〈표 1-7〉 바이마르공화국 헌법 제151조

바이마르공화국 헌법 제151조(1919. 7. 31)	
제1항	경제생활의 질서는 모든 국민에게 인간다운 생활을 보장하는 것으로 목적으로 하는 정의의 원칙에 합치하여야 한다. 이 한계 내에서 개인의 경제적 자유는 보장된다.
제2항	경제생활의 질서는 모든 사람에게 인간다운 생활을 보장할 목적으로서 정의의 원칙에 적합하지 않으면 안 된다.

세계인권선언문

(제1조) 모든 사람은 태어나면서부터 자유로우며, 동등하게 존엄성과 권리를 보장받아야 한다. 여러분은 인간이라는 이유만으로, 지구상의 모든 사람들과 똑같은 권리를 가지고 있습니다. 이 권리는 양도될 수 없는 것으로, 누구도 빼앗을 수 없는 권리입니다. 모든 개인은 자신이 누구든지, 어디에 살든지 관계없이 존엄성을 보장받아야 합니다.

1948년 12월 10일

| 그림 1-2 | 세계인권선언문

2) 자유와 평등

자유라는 개념은 개인이 언제나 구속에서 벗어나(소극적 자유) 무엇인가를 할 수 있음(적극적 자유)을 뜻하며, 동시에 선택할 수 있는 것(심리적 자유)이다(박경일 외, 2001 : 39). 첫째, 소극적인 자유(negative freedom)는 강요와 강압의 부재를 의미하는 것으로, 때때로 침해당하는 경우가 발생하게 된다. 따라서 소극적 자유의 침해 상황은 다른 사회복지의 가치를 통해 정당화될 수 있다. 둘째, 적극적인 자유(positive freedom)는 자신이 선택한 대로 행동할 수 있는 힘과 능력을 의미하는 것으로, 강압의 부재가 아니라 행동할 수 있는 능력이다. 셋째, 심리적인 자유(psychological freedom)는 선택할 수 있는 능력을 의미하는 것으로, 지속적인 의사소통과 교육을 통하여 획득할 수 있다.

결국 국가가 사회복지제도를 실시하고, 사회복지사가 행하는 개입활동은 개인의 자유를 침해하는 것으로 비쳐질 수도 있지만, 이러한 활동이 정당화되는 것은 개인이 선택할 수 있는 결정력을 증가시킬 수 있기 때문이다. 또한 다른 가치 기반인 인간의 존중이나 평등의 실현 등에 근거하고 있기 때문이다. 더욱이 사회복지 가치로의 자유의 중요성은 사회복지실천원칙 중의 하나인 자기결정권의 존중에 그대로 담겨 있다.

사회복지는 자유라는 가치에 못지않게 평등의 가치를 추구하고 있다. 평등에는 교육받을 기회를 균등하게 가질 권리, 법 앞에서의 평등, 인간으로서 동등하게 존중받을 권리, 정치적 · 경제적 혜택을 공평하게 받을 권리 등 다양한 내용들이 포함된다. 평등의 핵심은 모든 사람이 풍요롭고 만족스러운 삶을 살아갈 수 있는 동일한 권리를 가지고 있음을 의미하고 있다. 이와 같이 평등의 개념은 기회의 균등을 말하는 자유주의 이념에서 발전한 것이다.

평등의 개념은 자유의 개념과 함께 인류사회가 추구하는 기본적인 가치이나, 자유가 재산권과 부딪칠 때에는 필연적으로 평등의 가치를 침해하게 된다. 이러한 결과는 세상의 재화(財貨)는 유한한데 인간의 욕망은 무한하기 때문에 비롯된 것이다. 여기에서 정의와 평등사상에 입각한 재화의 공공개념이 등장하게 되었다.

평등은 양(量)에 의존하지 않고 비례에 의존하는 것으로, 평등은 좁은 의미에서 균등한 분배보다는 한 개인이 공동체 안에서 자기 위치의 중요성이나 혹은 공익에 대한 자기의 공헌에 따라 보답을 받을 때 성취되는 것이다. 다시 말해서 평등은 개개인이 동등하게 취급될 때 시행되는 것이 아니고 개개인의 처우가 정의와 공익을 바탕으로 하여 결정될 때 이루어진다는 것이다.

3) 사회연대성

연대(solidarity)는 '두 사람 이상이 무슨 일을 하거나 함께 책임을 지는 일'이라는 사전적 의미를 갖는 용어이다. 따라서 연대는 인간의 사회성에 대한 신념을 내포하고 있으며, 서로에 대한 책임을 강조한다(박경일 외, 2001 : 40).

현대인들은 예기치 않는 위험－질병, 사고, 실업, 사망, 장애, 빈곤 등－속에서 살아가고 있다. 그뿐만 아니라 이러한 위험은 공동사회에 심각한 위협이 되고 있으며, 이러한 사회적 위협을 제거하기 위한 국가적인 노력이 바로 공동의 협력과 책임을 전제로 하는 사회적 연대의 가치 실현이다. 사회연대성은 국민 간의 묵시적인 합의 또는 동의, 하나의 사회적 가치관으로 정착될 때 실현될 수 있다.

3. 사회복지의 동기

인간의 욕구를 충족시키기 위해 노력하는 사회복지는 다양한 동기에서 비롯된다. 일반적으로 동기(motivation)는 '사람으로 하여금 특정한 행동을 유발하는 내적 요인'을 의미한다.

사회복지의 동기는 인간의 욕구충족을 지원하려는 동기로부터 발전하였으며, 인간의 욕구와 욕구에 대한 사회인식이 변화함에 따라 사회복지의 동기 역시 다양하게 발전하였다. Marcarov는 사회복지의 동기를 크게 상호부조, 종교적 교리, 정치적 배려, 경제적 이득, 이데올로기 명분으로 구분하면서 사회복지제도를 이러한 여러 동기들이 복합적으로 작용한 결과로 설명하였다(김상균 외, 2001 : 87). 각각의 사회복지 동기들이 어떻게 발전하였으며, 현재의 사회복지체계에 어떤 영향을 주었는지에 대해 살펴보도록 한다.

1) 상호부조적 동기

전통적인 농경사회에서는 대규모 노동력을 필요로 하는 노동집약적 산업인 농업이 중심이었고, 공동체 사회에서 상호 간의 노동력 교환은 사회의 유지와 생존에 필요한 수단이었다. 그러나 현대사회에서는 산업의 양식이 기술집약적 공장제 기계공업으로 전환되면서 가족체계의 변화, 핵가족화, 실용주의적 가치관의 팽배, 개인주의적 이기주의의 만연 등으로 상호부조의 기능이 상당히 약화되었다. 그러나 현대사회에서도 긴급한 필요가 발생할 경우 상호부조는 일차적인 도움을 제공받는 사회제도로 인식되고 있다.

서로 돕는 상호부조(mutual aid)의 동기는 가장 보편적이며 오래된 사회복지의 동기로서, 오늘날에도 가족, 이웃, 지역사회, 다양한 사회복지제도 등을 통해 중요한 사회복지의 동기로 작용하고 있다. 과거부터 현재에 이르기까지 상호부조를 통하여 정서적 지지, 경제적 지원, 사회관계 형성 및 교류, 정보교환 등 사회경제적 자원을 공유하고 있다.

현재 상호부조에 해당하는 활동으로는 자원봉사조직(volunteerism)과 알코올 중독자, 약물 중독자, 비행 청소년 등 비슷한 욕구를 가진 사람들이 서로를 돕기 위해 조직된 집단인 자조집단(self - help) 등을 들 수 있다.

2) 종교적 동기

대부분의 종교에서는 타인에 대한 책임감을 교리(doctrine)로서 강조하기 때문에 자선적 동기가 의미를 가진다. 대부분의 종교에서 언급하는 형제애나 이웃사랑은 서로 돕고 불우한 타인까지도 구제하는 자선행위를 강조하고 있다. 즉, 기독교의 이웃사랑, 불교의 자비 등을 실천하기 위하여 많은 종교인들은 개별적으로 혹은 조직이나 기관을 통해 타인을 위한 자신의 시간과 금전을 헌신하고 있다.

종교적 동기에서 비롯되는 자선(charity)은 받는 사람보다는 주는 사람의 행동과 태도에 비중을 두는 특성이 있다. 다시 말하면 주는 자의 심적 태도에 의해서 실시되며, 받는 자의 입장은 비교적 중요시하지 않는 특성을 가진다. 자선에 관한 개인의 행동은 주로 종교의 계율을 찾아 충실히 수행하는 결과로 나타났다고 할 수 있다.

3) 정치적 동기

국가는 정치적인 배려 차원에서 사회복지제도를 발전시키기도 한다. 그러나 그 외의 주변 요인들 역시 사회복지제도 발달에 복합적으로 개입된다. 정부가 사회복지를 제공하는 동기에는 인도주의적 목적이나 경제적 이유 또는 종교적 신념이 있을 수 있다. 그러나 정치적 동기의 측면에서 본다면 첫째, 정치적 권력의 획득, 둘째, 사회적 불안의 회피, 셋째, 정치적 과정 자체의 부산물이라는 측면에서 찾아볼 수 있다. 이에 대한 사례들을 살펴보면 다음과 같다.

첫째, 정치적 권력을 유지 또는 획득하기 위한 대표적인 예는 1880년대 독일 비스마르크 사회입법과 1930년대 미국의 사회보장제도, 한국의 사회복지제도에 대한 선거공약 등이다. 이러한 시도들을 통하여 정권이 교체되면서 사회복지관련 법과 제도가 획기적으로 발전하기도 하였다.

둘째, 사회불안을 해소하여 사회질서를 유지하기 위한 대표적인 예는 영국의 구빈법(The Elizabethan Poor Laws)이다. 이 법은 간혹 강도들로 변하는 부랑자와 걸인들의 위협으로부터 지역사회를 보호하기 위한 조치였다.

셋째, 사회복지 프로그램과 서비스는 의도적인 의사결정에 의하기보다는 다른 정책의 부산물로서 개발되기도 한다. 예를 들어, 공공부조제도인 국민기초생활보장제도는 수급자의 지속적인 의존에서 벗어날 수 있도록 자활을 전제조건으로 하여 급여를 제공하는 경우이다. 이와 같은 조건적인 수급규정은 기초생활수급자 및 차상위 계층의 소득을 유지·보충해 줌으로써 빈곤에서 탈피할 수 있도록 하는 등 사회적 약자계층의 소외와 불만을 제거하여 국민적 공감대를 유지시키기 위함이다.

4) 경제적 동기

사회복지와 경제는 불가분의 관계를 갖고 있다. 사회복지활동 과정에는 많은 프로그램 운영비용이 필요하고, 이를 조달하기 위해서는 일정한 경제수준을 유지해야 하며, 기타 관련 요인(물가상승률, 수출증가율 등)들과 조화를 이루어야 한다. 사회복지의 경제적인 동기는 두 가지의 가능성을 보여준다. 하나는 발생하는 대규모의 사회문제를 예방 또는 감소시켜 사회문제에 투입되는 비용을 감소시킬 목적이고, 다른 하나는 사회문제 존재 자체가 경제에 부정적인 결과를 초래할 수 있다는 점이다.

사회문제는 생산적인 측면에서 부정적인데, 사회문제로 인하여 많은 사람들이 노동하지 않거나, 노동할 수 없거나, 충분히 생산적이지 않기 때문이다. 따라서 사람들의 생산적인 고용을 증진하기 위한 목적으로 사회복지 프로그램을 고안할 필요가 있다. 이런 경우, 사회복지는 투자로 이해되며, 생산성의 향상으로 정당화된다(김상균 외, 2001 : 95). 반면에 소비적인 면에 있어서는 부정적인데, 과잉생산의 결과 생산물이 적정한 수준에서 소비되지 못하게 되고, 그 결과 잉여 생산물로 인하여 생산은 감소할 것이며, 제품가격은 치솟고, 생산에 종사하고 있는 근로자들은 해고되어, 구매할 수 있는 소득의 급감 내지는 단절을 가져와 빈곤문제를 발생시키게 된다.

결국 국가는 사회복지 프로그램을 통해 사회문제와 사회문제의 결과를 감소시키거나 제거함으로써 사회문제 해결을 위한 사회적 비용을 줄이려는 노력을 전개하게 된다.

5) 이념적 동기

타인을 도와야 한다는 신념, 느낌, 태도, 인간의 존엄성, 자유, 평등, 공동체, 사회연대성 등의 이념과 이데올로기적 요인에 의하여 사회복지가 발전하였다. 사회복지의 이념적 동기를 이루는 주요 요소로는 이타주의, 인간중심주의, 복지주의 등을 거론할 수 있다.

첫째, 이타주의(altruism)란 이기주의에 반대되는 개념으로, 외부로부터의 어떠한 보상을 기대하지 않고 타인을 위하여 행동하는 것을 의미한다.

둘째, 인간중심주의(humanitarianism)는 사회적 차원에서 인간의 복지와 행동에 관심을 두고 이를 증진하도록 돕는 것을 의미한다. 인간중심주의는 인간에게 계급적 상하의 격차가 있는 것이 아니라 돕는 자와 도움을 받는 자는 평등한 관계에 있다는 점을 강조한다.

셋째, 사회복지는 다양한 이데올로기로부터 영향을 받는다. 사회복지의 개념을 이해하고, 사회복지정책과 프로그램에 대한 가치적인 평가는 하나의 이데올로기로서 사회복지제도에 적지 않은 영향을 미친다.

4. 사회복지의 이념

사회복지활동을 외형적인 측면에서 결정하는 것은 정치, 경제, 사회적 요소들이지만, 내부적인 측면에서의 결정은 한 사회에 오랫동안 축적되어 구축된 가치체계(신념체계)에서 비롯된다.

현대사회에 들어오면서 국가와 사회의 사회복지적 색채에 따라 국가군을 분류하는 작업이 선행되어 왔고, 이에 따라 복지선진국, 후진국으로 거명되기도 한다. 여기에서는 George와 Wilding이 분류한 유형인 반집합주의, 소극적 집합주의, 페비안 사회주의, 마르크스주의를 중심으로 사회복지에 대한 가치관과 인식을 살펴보도록 한다.

1) 반집합주의(Anti-collectivism)

(1) 사회적 가치

반집합주의(anti-collectivism)의 성향을 지닌 신우파의 중심적인 가치는 자유, 개인주의, 불평등이다. 자유는 제1의 가치로, 타인의 간섭으로부터의 자유(freedom from)인 소극적인 개념으로 강제가 없는 상태를 의미한다. 국가의 개입에 대하여 개인의 자율성을 강조하며 자유와 상호보완적인 관계에 있는 가치인 개인주의를 중시하고 있나. 국가의 불필요한 간섭을 받지 않으면 개인은 자신의 능력을 최대한 발휘하여 자신은 물론 국가를 위해 공헌할 것으로 본다. 불평등은 필연적이라는 견해를 갖고 있으며, 평등이 가져다주는 부정적인 영향을 두 가지로 제시하고 있다. 하나는 정치적으로 평등을 추구하는 데서 오는 자유에 대한 위협, 다른 하나는 시장경제의 효율성 감소로 노동 및 사유재산 축적에 대한 동기가 약화된다고 보고 있다. 반집합주의자들은 자본주의를 절대적으로 신뢰하고 있다.

(2) 정부의 역할

반집합주의는 국가주도의 사회복지에 대한 개입을 반대하고 있는데, 국가의 복지에 대한 개입은 개인의 자유를 침해하게 되며, 정부가 모든 국민들에게 많은 것을 제공해 주어야 한다는 인식을 제공함으로써, 재분배에 따른 계층 간의 갈등을 조장하여 사회적 혼란을 가져온다는 것이다. 즉, 국가가 자신을 책임질 수 없는 사람들에 대한 기본적인 복지만을 제공해야 하는데, 복지에 대한 국가개입으로 사회 전체적으로 의존적인 문화를 조장하여 재분배를 둘러싼 계층 간의 대립과 갈등을 초래함으로써 자원의 낭비와 경제적 비효율성을 증대시키며 경제성장을 약화시키는 결과를 가져온다는 것이다. 따라서 복지국가에 대하여 반대하고 있다.

(3) 복지국가관

복지국가는 경제적으로 비효율적이고, 전체주의 국가로 변모할 수 있기 때문에 복지국가에 대해서 반대하고 있다. 바람직한 사회는 개인들의 개별적인 욕구가 충족될 수 있도록 시장제도가 그 역할을 담당해야 하므로, 국가의 역할은 축소되는 것이 바람직하다.

2) 소극적 집합주의(Reluctant Collectivism)

(1) 사회적 가치

실용적인 집합주의적 성격을 띠고 있으며, 중심적인 가치는 자유, 개인주의, 경쟁적 사기업이다. 자유는 빈곤과 결핍 등의 경제적 예속으로부터의 자유이며, 개인주의와 사기업이 기술혁신과 창의적인 노력의 원동력이 된다는 점을 강조하고 있다. 소극적 집합주의는 과도한 불평등은 반대하지만 경제적 효율성 측면에서 불평등을 옹호하고 있다. 실용주의로 문제를 인식하고, 이를 통하여 해결책을 제시하며 문제를 개선한다는 것이다.

자본주의 제도에 대하여 기본적으로 신뢰하면서 빈곤, 비효율, 낭비, 시장의 실패 등 자본주의의 문제점을 인정하고 있고, 이러한 문제점은 국가개입을 통하여 해결이 가능하다고 보고 있다.

(2) 정부의 역할

국가는 국익을 증진시킬 수 있고 문제에 대한 자체적인 견해를 견지할 수 있는 기구로 본다. 정부의 역할은 국민의 최저생활 정도만을 책임지는 등으로 규정하며 정부가 무제한 또는 만능적 역할을 감당하는 것에 대해서는 부정적이다. 정부는 필연적이고 효율적일 때에만 개입해야 한다고 인식하고 있기에 국가개입의 최소화가 바람직하다는 입장이다.

(3) 복지국가관

복지국가에 대해서 찬성하지만, 국가의 역할은 시장제도가 그 기능을 제대로 수행하지 못할 때 나타나는 정치적 혼란과 사회경제적 불안정 등을 방지하여 개인과 지역사회가 성장·발전할 수 있도록 사회병리를 개선하고 바람직한 가치를 증진시키며, 사회적 결속력을 유지하는 데 필요한 기능적인 역할로 제한하고 있다.

3) 페비안 사회주의(Fabian Socialism)

(1) 사회적 가치

중심적인 가치는 평등, 자유, 우애이며, 특히 평등을 중요한 가치로 꼽고 있다. 평등은 과도한 불평등의 감소를 의미하는 것으로 기회와 부의 평등이나, 소득에서의 불평등을 어느 정도 인정하고 있다. 페비안 사회주의자들이 평등을 강조하는 이유를 다섯 가지 정도로 정리할 수 있다.

첫째, 사회적 통합으로 불평등이 심화될 경우에는 계층 간의 대립을 초래하여 상호간에 적개심이 분출되면서 결국 사회적 분열을 야기하게 된다.
둘째, 불평등은 사회적으로 바람직하지 않은 생산을 초래한다.
셋째, 불평등은 우연한 것이며, 사회정의 차원에서 평등은 필연적이다.
넷째, 자신이 원하는 것을 할 수 있는 적극적인 자유로, 적극적인 자유는 평등에 의해서만이 실현 가능한 결과이다.
다섯째, 개인의 욕심보다는 공동체의 선을 지향하는 이타심을 통한 우애(fellowship)는 탐욕(acquisitive)을 예방하고 보편주의를 실현할 수 있다.

페비안 사회주의의 사회조직관은 자본주의를 반대하며, 사회주의 경제체제를 지지하고 있다. 국가는 국민 경제생활의 조정자 역할을 해야 한다.

(2) 정부의 역할

불평등의 완화와 재분배는 국가의 책임이며, 시장경제의 정의롭지 못한 분배를 시정하는 것이 정부의 역할이라고 본다. 경제성장 없이는 사회주의의 목표를 성취할 수 없기 때문에, 경제성장을 보장하기 위해서 정부의 책임은 필수적이고, 경제성장은 빈부 간의 차이를 감소시켜 주며, 사회자본을 증대시켜 준다.

(3) 복지국가관

복지국가에 대해서 적극 찬성하고 있으며, 점진적이고 민주적인 방법을 통한 국가복지를 확대하고 인간적인 자본주의로 개혁하여 사회주의로 이행하는 것이다. 특히 노동자의 협력과 참여를 강조하고 있다.

〈표 1-8〉 이념별 복지국가관

이 념	복지국가에 대한 입장	복지국가관
반집합주의	반대	자유시장의 걸림돌
소극적 집합주의	제한적 지지	사회안정과 질서유지
페비안 사회주의	적극 지지	사회조화, 평등한 사회실현
마르크스주의	반대	자본주의 체제 강화

4) 마르크스주의(Marxism)

(1) 사회적 가치

자유, 평등, 우애 등이 중심적인 가치이며, 자유의 개념은 적극적인 자유를 의미하고 있다. 개인주의에 대립되는 가치로서 우애, 최저욕구 실현보장과 수량적으로 동등한 분배를 강조하는 등 평등을 주장하고 있다.

(2) 정부의 역할

경제적 평등이 존재하지 않고서는 자유를 기대할 수 없기에 불평등과 계급갈등의 원인인 생산수단의 국유화를 주장하고 있다. 생산수단의 사유화는 계급갈등을 발생시킴으로써 민주적인 제도의 운영을 곤란하게 만들기 때문에 필요한 조치라고 인식하고 있다. 생산수단을 국유화하여 노사갈등을 완화시키게 되면 생산성이 향상되면서 평등한 분배가 이루어져 사회적 불안정은 감소된다고 본다.

(3) 복지국가관

자본주의의 사회복지는 피지배 계급의 투쟁 결과로서 지배계급의 양보에 의해서 생성되는 것으로 파악하고 있다. 이와 같은 이유로 복지국가에 대해서 반대하고 있으며, 혁명 없이 개량을 통한 자본주의의 폐지는 불가능한 것으로 생각하여 빈곤과 차별은 개선 불가능하다는 입장을 견지하고 있다.

5. 사회복지사의 역할

사회복지를 실천하는 주된 인력인 사회복지사는 일반 행정업무, 대상자의 문제해결을 위한 업무, 최근 특히 그 자질이 크게 요구되는 자원동원과 연결된 업무 등 다양한 영역에서 전문적인 직무를 수행하게 된다. 사회복지전문가인 사회복지사는 사회복지사업을 실천하는 중추적인 역할을 담당하기 때문에 다양한 역할과 기능을 담당하게 된다. 대학 내에서 이루어지는 다양한 교육과정의 교육과 현장에서 이루어지는 실습, 자원봉사의 기회를 통하여 이러한 역할에 대하여 이해하고 현장에 필요한 능력을 갖추어야 한다.

〈표 1-9〉 사회복지사의 역할과 기능

역 할	업무내용	기 능
중개자	클라이언트를 적절한 서비스와 자원에 연결함	• 클라이언트의 상황사정 • 자원 사정 • 의뢰 • 서비스체계 연결
옹호자	클라이언트가 자원과 서비스를 받을 권리를 집단에 부정적인 영향을 미치는 프로그램과 정책을 변화시키는 운동을 적극적으로 지지함	• 클라이언트 및 사례 옹호
교육자	클라이언트가 문제를 예방하거나 사회적 기능을 향상시키는 데 필요한 지식과 기술을 갖추도록 준비함	• 사회생활과 일상생활 기술교육 및 행동변화 촉진 • 클라이언트의 문제를 1차 예방

상담가 (치료자)	클라이언트가 자신의 감정을 이해하고 변화시키며, 문제상황에 대처하기 위해 학습하도록 도움으로써 사회적 기능을 향상시킴	• 심리사회적 사정과 진단 • 지속적이고 안전적인 보호 • 사회치료 • 실천연구
사례관리자	클라이언트를 적합한 서비스에 연결하고, 그런 서비스를 활용하도록 조정하는 과정에서 개인과 가족에게 서비스를 지속적으로 제공함	• 클라이언트의 확인과 방향설정 • 클라이언트 사정 • 서비스 및 치료계획 • 연결 및 서비스 조정 • 사회조치와 서비스전달 점검 • 클라이언트 지지
업무관리자	클라이언트에게 가장 효율적으로 서비스를 제공하고, 고용된 조직에 대한 책임을 지기 위해 업무관리를 함	• 업무계획 • 시간관리 • 서비스의 질 점검 • 정보처리과정
수퍼바이저	훈련, 수퍼비전, 인사관리를 통한 직원의 전문성 개발 촉진	• 직원 오리엔테이션 및 훈련 • 인사관리 • 수퍼비전 • 자문
행정가 (프로그래머)	봉사서비스 조직에서 정책, 서비스 프로그램의 계획, 개발, 수행	• 관리 • 내부적 · 외부적 조정 • 정책과 프로그램의 개발 • 프로그램의 평가
사회변화 대행자	지역사회 프로그램과 삶의 질을 향상시키는 영역을 확인하고, 변화나 새로운 자원의 획득을 옹호하기 위해 이익집단을 동원하는 데 참여함	• 사회 프로그램 및 정책분석 • 지역사회의 관심 고취 • 사회적 자원개발
전문가	유능하고 윤리적인 사회복지실천에 참여하고 사회복지전문직의 발전의 기여함	• 자기 사정 • 개인적 · 전문적 개발 • 사회복지전문직의 향상

출처 : 양점도 외(2014).

이를 미시적 차원과 거시적 차원으로 나누어 살펴보면 다음과 같다.

(1) 미시차원의 사회복지사 역할

사회복지사는 클라이언트가 처한 문제를 잘 극복할 수 있도록 상담을 비롯한 문제해결과정에 참여하여 클라이언트가 문제해결능력을 발전시키고, 서비스나 자원을 확보할 수 있도록 돕는 역할을 한다.

① 조정자(enabler)로서의 역할

첫째, 욕구를 파악하고 문제를 명확히 규명하며 해결방안을 탐색하고 전략을 선택하여 보다 효과적인 문제해결능력을 개발하고 향상시키도록 돕는 것이다. 둘째, 개인이나 가족을 원조하는 과정에서 가장 빈번히 수행하는 것이며, 셋째, 단순히 서비스 제공자나 치료자가 아닌 동반자로서 클라이언트를 격려하고 지지하는 것이다. 이를 위해 사회복지사는 안내하는 역할을 담당하기 위해 전문적 관계 형성에 필요한 능력과 기술을 갖추어야 한다.

② 중개자(broker)로서의 역할

직접적 개입이나 의뢰를 통해 클라이언트에게 적합한 자원과 서비스를 연결하는 역할로 사례관리의 핵심적 기능을 수행하며, 이를 위해 사회복지사는 지역사회 자원에 대한 정보와 이를 연결시키는 데 필요한 지식과 기술을 갖추어야 한다.

③ 옹호자(advocater)로서의 역할

첫째, 클라이언트 개인이나 가족의 권리를 옹호하고 정책과 변화를 모색하기 위한 활동을 하며, 둘째, 대상자들이 적절한 서비스를 받을 수 있는 권리를 확보하거나 유지하도록 기관 내 프로그램이나 정책을 변화시키기 위한 적극적인 역할을 수행한다.

④ 교사(teacher)로서의 역할

적절한 정보를 제공하며 적응 기술을 익히도록 클라이언트를 가르치는 역할로 많은 전문지식과 정보, 대인적 실천기술, 의사소통기술이 필요하다.

그러나 실제 지역사회 내에서 사회복지사는 기초생활수급대상자 및 요보호대상자의 권익과 보호를 위한 옹호자의 역할과 사회복지서비스에 관한 정보를 제공하는 교사의 역할을 부분적으로 수행하며, 공무원으로서의 신분과 업무여건상의 제한으로 적극적인 권익옹호나 전문적인 교육 프로그램을 제공하기보다는 자격요건에 적합한 수혜대상자에게 이용 가능한 자원을 제공해 주는 역할에 머물기 쉽다.

(2) 거시차원의 사회복지사 역할

사회복지사는 지역사회문제를 해결하고 사회적 불평등을 줄여나가기 위한 적극적인 역할을 하며, 여기엔 정책수립과 프로그램의 개발, 사회변화를 위한 연대적 활동, 홍보, 교육활동 등이 포함된다.

① 거시차원에서의 계획가(planner)로서의 역할은 주민 전체의 욕구를 파악하며 지역사회 성원들이 필요로 하는 서비스를 개발하고 기존의 서비스를 개선해 나가는 데 필요한 목표나 정책을 수립하며 프로그램을 계획하는 것이다.

② 행동가(activist)는 사회적 불평등이나 문제점을 인식하고 인간으로서 기본적 권리를 행사할 수 있는 사회로의 변화를 위한 활동에 참여하며, 지역사회의 욕구조사 및 분석, 지역사회활동의 조직, 대중의 이해와 지원을 활성화하기 위한 노력을 한다. 그러나 실제로 수행되는 비율이 매우 낮다.

③ 현장개입가(outreacher)는 서비스를 필요로 하는 개인들을 파악하고 서비스 대상자가 적절한 서비스를 찾을 수 있도록 원조하기 위해 지역사회에 들어가 활동하며, 사회문제를 예방하거나 그 심각성을 인식시키기 위해 홍보활동과 교육을 함으로써 서비스에 대한 지역사회의 전반적인 욕구와 접근성을 높이는 역할을 한다. 그러나 실제 지역사회 내에서 사회복지사는 홍보 및 지역주민에 대한 교육활동, 프로그램 개발 등의 업무가 부분적으로는 가능하나 행동가로서의 적극적인 역할을 하기에는 한계가 있으며, 프로그램 개발과 평가에도 어려움이 있다.

제2장 사회복지의 역사

학습목표

1. 외국의 사회복지 변천과정과 의의를 설명할 수 있다.
2. 한국의 사회복지 변천과정과 시대별 제도를 설명할 수 있다.

1. 역사연구의 의의

1) 사회복지사 연구의 의의

사회복지의 발달과정은 당 시대의 사회현상과 가치관, 이념 등이 복합되어 인간사회 속에서 생성·확립·전개되는 역사적 사건들이다.

역사란 E. H. Carr가 말한 것처럼 "과거와 현재와의 대화"이며, 역사연구를 통하여 현재의 문제점을 살펴보고, 발전적인 미래를 향한 대안을 제시할 수 있다. 사회발달과정(역사)을 연구하는 의의는 다음과 같다.

첫째, 사회복지제도의 역사성을 밝히는 것이다. 즉, 사회문제를 해결하기 위하여 태동한 사회복지가 그 시대에 필연적으로 생성될 수밖에 없었던 이유를 밝히고 이해하는 것이다.

둘째, 변천하는 사회복지제도의 과정 속에서 일정한 법칙성을 발견하고, 이를 바탕으로 앞으로 나타날 수 있는 사회문제에 대한 해결책을 제시할 수 있는 이론을 개발하고자 함이다.

셋째, 사회복지학이 하나의 독립학문이며, 이를 위해서는 역사연구가 기반이 되어야 한다.

넷째, 사회복지 역사를 연구하는 것은 일반 대중들의 전반적인 모습을 고찰할 수 있는 기회이며, 각각의 시대에 나타난 사회제도와의 관계 설정을 파악할 수 있는 계기가 된다.

다섯째, 사회복지학은 역동적이며, 실천적인 학문이므로 과거 존재했던 제도의 문제점을 통하여 현재의 사회에 적합한 모델을 제시할 수 있다.

2) 사회복지제도 변천론

(1) 사회양심론(the social conscience theory)

오늘날 다수의 사회사업가들과 박애주의자들로부터 지지 받고 있는 이론으로서, 사회복지 변화의 주요 변수는 사회구성원들의 집단 양심으로, 사회복지제도의 확대는 사회양심 확대의 결과라는 것이다. 즉, 타인에 대한 사랑이 국가를 통해 구체화된 것이 사회복지제도라는 것이다.

사회양심론에 대한 비판으로는 첫째, 사회복지제도의 수립은 다양한 정치·경제·사회적 변수에 의해 영향을 받고 있음에도 불구하고, 사회복지의 단면만을 보고 있다는 점, 둘째, 사회복지제도를 실시하는 국가권력 자체가 선하다는 왜곡된 해석을 할 수 있다는 점, 셋째, 사회복지제도의 변천에 대한 이유를 설명하지 못하고 있다는 점 등이 있다.

(2) 합리이론(the rationality theory)

산업화 과정 속에서 필연적으로 사회문제가 발생하는데, 이때 합리적인 인간이 고안해 낸 합리적인 문제 해결책이 사회복지제도라는 것이다. 즉, 산업화로 인하여 발생하는 노인, 아동, 빈곤, 실업문제 등에 대한 대응수단으로써 사회복지제도가 발생하게 되었다는 것이다.

이에 대한 비판은 첫째, 사회문제 해결책으로 '합리'만을 유일한 것으로 간주하기 때문에 문제에 대한 사회적 인식과 해결책에 관한 사회적 합의가 존재하는 것으로 오해될 수 있다는 점, 둘째, 특정 집단이 지속적으로 곤란을 당하고 있음에도 불구하고 사회적인 문제로 거론되지 못할 때 그 이유를 설명하지 못한다는 점, 셋째, 사회복지제도가 정치적 · 경제적 · 사회적 변화를 불러일으킬 수 있다는 것을 간과하고 있다는 점 등이 있다.

(3) 테크놀로지론(the technology theory)

테크놀로지론은 사회복지의 변화와 발전이 사회 조직과 사회 기술의 변화에서 비롯되었다고 보며, 사회복지제도를 실행하는 정책과 정부 관료가 사회복지제도의 변천에 지대한 영향을 주고 있는 것으로 파악하고 있다.

이에 대한 비판으로는 첫째, 사회복지제도의 변천을 기술적 측면에서만 설명하고 있기 때문에 인간 및 사회관계 속에서 발생하는 역동적인 변화를 설명하지 못한다는 점, 둘째, 기술을 사회변화의 주요 요인으로 보고 있어, 기술결정론에 빠질 우려가 있다는 점, 셋째, 기술적인 부분으로 설명할 수 없는 정책수립과정에서의 의사결정, 가치의 개입 등을 간과해 버릴 가능성이 있다는 점, 넷째, 복지관료제도가 전무했던 또는 미약했던 시기의 사회복지제도에 대한 변화를 설명할 수 없다는 점 등이 있다.

(4) 시민권론(the citizenship theory)

사회복지제도의 변천을 시민권의 변천이란 측면에서 진화론적으로 설명하는 것이 시민권론이다. 여기서 시민권이란 완전한 사회구성원으로서 인정받는 지위이다. 이 이론에서는 시민권의 변화가 사회복지제도 변화의 요인이라는 것이다. 즉, 18~19세기에는 공민적 요소(자유와 평등), 20세기 초에는 정치적 요소(참정권), 1950년대 이후에는 사회권(복지권)으로 확립되었다. 이러한 측면에서 시민권론은 서유럽 사회복지제도의 변천을 설명하는 데 타당하다.

이에 대한 비판으로는 첫째, 시민권론은 분배체계와 시장경제 사이의 많은 부분에서 서로 간에 모순관계에 있다는 점, 둘째, 사회권의 경우 사회복지제도를 통하여 '최소한의 삶'을 보장한다고 했을 때 '최소한의 삶'이라는 부분이 모호하고 추상적이라는 점, 셋째, 사회권(복지권)이 권리임에도 불구하고 선별주의에 의한 낙인(stigma)의 문제가 발생한다는 것을 설명하지 못한다는 점 등이 있다.

(5) 사회정의론(the social justice theory)

사회복지 변천의 기본 요소를 사회정의의 개념 변천으로 파악하고, 사회복지를 가치 개입적 활동으로 보며, 사회정의의 변화를 사회복지의 변화와 연결하여 설명하고 있다.

이에 대한 비판으로는 첫째, 사회복지제도의 변천에 있어 선언된 부분과 실천된 부분 간에 존재하는 괴리를 설명하지 못한다는 점, 둘째, 사회정의의 다양함 속에서 특정의 사회정의가 지배적인 것에 대한 설명을 하지 못한다는 점 등이 있다.

(6) 음모이론(the conspiracy theory)

사회복지제도의 변천을 인도주의나 인정의 실현에 따라 좌우되는 것이 아닌 사회안정 및 사회통제에 따라 좌우되는 것으로 설명함으로써 사회양심론에 정면으로 대치되고 있다. 사회복지제도의 변화 시기는 지배계층이 기존의 사회질서가 위협받고 있다고 생각할 때이며, 사회복지제도는 진보와 퇴보가 교차하는 것이라고 본다.

이에 대한 비판으로는 첫째, 사회복지정책 결정자의 의도를 과대평가하고 있고, 사회복지제도와 관련된 정치과정과 행정과정을 낮게 평가하고 있다는 점, 둘째, 사회적 약자계층에 대한 사회복지를 설명하지 못한다는 것, 셋째, 사회질서가 위협을 받을 경우 반드시 사회복지정책을 실시하지 않는다는 점 등이 있다(군병력 또는 경찰력을 통하여 사회통제를 할 수 있다).

(7) 종속이론(the dependency theory)

제3세계 국가들의 사회복지제도 변천의 특징을 '저발전'이라 특징짓고, '저발전'의 원인을 식민지 시절의 영향으로부터 찾고 있다. 식민영향이란 식민시대의 종주국들이 지배권력을 유지하기 위하여 자신들의 이익에 이바지할 수 있는 방향으로 사회복지제도를 운영했던 것이 독립 이후에도 그대로 답습 또는 유지되고 있는 것으로 본다 함이다.

이에 대한 비판으로는 첫째, 불평등 문제는 동일한 국가, 동일한 지역 내에서도 발생하는 것이기 때문에 사회복지제도가 종속적이냐, 비종속적이냐라는 문제에 대해서는 구분해야 할 필요가 있다는 것, 둘째, 식민지 시절 종주국의 영향력을 과대평가한 나머지 자신들을 과소평가함으로써 제도 변천에 대한 정확한 이해를 하지 못한다는 점, 셋째, 검증되지 않은 종속이론은 하나의 이데올로기에 지나지 않는다는 것 등이 있다.

(8) 책기론(the Prince's obligation theory)

책기(責己)란 민생구휼의 책임이 국왕에게 있음을 뜻하는 동양적 사고(思考)에서 발생한 단어이다. 책기의 근본사상은 천인합일(天人合一)에 바탕을 두고 있다. 즉, 국왕의 덕치(德治)를 강조하는 책기론은 유교의 정치사상으로 체계화되었다.

책기론은 빈곤의 원인을 개인의 속성에서 찾지 않고 국왕 또는 국가의 잘못에서 발견하려 한다. 그러나 국왕이 누구냐에 따라 책기의 정도가 변동하는 이유를 설명하지 못하고 있다. 그뿐만 아니라 국왕의 선정(善政) 또는 인정(仁政)의 실천이유를 단지 천인합일사상만으로 설명한다는 것에는 한계가 있다.

2. 영국 사회복지의 역사

영국 사회복지 발달의 역사는 크게 초기 자선사업시대, 중상주의 시대, 자유주의 시대, 사회보험시대, 베버리지보고서(Beveridge report) 및 사회보장시대, 복지국가시내로 구분할 수 있다.

1) 초기 자선사업

자선의 주요 동기가 기증자(donor)의 영혼을 구제한다는 까닭에 중세 영국에서는 자선을 행하는 자의 행위에만 관심이 있었을 뿐 보통 자선을 받는 사람들에게는 거의 관심이 없었다. 그러나 14세기가 시작되면서 몇 가지 차이점이 빈민의 두 계층-생활비를 벌 수 있는 강건한 빈민과 맹인, 불구자, 노인, 병자, 유아, 임산부와 같이 일할 수 없는 빈민-사이에 만들어지기 시작했다. 영국교회는 교구세의 1/4~1/3을 헌신했고, 빈민들을 돌보기 위하여 교구민들로부터 헌금을 모금했다.

빈민의 구제는 교구위원(church warden)과 집사(deacon)의 도움을 받아 교구(parish)의 성직자가 우선적으로 분배했다. 13, 14세기 종교적 단체와 교회시설들은 빈민들을 보호하는 최상의 의무로부터 교구교회들을 구제했다. 15세기에는 1,000개 이상의 수도원, 수녀원, 자선시설, 대수도원은 방랑하는 거지와 빈민들을 위하여 거처, 의복, 식품, 구호품을 제공했다. 많은 시설들이 왕실의 일원과 귀족계급이 기부한 기부금에 의하여 유지되었다. 그러나 끊임없는 식품배급이 수녀원 정문에서 진행되고, 집 없는 사람들에게 거처가 주어졌을지라도 그들이 다시금 자립할 수 있도록 하기 위한 활동까지 이어지지 않아 빈민들의 사회적 상황은 거의 변화시키지 못하였다. 12~15세기까지의 교회의 구제활동은 상인단체(길드)의 자선적인 후원에 의하여 보충되었다. 이러한 길드는 상호 간의 자조, 형제애, 연대감을 위해 장인들에 의하여 처음으로 조직되었다. 특히 가뭄과 기근의 시기에 그들은 빈민들에게 보리와 옥수수를 분배했고, 일정한 축제일에는 빈민들에게 음식을 주었으며, 가난한 여행객들에게는 숙소를 무료로 제공했다.

왕과 의회는 14세기 이전까지 자선의 분배에 관심을 갖지 않았으나, 최초의 국가적 대참사(catastrophe)－1348년의 흑사병은 2살 이내의 영국 인구의 2/3를 사망시켰다－를 경험한 이후에는 상황이 반전되었다. 대참사는 심각한 노동력 부족을 불러왔고, 임금의 급격한 상승을 초래했다. 당시 토지를 소유하고 있는 영주들의 요청에 의하여 에드워드 3세는 1349년 노동자법(The Statute of Laborers)을 제정하였다. 이 법은 노동능력이 있는 노동자로서 어떤 특별한 생계수단이 없는 자는 그를 고용하고자 원하는 고용주가 있을 경우 그 고용주의 고용제의를 받아들여야만 한다는 것이며, 또한 그들이 살고 있는 교구를 떠나는 것을 금지시키는 법이었다.

빈민구호에 대한 최초의 정책은 1531년 헨리 8세의 법령이었다. 이 법은 시장과 치안판사는 교구(parish)에 의해 부양되고 있는 일할 수 없는 극빈자(pauper)와 노인에 대한 구제신청을 조사해야만 한다고 규정하고 있다. 이 법은 빈민에 대한 공공책임 인식의 시작이었다. 그러나 여전히 등록되지 않은 걸인과 부랑인에게는 잔인한 처벌을 규정하고 있었다.

1536년 영국에서 정부의 원조 아래 공적 구제에 대한 최초의 계획이 제정되었다. 이 법은 극빈자들이 거주지에서 3년을 거주한 후에야 그들의 교구에 등록할 수 있다고 규정하고 있다. 교구는 교구민들의 자발적인 헌금이나 기부로 무능력자인 가난한 사람들을 보호해야만 했다. 건장한 걸인들은 일을 하게 했으며 5세에서 14세까지의 놀고 있는 아동들은 그들의 부모들로부터 떨어져 도제생활을 하게 했다.

1562년 장인법(The Statute of Artificers)은 임금과 노동시간을 규정하고 있었으며, 도제제도(Apprentice)에 따라 기술자들이나 수공예가들은 기술향상을 할 수 있도록 법으로 명시했다. 또한 이 법은 부랑자들을 중노동에 처하게끔 규정하고 있으며 12세에서 60세에 이르는 직업이 없는 걸인(beggars)들을 종으로 고용하는 것을 일반인에게 허용하였다.

1572년 엘리자베스 1세 여왕에 의해 승인된 법은 빈곤구제를 위한 기금을 준비하기 위하여 일반세(general tax)를 채택하였다.

1576년 교정원(house of correction)에 양모, 마, 아마, 철 등의 원료를 공급하여 일할 수 있는 빈곤한 사람들, 특히 젊은 빈민들에게 일을 할 수 있게 했다.

1597년 법은 교구위원(church warden)들과 네 명의 지역사회 내 유지들을 빈민 감독관으로 임명할 수 있도록 했다. 따라서 구빈원은 무능력 빈곤자, 노인, 맹인, 절름발이, 그리고 일할 수 없는 자들을 위해 설립되있고, 그 외의 사람들은 그들 스스로 생활을 책임지도록 했다.

2) 중상주의 시대

(1) 엘리자베스 구빈법(1601년법)

1601년 엘리자베스 구빈법(The Elizabethan Poor Law)은 이전의 빈민구제 법률의 성문화라고 할 수 있다. 이 법은 정치적(왕권강화), 종교적(영국 국교회 수립), 경제적 변화(중상주의 경제정책)의 발생 후에 영국 구빈법령의 최종적인 형태의 표본이 되는 성문율로, 부모뿐만 아니라 조부모에게까지 부양에 대한 의무를 확대시켰다는 특징을 가지고 있다. 즉, 일차적으로 가족(친족)들이 빈곤한 사람들의 부양을 책임지고, 가족들이 부양하지 못할 때 공적인 구호를 담당하는 당국이 빈곤한 사람들을 돕는다는 것이다. 이 법은 빈민을 세 종류로 분류하고 있다.

첫째, 강건한 빈민(the able-bodied poor)은 교정원(house of correction) 또는 작업장(work house)에서 강제로 노동을 시켰다. 교정원에서 일하기를 거부하는 부랑자와 걸인들은 감옥에 수감되었다.

〈표 2-1〉 중상주의의 특색

사 상	왕권신수설(王權神授說) : 왕권은 신성불가침
정 치	관료제와 상비군 : 왕권 유지와 국가 통치에 필요
경 제	중상주의 : 공업보호, 수출장려 및 수입억제, 적극적 식민활동
사 회	봉건적 신분제 계속

둘째, 무력한 빈민(the impotent poor)은 병자, 노인, 맹인, 귀머거리, 벙어리, 절름발이, 정신이상자 그리고 어린아이들이 딸린 어머니들로 일을 할 수 없는 자들이었다. 이들은 구빈원에 수용되었으며 그곳에서 제한적인 도움을 받았다. 만일 무능력한 빈민들이 살 수 있는 집을 가졌거나, 부양하는 데 비용이 덜 들것처럼 보이면 교구 민생위원들은 그들을 원외구제(outdoor relief)로 승인하고, 보통 물품으로 그들의 집에 연료, 의복, 음식을 보냈다.

셋째, 요보호아동(dependent children)은 고아, 기아 또는 양쪽 부모들이 모두 도피해 버린 가정의 아동들이거나 또는 부모가 있더라도 너무 가난해서 실제로 그들을 양육할 수 없는 가정의 아동들이다. 만일 이러한 아동들을 데려가서 키우겠다는 시민이 있으면 당국은 이를 승인했고, 소년의 경우 24세까지, 소녀의 경우 21세 또는 결혼 전까지 집안일을 돌보는 하녀로 도제생활을 하게 했다.

구 구빈법의 주요 성격이 결정된 것은 1597~1601년 구빈법, 특히 상징적으로 1601년의 엘리자베스 구빈법에 의해서였다. 1601년 엘리자베스 구빈법은 세계 최초의 구빈법이자 공공부조의 시초이며 영국 구빈법의 기본 토대를 마련한 법이다. 다음은 1601년 구빈법의 주요 내용을 제시한 것이다.

① 빈민구제에 대한 국가의 책임을 인정하고 구빈원리를 확립했다.
② 구행정단위의 구빈사업이 국가행정단위의 체제로 전환되었다.
③ 구빈재원을 확보하기 위해 구빈세를 징수하고 국가의 재원으로 충당하였다.
④ 빈민을 노동능력의 소유 여부로 구분하여 적절한 구제를 행하였다. 구체적으로 노동능력이 있는 빈민은 작업장에서 강제노역을 하도록 하였으며, 노동능력이

없는 빈민은 구빈원 등에 입소시켰다. 또한 요보호아동의 경우 이들을 보호할 의사가 있는 사람에게 무료 또는 유료로 위탁시키는 조치가 마련되었으며 일할 수 없는 아동청소년은 도제교육을 통해 기술을 연마하도록 하였다.

엘리자베스 구빈법은 선언적인 의미에서 빈곤구제의 책임이 국가에 있음을 최초로 천명하였다는 점에 있어 사회복지 역사상의 의의가 있다(박광준, 2002 : 97-99).

(2) 정주법(The Settlement Act of 1662)

1601년법은 종전까지 교구(parish)중심의 구제사업 규모를 국가규모의 사업으로 확장시키는 계기를 마련하였지만 구제비용의 증가를 초래하였다.

정주법은 일명 주소법 또는 거주지법이라고도 하며 빈민의 자유로운 이동을 금지하는 법령이다. 즉, 교구 내의 걸인들이 부유한 교구로 이동하여 걸식하는 행위를 막기 위해 자기 교구 내의 출생자에 한해 구제를 책임지는 것으로 교구는 새로운 이주자를 거부할 수 있는 권리를 부여받은 것이라 할 수 있다. 또한 거주지 문제를 지방적 관행에서 전국적인 제도로 확대한 법이기도 하다. 정주법이 빈민의 잦은 이동을 억제하는 데는 성공했지만 실업 및 요구호자의 증가를 막을 수 없었고 이로 인해 구빈비용이 증가하였다.

(3) 작업장법(Workhouse Test Act of 1722)

작업장법은 노동이 가능한 빈민을 고용하여 국부의 증대를 기여하고자 제정되었다. 이 법은 빈민에게 취업의 기회를 제공하고자 하는 가부장적 원리와는 달리 워크하우스에의 수용을 조건으로 구제를 행하고 엄격한 직업훈련을 통해 빈민에게 노동을 시켰으며 임금을 지불하였다. 그러나 빈민의 유지에 예상외의 경비가 소요되어 워크하우스 경영이 곤란을 겪게 됨에 따라 18세기 후반경 구제비의 절감을 목적으로 일반혼합 워크하우스로 기능을 전환하였다. 이러한 기능전환으로 워크하우스는 걸인이나 부랑아를 혼내주는 공포의 집으로 불리면서 구원억제를 위한 제도로 변모해갔다. 오늘날 본 법은 직업보도 프로그램의 원조가 되었다는 견해도 있다.

(4) 길버트법(Gilbert Act of 1782)

길버트법은 Thomas Gilbert 영국 하원의원의 제안으로 제정된 최초의 빈민구제위원회법이다. 길버트법은 빈민청부를 금하고 빈민을 작업장이 아닌 가정과 인근의 직장에 취업하도록 알선해 주는 원외구제(outdoor relief)를 인정하였으며 이는 노동을 통해 자족적인 구빈을 행하고자 했던 인도주의적 구빈제도라고 할 수 있다. 따라서 강제성을 수반하기보다는 임의성을 띤 법이라 할 수 있다.

(5) 스핀햄랜드법(Speenhamland Act of 1795)

버커셔(Berkshire) 주 스핀햄랜드(Speenhamland) 지역의 치안판사회의에서 제정된 빈민 처우개선책으로서 일명 버커셔 방법이라고도 하며 최저 생활기준에 미달되는 임금의 부족분을 보조해 주는 것을 목적으로 한 임금보조제도이다. 스핀햄랜드법은 현재의 가족수당 또는 최저 생활보장제도의 기반이 되었다. 그러나 본 법의 시행으로 고용주는 저임금을 지급해도 구빈세로부터 보조금을 받기 때문에 결국 노동자가 아닌 고용주를 위한 법으로 자리매김하게 되었고, 또한 노동자는 수입의 부족분을 교구로부터 받을 수 있었으므로 성심성의껏 일하려 하지 않는 문제점을 안고 있었다.

3) 자유주의 시대

(1) 1834년 신구빈법

세계에서 가장 빨리 산업혁명을 완료한 영국에서는 자본주의가 급속하게 발전되고 빅토리아 왕정의 번영기가 전개되며, "세계의 공장"으로 불리는 가운데 자유방임사상이 사회 구석구석에까지 스며들게 되었다(김만두 · 한혜경, 1993 : 43).

산업혁명 이후 상공업 발달은 이주민들의 도시집중을 가중시켰으며 이는 다양한 사회병리 현상을 낳는 계기가 되었다. 또한 그 시기 계속된 흉작과 전쟁으로 구빈비용이 계속적으로 증가하였으며, 종래의 엘리자베스 구빈법은 이와 같은 사회적 문제를 해결하기에는 많은 한계점이 있었다. 이에 기존의 구빈법을 수정하여 1832년에 발족된 왕립위원회의 조사를 기반으로 한 이른바 신구빈법이 제정되었다. 신구빈법의 목적은 빈민구제를 억제함으로써 구빈비용을 감소시키는 것이며, 다음과 같은 몇 가지 원칙에 의해 빈곤이라는 질병을 치료할 수 있다고 제시하고 있다.

첫째, 균일처우의 원칙이다. 즉, 구제를 받는 모든 빈민은 생활상황에 관계없이 동등한 처우를 받아야 한다는 원칙이다.

둘째, 열등처우의 원칙이다. 즉, 구제를 받는 빈민의 처우가 독립노동자들의 지위보다 낮아야 한다는 원칙이다.

셋째, 작업장 활용의 원칙이다. 즉, 원조를 억제할 수 있는 작업장 내에서의 구제만을 인정하고 원외구제는 최소화시키거나 폐지시켰다. 다만, 병자, 노인, 허약자, 모자가족에게는 원외구제를 예외적으로 허용하였다.

왕립구빈위원회의 권고를 받은 의회는 1834년 '자조와 절약'의 철학을 기초로 하여 거택구호를 금지하고, 열등처우(less eligibility)의 원리를 관철시켰으며, 전국적으로 통일된 구빈행정을 전개하였다.

〈표 2-2〉 자유주의의 특성

사 상	자유주의 : 국민주권, 인권존중, 법의 지배
정 치	야경국가 : 최소한의 간섭, 작은 정부
경 제	자유방임주의
사 회	빈부격차 심화 → 사회 · 노동문제 발생

(2) 민간사회사업의 시기

① 자선조직협회(C.O.S : Charity Organization Society)

19세기 후반경 영국의 박애정신에 기반을 둔 다양한 민간, 종교, 사회단체들은 자선단체를 결성하였다. 그러나 무분별하게 난립하는 민간 자선단체들은 상호 간의 정보교환이나 구호에 대한 조정이 제대로 이루어지지 않은 채 재정적인 측면에서 이중적인 낭비를 초래할 뿐 빈곤의 원인에 대한 근본적 해결책을 내놓지 못하였다.

자선조직협회(C.O.S : Charity Organization Society)는 이러한 움직임 속에서 산업화로 인해 발생한 사회문제에 대처하기 위해 기존의 구빈법을 중심으로 한 빈민구제제도를 보완하고자 행해졌던 자선조직화운동의 부산물이다.

자선조직협회의 중심원칙은 신청주의에 의한 조사, 중앙 등록국의 설치, 지역사회 내의 모든 원조기관의 협조, 자발적 우호적인 방문사업(우애방문)을 실시하는 것이다.

자선조직협회의 목적은 첫째, 구제 대상자들을 해당 자선단체에 등록시켜 자선단체로부터 중복적 구제를 받으려는 직업적인 클라이언트를 방지하는 것이다. 둘째, 자선단체 상호 간의 업무연락을 통한 연계협력체계를 구축하는 것이다. 셋째, 구제자원과 피구제자의 합리적인 조절과 효과를 제고하는 것이다.

자선조직협회는 빈곤의 책임을 개인에게로 돌리는 것이 아니라 빈곤발생의 원인이 사회적 책임임을 강조하였고 공공의 구빈정책에 대해 반대의 입장을 취하는 반면 사적 자선, 기부 및 자원봉사활동 등의 순수 민간의 구제 노력을 강력히 지지하였다.

자선조직협회의 기능을 살펴보면 우선 피구호자와 구제자원 간의 중개적 역할을 하는 것이다. 또한 다른 여러 기관과의 조정과 협력을 한다. 그리고 사회봉사교환소의 역할을 수행하기도 하며 우애적 방문사업(방문조사) 또한 지구회의를 운용하여 효율을 증진하였다.

요컨대 자선조직협회의 활동 특징을 살펴보면 첫째, 빈곤의 책임을 개인에게만 돌리지 않고 사회적 책임을 강조하였다. 둘째, 자의적이고 선발적인 구제사업을 조정 · 합리화 하였다. 셋째, 방문구제를 통해 현대적 의미의 사회사업방법론을 확립하였다. 넷째, 자선조직협회의 활동은 후에 전문적 사회사업으로 발전할 수 있는 계기를 마련하였다. 즉, 중복적 구빈활동을 방지하지 위해 연락기관을 설치한 것은 지역사회사업으로 계승되었으며 빈민에 대한 철저한 환경조사는 가족사회사업과 근대적 개별사회사업의 효시가 되었다.

② 인보관 운동

자선조직협회 활동과 더불어 사회복지실천역사에 주요한 의미를 갖는 것은 인보관 운동(settlement movement)이다. 인보관 운동은 1854년 Denison 목사가 주축이 되고 케임브리지 대학교와 옥스퍼드 대학교 학생들, 빈민지구의 노동자들이 중심이 되어 점차 확산된 사회개량운동이다.

인보관 활동의 주체자들은 도시빈민지구에 직접 들어가 빈민들과 함께 생활하면서 그들을 실제로 조사하고 생활실태를 파악하였으며, 나아가 빈민들을 교육하고 계몽하여 지역사회환경을 개선하는 등 궁극적으로 빈민들의 자활능력을 향상시키는 데 주력하였다.

토인비 홀에서 활동한 사람들은 상류계층의 사람들이었으며 이들은 부유한 가정의 쾌락을 버리고 빈곤한 사람들의 친구가 되려 하였다. 또한 사회조사를 통해 여러 가지 통계자료를 구하고 교육적 사업으로 지역주민에 대한 아동 위생, 보건교육, 소년소녀들에 대한 기술교육, 문맹퇴치 및 성인교육 등을 행하였다. 특히 옥스퍼드 대학교 학생인 Arnold Toynbee(1852~1883)는 인보활동을 전개하는 데 있어 크게 공헌한 사람으로 그 후 Toynbee가 옥스퍼드 대학 경제학부 조교수로 재직하던 중 결핵으로 사망하자 그의 열성적인 활동을 기려 동료들이 1884년 영국 런던의 동부 빈민지역에 그의 이름을 딴 토인비 홀(Toynbee Hall)을 설립하였다.

토인비 홀의 사업전개 목표는 첫째, 빈민의 교육과 문화수준은 발전시키고, 둘째, 빈민들의 생활환경과 사회적 욕구를 파악하며, 셋째, 빈민들에게 나타나는 사회문제 및 건강문제 그리고 빈민들을 위한 사회입법에 대한 시민들의 관심을 촉구하는 것이다.

후일 인보관 운동은 방법적인 측면에서 집단중심의 다양한 프로그램을 전개하였다는 점에서 집단사업의 발전에 영향을 미쳤다고 평가되고 있으며, 지역사회 문제를 직접 확인하고 생활하면서 서비스를 전개하고 시설을 운영하였다는 점은 현재의 지역사회복지관(community welfare center)의 발전에 크게 기여하였다고 평가되고 있다.

③ 전문적 사회사업

자선조직협회와 인보관 사업은 전문적 사회사업의 기초를 제공하였다. 전문적 사회사업의 이론적 체계화를 위해 기초를 다진 사람으로는 Richmond를 들 수 있다.

Richmond는 볼티모어(Baltimore)와 필라델피아(Philadelpia)의 자선조직협회에서의 경험과 지식을 토대로 『빈곤자에 대한 우호적 방문』(1899), 『선한 이웃』(1917), 『사회진단』(1917), 『What is Social Case Work』(1922)라는 저서를 출판하였다. 이 저서들을 통해서 그녀는 단순한 빈곤자들에 대한 원조가 아니라 과학적 지식에 기초한 이론적이고 체계화된 케이스워크(Case Work)를 보급하였다.

1898년 뉴욕 자선조직협회는 6주간 교육과정 개설을 시작으로 후에 뉴욕사회사업학교로 명칭이 변경되었으며 1903년 시카고대학교, 1904년 컬럼비아 대학교에서 사회사업 관련학과가 개설되었다. 이후 사회사업의 전문성의 대한 논란이 급속히 확대되었고 제1차 세계대전 이후부터 사회사업교육과 사회사업 종사지의 수가 계속적으로 증가함으로써 사회사업의 전문화에 대한 다양한 노력들이 시도되었다.

4) 사회보험시대

19세기 후반부터 20세기 초반 서구 각 국에서는 실업, 불완전 고용, 저임금, 노령, 질병, 재해, 열악한 주택 등 자본주의의 구조적 특성에 기인한 사회적 문제들이 나타나기 시작하였다. 국가는 이 시기 사회적 위험을 해결하기 위한 새로운 해결책의 하나로서 사회보험제도를 강제적으로 도입하여 시행하였다.

(1) 비스마르크의 사회보험

비스마스크 사회보험은 19세기 후반에 제정되었으며 영국보다 산업국으로서는 후발주자인 독일에서 출현하였다. 독일의 비스마르크 재상은 경제불안과 노동자의 빈곤으로 사회주의의 확산이 우려되는 상황에서 이러한 문제를 막기 위해 채찍과 당근의 양면정책을 펼쳐나갔다. 강경책으로 '사회주의자 진압법'을 제정하고, 회유책으로 1883년의 질병보험, 1884년의 노동재해보험, 1889년에 노령폐질보험을 제정하였다. 이와 같은 사회보험제도는 제1차 세계대전 전까지 대부분의 유럽국가로 확산되었다.

(2) 영국의 사회보험

18세기 후반의 사회보험 동향은 영국에도 상당한 영향을 미쳤으며, 이에 도시빈곤을 원인을 개인에서 찾고 민간부문이 빈민구제를 주도한 자유주의가 쇠퇴하고 20세기 초반에는 중앙정부가 빈민구제를 주도하는 복지국가가 대두하였다.

영국의 사회보험제도는 1897년 증가하는 산업재해에 대한 대책으로 제정된 노동자재해보상법으로부터 시작한다. 그 뒤 실업과 빈곤문제에 대한 실태 파악과 대책수립을 위해 1905년 왕립위원회가 구성되었으며, 1905년 자유당 내각의 수립과 함께 사회보험을 포함한 일련의 사회입법이 제정되었다.

영국 사회보험의 입법화의 주요 내용은 노동쟁의법과 교육법(1905년), 노령연금법(1908), 아동법과 탄광규제법(1908), 직업소개법(1909) 최저임금법과 주택 도시계획법, 가족수당법(1945), 국민산업보험법(1945), 국민보험법(1946), 국민보건사업법(1946), 국민부조법(1948), 아동법(1948) 등이 있다. 위와 같은 일련의 입법으로 영국국민은 각종 사회적 위험으로부터 최소한의 보장을 받음은 물론 시혜가 아닌 권리로 사회보험 급여를 제공받게 되었다.

5) 베버리지보고서와 사회보장제도의 확립

2차 세계대전은 규모나 참혹함에서 과거의 전쟁과는 달랐다. 전후방을 막론하고 전 국민이 전쟁에 참여해야 했으며, 새롭게 등장한 비행기 공습은 전 국토를 전쟁터로 만들었다. 이러한 전면전으로 인하여 국민의 생활은 국가가 통제하는 배급체제로 들어갔으며, 의료시설은 응급의료체제로 바뀌었다. 영국의 전시 연립내각의 수상이었던 Churchill은 전 국민에게 '피와 땀과 눈물'을 요구하면서, 국민들의 희생으로 전쟁에서 승리하면 전후에 복지국가를 건설할 것을 약속하였다.

이러한 준비를 위하여, 1941년 전시 연립내각은 기존의 사회보험과 관련 서비스에 대해 조사, 검토하고 전후의 새로운 사회질서에 대한 청사진을 제시할 수 있도록 William Beveridge를 위원장으로 하는 위원회(사회보험과 관련 서비스에 관한 범정부 위원회 : Inter-Departmental Committee on Social Insurance & Allied Service)를 구성하였다. 1년 뒤 베버리지보고서(Beveridge Report : Report on Social Insurance & Allied Service)가 발표되었는데, 이것이 전후 복지국가의 청사진이었다.

베버리지보고서는 사회발전을 저해하는 5대 악(five giants)으로 결핍(want), 질병(disease), 무지(ignorance), 불결(squalor), 나태(idleness)를 지적하고, 소득보장, 의료보장, 무상교육, 공공주택, 완전고용을 대책으로 제시하였다. 보고서에서는 사회보장을 최저 수준까지의 소득보장으로 규정하고, 기본적 욕구에 대해서는 사회보험으로 충족하며, 특별한 욕구에 대해서는 국민부조(national assistance)에 의해, 추가적인 욕구에 대해서는 임의보험으로 보충되어야 한다고 하였다(Beveridge Report, 1942).

사회보험의 원칙으로는 정액급여(flat rate of subsistence benefit) 정액기여(flat rate of contribution), 행정책임통합(unification of administrative responsibility), 급여 적절성(adequacy of benefit), 포괄성(comprehensiveness), 유형화(classification)의 원칙을 제시하였다. 그리고 이러한 사회보험중심의 제도를 수립하기 위한 전제조건으로 아동수당과 건강과 재활을 위한 포괄적인 서비스, 완전 고용의 유지를 제시하였다. 베버리지보고서의 중심사상은 국민적 최저선(national minimum) 보장 개념으로, 평등과 연대성을 기초로 한 전후 사회질서를 수립하는 것이었다.

전후 선거에 승리한 노동당의 Attlee는 베버리지보고서의 건의에 따라, 1945년 가족수당법(Family Allowance Act), 1946년 국민보험법(National Insurance Act), 산업재해법(Industrial Injuries Act), 국민건강서비스법(National Health Service Act), 1948년 국민부조법(National Assistance Act)을 차례로 제정하였다. 이로써 처벌적이고 억압적이었던 빈민 법체제는 완전히 폐지되고 복지국가가 탄생하였다.

〈표 2-3〉 W. Beveridge의 5대 사회 악

5대 악	빈 곤 (Want)	무 지 (Ignorance)	불 결 (Squalor)	질 병 (Disease)	나 태 (Idleness)
사회서비스	소득보장	교 육	주 택	보 건	대인서비스
구체적 프로그램	보충급여	의무교육	임대주택	NHS	아동/ 여성 노인/ 장애인 서비스

6) 복지국가의 발전과 후퇴시기

서구국가는 사회보험의 시기를 지나 전 국민을 대상으로 조직적이며 계획적인 사회복지서비스의 실시를 지향하는 복지국가로 탈바꿈하게 된다.

본격적인 복지국가의 시작은 제2차 세계대전 이후이며 1945년부터 대략 1970년대 초까지는 '복지국가의 황금기'로 불리기도 한다. 이 시기 동안 구미선진국들은 높은 경제 성장률, 낮은 인플레, 그리고 낮은 실업률에 맞추어 다양한 사회보장제도의 적용대상을 전 국민으로 확대하고 보건의료와 교육 등에 대한 지출을 늘렸다. 이에 따라 사회보장비가 국내 총생산(GDP)에서 차지하는 비율이 획기적으로 높아졌다. 그러나 1960년대까지의 자본주의의 호황은 1970년대에 들어서 위기를 맞는다.

1973년 중동전쟁으로 인해 석유파동이 발생하자 경제성장률이 낮아지고 실업률이 크게 증가하는 등 경기침체가 계속되었다. 이에 영국의 Margaret Thatcher수상은 종래 복지정책의 지나친 확대가 국가의 재정파탄을 초래했다고 보고 정부개입의 최소화를 주장하는 한편 자유주의 이데올로기에 입각하여 개인의 책임과 자조를 강조하고 보편주의 원칙에서 선별주의 원칙으로 전환하는 복지 민영화, 즉 신자유주의 노선을 지향하였다.

1980년대는 신자주주의 이념을 지향하는 복지정책으로 인해 복지국가는 제도의 내용과 양적 측면에서 모두 축소되는 경향을 보였다. 기존의 공공급여 중심 복지보다 노동을 전제로 한 복지를 제공하는 노동연계 복지를 강조하기도 하였다.

21세기에 접어들면서 모든 국가들은 다양한 사회경제적 변화에 따라 국가운영방식의 변혁을 추구하였고 복지정책 또한 개편의 필요성이 높아지게 되었다.

영국의 경우 이러한 복지정책개편의 필요성에 따라 Tony Blair 노동당 정부는 Thatcher와 Major의 보수당 정부로부터 물려받은 복지축소정책에서 '제3의 길'로 전환하게 된다. 제3의 길은 교육과 노동을 통한 복지 그리고 개인의 저축을 강조하는 복지를 일컫는다(함세남 외, 2001 : 109).

영국의 토니블레어 노동당 정부와 독일의 슈뢰너 사민당 정부, 미국의 클린턴 정부도 '제3의 길' 노선을 취했던 정부로서 이것이 기존의 신자유주의 노선에 맞설 수 있는 유일한 대안이라고 주장했지만 이에 대해 신자유주의의 변종에 불과하다는 비판이 제기되고 있다.

3. 미국 사회복지의 역사

미국의 사회복지 발달은 독립이전시대, 남북전쟁시대, 대공황시대, 복지입법시대, 신보수주의 시대로 구분할 수 있다.

1) 독립이전시대

독립이전 미국은 영국식 관습과 전통을 가지고 있었으며, 구빈법도 이를 따랐다. 주요 산업은 농업이었고, 신앙과 사상은 청교도주의와 자유주의 정신이 지배적이었다. 당시의 구호 대상자는 병자, 장애인, 아동을 양육하는 과부 등 본질적으로 고용이 불가능한 사람들과 계절 실업자였다.

식민지 시대에 있어서 엘리자베스 구빈법이 빈민구제의 기본이었으며, 마을마다 생활의 기본적인 문제를 해결하기 위한 대책－현물제공, 최저경매자의 낙찰－이 마련되어 있었다.

동부지역의 대도시에 설립된 구빈원은 빈민을 보호하기 위한 가장 경제적이고 효과적인 수단으로 간주되었고, 1821년 매사추세츠 주의회가 영연방의 구빈법을 조사하기 위해 위원회를 지명하고 다섯 가지 원칙을 입법부에 제안하였다(김영모, 1999 : 116).

첫째, 원외구제는 낭비적이고 비싸며 빈민의 도덕성을 파괴한다.
둘째, 구빈원은 가장 경제적인 구호방식이다.
셋째, 빈민은 농업에 고용되어야 한다.
넷째, 시민위원회가 구빈원을 지도・감독해야 한다.
다섯째, 음주는 가장 중요한 빈곤 원인이다.

그 후 1823년 뉴욕시 입법부는 예이츠(Yates) 주 국무장관으로 하여금 빈민을 두 가지 종류로 구분하여 그 대책을 건의하였다(이영철 외, 2000 : 56).

첫째, 각 군에 농업종사자와 자녀교육을 위한 고용원을 설립한다.
둘째, 건강한 걸인과 부랑인 등을 위하여 작업장을 주선한다.

셋째, 이동의 명령과 빈민법 소송을 폐지한다.

넷째, 18~50세 간 건강하지 못한 남자는 빈민명부에 기입한다.

다섯째, 길거리 걸인을 벌하고 빈민을 주(州)에 넘긴다.

이와 같은 보고서에 따라 많은 주에서 구빈원과 작업장 등을 설립했으나 빈민의 조건을 개선하는 데에는 별다른 효과가 없었다.

2) 남북전쟁시대

남북전쟁(1861~1865) 이후 미국은 정치적 안정과 급속한 경제적 성장을 누렸으나, 대신에 산업화 정도에 따라 빈곤문제가 심각한 지경에 이르며, 남부의 농업지역과 동북부의 산업지역 사이에 경제적 계층의 양극화가 심화되었다.

당시의 사회복지는 도시의 빈민지역을 중심으로 하는 인보관 사업과 민간 자선단체들을 중심으로 하는 자선조직협회의 움직임이 활발하였다.

1877년 버팔로에 최초의 자선조직협회가 결성되어 빈곤과 구걸근성에 대한 과학적 접근을 통해 전달체계의 구축을 시도하였다.

이와 더불어 S. Coit와 C. B Stover는 1877년 뉴욕시에 '근린 길드'를 결성했고, 1889년 J. Adams는 시카고에 'Hull House'를 설립하였다. 대도시에 설립된 인보관 등은 근린 서비스와 지역사회 개발을 강조하였다.

20세기 사회복지 분야에 있어서 중요한 계기는 1909년 시작된 백악관 회의로, 사회봉사 및 사회적 정책에 대한 지방적 개입보다는 전국적인 정책적 실현의 필요성을 인정하였다. 이러한 노력은 아동복지 분야에서 두드러졌는데, 아동은 가난을 이유로 가족과 격리되어서는 안 되며, 아동시설에 대한 입소보다는 결연을 통하여 일반 가정에 입양되어야 한다는 선언을 채택하였다. 이러한 10년 주기의 백악관 회의는 사회복지의 많은 분야에 영향을 주었다.

3) 대공황시대

1929년 10월부터 시작되어 전 세계를 강타한 경제대공황은 제1차 세계대전을 통하여 상당한 산업생산력을 구비한 미국 사회에 소득과 구매력의 감소를 가져왔고,

이로 인한 대규모의 실업발생은 그동안 복지 서비스를 전개해 왔던 지방자치단체와 민간 자선기관의 기능을 유명무실하게 하였다. 그 결과 경제붕괴, 대량실업, 빈곤의 문제를 해소하기 위한 긴급구호기관의 설립과 구호대책이 마련되었으나 대다수의 가족과 노동자들은 소득의 단절과 실직으로 인하여 구호에 의존하여 연명할 수밖에 없었다.

뉴욕 주지사 출신의 대통령 Roosevelt는 실업구제와 경제의 부흥을 위하여 '뉴딜 정책'을 발표했고, 이에 따라 1933년 연방긴급구호법과 연방긴급구호청이 창설되었다. 1935년 8월 사회보장법이 제정·공포되면서 세 가지 주요 프로그램이 도입되었다. 첫째, 사회보험 프로그램으로 연방 노령보험체계와 연방과 주가 함께 하는 실업보상제이다. 둘째, 공공부조 프로그램으로 노령부조, 요보호 맹인부조, 요보호 아동부조 등을 포함하는 3개 집단을 위한 연방정부의 지원을 받는 제도이다. 셋째, 보건 및 복지 서비스 프로그램으로서 모자보건 서비스, 지체장애 아동을 위한 서비스, 아동복지 서비스, 직업재활 및 공중보건 서비스 등이 제정되었고, 이를 발판으로 1943년 직업재활법과 1944년 공중보건서비스법이 제정되었다.

1946년 사회보장의 단일 행정기구인 사회보장청이 설치되었고, 사회보장 대상자(노령인구, 유족, 실업자)의 수를 늘렸으며, 공공부조와 복지 서비스의 사회적 책임을 증가시켜 나갔다.

1964년 Johnson 대통령이 '경제기회법'을 제정하여 War on Poverty(빈곤과의 전쟁)를 실시하여, 국민 총생산의 1%를 투자하여 직장조성, 지역사회행동, 자원봉사활동, 새로운 기회의 제공 등 다섯 가지 계획을 마련하여 실시하였으나, 커다란 효과를 가져오지는 못했다.

경제대공황과 타개책인 뉴딜정책은 미국 사회복지계에 커다란 영향을 미쳤고, 특히 공공부문의 사회복지 서비스 분야가 상당히 발전하였다. 그뿐만 아니라 사회사업가의 수가 약 두 배 이상 증가하였고, 사회사업을 교육하는 고등교육기관이 급속도로 증가하면서, 빈곤은 개인의 책임이라는 구빈법적 사고에서 벗어나 사회복지가 중요한 위치를 점하는 계기가 되었다.

4) 신연방주의와 신보수주의적 재편

1960~1970년대 미국은 번영을 구가하던 시기였고, 이 시기에는 보충보장소득(Supplemental Security Income)과 노인을 위한 복지 서비스 프로그램이 제정되었다.

이 시기의 사회복지정책의 특징은 다음과 같다. 첫째, 세계 석유파동으로 인한 경제침체로 실업과 빈곤대책을 강구하기 위한 정책들이 개발되었다. 둘째, 흑인의 민권운동, 반전운동, 학생운동, 복지권 운동 등 시민권 향상을 위한 운동이 대두되어 사회사업도 이에 관심을 갖고 발전되어 나갔다. 셋째, 연방정부는 사회복지와 관련된 입법을 통해 적극적인 복지정책을 시행하였다.

그러나 1980년대 공화당의 레이건 행정부가 출범하면서 자유주의적 사상과 보수주의적 사상이 결합된 신연방주의 또는 신보수주의가 등장하여 복지정책에 있어서 일대 전환을 가져왔다. 첫째, 연방정부의 복지비용을 축소하고, 둘째, 연방정부의 역할을 축소하면서 주정부 및 지방자치단체의 개입을 확대하고, 셋째, 긴박한 욕구부족 상태에 있는 자만이 복지급여를 받아야 하고, 기간도 단기간이어야 한다는 것을 주 내용으로 하고 있다.

그 후 레이긴 대통령은 '작은 정부'를 지향하면서 사회보장의 주요 재원인 소득세와 법인세를 감소시켜, 중산층의 소득은 더욱 높게 그리고 기업의 이윤을 확대시켜 전반적으로 경제에 호황을 가져왔으나, 상대적으로 빈곤한 저소득층의 삶은 악화되는 이중성을 가져왔다. 이처럼 연방정부의 복지기능을 축소하고, 대신에 지방정부가 그 역할을 대신하여 복지비용을 최소화하려는 정책을 신연방주의(New Federalism)라고 한다.

그뿐만 아니라 미국 사회에서 가장 중요한 공공부조제도였던 저소득층가족부조(AFDC : Aids to Families with Dependent Children)가 폐지되고, 이를 일시적인 부조(TANF : Temporary Aids to Needy Families)로 대체하였다. 이러한 변화는 공공부조에 의존하기보다는 1차적으로 자기 노력을 통하여 현재의 상태에서 탈피할 수 있도록 하고 2차적으로 가족 또는 교회, 지역사회 차원에서 문제해결을 위한 노력을 전개하여 노동의 동기를 강화시켜 복지비용의 낭비를 감소 또는 제거해 나가려는 취지에서 비롯되었다. 이를 신자유주의 복지정책 또는 신보수주의 복지정책이라 한다.

5) 복지변화의 시대

1992년 Clinton 대통령이 당선된 이후 과거 신보수주의적인 복지정책에서 탈피하여 제도적 개혁주의적 관점으로 정책을 추진하였으나, 보수주의자들의 반대로 의료보험제도의 개혁을 이루지 못하였다. 사회보험의 경우 세대 간 이전방식을 취하면서 수입보다 지출이 증가하여 심각한 재정적 압박으로 이어졌다. 이에 사회보험제도 개선이 계속 제기되었지만 그 틀은 여전히 유지되고 있다. 공화당이 장악하고 있는 의회에서 공공부조의 대폭적 삭감을 내용으로 하고 있는 수정안이 제출되었고 Clinton 대통령은 거부권을 행사를 표명했지만 결국 수정안에 서명함으로써 종래의 AFDC와는 다른 TANF가 실시되었다. TANF(Temporary Aids to Needy Families)는 이전에 자녀 있는 가구 중 자격 있는 가구에 제공되던 프로그램과는 달리 빈곤가족이라도 일생에 걸쳐 최대 60개월 동안만 수급 가능한 제도이다. Clinton 대통령이 재당선되어 진보적인 정당인 민주당이 집권했으나, 여전히 미국의 사회복지정책은 보수주의적인 경향을 갖고 있다.

2000년 공화당 George W. Bush 대통령이 당선된 이후 미국의 사회복지정책은 대체로 이전의 틀을 유지하고 있다.

Obama 대통령 당선으로 미국의 기존 사회복지정책은 극적인 변화가 예고되고 있다. 정부 역할 확대를 통하여 사회복지정책 강화, 균등한 분배, 환경문제 강화 등이 중요 의제로 떠올랐다. 이 가운데 보건복지정책의 변화는 의료보험제도의 강화와 공적연금의 보장성 유지 등이다. 핵심은 의료보험제도의 개혁으로 가입자 보호, 포괄적 급여 제공, 공공보험 미가입 저소득층을 위한 조세감면, 가입절차의 간소화, 가입자가 원할 경우 이동 허용 등을 골자로 하여 의료보험 사각지대 축소를 추구하고 있다. Obama 대통령은 사회보장제도(특히 공적연금)의 민영화에는 부정적인데, 공적연금 재정의 불안정성을 알리되 사회보장세(연금보험료)는 인상하지 않았다. 대신에 고소득자(25만 달러 이상)에게 2~4%의 추가 세금을 부과하여 재정 안정화를 시도했으며 노령연금 수급 연령 연장에 반대하고, 기업의 퇴직연금에 대한 의무를 강조하고 있다.

4. 한국 사회복지의 역사

1) 근대 이전

(1) 삼국시대

삼국시대에는 흉년, 천재지변, 전쟁, 질병 등 각종 재해로 인한 민생구휼사업이 중심이었고, 특히 4궁에 대한 보호, 병들고 자립이 불가능한 사람들에 대한 국고재원 조달에 의한 구제가 중심이었다.

삼국시대의 주요한 구휼사업의 내용으로는 관곡의 지급, 사궁구휼, 조조감면, 대곡자모구면, 경형방수, 종가 및 식량의 보급, 왕의 책기감선, 역농방제, 유민안집이 있다.

- **관곡의 지급**은 각종의 재해를 입어 빈곤한 백성들에게 관곡을 지급하여 구제하는 제도이다.
- **사궁구휼**은 환과고독의 무의탁 빈민을 군주가 친히 방문하여 위로하고 의류·곡물 및 관재 등을 급여하여 구제하는 제도이다.
- **경형방수**는 천재지변이나 자연의 재난은 형벌의 경감과 방면 등의 선정으로 극복하고자 하는 제도이다.
- **조조감면**은 백성의 재해 정도에 따라 조세를 감면해 주는 것이며 대곡자모구면은 재해로 인해 빌려간 관곡의 상환이 어려운 백성에게 그 원곡과 이자를 감면하거나 면제해 주는 제도이다.
- **종자 및 식량의 급여**는 농경 위주의 사회에서 가장 중요한 시책이자 구빈방빈사업이다.
- **왕의 책기감선**은 각종 재난에 대해 왕 자신의 부덕으로 돌려 근신하는 것이다.
- **역농방재**는 백성들이 영농에 정진하도록 각종 재해에 대비하는 것이다.

(2) 고려시대

고려시대에는 불교의 자비사상을 토대로 불도들에 의한 구빈, 시료 및 고아보호와 양로사업 등이 성행하였으며, 이들 구제사업들은 임기응변적 요소가 있기는 하였지만 상당히 조직화, 제도화되기 시작하였다.

고려시대의 대표적인 5대 진휼사업은 은면지제, 재면지재, 환과고독진대제, 수한질여진대제, 납속보관제 등이었다.

- **은면지제**는 개국, 즉위, 불사, 경사, 난후 등 기타 적당한 시기에 왕이 결채 또는 조조를 탕감하거나 부역자에게 조조를 감해주는 등 각종의 은전을 실시하던 사업이다.
- **재면지제**는 천재지변 또는 전쟁과 질병 등으로 발생한 이재민의 조세, 부역 및 형벌 등을 전부 또는 일부를 감면해 주는 것이다.
- **환과고독진대제**는 빈곤하여 자활할 수 없는 홀아비, 과부, 고아 및 노인들에게 관에서 우선적으로 양곡을 주고 각종 세금을 면제해 주는 제도였다.
- **수한질여진대제**는 이재궁민에게 각종 물품과 의료, 주택 등을 급여하는 사업으로 의원과 약물을 비치하여 질병을 치료하고 행려자에게 숙식도 제공하였다.
- **납속보관제**는 흉년 · 재해 시 백성을 구출하기 위한 재원조달책으로 일정관직과 금전을 상납 받았던 제도이다.

한편 고려시대의 대표적인 상설구빈기관은 창제[흑창(黑倉), 의창(義倉), 상평창(常平倉), 유비창(有備倉)]과 제위보, 동서대비원, 혜민국 등이 있었다.

- **흑창**은 고구려의 진대법을 계승한 것으로 관곡을 저장했다가 비상시에 백성들에게 대여하여 주고 상환하여 받는 제도를 말한다.
- **의창**은 태조 때의 의창을 성종 5년(986)에 이름을 고친 것이며 구황제도로서 창설된 흑창에서 발전된 것이다. 의창은 각 주(州)와 부(府)에 설치하도록 하였으며 평상시에 곡물을 모아 두어 흉년, 전쟁, 질병 등 비상시에 대비하던 제도이다. 또한 의창은 미곡과 더불어 소금과 기타 생필품까지 저장 진휼하는 제도이다.
- **상평창**은 성종 12년(993)에 개성, 서경 및 12주의 행정중심지에 설치한 기관으로 생활필수품의 공급조절 기능과 빈궁한 백성들의 일상적인 경제생활의 편의를 도모하고자 하는 기능을 수행하였다.
- **유비창**은 충선왕 2년(1310)에 재난으로 인한 빈민의 구제와 물가조절 등 의창과 상평창의 복합적 기능을 수행하였던 구빈기관이었다.

• **제위보**는 광종 14년(953)에 설치된 것으로 빈민과 행려자의 구호와 치료를 담당한 한 기관이다. 조선시대에 제생원으로 부활하였다가 혜민국에 합속되었다.
• **동서대비원**은 환자의 치료나 빈민구제를 위한 기관으로 기한자, 노인, 고아, 환과고독 등을 수용하여 구휼하였다. 현대의 병원과 생활시설을 겸한 기관이었다고 할 수 있다.
• **혜민국**은 예종 7년(1112)에 설치된 국립의료기관으로 빈민을 치료하고 약품을 지급하였다.

(3) 조선시대

조선시대의 구제사업은 제도적으로나 내용적으로 고려시대보다 발전하였다. 고려시대의 구제사업이 불교사상에 기반을 둔 자비나 자선심을 베푸는 시혜적 구호가 중심이었다면 조선시대에는 유교의 자혜사상에 기반을 두고 있었다. 백성에 대한 불행의 책임은 왕에게 있다는 유교의 왕인사상(王仁思想)에 입각해 구제사업을 전개해 나갔다.

조선의 대표적인 구빈기관으로는 고려시대에 시행되었던 의창, 상평창 이외에 민간차원이 구제제도인 사창제도가 있으며, 그 밖에도 구황청, 혜민국, 제생원, 활인서, 기로소 등이 있다.

• **구황청**은 황정, 즉 굶주린 백성의 구휼을 위한 국가기관이며 재해가 생겼을 시 국가가 비축된 곡식을 방출하여 백성을 구제하는 제도이다. 후에 구황청은 진휼청으로 이름을 바꾼다.
• **혜민국**은 빈궁한 백성과 서민의 질병치료를 담당하였으며, 후에 혜민서로 이름이 바뀌었다. 활인서는 고려시대 동서대비원의 기능을 하는 기관으로서 후에 동서활인서로 바뀌었다. 기로소는 정2품 이상의 70세 이상 노인들을 위해 왕이 설치한 관서로 춘추에 향응을 베풀도록 하였다.

조선시대 구제제도는 창제와 환곡이 있으며 예방적 차원을 위한 제도로서는 의창과 상평창이 있었다. 기타 조선 후기의 가장 대표적인 법령인 자휼전칙(字恤典則)은 정조 7년(1783)에 반포된 유기아, 행걸아의 구제에 관한 아동보호법령이었다. 한편 조선시대에는 국가적 차원이 구휼사업 외에 민간차원의 활동들도 성행하였다.

예를 들어, 계(契) 조직과 두레, 향약 등이 있으며, 계는 성원 간 이익도모를 위한 군포계(軍布契), 공장계(工匠契), 공인계(貢人契),와 경제적인 이해관계 외에 특정한 비경제적 협력을 달성하기 위한 홍상계(婚喪契), 화수계(花樹契) 등이 있다. 두레는 농민공동체조직으로 농촌사회의 상호협력과 상호친목을 도모하기 위한 협동체이다. 향약은 양반중심의 조직으로서 주민의 교화를 목적으로 만들어진 것으로 서양의 인보사업과 맥락을 같이 하는 조직이라 볼 수 있다.

2) 근대 이후

(1) 일제 강점기

일제 강점기의 빈곤정책은 식민통치의 합리화와 황국신민사상의 주입을 목적으로 한 이데올로기적 성격이 주를 이루었다. 따라서 빈곤정책 또한 사상적인 성격과 식민지의 통치를 위한 정책의 전환에 따라 상시적으로 변화가 일어났으며 식민지의 치하 조선인들의 성장과 발전을 억제하고 지배체제에 종속시키고자 하였다. 나아가 구호의 질적인 측면에서도 일본인과 한국인 사이에 급여의 차를 두었으며 전반적으로 빈곤정책을 시행하기는 했으나 기본적인 욕구해결에만 그쳤을 뿐, 주로 식민지 질서를 확보하고 안정을 도모하고자 하는 정치적 성향이 강한 정책들이었다고 볼 수 있다.

조선총독부에서 시행한 구제사업은 진휼구호(이재민구호, 궁민구호, 행려병자구호, 양로사업, 군사구호), 의료보호, 아동보호(임산부보호, 유아보호, 특수아보호), 경제보호, 노동보호, 사회교화사업 등이 있다.

일본에서 1929년 제정되어 1932년부터 실시된 구호법은 우리나라에서는 1944년 3월 1일 '조선구호령'으로 공포·실시되었다. 조선구호령은 원칙적으로 65세 이상의 노쇠자, 13세 이하의 아동, 임산부, 불구·폐질·질병·상병·기타 정신 또는 신체의 장애에 의해 일할 수 없는 자를 대상으로 하였다. 구호를 행하는 기관은 거주지의 읍·면장, 거주지가 없는 자 또는 불명인 자는 현재 거주하고 있는 지역의 읍·면장이고, 보조기관으로는 명예직의 위원(방면위원)을 두었다. 구호의 종류는 생활부조, 의료, 조산, 생업부조 등 네 가지였고, 그 방법은 거택구호를 원칙으로 하고 거택구호가 부적당한 경우 시설에 수용·위탁할 수 있게 하였다.

(2) 미군정시대(1945~1948. 8. 15)

미군정시대의 구호행정은 일제 강점기의 법적 · 제도적 형식을 그대로 계승하였지만 군정하의 법령과 필요한 규정에 의해 구성되었다. 당시의 한국사회는 기아선상의 빈곤상태에 직면하여 있었고, 만성적인 빈곤은 일제의 수탈에 의한 후유증, 남북 간의 경제적 단절, 국내산업의 미성숙, 해외동포의 귀환, 노동시장이 미성숙 등으로 더욱 심화되었다.

미군정은 이재민, 월남동포, 빈궁자, 고아 등에 대한 기아 방지, 최소한의 서민생계유지, 보건위생 및 치료 또는 응급주택 공급 등의 사업을 전개했을 뿐 적극적이고 획기적인 복지정책이나 사회정책을 실시하지 않았다(김만두 · 한혜경, 1993 : 90).

(3) 제1공화국(1948~1960)

우리나라에서 근대적인 사회복지사업이 전개된 것은 1950년대부터였다. 1948년 8월 15일 대한민국 정부 수립 이후, 1950년 한국전쟁으로 인하여 수백만 명의 피난민과 이재민이 발생하였나. 이와 같은 전쟁피해 상황 속에서 정부는 응급구호책을 동원하여 대처하지 않을 수 없었고 외국 원조에 의존했다.

즉, 1950년대에서 1960년대 초반에 이르는 기간은 6 · 25전쟁 영향이 강하게 작용했던 시기로서 많은 요보호대상자들이 생활보호나 구호를 필요로 하는 상황에서 사회복지사업의 성격은 대단히 자선적 · 구호적이며 사후 대책적이었나. 따라서 이 시기의 사회복지사업은 민간적이며 자발적인 차원에서 수행되는 가운데 그 내용이 영세적이며 비전문적인 것이었다(성영혜, 2001 : 65).

(4) 제3 · 4공화국(1961~1979)

1961년 집권한 공화당정부에 의해서 추진된 경제개발정책을 통하여 절대적 빈곤은 일부 완화되었으나, 산업화 · 도시화의 급격한 진행은 오히려 새로운 사회문제를 야기했다. 그렇기 때문에 정부는 지금까지 외원(外援)에 의존해 오던 구빈적 성격의 자선에서 국가 중심의 복지정책과 제도 수립을 통하여 문제를 해결하겠다는 의지를 표명하게 되었다. 대규모 자원이 소요되는 정책을 수립 · 시행하겠다는 의지를 밝힐 수밖에 없었던 데에는 정치적 동기가 내재해 있었다.

또한 1인당 국민소득이 $80 수준이었던 시절에 국민복지연금법(미시행)을 제정하여 시행하겠다는 것을 보면 적립방식의 연금도입을 통하여 경제성장을 위한 수단으로 사회복지제도를 이용하려 했다는 측면도 엿볼 수 있다. 그뿐만 아니라 특수계층(교원, 공무원 등)을 중심으로 하는 사회복지제도도 출현하게 되었다.

그러나 이 시기의 사회복지제도는 공화당정부가 주력한 경제우선정책에 의해 보완적 수준에 머물 수밖에 없었고, 국민들에게 미치는 파급효과는 크지 않았다. 'Pie 이론'에 입각한 경제성장의 효율성은 높았지만, 사회 내 상대적 불평등의 심화와 소득차이로 인한 계층 간의 갈등을 초래했으므로 사회복지적 측면에서의 효과는 크게 반감되었다고 할 수 있다.

제3·4공화국 당시 수립된 주요 제도로는 아동복리법(1961년), 생활보호법(1961년), 재해구호법(1961년), 공무원연금법(1962년), 군인보험법(1962년), 군인연금법(1963년), 산업재해보상보험법(1963년), 사회복지사업법(1970년), 사립학교교원연금법(1973년), 국민복지연금법(1973년), 의료보험법(1976년) 등을 들 수 있다.

(5) 제5공화국(1980~1987)

제5공화국 정부는 사회복지제도를 정권의 정당성 확보를 위한 명분으로 이용하면서, 국민의 욕구를 물리적 억압을 통하여 통제할 수 있었기 때문에 사회복지 실시에 대한 필요성을 강하게 느끼지 못했다. 1980년대에 들어와서 정부는 민주복지사회를 건설하겠다는 국정지표를 내세웠지만 실제로는 자유방임주의에 입각한 복지정책을 실시하였다. 따라서 생활보호대상자가 최저생계비에도 미치지 못하는 생계비를 지급받는 등의 모순이 반복되었다.

(6) 제6공화국(1988~1993)

제6공화국은 '민주화'를 염원하는 사회적 분위기, 노동과 자본의 대립 속에서 재분배를 주장하는 노동계 등을 비롯한 국민들의 저항이 거세어짐에 따라 사회복지를 확대하는 방향으로 통치전략을 전환하였다.

1980년대에 도입된 주요 사회복지제도로는 심신장애자복지법(1981년), 노인복지법(1981년), 의료보험제도(1999년), 국민연금제도(10인 이상 사업장 적용), 산재보험제도(5

인 이상 사업장 적용) 등이 있고, 1990년대에 도입된 사회보험으로는 실업과 직업개발을 위한 고용보험제도(1995년) 등이 있다.

1997년 말 'IMF 외환위기'를 맞아 실업률 증가, 소득 급감, 중산층 붕괴, 가족해체 등의 문제에 직면하게 되면서 사회적 안전망(safety net)의 확충이 절실히 요구되었고, 기존의 생활보호법을 대체하여 최저생계비에 근거하여 지급하는 새로운 제도인 국민기초생활보장법이 제정 · 시행되기에 이르렀다. 또한 논란이 되어온 조합주의 방식의 의료보험을 통합 · 일원화하기 위하여 '국민건강보험법'을 제정하였지만, 방만한 운영과 재정문제로 적자상태에 빠지게 되었다. 이를 해결하기 위하여 보험료를 인상하면서 흑자재정으로 전환되는 듯 하였으나, 지역가입자와 직장가입자 사이의 보험료 산정에 대한 투명성 문제가 제기되는 등 국민건강보험제도에 대한 합리적 운영의 필요성이 제기되고 있다.

김대중 정부에서는 '생산적 복지'를 주창하며, 사회적 안전망의 설치와 보건 · 복지제도의 기초 마련을 기본 방향으로 설정하고, 국민기초생활보장제도(2000)를 도입하고, 국민연금의 확대와 국민건강보험의 통합 및 의약분업을 핵심 정책으로 내세워 실시하였다.

노무현 정부에서는 '참여복지'를 통하여 빈부격차의 완화 및 사회통합의 필요성을 강조하고, 보편주의적 복지 및 제도의 내실화를 추진했다. 아울러 국가의 복지책임을 완수하는 의미에서 민간의 역할을 제고할 것과 사회복지 서비스의 지방 이양을 통하여 복지 및 보건의 인프라 확립에 주력하였다.

〈표 2-4〉 생산적 복지와 참여복지의 비교

항 목	생산적 복지(김대중 정부)	참여복지(노무현 정부)
사회적 배경	• IMF 경제위기 • 대량실업	• 빈부격차의 사회문제화 • 사회통합의 필요성 • 인구 노령화 및 인구 감소
기본 방향	• 사회적 안전망 설치 • 보건 · 복지제도의 기초 마련	• 보편주의적 복지, 제도의 내실화 • 정책결정 및 집행과정에서의 국민 참여 • 국가의 복지 책임을 완수하는 의미에서의 민간의 역할 제고
핵심 정책	• 국민기초생활보장제도 도입 • 국민연금 확대, 노후생활보장 • 건강보험 통합 및 의약분업 실시	• 보편주의적 수당제도의 확대 및 복지 · 보건 서비스 확립 • 복지 및 보건의 인프라 확립 • 복지재원의 적정 확보 및 적절 조달
국가와 민간의 관계	• 형식적 : 상호보완적 • 내용적 : 국가보완, 민간주도	• 형식적 : 상호보완적 • 내용적 : 국가주도, 민간보완
복지와 경제의 관계	• 형식적 : 상호보완적 • 내용적 : 경제종속적	• 형식적 : 상호보완적 • 내용적 : 경제합일적

출처 : 강용규 외(2017). 사회복지개론. 재인용.

이명박 정부는 '능동적 복지'를 주창하면서, 빈곤과 질병에 대한 예방적 기능, 미래세대에 대한 사회투자를 강조했다. 빈곤으로부터 자립을 지원하고 빈곤의 세대 간 전승을 방지하기 위한 적극적이고 예방정책을 지향하고 있다.

제2부

사회복지의 접근방법

제3장 사회복지행정

학습목표

1. 사회복지행정의 특성과 과제에 대해서 설명할 수 있다.
2. 사회복지행정 조직의 구조에 대해서 설명할 수 있다.
3. 사회복지 프로그램 기획의 과정을 열거하고 단계별로 설명할 수 있다.

사회복지행정은 공・사 사회복지조직과 사회복지전문직이 효과적으로 기획・실천・평가를 할 수 있도록 지원해 주는 사회사업의 중요한 방법 가운데 하나이다. 사회복지행정은 이러한 지원을 해줌으로써 궁극적으로 사람들의 사회적 기능을 강화하는 데 목적이 있다.

1. 사회복지행정의 개념

사회복지행정(social welfare administration)은 '사회복지'와 '행정'이라는 개념이 합성된 것이다.

Friedlander(1968)는 사회복지행정이란 '사회입법의 규정에 따라 혹은 민영시설에서의 박애나 종교적 자선의 방침을 서비스의 역동성에 옮겨 인간의 복지를 높이는 것'이라고 하였다.

Trecker(1977)는 '사회사업행정(social work administration)'이라는 용어를 사용하면서, 사회사업행정은 그 지역사회가 필요로 하는 서비스와 사업을 제공하려는 의도로 이용 가능한 모든 자원을 주민들이 사용할 수 있도록 그들의 에너지를 방출하고 관련시키면서 주민들과 같이 일하는 과정이라고 정의하고 있다(박경일 외, 2001 : 189).

협의의 사회복지행정은 하나의 실천방법으로 사회복지조직의 목표달성을 용이하게 하기 위해 사회복지행정 관리자에 의해 수행되는 상호 의존적인 과업과 기능 및 관련활동 등의 체계적인 개입과정이다.

협의의 사회복지행정은 주로 사회복지조직 관리자의 활동과 관련되어 있으며 목표설정, 프로그램 기획, 자원의 동원과 유지, 성과의 평가와 같은 과업활동에 사회사업적 지식과 기술, 가치 등을 의도적으로 적용하며 사회복지조직의 특수한 목적과 특징에 영향을 받는다.

광의의 사회복지행정은 사회복지정책을 사회복지 서비스로 전환시키는 데 필요한 사회복지조직에서의 총체적인 활동을 말하는 것으로 목표달성의 책임이 조직의 모든 구성원들에게 공유되며, 따라서 사회복지조직 내의 모든 활동은 그것이 개인적 차원이든 조직적 차원이든 사회복지행정 과정에서 매우 중요하다는 것을 강조함으로써 사회복지행정의 개념을 보다 민주화하고 있다.

〈표 3-1〉 사회복지행정의 개념 비교

구 분	사회사업행정	사회복지행정	사회행정
관 점	전문직	전문직과 외부사회 시각의 혼합	전체 사회적 시각
기 능	잔여적 기능	잔여적–제도적 기능 혼합	제도적 기능
지식과 기술	전문직의 기존 3대 사회사업방법론에 기초	휴먼 서비스 조직의 경영에 필요한 사회과학적 지식	전체 사회적 욕구와 자원배분에 관한 지식
개인과 환경	개인의 치료에 관심	개인과 환경의 상호작용	구조, 환경의 변화

출처 : 강용규 외(2017).

사회사업의 3대 방법인 개별사회사업, 집단사회사업, 지역사회복지사업의 지식과 기술적 기초를 기반으로 하는 하나의 실천방법으로서의 사회복지행정은 사회사업조직의 운영 및 기능을 촉진시키고 조직을 통한 사회사업실천 활동을 증진시킴으로써 직접적으로는 사회복지조직의 일부인 변화체계(사회복지기관)의 활동에 변화를 초래하고, 간접적으로는 클라이언트 체계인 가족, 개인, 소집단 및 지역사회의 성장과 행동에 변화를 초래하기 때문에 사회복지행정은 사회사업의 하나의 개입방법이라 할 수 있다.

2. 사회복지행정의 특성

1) 일반행정과 사회복지행정

일반행정은 이미 수립된 법이나 정책을 구체화·개별화하고 이를 집행하는 사무체계 또는 기술체계로, 과학적 관리와 원리의 접근을 중시하고, 기계적 능률을 강조한다.

사회복지행정은 휴먼서비스(human service)로서 사회복지 서비스를 포괄하는 개념으로 인간에 대한 직접적인 서비스를 제공한다는 점에서 일반행정과는 구분되는 독특함이 있다. 사회복지조직은 서비스의 가치와 목표가 다른 일반행정 조직들과는 다르고, 클라이언트 집단도 특이하며, 따라서 이들을 다루기 위한 조직의 운영방식도 독특하게 나타나고 있다.

클라이언트의 인간적·질적 측면이 조직에 대한 원료이자 산출물이 된다는 점이 사회복지행정의 가장 두드러진 특징이라고 할 수 있다.

2) 휴먼서비스와 사회복지행정

휴먼서비스에서는 사람과 함께 사람에 대해 직접적으로(directly with & on people) 일을 한다는 점에서 다른 서비스들과 다르다. 휴먼서비스는 서비스의 대상이 물질이나 다른 동식물이 아닌 인간이라는 사실, 이들에 대해 간접적이 아니라 직접적으로 서비스가 전달된다는 점, 서비스 수급자가 서비스 과정에 참여한다는 점에서 다른 서비스들과 차이가 난다.

휴먼서비스는 서비스의 대상이 되는 인간들을 직접적으로 변화 혹은 유지하기 위해 제공되며, 변화나 유지의 대상자인 클라이언트는 곧 서비스를 위한 원료(raw material)이자 서비스의 결과로 발생하는 생산물이다. 그러므로 휴먼서비스를 실천하는 사회복지행정은 이러한 인간들을 다루는 서비스를 운영함에 있어서, 그 원료이자 산출물이 되는 인간 존재에 대한 가치나 도덕성을 명확하게 전제하고 있어야 한다. 또한 인간 존재를 전체성과 개별성을 통해 이해해야 할 필요가 있다.

■ **전체적 접근(holistic approach)**
인간을 통합된 하나의 전체로 보며, 한 개인이 갖는 제반 문제들은 서로가 밀접하게 상호 관련되어 있어서, 하나의 문제도 다른 문제들과 결부시키지 않고서는 해결이 불가능하다는 입장

■ **개별적 접근(individualized approach)**
모든 개인들이 개별화된 차원에서 다루어져야 하며, 표준화를 배격하고 인간욕구의 개별성을 강조

3) 사회복지행정의 특성과 과제

사회복지 서비스는 인간을 대상으로 인간에 대하여 직접적으로 서비스를 제공한다. 서비스의 결과물 또한 인간다운 삶 혹은 인간의 유지나 변화를 목표로 하게 된다.

〈표 3-2〉 사회복지행정의 특성과 과제

속 성		사회복지행정의 특성 및 과제
인 간	가치와 도덕성	• 몰가치적 행정 배격 • 인간/사회에 대한 휴머니즘 가치에 입각한 행정
	전체성과 개별성	• 전체적 접근방식의 행정 구현 • 개별화된 클라이언트의 욕구를 구현하기 위한 행정
조 직	클라이언트와의 전문적 상호작용	• 참여적/수평적 조직 구조로 창의성과 역동성 추구
	조직들 간의 체계적 관련성	• '초조직적'이며 개방적인 조직 체계 구축 • 조직들 간의 통합과 연계를 중시하는 행정 구현
환 경	의존성	• 환경 요소들의 영향에 대한 지속적인 관심과 관리
	역동성	• 환경적 변화에 대한 탄력성과 유연성 구비
	다면적 가치	• 혼합재 관리 • 다양한 기준의 책임성 요구들에 대한 관리

출처 : 강용규 외(2017).

사회복지 서비스는 조직적 과정을 통해 전달되며, 사회복지사와 클라이언트 간의 전문적인 상호작용을 통하여 이루어지고, 분화된 조직 기능들은 체계적인 연계를 통해서 서비스의 효과성이 향상된다는 특성을 갖고 있다.

또한 사회복지조직은 환경에 의존적이어서 환경 요소들의 변화에 의해 상당한 영향을 받는다.

3. 사회복지행정의 조직

1) 조 직

조직이란 특정한 목적을 추구하기 위해 정형화된 구조를 갖는 사회집단으로 명확하고 구체적인 목적들을 갖추고 있으며, 조직의 구조와 과정은 그러한 목적들을 성취하기 위해 합리적으로 디자인된 것이다.

(1) 관료제

관료제(bureaucracy) 이론은 M. Weber에 의해 전개된 것으로 다음과 같은 특성들을 가지고 있다.

- 비인격적(impersonal)이며 보편적인 규칙
- 성문화된 규칙(written rules)
- 전문성에 근거한 분업(division of labor)
- 위계적인(hierarchical) 구조
- 명백하게 선이 그어진 권력(power)과 권한(authority)

관료제는 명백히 합의되고 쓰여진 규칙들에 의해 유지되며, 그러한 규칙들은 비인격적(impersonal)이고 보편적이어서 특정 개인들 간의 연분이나 정실에 의거하여 조직이 움직이지 않도록 하는 것이다. 합리적인 목적에 의해 분업이 이루어지고, 그러한 분업화된 부분들을 명백한 권한과 권력, 위계적인 구조 등을 통해 묶는 것이다. 이와 같은 관료제는 합리－합법적 규칙들에 의하여 사회적 관계의 효율성을 극대화하는 데 기여해 왔다.

관료제는 많은 장점에도 불구하고 대표적인 문제점으로 지적되는 다음과 같은 것들이 있다.

- 상부구조로의 권력집중으로 인한 비민주성
- 다양하고도 비일상적인 업무들을 전문가적인 판단으로 처리해야 하는 작업환경에의 부적합성
- 비인격적 규칙의 적용으로 인한 비인간화
- 복잡하고도 경직된 규칙들로 인한 창조성의 결여
- 규칙지향성으로 인해 수단으로서의 규칙들이 목적 자체가 되는 경향
- 조직의 유지와 생존이 본연의 목적들을 압도해 버리는 목적전도현상

(2) 조직구조

현대사회의 대부분 서비스들은 조직을 통해 산출되며, 사회복지의 이념과 정책을 직접적 서비스로 전환시키는 사회복지행정의 주요 과업들을 이해하기 위해서는 조직적 맥락에 대한 파악이 우선적으로 필요하다.

조직구조란 조직의 각 부분들 사이에 성립되어 있는 관계의 유형을 뜻하는 것으로 조직의 기능과 권한, 책임 등이 어떻게 배분 및 조정과 관련되어 있는지를 보여준다.

① 조직표(organizational chart)

조직표는 조직 내에서 업무와 기능의 분화, 분화된 기능들의 연결과 조정을 나타내고 있다. 즉, 조직의 공식적 구조란 분화(division)와 조정(coordination)이라는 두 가지 목적에 기여하기 위해 조직의 부분들이 연결되어 있는 상태를 의미한다.

② 업무의 세분화

업무의 세분화란 한 조직 단위 내에서 업무들이 구분되어 있는 정도를 의미하는 것으로, 단순하게 구분될 수 있는 업무의 수에 의해 파악될 수 있다. 업무들이 세분화될수록 조직 전체의 분업현상은 더욱 복잡하게 된다.

〈표 3-3〉 업무 세분화와 장·단점 비교

장 점	단 점
• 업무와 기술의 단순화 • 전문기술 개발의 용이 • 효율성 증대 • 관리와 감독의 용이	• 업무자의 매너리즘 • 클라이언트의 혼란 • 업무 조정에 따르는 비용 증대

③ 수직적 위계

수직적 위계는 한 조직의 권한배분이나 의사결정방법 등과 주로 관련되어 있으며, 권한(authority)이란 조직의 목표를 달성하기 위한 업무를 수행하는 데 필요한 의사결정, 하급자들의 행동 지휘, 자원 할당, 보상과 처벌 등에 사용되는 합법적인 권리를 가리키는 것이다.

의사결정(decision making)이란 조직의 제반 업무수행과정에 존재하는 여러 대안들 중에서 선택하는 행위를 의미한다.

한 조직에서 권한이나 의사결정과정이 수직적으로 진행되는 것을 집권식(centralized)이라 하고, 반대되는 경우를 분권식(decentralized)이라 한다.

④ 정형화

정형화(formalization)란 업무수행의 신뢰성과 일관성을 높이기 위해서, 업무자들의 재량과 임의적인 행동반경을 축소시키거나 의사결정과정을 일상화하기 위한 장치를 의미한다. 한 조직의 정형화는 사전에 설정된 규칙과 절차에 어느 정도 의존하고 있는가에 의해 파악될 수 있다.

한 조직이 집권식 위계구조의 성향을 나타낼수록 정형화의 정도는 높아지고, 분권식 위계구조 성향 시 정형화의 정도는 약하게 나타날 가능성이 높다.

2) 리더십

조직의 목표결정에서부터 실행, 유지, 관리에 따르는 제반업무들에 이르기까지 조직의 전반적인 운영은 조직 리더들이 취하는 리더십에 의해 크게 영향을 받는다.

〈표 3-4〉 리더십의 유형

구 분	지시적 리더십	참여적 리더십	위임적 리더십
초 점	리더-중심	집단-중심	개인-중심
결 정	리더가 대부분의 결정을 내림	하급자들이 결정에 참여	하급자들이 결정
자주성	최소한의 행동자유	일정한 독자성 양성	거의 완전한 자주성
의사소통	일방적 의사소통	양방향 의사소통	자유, 개방 의사소통
파 워	파워와 규율 사용	강압이 아닌 설득	자기-통제에 의존
하급자 기분	무관심	고려됨	지배적
지 향	과업중심	사람 및 집단중심	개인적 성취 중심
리더의 역할	지시 제공	집단 참여	지지 자원 제공
심리적 결과	복종과 의존	협력과 참여	독립과 개인적 수행

출처 : 강용규 외(2017).

리더십(leadership)이란 리더가 갖는 성향, 행동, 상황 등과 관련되는 제반 특성들을 부르는 일반적인 개념이다.

일반적으로 리더십은 다른 사람들로부터의 바람직한 변화나 행위를 가져오게 하는 능력이며, 비강압적인 영향력을 사용하여 집단구성원들이 목적성취를 위한 활동을 하도록 지휘하고 조정하는 것이다.

3) 인사관리

사회복지 서비스의 핵심적인 부분은 미리 규정된 규칙이나 절차에 의존하기보다 일선 업무자들의 전문적인 판단이나 기술, 재량 등에 크게 의존할 수밖에 없다. 따라서 이들 전문인력으로서의 업무자들에 대한 관리가 서비스의 질을 향상시키기 위한 조직의 행정적 노력에서 중요한 비중을 차지하게 된다.

(1) 직원모집 및 선발

직원모집(recruitment) 및 선발(selection)에서 주된 관심사는 업무에 가장 적합한 사람들을 선발해 내는 것이다. 조직의 인적 능력을 효과적으로 증진하기 위해서는 업무능력이 우수하거나 잠재력을 가진 사람들을 직원으로 기용하는 것이 무엇보다 중요하다. 즉, 사회복지 서비스 조직의 효과성은 조직이 갖춘 인력의 질에 의해 결정적으로 좌우된다.

일단의 지원자들을 모집·확보한 후에는 이력서, 추천서, 시험, 자격증, 인터뷰 등의 다양한 방법을 통하여 이들에 대한 정보를 획득하는 것이 중요하다.

(2) 보상체계

직원들은 기관 목적의 성취를 위해 자신들의 에너지와 노력을 기여하는 데 따르는 인센티브(incentive)와 보상(reward)을 기대하고 있기에 보상수준은 직원들의 기본 욕구를 충족시킬 수 있을 만큼 충분한 수준의 보상을 해야 한다. 외부적으로는 다른 기관에서의 보상수준과 유사하거나 높아야 하고, 내부적으로는 직원들 간에 공평한 배분이 이루어져야 한다. 또한 개인의 욕구에 적합한 보상이 이루어지도록 해야 하며, 개인적 및 집단적 수행실적에 보상을 연계해야 한다.

직원들에 대한 보상체계는 기본적으로 지급되는 기본 급여, 초과시간에 따른 초과시간 수당(overtime pay), 근속수당(longevity pay), 인센티브 시스템, 연금(pension)이나 유급휴가(paid vacation)와 같은 부가급여가 포함된다.

(3) 인력개발 및 훈련

신임직원들은 새로운 직무환경에, 그리고 기존의 직원들은 변화하는 업무환경에 계속적으로 적응해 나갈 필요가 있다. 기관의 정책이나 절차들이 변화할 수 있고, 일상적인 직무수행에 있어서도 계속적인 변화들이 나타난다. 새로운 서비스 기술들이 개발·도입될 수 있고, 개별 업무자들이 직위를 이동함에 따르는 변화가 발생하며, 기관에 대한 외부 사회의 욕구와 기대수준들도 변화하게 된다. 이처럼 사회복지 조직의 계속되는 환경 변화들로 인해, 기존의 직원들에게도 새로운 환경에 대한 적응의 필요성이 신임직원과 마찬가지로 나타난다.

인력개발의 일반적인 의미는 직원들에 대한 직무 관련 지식이나 기술들을 강화시키는 노력으로, 인력개발은 보통 상급자들에 의해 주도되며, 상급 부서에서 인력개발의 필요성과 방향을 설정하고, 이를 하급자에게 적용하는 것이 일반적이다.

직무환경을 개선해서 인력의 직무능력이 향상된다면, 그것이 바로 인력개발의 중요한 방법이 된다. 부적절한 급여, 리더의 불명확하고 혼란한 지침 전달, 프로그램 자원의 축소 등이 업무자들의 직무태도와 행동에 영향을 미치는 영향은 매우 크다.

(4) 직무만족도

직무만족도(job satisfaction)는 업무자들이 일과 직무환경에 대해 갖는 태도 및 인지를 말하는 것이다. 사회복지 서비스에서는 효과적인 직무수행을 위해서는 직무만족도가 필수적인 선행조건으로 직장에서의 높은 사기가 서비스의 질이나 효율성 등과 같은 업무수행력의 향상에 기여한다.

직무만족도가 중요한 이유는 하급자들의 직무만족도는 정서적 측면의 중요한 부분이고, 직무만족도가 이직률에 영향을 주며, 빈번한 이직은 프로그램의 중단이나 단절과 같은 현상을 초래하게 되기 때문이다. 또한 직원들의 사기가 저하되어 있으면 조직 내에서 업무자들 간의 의사소통, 문제해결 노력, 협동 등이 저해되기 때문이다. 이 결과 업무환경에서 갈등, 불만, 일의 정체 등이 늘어난다.

(5) 수퍼비전

사회복지기관에서의 수퍼비전(supervision)은 직원개발에 주된 관심을 두는 행위로서, 사회복지 서비스 기관들은 전문적인 관계를 통해 조직이 구성되며, 그에 따라 일선의 서비스 실천 인력들의 개발과 유지 및 정서적이고 사회적인 지지까지 제공하며, 교육적인 수퍼비전의 역할을 통해 업무자들의 전문성 개발에도 기여를 하게 된다.

기관의 수퍼바이저(supervisior)는 전문적인 지식・태도, 사회사업 실천기술에 대한 전반적인 이해와 특정 전문 분야에 대한 고유의 실천기술을 소유해야 한다. 그뿐만 아니라 수퍼비전 활동에 대해 깊은 관심과 진지한 자세를 가져야 하고, 인간적인 솔직성을 지녀야 하며, 하급자들에 대한 칭찬과 인정을 아끼지 않아야 한다.

4) 재정관리

재정관리(fiscal management)는 조직이 목표달성을 위해 필요한 재정자원을 합리적이고 계획적으로 동원・배분하고, 효율적으로 사용・관리하는 과정을 의미한다. 재정관리는 크게 세 가지로 구분된다. 예산안이 기획되는 예산편성, 예산을 실행에 옮기는 예산집행, 예산집행에 대한 감사의 과정이 있다.

(1) 예산편성

예산편성(budgeting)이란 특정한 목적을 실현하기 위해 필요한 비용을 계상(計上)해 내는 것으로, 사회복지 서비스 프로그램들의 예산편성을 위해서는 예산안에 다음과 같은 것들을 기본적으로 포함시켜야 한다.

- 프로그램 목적에 대한 개요
- 서비스에 대한 정의
- 욕구 인구와 서비스 활용 수준에 관한 추정치
- 프로그램 비용과 요청되는 자금

(2) 예신집행

예산안이 통과되고 나면, 예산의 기능은 자원을 확보하는 도구에서 조직의 업무수행을 통제하는 도구로 바뀐다.

예산집행의 기본은 주어진 재정자원들을 자원 할당 시 위임된 사항을 실천에 옮기는 것이다.

주어진 자금은 자기균형(self-balancing)의 재정 실체로서, 지출은 명백하게 승인된 금액 한도에 제한되어 있다. 이미 책정된 예산보다 더 많이 쓸 수가 없다는 것이다.

사회복지조직들에서 비용할당에 가장 어려움을 겪는 부분이 행정에 소요되는 비용인데, 대개의 경우 많은 행정비용들이 임의적으로 결정되기 쉽기 때문이다.

(3) 감사

감사(audit)란 사회적으로 할당된 자원들에 대한 청지기로서의 조직이나 프로그램이 그 역할을 적합하게 수행하고 있는지를 확인하는 작업이다. 감사는 일반적으로 규정순응감사와 운영감사로 구분할 수 있다.

규정순응감사(compliance audit)는 재정감사(financial audit)로 재정적 운영이 적절한 회계절차에 따라 시행되었는지, 재정이나 다른 보고서들이 적절하게 준비되었는지, 기관에 적용된 각종 규칙과 규제들에 기관이 적절하게 따랐는지를 확인하는 것이다. 본래 규정순응감사는 '사리사욕에 관한 것'을 감시하기 위한 것이다. 또한 규칙과 규제에 대한 순응 여부를 감독함으로써 프로그램이 경제적이고 효율적으로 운영되었는지를 모니터링(monitoring)한다.

운영감사(operational audit)는 프로그램 결과가 바람직하게 성취되었는지 여부, 목표들은 어느 정도의 경제성과 효율성으로 성취되었는지 등과 같은 문제들에 관심을 갖는다. 운영감사를 위해서는 기능별 예산이나 프로그램 예산과 같은 예산형식들을 갖추어야 한다.

4. 사회복지 프로그램

사회복지 프로그램은 사회복지행정의 실천을 위한 주요 수단으로, 사회복지행정은 사회정책이나 목적들을 서비스 실천으로 연결하는 과정으로, 그러한 과정에 대한 구체적인 설계가 사회복지 프로그램들을 통해 나타난다.

1) 사회복지 프로그램의 성격

(1) 프로그램의 구조

사회복지 프로그램은 서비스 전달을 위한 도구이며, 정책이 의도하는 변화를 실천으로 옮기는 모델 역할을 한다. 정책이 주로 '무엇이 되어야 하는가'라는 당위성을 다루고 있다면, 프로그램은 '어떻게 그것을 실현할 것인가'에 대한 방법론을 담고 있다.

사회복지 프로그램은 일종의 변화 모델로서, 의도적인 개입을 통해 개인이나 집단 혹은 사회에 대한 변화를 시도하는 것이다.

정책이 목적적인 개념이라면 프로그램은 수단의 개념으로 하나의 거시적 프로그램이 세부 프로그램들로 분해되고, 그 세부 프로그램들은 다시 각자가 자신들의 하위 프로그램들을 만들어 나가는 과정이 연속된다.

하나의 사회복지 프로그램은 전체 사회 프로그램들과의 관계 속에서 존재하며, 전체 사회정책적 목적을 실현하는 제반 프로그램들 간의 논리적이고 조직적인 관계를 나타내는 것을 프로그램 구조(structure)라고 한다.

프로그램 구조의 상부에서 하부로 이동할수록, 사회 프로그램들의 성격은 규정적·기획적 개념의 거시적 프로그램에서 구체적·실천적 개념의 서비스 프로그램으로 바뀐다.

(2) 프로그램의 분류

사회복지 프로그램들은 사회정책을 실현하기 위한 전략적·조직적인 요소들로, 사회정책들은 의도적인 재분배의 문제를 주로 다루고, 그에 따라 사회복지 프로그램들은 대개가 전형적인 정치학 문제들을 다루게 된다.

① 자격요건에 의한 분류

프로그램의 자격요건이란 '누가' 서비스의 수급자인가?를 결정하는 것으로 정책에서 의도한 욕구에 부합하는 상황이나 사람들이 누구인지를 판단하기 위해 몇 가지 조작적인 기준들이 동원된다.

첫째, 수단-검증(means-tested)기준은 공공부조 서비스와 같은 선별적인 프로그램들에서 주로 사용하는 기준이다. 보통 개인의 자산이나 소득을 근거로 해서, 그 개인이 속한 집단의 평균이나 중간값에 대비하여 일정한 수준 밑으로 떨어지는 사람들을 선별하게 된다. 사회보험이나 일반교육 서비스 등과 같이 수단-검증이 없는 프로그램들을 보편적 프로그램이라 한다.

둘째, 지위(status)기준으로, 데모그란트(demogrant) 프로그램들이 주로 여기에 속한다. 연령집단, 특정 지역사회 거주자 등과 같은 개인의 인구사회학적 지위에 기준해서 자격요건이 결정된다.

셋째, 보상적(compensatory) 기준은 '누가 사회적인 기여를 했는가' 등에 기준해서, 보상적 차원으로 이루어지는 것으로, 사회보험이나 보훈 관련 프로그램이 대표적인 경우이다. 즉, 공동체 사회의 상호의존성이라는 원칙에 의거해서 한 개인이 공동체 사회를 위해 기여한 정도에 따라 보상수준을 결정하는 것이 보상적 기준이다.

② 서비스 급여에 의한 분류

사회복지 프로그램들은 다양한 형태의 급여(benefits)들을 갖추고 있다.

첫째, 기회(opportunity)는 유형의 재화나 서비스가 아니라 기회와 같은 잠재적, 무형(無形)의 급여를 제공하는 것으로, 어떤 개인이나 집단에 대해 이전에는 부정되었던 급여의 접근을 가능하게 만드는 것이다.

둘째, 현금 이전(cash-transfer)은 한 개인이나 제도로부터 다른 개인이나 제도로 일정금액이 이전되어 할당(allocation)되는 것으로, 반대급부 없이 이루어진다는 점이다. 부분적으로는 계층 간의 재분배 효과가 발생한다.

셋째, 현물(in-kind)제공은 현금으로 지급되는 서비스 급여가 갖는 문제점들로 인해, 수급자에게 의도된 서비스 급여들을 현물로 지급하는 것이다. 현물제공은 프로그램이 의도했던 목적에 적합하게 자원이 사용되도록 통제하려는 데에 목적이 있다.

넷째, 사회서비스(social service)는 보다 직접적인 서비스 제공의 급여형태이다. 현금과 현물 서비스의 경우에는, 수급자가 특정한 재화나 서비스를 획득하게 되면 그로 인해 서비스의 의도된 효과들이 나타날 것으로 가정을 한다.

(3) 프로그램의 재정

사회복지 프로그램들에 대한 재정지원은 다양하게 이루어지는데, 국가에 의한 재정지원도 있고, 각종 민간주체에 의한 지원도 있다. 이것은 곧 프로그램을 제공하는 서비스에 대한 비용을 누가 지불할 것인가라는 문제와 결부되어 있다. 사회복지 프로그램의 재정자원 원천들은 크게 다섯 가지로 구분될 수 있다.

① 재정 원천의 유형

첫째, 이용자 요금 부담은 서비스를 이용한 사람이 직접 그에 대한 비용을 부담하는 것으로, 보편적 사회서비스들에서 이러한 방식을 많이 채택한다. 교육, 의료, 주택, 영유아보육서비스, 유료 양로, 노인복지 서비스 등이 이에 해당한다.

둘째, 자선활동에 대한 기부를 목적으로 하는 조직들이 프로그램에 대한 재정을 지원하는 것이다.

셋째, 국민건강보험과 같이 서비스 이용자의 요금을 제3자(국민건강보험공단)가 서비스 제공기관(병·의원, 약국 등)에 지불하는 방식이다.

넷째, 보험원칙은 '지금 지불하고, 나중에 혜택을 받는' 것으로 해당 프로그램의 목적만을 위해서 사용된다.

다섯째, 정부지원으로 특정한 서비스 제공에 대한 보상방식과, 서비스 조직의 유지와 운영을 위한 지원방식이 있다. 인건비를 비롯한 경상운영비 위주로 제공된다.

② 정부지원의 형태

대부분 사회복지 서비스 프로그램들의 주된 재정자원의 원천은 정부지원이다. 비록 민간자원을 활성화하려는 의도와 노력이 현재 진행되고 있으나, 공공자원이 갖는 '안전성'을 대체해 줄 수 있는 자원 원천들은 아직까지도 존재하기 어렵다. 정부지원은 크게 두 가지의 유형으로 구분해서 볼 수 있다.

첫째, 보조금(subsidy)이란 민간기관들의 서비스 제공에 대해 중앙정부나 지방자치단체가 일정부분 보조해 주는 것이다. 우리나라 사회복지조직들에서는 수용의 성격이 강한 서비스 프로그램일수록 국고 보조금의 비율이 사회복지 서비스 조직의 전체 수입에서 차지하는 비중이 증대되는 것으로 나타나고 있다.

둘째, 서비스 구입(purchase of service)이란 자원을 가진 조직이 서비스 대상자들에게 직접적으로 서비스를 제공하는 것이 아니라, 서비스 제공능력을 가진 조직들로부터 서비스를 구입하여 간접적으로 서비스를 제공하는 방식이다. 대개 정부조직이 계획을 세우고 직접적인 서비스들은 민간조직들로부터 구입하는 형식으로 서비스를 전달한다. 민간으로부터 서비스를 구입하는 것이 보다 장점이 되는 이유는, 정부조직의 관료제적인 경직구조에 얽매이지 않고 서비스가 조직되고 전달될 수 있어서 보다 높은 유연성과 창의성을 진작할 수 있기 때문이다.

2) 프로그램의 기획

사회복지 프로그램은 사회복지적 문제와 욕구를 해결하려는 것으로 어떻게 사람들에게 도움(혹은 변화)을 줄 것인가에 관한 방법을 담고 있으며, 명확한 논리를 갖추어야 한다.

(1) 프로그램 기획의 필요성

기획(planning)이란 '문제를 해결하고 미래의 사건들에 대한 경로를 통제하려는 의식적인 시도로서, 예견, 체계적 사고, 조사, 그리고 가치선호를 통해 대안들을 선택해 나가는 의사결정들'이다.

프로그램 기획은 '변화하는' 사회에 둘러싸인 사회복지 프로그램에서 특별히 중요성을 갖는다. 프로그램 기획의 필요성을 요약하면 다음과 같다.

첫째, 합리성의 증진으로, 합리성(rationality)이란 경험적인 과학에 의해 입증된 가장 유용한 수단을 사용해서 가능한 목적들을 추구하는 것을 가리킨다.

둘째, 책임성의 증진으로 공식적인 기획활동을 통해 프로그램과 관련한 제반 정보들을 드러냄으로써, 프로그램에 사회적으로 승인(인정)된 목적들과 일치하고 있는지를(즉, 책임성에 대해) 확인하도록 한다.

(2) 의사결정

기획은 근본적으로 의사결정(decision making)의 과정으로, 의사결정이란 여러 대안들 가운데서 최적의 무엇을 선택하는 것이다.

(3) 우선순위

우선순위(priority)란 제한된 자원들에 대한 접근에서 앞서는 순서나 권리 등을 말하는 것이다. 우선순위의 설정은 '자원이 한정되어 있기 때문'에 요구된다.

우선순위의 설정은 몇 가지 점에서 프로그램의 책임성을 강화시킬 수 있다. 첫째, 가치선호를 분명하게 할 수 있고, 둘째, 비합리적이고 편견에 의한 영향력들의 개입을 최소화할 수 있으며, 셋째, 정치적 혹은 이해집단들의 압력을 줄일 수 있어 자원

할당에서 변화를 용이하게 할 수 있다.

3) 프로그램 기획의 단계

프로그램 기획의 과정은 사회적으로 공인된(approved) 목적들을 성취하기 위한 자원의 최적 배치라는 근거에서 프로그램을 선택하고, 선택된 프로그램을 실행하여 그 결과를 평가해 보는 것으로 완성된다. 프로그램 기획은 직선적인 과정이 아니라 상호교류적인 과정으로 간주된다.

| 그림 3-1 | 프로그램 기획의 단계

(1) 문제확인

프로그램이 의도하고자 하는 사회적 조건들의 변화를 찾아내고, 이를 통해 프로그램 전략들을 도출하는 근거를 마련한다.

(2) 목적설정

목적(goal)과 영향목표(impact objective)들에 대한 정의가 내려지며, 이것을 통해 프로그램 활동이나 노력이 지향할 방향을 정하게 되고, 그것은 다시 평가의 과정에서 표적들이 된다.

(3) 프로그래밍

구체적인 프로그램 계획들이 작성되며, 동일한 목적에 대해서도 다양한 프로그램 대안(alternative)들이 제시될 수 있으므로, 가능한 한 폭넓은 대안들에 대한 고려가 이루어져야 한다.

대안들이 확인되고 난 후에는 프로그램 선택을 위한 기준을 결정하고, 그 기준들을 이용해서 최적의 프로그램 대안들을 선택한다.

(4) 실행

각 단계의 상황을 바탕으로 실행하는 단계이다. 이용 가능한 자원의 배분, 자원의 조직화, 성공적 해결에 필요한 활동 등 다양한 요인들이 대안의 실행과 최선의 해결에 영향을 미친다.

(5) 평가

프로그램이 의도된 목적을 제대로 달성하였는지 파악하기 위한 것이다. 기획과정에서의 프로그램 평가는 프로그램 수행과정에 피드백을 제공하기도 하며, 프로그램 수행상의 기준을 제시하는 역할을 한다.

4) 프로그램의 분석틀

어떤 경우에서든 사회복지 프로그램들은 정체되어 있지 않으며, 계속적인 변화의 과정을 겪는다. 그에 따라 프로그램은 분석하고, 평가해야 하는 필요성도 계속적으로 나타난다.

프로그램을 분석하기 위해서는 분석틀이 있어야 하며, 일반적으로 체계분석(system analysis)의 틀을 많이 사용한다. 이 틀에서는 프로그램을 투입, 전환, 산출, 성과라는 하위체계들로 나누고, 프로그램의 구성요소들을 그에 따라 나누어서 분석·평가한다.

(1) 투입(inputs)

사회복지 서비스 프로그램의 주된 원료는 클라이언트 및 클라이언트의 문제상황이다. 클라이언트의 문제해결을 위한 자원은 인적・물적자원으로 구성되며, 인적자원은 서비스 인력과 행정인력으로 구성된다. 물적자원은 현금, 현물, 시설, 장비 등을 포함한다.

(2) 전환(throughputs)

서비스 과정으로서의 개입이나 프로그램을 의미한다. 투입 자원들이 클라이언트에게 사용되는 과정으로, 이 결과 서비스의 종료(산출)가 이루어지고, 최종적으로 클라이언트에 대한 기대 결과(성과)가 나타나게 된다. 전환은 상담, 시설치료, 사례관리, 정보 및 의뢰 서비스 등과 같이 다양한 형태로 나타난다.

(3) 산출(outputs)

클라이언트가 서비스를 얼마나 받았는지, 프로그램에 명시된 바와 같이 서비스의 종료가 이루어졌는지 등을 나타내는 것이다.

(4) 성과(outcome)

프로그램 이론의 전 과정이 의도하는 것은 바람직한 변화를 가져오고자 했던 목적의 성취이다.

5) 문제분석과 욕구사정

불분명한 문제분석은 필연적으로 모호하거나 지나치게 의욕적인 목적들을 만들어 내고, 부적절한 개입전략과 불명확한 서비스의 대상을 만들어 낸다. 따라서 명확하게 문제를 분석하여 프로그램의 목적들이 보다 분명하게 나타날 수 있도록 하는 것이 중요하다.

(1) 문제분석

문제분석은 무엇이 문제인지를 규정하는 과정으로, 사회복지 프로그램들이 다루는 문제는 일차적으로 '사회문제'로서 판단되는 것들이다.

사회문제란 사람들이나 그들이 갖는 환경의 조건들이 바람직하지 않은 것으로써 규정된 것이다. 바람직하지 않은 조건(condition)이란 어떤 것의 존재나 성격을 바람직하지 않게 변경시키는 현상을 의미하며, 사회복지 서비스는 이러한 사회문제를 해결하는 방안이다.

사회복지 프로그램들에서의 문제분석은 궁극적으로 사회적 개입이 필요한 부분을 확인해 내는 작업으로 사회에 대한 문제, 개인에 대한 문제, 문제의 존재나 유포에 기여하는 요인들을 확인해 봐야 한다.

(2) 욕구사정

사회복지 프로그램이 효과적으로 기획, 실행, 평가되기 위해서는 서비스 욕구에 대한 체계적인 분석에 근거해야 한다. 욕구(need)는 개인적인 필요나 원함(want)이 아닌 사회적인 욕구를 의도하는 것으로, 개인이나 집단이 사회인으로서 기능하기 위한 잠재성을 충분히 발휘하는 것을 제한하는 것으로 확인된 어떤 경제적, 사회적, 심리적 혹은 신체적 조건들을 말하는 것이다.

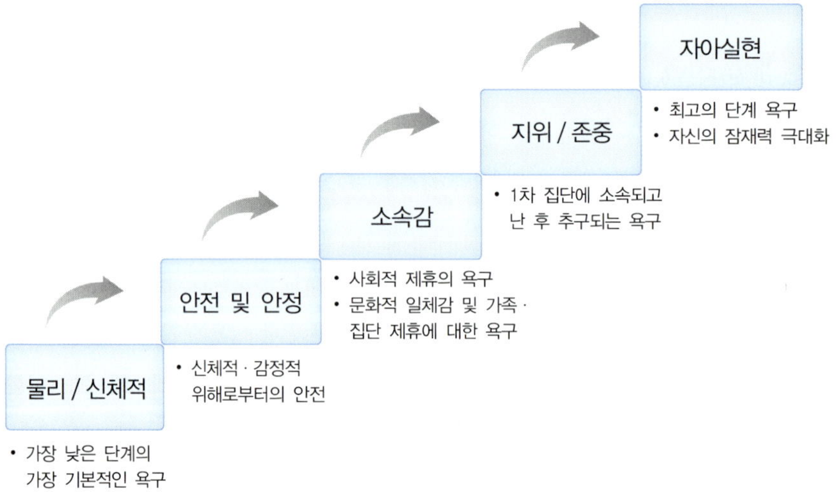

그림 3-2 매슬로우(Maslow)의 욕구 5단계

(3) 욕구의 유형

① 규범적 욕구(normative need)

전문가나 전문직에 의해서 규정되는 것으로, 보통 표준적 · 전문적인 기준을 사용한다.

② **느껴진 욕구**(felt need)

사람들이 자신들의 욕구라고 인식함에 따라 규정되는 것으로, 이러한 욕구는 주로 사회조사(survey)를 통해 사정(assessment)되는데, 이를 통해 사람들이 무엇을 필요로 하는지를 알게 된다.

③ **표현된 욕구**(expressed need)

느껴진 욕구가 행위로 전환된 것이 표현된 욕구이다.

④ **비교적 욕구**(comparative need)

집단들 간의 상대적인 비교를 통해 욕구의 존재를 확인하려는 것이다. 어떤 집단이 갖고 있는 서비스의 이용 수준이 다른 비교 집단의 수준보다 못할 경우, 그 집단에 해당 서비스가 필요하다고 본다.

6) 목적설정과 개입전략

프로그램을 통해서 구체적으로 무엇을 성취할 것인가를 결정하는 과정이 목적설정 단계이다.

(1) 목적과 목표

목적(goal)은 장기적이며 추상적으로 의도된 결과들의 상태를 나타내는 것이다. 목표(objective)는 프로그램의 의도나 목적실현에 필요한 세분화된 방향이나 상태를 나타내며, 경험적으로 다루어지는 것이다.

목표는 목적에 대한 일종의 수단으로, 수단적인 목표들을 성취함으로서 결과가 되는 목적이 실현되는, 일종의 원인과 결과의 관계에 있다. 목적과 목표들 사이에 괴리가 발생하는 경우에는 아무리 개별 목표들이 최대한의 성과를 나타낸다 하더라도 목적의 실현에는 도움을 주지 못하게 된다.

사회복지적 목적들을 구체적인 실행 계획인 프로그램으로 변화시키는 작업은 사회복지의 전문적인 가치와 지식을 기반으로 한 전문인이 아니고서는 수행하기 어렵다.

(2) 목적설정

목적설정은 기획과정의 필수적인 부분으로, 아무리 잘 짜여진 프로그램 디자인이라 해도, 추구되어야 할 목적에 대한 불분명성은 프로그램의 실행과 평가의 전반적인 과정에 부정적인 결과를 초래하고, 그로 인해 프로그램의 사회적 책임성을 약화시킨다.

프로그램 기획의 과정은 프로그램이 추구해야 할 방향을 결정하는 것이므로, 목적설정은 논리적인 유형을 따를 필요가 있으며, 그것은 프로그램이 추구해야 할 방향에 대한 명확성을 증진시킬 뿐만 아니라 궁극적으로는 목적 획득에 기여하게 한다.

프로그램의 목적을 기술할 때에는 첫째, 목적은 문제의 분석에서 도출되어야 하고, 둘째, 목적은 성과(outcome)지향적이어야 하며, 셋째, 목적은 현실적이어야 한다. 넷째, 목적은 명료하게 기술되어야 하며, 다섯째, 목적은 클라이언트계층에 대한 언급을 담고 있어야 하고, 여섯째, 목적은 추후에 관찰되고 측정될 수 있는 가능성을 가진 것이어야 하며, 일곱째, 목적은 긍정적이어야 한다. 즉, 무엇을 줄일 것인가라는 것보다는 무엇을 증가시킬 것인가를 나타내는 것이 좋다.

(3) 목표

목표(objective)는 목적획득에 대해 측정가능한 분량의 진전(進展)을 나타내는 구체적인 서술문으로, 주어진 시간 내에 프로그램을 성취시킬 수 있는 의도하는 결과와 영향을 기술하는 것이다. 대개 하나의 프로그램 목적은 다수의 목표들(하위목표들)을 가지며, 목표들에 대한 구분은 서로 배타적이기보다는 상호관련성을 가져야 하는데, 목적은 추상적이고 목표는 경험적이기 때문이다.

(4) 개입전략

프로그램 목표들이 '무엇을' 변화시킬 것인가를 제시한다면, 개입전략은 이를 구체적으로 '어떻게' 실천에 옮길 것인가를 제시한다.

사회복지 서비스들에서 채용되는 개입전략은 사회복지전문직이 문제 해결을 위해 어떤 시각과 개입기술들을 갖고 있는지를 대변하는 것이다. 사회복지의 개입전략은 크게 M・C・O로 나눌 수 있는데, MCO는 H. Perlman에 의해 주창된 개념으로, 동기(Motivation), 능력(Capacity), 기회(Opportunity)를 의미한다.

동기(Motivation)를 강조하는 입장에서는 개인들의 환경에 대한 부적응 문제를 그 개인들이 갖고 있는 '심리학적 측면의 결함'에 초점을 두고 이해한다. 능력(Capacity)을 강조하는 입장은 동기보다는 '개인의 능력'에 초점을 두며, 개입전략으로 교육적인 프로그램들을 주로 채택, 활용한다. 기회(Opportunity)를 강조하는 입장은 개인과 상황의 부적응을 '상황의 변화'에 의해서 해결하고자 하는 것에 초점을 둔다.

(5) 자원의 결정

선택된 개입전략을 지원하고 실행하는 데는 다양한 자원들의 확보가 필요하며, 재정, 인력, 시설, 장비, 용품 등이 그러한 자원이다. 직접적인 서비스를 제공하는 기관들에서는 전문인력의 확보에 재정의 많은 부분을 할애하고 있다.

자원(resources)은 내부자원과 외부자원으로 구분할 수 있고, 내부자원은 대부분의 지원들이 모(母)조직으로부터 제공되며, 자원을 획득하는 과정은 주로 정규적인 예산과정을 통해 이루어진다. 외부자원은 기관 내부의 자원부족으로 인해서 또는 보다 혁신적인 프로그램 개발을 위해서 사용되는 방안으로, 특정 자원제공기관들에 의한 지원보조금이나 서비스 계약 등의 방법으로 획득하는 것이 보통이다.

7) 프로그램 관리기법

(1) MBO

MBO(Management By Objectives, 목표관리제)는 일종의 활동중심적이고 결과지향적이며, 참여를 강조한다. MBO는 목표, 계획, 모니터링, 평가 등의 프로그램 과정을 체계적으로 연결하는 방법이며, 기획, 의사결정, 직원개발 등과 같은 조직적 활동들을 활성화하고 통합시키는 시스템이다.

MBO 활용의 장점은 업무자들이 프로그램의 결정사항이나 기관의 방향선택에 참여할 수 있고, 목적과 목표설정에 업무자들의 참여를 장려함으로써, 업무자들의 자발적인 동기를 증진시키고, 기관에 대한 개인별 기여를 확인할 수 있다는 것이다. 그리고 개인별 목표들을 취합해서 개별 업무자들 간의 불필요한 경쟁을 억제하여 업무자들 간에 결속감이 형성되도록 하는 데 도움을 주며, 체계적인 평가를 가능하게 한다.

(2) PERT

PERT(프로그램평가검토기법, Program Evaluation Review Technique)는 목표와 수단을 합리적이고 체계적인 방식으로 연결하는 데 사용하는 기법으로, 프로그램을 명확한 목표와 활동들로 조직화하고, 진행일정표를 작성하고, 자원계획을 세우고, 프로그램의 진행사항을 추적하는 등에 활용되는 유익한 관리도구이다.

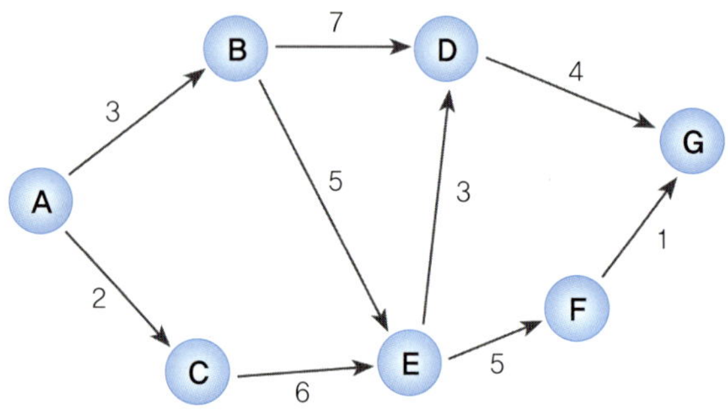

※ 숫자는 소요시간

그림 3-3 PERT도표

(3) GANTT

사업계획을 완수하기 위하여 일정 기간 동안 행해질 활동들을 나타내는 막대도표(bar chart)를 사용하는 기법이다. Gantt도표는 단지 활동만을 나타내고 PERT망에서와 같이 행사들을 나타내지 않으며, 도표 형식으로 행사와 활동 사이의 상호연결도 나타내지 않는다.

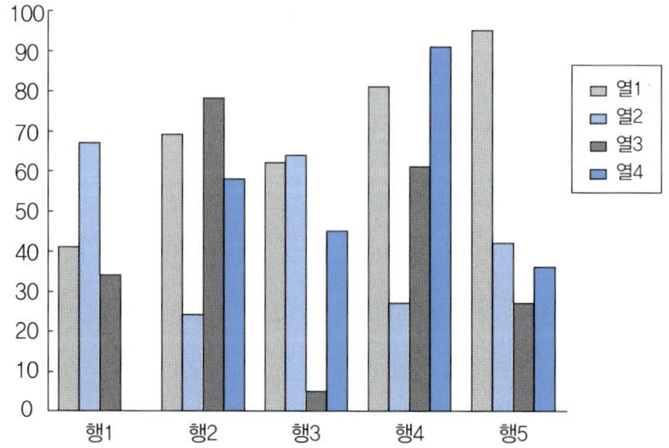

그림 3-4 GANTT도표

5. 사회복지 서비스 전달체계

사회복지 서비스 전달체계란 '지역사회적 맥락에서 사회복지급여를 공급하는 자들 간의 조직적인 연계 및 공급자와 소비자들 간의 조직적 연결'이다.

서비스 전달체계를 이해하기 위해서는 다수의 조직들 간에 나타나는 상호작용의 과정이나 기능, 구조 등을 파악해야 한다.

1) 서비스 전달체계의 구분

(1) 구조기능적 구분

행정체계와 집행체계로 구분할 수 있다. 서비스를 기획 · 지휘 · 지원 · 관리하는 기능들을 중심으로 묶여지는 조직과 프로그램들을 '행정체계(administration system)'라 하고, 서비스 수급자들과 직접 대면적인 상호작용관계를 통해 서비스를 직접적으로 전달하는 과정을 '집행체계(operation system)'라 한다.

(2) 운영주체별 구분

공공체계(public system)와 민간체계(private system)로 구분할 수 있으며, 공공체계는 중앙정부와 지방자치단체 관련 부서들의 위계적인 체계망이며, 사회보험과 공공부조에 관련되는 서비스들을 제공하고 있다. 민간체계는 사회복지법인, 복지재단, 자원봉사단체, 사회복지협의회, 사회복지시설 등이다.

공공과 민간은 서비스 전달을 위한 자원동원의 양식에서 우선 구분되며 공공체계는 주로 강제적 조세 및 사회보장성 조세(또는 사회보험료) 자원에 의해서 유지되고, 민간체계는 기부, 위탁, 후원, 자원봉사 등과 같은 자발적인 자원들에 의해 유지된다.

(3) 전달체계의 구조와 사정

지역사회서비스 전달체계를 파악하기 위해서는 먼저 전달체계의 구조를 분석해야 하고, 전달체계가 어떤 조직들로 구성되어 있는지, 그 가운데서 핵심적인 역할과 기능을 수행하는 조직은 어떤 것인지, 네트워크 구조를 유지하기 위해 어떤 방법들이 사용되고 있는지, 그것들이 어느 정도의 강력함을 가질 수 있는지 등을 파악하는 것이다.

한 지역사회에서 사회복지 서비스들이 효과적으로 실행되는지를 알기 위해서는 크게 두 가지의 접근방법을 쓸 수 있는데, 일반적으로 많이 사용되고 있는 방법은 개별 서비스 조직들이 각자 효과적으로 서비스를 전달하고 있는지를 파악하는 것이다. 일반적으로 사회복지 서비스들에 대해 사회적 책임성을 요구하는 경우에 적용되는 기준들은 이러한 개별 조직단위의 효과성이나 효율성을 묻는 것이다.

서비스 전달체계를 사정하기 위해서는 먼저 효과적인 서비스 전달체계가 갖추어야 할 조건들을 설정하는 것이 필요하다. 여기에는 서비스가 충분하게 주어지고 있는지(충분성), 서비스에 쉽게 접근할 수 있는지(접근성), 서비스들이 연속적으로 연결되어 있는지(연속성), 특정한 서비스들에 편중되어 있지는 않은지(비편파성), 과연 서비스 수급자들에 대해 책임을 지고 있는지(책임성) 등의 요소들이 있다.

(4) 전달체계의 균형유지와 통합

한정된 자원 내에서 효과적인 전달체계를 위해서는 여러 조건들에 대한 손익비교계산 등을 통해 어떤 조건들을 우선적으로 강조할지를 결정하는 것이 필요하다. 즉, 한정된 자원이라는 현실적인 제약하에 효과적인 서비스 전달체계를 구성하기 위해서는 각 조건들 간의 최적 균형을 유지하기 위한 조정이 중요하다.

전달체계의 통합은 서비스 통합(service integration)으로 '클라이언트들의 욕구를 보다 종합적으로 다루기 위해서 둘 이상의 서비스 공급자들을 함께 묶는 것'으로, 대부분 서비스 통합을 말할 때에는 완전 통합의 방법보다는 단순 조정의 방법을 의미한다.

출처 : 보건복지부 조직도(2019).

| 그림 3-5 | 보건복지부 조직도

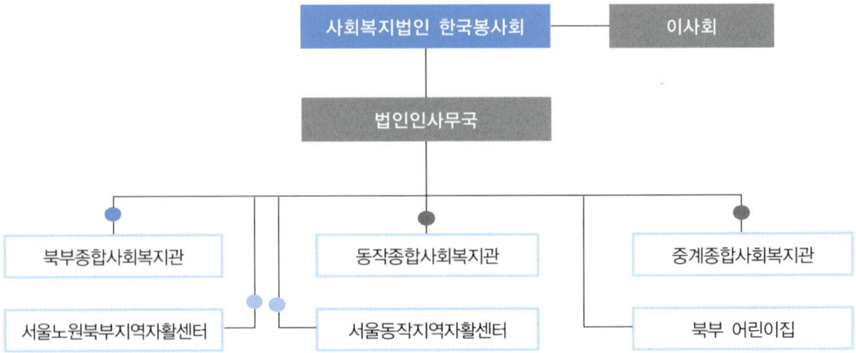

|그림 3-6| 민간전달체계 조직표

2) 사회복지 서비스의 활용

서비스 활용(utilization)이란 어떻게 하면 한정된 자원을 가장 필요로 하는 클라이언트들에게 제공할 것인가에 관한 관심이다.

(1) 서비스 접근성과 활용

서비스의 접근성(accessibility)이란 적절한 서비스를 제공하기 위한 조직적이고 체계적이며 의도적인 활동이다. 서비스의 활용은 서비스의 과활용과 저활용으로 구분할 수 있는데, 과활용(overutilization)은 수요자의 기대와 공급자의 기대가 맞지 않을 때 발생한다. 저활용(underutilization)은 욕구를 가진 인구가 서비스 접근에 어려움을 겪는 경우를 말한다.

(2) 서비스 활용과 비용

사회적 비용들은 서비스를 필요로 하는 사람들을 정확하게 찾아내지 못하기 때문에 발생하는 저활용에 따른 비용과 기회비용 혹은 잠재적인 개인적 · 사회적 급여의 상실을 의미하는 과활용에 따른 비용 · 인력 · 수송 · 정보시스템 · 절차 등과 관련된 행정비용 등으로 구분한다.

(3) 서비스 활용과정의 장애

서비스 활용과정의 장애는 한 개인이 자신이 필요로 하는 서비스를 활용하기 위해 극복해야 할 일련의 장애를 의미한다. 각각의 장애요인들을 도표화하면 다음과 같다.

〈표 3-5〉 서비스 활용과정상의 장애요인

심리적 장애	• 어리석게 비추어지지는 않을까에 대한 걱정 • 개인적인 문제를 낯선 사람들에게 누설해야 된다는 것에 대한 꺼림칙함 • 서비스 활용에 따르는 사회적 낙인(stigma) • 서비스 활용으로 신체에 해가 미치지 않을까에 대한 두려움
선별기준 장애	• 서비스 형태에 있어서 이용자를 선별하는 기준에서 발생하는 장애 • 이용에 따르는 요금으로 서비스 접근이 차단되는 경제적 장애 • 공식적인 자격요건 한정으로 인한 자격요건 장애 • 복잡하고 시간을 빼앗는 행정절차에서 오는 절차장애
동기 · 인지 · 지식	• 개인들이 서비스를 이용하기 위해서는 먼저 동기가 발생해야 하고, 서비스를 찾고자 하는 동기는 자신이 문제를 갖고 있다는 것과 외부의 도움 없이는 스스로 문제를 해결할 수 없다는 인지를 통해 발생한다. 문제에 대한 인지와 동기가 이루어졌다면, 어디에서 도움을 찾아야 할 것인지를 아는 지식도 필요하다.
지리적 장애	• 지리적 장애는 물리적 거리가 서비스의 이용에 미치는 영향으로 거리가 멀수록 서비스 이용이 감소하는 현상이다.

3) 서비스 활용의 전략

사회복지 서비스의 활용을 극대화하여 서비스 제공자와 이용자들 간의 욕구의 합치점을 찾기 위한 노력이 필요하며, 이를 위해서는 다음과 같은 전략들을 사용해야 한다.

(1) 아웃리치

아웃리치(outreach, 출장서비스)는 서비스 기관이나 담당자들이 적극적으로 이용자들을 찾아나서 서비스를 제공하는 것을 말한다.

(2) 정보 및 의뢰

지역사회 내에 있는 사회복지 서비스 기관이나 프로그램들이 공동으로 일반적인 목적의 인테이크(intake) 전문기관을 설치하고, 설치된 인테이크 기관을 통하여 지역사회서비스 프로그램들에 대한 충분한 지식과 클라이언트에 대한 욕구 분석 능력을 함께 갖추어서, 지역사회서비스 자원과 클라이언트들의 욕구를 효과적으로 연결해준다.

(3) 홍보

서비스 접근성을 높여 활용을 증진하기 위한 것으로 서비스 프로그램과 그 자격요건들을 해당 지역사회에 널리 홍보(advertizing)하는 것이다.

(4) 서비스 조직의 개선

서비스 활용의 증대라는 목적을 달성하려면, 적정한 클라이언트의 발굴과 확보만으로는 한계가 있다. 궁극적으로는 이미 확보된 클라이언트들을 대하는 서비스 조직들의 자세가 매우 중요하다. 즉, 접근적이며 융통성을 발휘하여 개별적인 욕구를 지닌 클라이언트들의 필요를 파악하여 충족시키려는 노력을 보여야 한다.

(5) 클라이언트와의 신뢰구축

신뢰는 클라이언트의 기대와 프로그램 목표 사이에 일치감이 존재할 때 가장 쉽게 형성되므로, 이를 위해서는 강력한 인테이크 및 사정절차가 필요하다.

제4장 사회복지정책

학습목표

1. 사회복지정책의 목표와 가치를 설명할 수 있다.
2. 사회복지정책의 형성과정을 나열하고 단계별 특성을 설명할 수 있다.
3. 사회복지정책의 구성 요소와 전달체계를 설명할 수 있다.

1. 사회복지정책의 개념

정책(policy)이란 국가가 국부(國富)와 국민들의 복지향상을 증진하려고 마련한 방법이다. 사회복지정책은 개인이나 가족, 소집단 등을 대상으로 하는 미시적 실천방법이라기보다는 국가 혹은 작게는 지방자치단체 전체를 개입대상으로 하는 거시적 사회복지 실천방법이다.

사회복지정책은 사회복지실천이 이루어지는 전반적인 틀을 제공한다. 즉, 사회복지실천의 방향, 내용, 방법 및 기준이 된다.

사회복지실천가는 '나무를 보고 산을 동시에 볼 수 있는 혜안(慧眼)을 가져야 한다'. 왜냐하면 사회복지정책은 변화하는 사회와 그 욕구에 반응하여 지침과 기준을 제시함으로써 실천현장에 직·간접적인 영향을 주기 때문이다.

1) 사회복지정책의 개념

사회복지정책은 각 국가의 정치적·경제적·사회적·문화적 여건과 시대적 상황을 반영하는 역사적 소산이기에, 사회복지 개념 정의를 규명하기에는 상당한 어려움이 따른다.

사회복지정책은 사회복지(social welfare)와 정책(policy)의 합성어로 '사람들이 인간다운 생활을 할 수 있도록 기본적인 욕구를 사회적으로 지원하는 정책적 활동'이다. Gilbert & Terrell은 "정책이란 공사의 기관에 있어서 행동의 방향이나 계획의 바탕을 이루는 제반 결정과 선택(현외성, 2001 : 29)"이라고 하였다.

(1) 영국의 사회복지정책 개념

영국에서는 사회복지정책이라는 개념보다는 '사회정책(social policy)'이라는 용어를 선호하고 있고, 중앙정부나 지방정부가 사람들의 욕구를 충족시키고 복지를 증진시키기 위해 제공하는 사회서비스(social services) 급여와 관련된 것으로서, 사회보장(social security), 건강(health), 교육(education), 대인적 사회서비스(personal social services), 주택(housing), 고용(employment) 및 가족정책(family policy)을 포함하고 있다.

(2) 미국의 사회복지정책 개념

사회정책이란 교육, 건강, 주택, 사회보장 등을 통하여 인간의 복지를 증진시키고 인간의 욕구를 충족시키기 위한 것으로 보고 있다.

(3) 독일의 사회복지정책 개념

독일의 사회정책은 사회생활 중에서 일어나는 여러 가지 문제를 해결해 주는 국가적 조치로, 주로 노동자와 그 가족의 생활문제를 해결하는 노동정책 혹은 국가정책의 하나로 파악하는 경향이 있다.

〈표 4-1〉 독일 사회복지정책의 영역

영 역	내 용
사회복지	재정지원, 상담, 재활
건강복지	사회봉사, 노인 · 장애인 · 병자 · 마약중독자 사업과 보호
가족 · 아동 · 청소년복지	상담, 교육, 지원, 보호

(4) 한국 사회복지정책 개념

한국의 사회복지정책의 개념은 사회보험, 공공부조, 사회복지 서비스와 관련된 복지제도로 구성된 정책으로 이의 배분과 급여를 통하여 일정한 목표를 달성하려는 일련의 행동지침이다.

2) 사회복지정책의 특성

(1) 변화하는 정책

사회복지정책은 변화하는 사회의 문제를 해결하여 사회 안정과 질서를 유지하기 위한 국가적 조치이다.

(2) 가치개입적 정책

사회복지정책은 정치적・경제적・사회적 기반에 의해 영향을 받는다. 따라서 사회복지정책은 사회와 시대의 소산(product)이라 할 수 있다.

(3) 희소성이 지배하는 정책

사회복지정책이 해결해야 하는 충족되지 않은 욕구는 언제나 충족시킬 수 있는 사회적 자원보다 많다. 즉, 사회복지정책은 사회가 갖고 있는 한정된 자원으로 결핍된 욕구를 충족시키기 위한 정책이라는 것이다. 사회 내에 존재하는 불평등(소득, 성, 지역, 연령, 장애, 교육 등)을 전제로 실천되는 정책이다.

(4) 집단의 이익이 개입되는 정책

일반적으로 사회적 약자계층(아동, 노인, 장애인, 한부모가족)은 사회복지정책 수립에 미치는 영향이 약하나, 최근에는 사회복지정책 수립을 둘러싸고 있는 정책대상인 장애인, 노인, 일반주민, 사회보험 가입자, 시민단체, 노동조합 등의 압력행사가 점차 늘어가고 있는 실정이다.

(5) 변화내용 파악이 곤란한 정책

사회복지정책은 변화하는 사회를 기반하고 있고, 바람직하지 않은 상태를 바람직한 상태로 변화시켜 국민들이 인간다운 삶을 영위할 수 있도록 하는 정책이다. 그러나 사회복지정책의 영향으로 국민들의 삶이 구체적으로 어떻게 변화했는지, 그리고 사회경제적으로 영향을 준 파급효과의 수준이 어느 정도인지를 계량화하기가 상당히 곤란하다.

3) 사회복지정책의 영역

(1) 개념 구분에 의한 영역

협의의 사회복지정책은 사회생활에 곤란을 가진 특수한 사람들에 대한 기본적인 생활보장정책이다. 즉, 사회적 취약계층에 속하는 아동, 장애인, 노인, 여성, 노숙자 등을 위한 보호, 육성, 지도, 치료, 재활 등의 사회복지 서비스정책이 이에 해당한다. 이러한 서비스는 비화폐적 서비스이며, 전문인력인 사회복지사 또는 사회복지전담 공무원에 의해서 수행된다.

광의의 사회복지정책은 협의의 사회복지정책을 포함하여 소득보장, 보건의료, 주택, 고용, 교육 등이 포함되는 서비스 정책으로, 최저수준 이하의 삶으로 욕구가 충족되지 않은 개인, 가족, 집단 등에 제공되는 서비스 정책이다.

(2) 정책주체에 의한 영역

정책주체는 크게 두 개의 영역으로 구분할 수 있는데 공공 사회복지정책과 민간 사회복지정책이다.

공공 사회복지정책은 사회복지정책 영역 설정에 있어서 일반적으로 중앙정부 및 지방자치단체가 사회복지정책의 주체라는 입장이 보편적이다. 공공 사회복지는 사회 전체에서 차지하는 비중이 가장 높다.

민간 사회복지정책은 개인이나 기업(재단법인 또는 사단법인), 종교단체, 비영리 민간주체의 사회복지정책으로 구분할 수 있다.

4) 사회복지정책의 구성

사회복지정책의 구성체계란 사회복지정책이라는 실천적 주체가 무엇인가 혹은 무엇으로 이루어져 있는가 하는 물음이다.

사회복지정책의 구조는 다음과 같다(현외성, 2000).

첫째, 가치와 윤리의 범주로서, 가치 · 이념 · 철학 · 사상 · 윤리 등이 특정 사회복지정책에 연관하여 어떤 내용을 지니고 있는가 하는 분석이다.

둘째, 목적(goal)은 궁극적으로 도달해야 하는 것이다.

셋째, 사회복지정책의 주체로서, 누가 사회복지정책을 계획하고 실천하는가에 대한 분석이다.

넷째, 사회복지의 대상 또는 해결해야 할 문제는 무엇인가에 대한 것이다.

다섯째, 사회복지정책의 수단(조직과 인력)과 방법(재정)은 어떤 것인가에 관한 것이다.

2. 사회복지정책의 목표

정책목표(policy objectives)란 정책을 통해서 달성하려는 미래의 바람직한 방향이며, 현실에 관한 불만족스러운 생활상의 여러 상태나 조건을 개선하고 문제를 해결하고자 하는 것이다.

즉, 사회복지정책의 목표는 사회복지정책을 통해서 달성된다.

〈표 4-2〉 목표와 목적

목표(objective)	목적을 향한 일련의 과정
목적(goal)	궁극적으로 도달해야 하는 지점

정책의 목표는 일반적으로 정부문서를 통해 발표되는 정부백서(보건복지백서 등)와 같이 정기적 · 부정기적으로 표명되는 공표된 목표와 밝힐 필요가 없는 사소한 사항이나 고위 정책결정권자들 사이에서 이해되는 숨어있는 목표로 구분할 수 있다. 공표된 목표와 드러나지 않은 목표는 서로 상충될 수 있고, 이러한 차이에 의해서 사회복지정책 발달을 이해하는 이론을 음모론(conspiracy theory)이라고 한다.

1) 사회복지정책의 기본 목표

사회복지정책의 목표는 구체적인 정책목표에 따라 매우 다양하게 나타나고 있다. 그러나 기본 목표는 사회 전체적으로 공유된 이념, 신념, 가치관 등에 의해서 만들어지는 것으로 사회복지정책 수립 시 기본 골격을 이루고 있다.

(1) 인간의 존엄성 유지

인간의 존엄성이란 한 개인의 인종, 종교, 연령, 성, 교육수준, 소득수준 등에 관계없이 한 인간으로서 존엄한 가치를 지닌 존재라는 것을 의미한다. 인간의 존엄성을 유지하기 위해서는 '인간다운 생활을 확보'할 수 있어야 한다.

'인간다운 생활'이란 1919년 독일 바이마르 공화국 헌법 제151조에서 비롯된 것으로 인간의 존엄성 확보를 위해 국가가 적극적으로 개입하여 생활상의 조건을 개선하는 데 앞장서야 한다는 것이다.

우리나라 헌법 제34조에도 인간의 존엄성 확보를 위해 "모든 국민은 인간다운 생활을 할 권리를 갖는다"라는 관련 규정을 설정해 놓고 있다.

인간의 존엄성 유지는 사회복지의 최고의 목표로 자리 잡고 있다.

(2) 자립성의 유지

사회복지의 이상이자 목표는 의존에서 벗어나 자기 스스로 독립적인 삶을 영위할 수 있도록 하는 데 있다. 자립성의 유지는 한 개인이 자신의 삶을 결정할 수 있도록 하는 것이다.

(3) 개인적 성장과 개발

사회복지는 인간이 갖고 있는 문제를 해결하고 예방하여 성장하고 발전할 수 있도록 잠재력을 끌어내는 것이다. 즉, 사회복지정책을 통해서 소극적으로 문제해결을 하는 것에 국한하는 것이 아닌, 한 개인이 지닌 잠재력을 극대화시켜 개인적 · 사회적 · 국가적으로 '행복한 상태'에 도달하고자 하는 노력이다.

2) 사회복지정책의 사회기능적 목표

(1) 사회통합과 안정

사회복지는 사회제도의 하나로서, 다른 사회제도(가족 · 시장 등)가 제 기능을 상실하여 기능하지 못할 때, 일시적으로 보충 또는 보완하는 역할을 함으로써 사회 전체의 질서를 유지 · 안정하게 하며, 계층 간의 갈등과 반목을 지양하여 사회통합에 기여하게 한다.

(2) 경제성장과 안정

공공부조와 사회보험 등의 사회보장제도와 건강과 보건, 교육, 주택, 사회복지 서비스 제공 등의 사회복지적 활동을 통해서 인적자본(人的資本)의 질적 수준을 높여, 생산성을 향상시키고, 이를 통하여 경제성장과 더불어 경기를 안정시켜 인간다운 삶을 살아갈 수 있는 물적 토대를 구축하게 된다.

(3) 정치적 안정

사회복지의 발달은 정치적 소산이며, 시민권의 발달과 더불어 발전되어 왔다. 각종 사회복지제도를 통하여 사회 내 존재하는 불평등을 해소하고, 계층 간 갈등을 제거하여 정치적 안정을 이룩할 수 있다.

3. 사회복지정책의 가치

1) 평 등

평등의 개념은 수량적 평등(numerical equality), 비례적 평등(proportional equality), 기회의 평등(equal opportunity)으로 대별된다(송근원 · 김태성, 1994).

수량적 평등은 결과의 평등(equality of result)으로, 모든 사람을 똑같이 취급하여 사람들의 욕구나 능력의 차이에 관계없이 사회적 자원을 똑같이 분배하는 것이다. 무차별적 사회복지정책인 공공부조(국민기초생활보장제도는 소득이 최저생계비에 미달하는 모든 국민에게 부족한 생계비를 조세로 충당해 준다)가 이에 해당한다.

비례적 평등은 개인의 욕구, 능력, 노력, 기여에 따라 사회적 자원을 상이하게 분배하는 것으로 공평(equity)이라고 한다. 소득의 비례에 의해 기여금(보험료)을 내는 사회보험제도가 이에 해당한다.

기회의 평등은 결과를 얻을 수 있는 과정상의 기회만을 똑같이 제공하는 것을 말한다. 1960년대 미국에서 실시되었던 '빈곤과의 전쟁(war on poverty)' 시기에 강조되었던 각종의 빈곤층을 대상으로 한 교육 · 훈련 프로그램으로, 기회의 평등 프로그램은 대부분 결과의 평등을 달성하는 데 실패한 것으로 평가되고 있다.

2) 형 평

공정한 처우(fair treatment)는 비례적 평등과 동일한 의미를 가지고 있으며, 개인의 업적, 공헌, 능력 및 갹출 등에 따라 사회적 자원을 분배하는 것을 의미한다. 예를 들어, 국가보훈대상자에 대한 제반 급여 등이 이에 해당한다.

3) 사회적 적절성

사회복지급여의 수준이 신체적 · 정신적인 안녕(well-being)에 적절한 정도가 되어야 한다는 것을 말한다. 사회복지급여는 개인이 살아가고 있는 사회의 경제적 수준에 비례하여 적절한 수준이어야 함을 의미한다.

4) 효과성

효과성(effectiveness)은 사회복지정책이 어느 정도로 욕구충족의 목표달성에 적합하였는지를 묻는 것으로, 가능한 한 사회복지정책을 선택함에 있어서 욕구를 효과적으로 해결할 수 있는 방안을 모색해야 한다.

5) 효율성

가능한 한 최소한의 자원으로써 최대의 결과를 만들어 내려는 관심으로 사회복지정책에 있어 효율성(efficiency)의 가치 역시 제한된 국가의 예산으로 최대로 욕구를 해결할 수 있도록 하는 데 관심을 가진다.

6) 편익성과 접근성

사회복지정책의 실천에 있어서 전문적인 욕구를 가진 대상자를 어떻게 편리하게 그리고 쉽게 접근하여 사회복지 서비스를 제공받을 수 있게 할 것인가라는 측면을 고려해야 한다.

4. 사회복지정책의 과정

1) 사회복지정책의 형성

(1) 사회복지정책 형성의 개요

사회복지정책은 사회 내에 존재하는 구성원의 욕구 불충족이 지속되어 개인문제나 사회문제로 변화되고, 사회문제가 점차적으로 사회적 여론을 바탕으로 공공의 개입을 필요로 할 때 비로소 출현하는 것이다. 따라서 사회복지정책의 형성이란 사회복지정책이 독자적인 존재양식을 갖춘 정책으로서 국가나 민간조직에 출현하는 전체과정을 말한다.

사회복지정책이 형성되는 전체적인 과정을 이해하는 것은 사회복지전문가(사회복지사, 사회복지전담공무원)의 전문성을 확보하는 수단이 되기도 한다. 즉, 사회복지정책은 사회복지실천을 결정하므로 이러한 사회복지정책이 어떤 경로와 과정으로, 어떤 배경에서 수립되었는지를 이해하는 것은 사회복지실천에 있어서 기본적인 바탕이 된다.

사회복지정책의 형성과정을 이해함으로써 사회복지실천가(social work practitioner)는 사회복지 프로그램과 실천을 정책이 목적으로 하고 있는 것에 적절하게 맞추어 효과적이고 효율적인 활동 기반이 되도록 한다. 또한 사회문제와 관련된 프로그램의 본질을 이해하고, 유사한 사회복지정책의 수립에 관한 전략적 · 실천적 유용성을 확보할 수 있다. 그리고 기존의 사회복지 프로그램이 가진 한계를 정책형성과정에 투입할 수 있는 역량을 구비할 수 있는 기회가 된다.

〈표 4-3〉 사회복지정책의 형성과정

문제정의 ⇨ 정책 아이디어 ⇨ 정책선택 ⇨ 정책실행 ⇨ 정책평가 ⇨ 정책조정

대부분의 사회복지정책은 다른 공공정책과 마찬가지로 매우 복합적이고 비교적 장기간에 걸친 일련의 연속적인 '과정'을 거쳐서 확정·수립되는 경향이 있다.

〈표 4-3〉에서 보듯이 사회복지정책의 형성과정은 문제의 정의과정에서부터, 정책 아이디어과정, 정책선택과정, 정책실행과정, 정책평가과정, 정책조정과정에 이르기까지 일련의 연속적인 과정을 거치게 된다. 그러나 각 국가의 정치·경제·사회적 사정이나 정책의 내용과 특성에 따라 현실적으로는 더욱 복잡한 과정을 밟고 있다.

사회 경제적 환경 요인		정치 행정적 환경 요인		정책 과정		정 책		행 정		직접적 서비스		사회 복지 대상자
노령인구 GNP 복지제도 실시연한	➡	정치행정 체계 정당 간 경쟁 정도 정치이념	➡	욕구 불충족 개인문제 사회문제 정책문제 정책의제 사회복지 정책	➡	입 법	➡	중앙정부 지자체 공공 민간	➡	개별사회 사업 집단사회 사업 지역사회 복지사업	➡	아동 노인 장애인 여성 빈민

| 그림 4-1 | 사회복지 현상의 맥락 : 사회복지정책 형성과정의 요소

출처 : 강용규(2017), p. 134.

(2) 정책형성과정 단계별 특징

① 인간의 욕구 불충족

사람들이 살아가기 위해서는 필요한 소비물이 있는데, 생존하기 위하여 소비하려는 본질적인 상태를 '욕구(need)'라 부른다. 사람들이 살아가는 데 있어서 마땅히 해결되어야 할 욕구를 충족시키지 못할 경우 '욕구 불충족' 상태가 되어 각종 문제가 발생하기 시작한다.

결국 사회복지정책의 형성은 사회복지대상자의 욕구가 무엇이며, 그 욕구를 왜, 어떻게, 어느 정도로 해결해야 할 것인지를 판단하는 기본 바탕 위에 사회복지정책의 목표와 내용 및 수준이 결정되어야 한다. 따라서 사회복지정책과정에 있어 사람들이 가진 욕구의 불충족에 대한 면밀한 검토와 조사가 요구된다.

② 개인문제

문제란 일반적으로 개인에게 부정적인 영향을 미치는 상태를 의미하며, 개인문제는 사회복지전문가가 다양한 서비스를 통하여 지원하는 한편, 그 원인에 대한 조사를 통하여 사회적 배경을 밝히는 단서가 된다. 이런 점에서 개인문제의 발생은 사회복지정책과정의 주요한 국면이 된다.

③ 사회문제

개인문제가 사회문제로 규정, 변화되는 데에는 누가 그 문제를 이해하고 인지하느냐 하는 것도 중요하다. 일단 사회문제로 문제의 성격이 변화되면, 그 문제에 대한 공공의 개입, 즉 여기서는 사회복지정책이 시작될 수 있는 근거가 마련된 것으로 이해할 수 있다.

사회복지정책이란 어떤 의미에서는 사회적 자원을 배분하는 일로 간주될 수 있기 때문에, 사회문제의 국면에서 자신이 직면하고 있는 부정적인 일을 해결하여 자신들에게 유익하게 하려는 노력이 활발하게 이루어진다.

〈표 4-4〉 사회문제의 조건

① 사회문제는 많은 사람에게 영향을 준다.
② 사회현상에 영향을 미치는 조건은 바람직하지 않다.
③ 바람직하지 않은 조건에 무엇이 행하여지기를 많은 사람들이 요구한다.
④ 사회문제는 집단적 사회행동에 의한 사회개입이 존재하는 것이다.

④ 사회복지 정책문제

사회에 존재하고 있는 많은 사회문제 중에서 직접적으로 정부가 개입하여 해결하려고 관심을 가지고 있는 문제를 말한다. 사실 한 사회에는 사회문제로 인하여 고통

받고 있는 사람들이 많이 있으며, 이들은 제한된 사회적 자원을 통하여 그들의 문제가 해결되어 그 고통에서 벗어나기를 기대하고 또 그렇게 되기를 요구하고 있다.

⑤ 사회복지 정책의제

정책의제(agenda)과정은 사회복지정책 문제가 구체적으로 사회복지정책으로 확정되기 전에 정책결정권자(decision maker)들 사이에서 논의되기 위해 하나의 안건으로 제안되는 것을 의미한다. 따라서 이 과정에서는 사회복지정책 문제를 한층 구체화시킨, 말하자면 사회문제를 해결하는 한 수단으로써 사회복지정책 대안들이 구성되고 제안되는 국면이다.

일반적으로 사회복지정책 의제는 다른 분야의 정책 및 국가 전체의 발전전략을 고려하고 있다. 따라서 사회복지정책 의제는 구체적인 사회문제의 해결책으로 존재할 수 있는 다양한 이론적・현실적인 여건을 바탕으로 하여 가능한 한 최선의 선택을 검토하게 된다.

⑥ 사회복지정책화

사회문제를 해결하기 위하여 명확하게 정책으로 확정되는 국면으로, 최종적으로 국회의 심의・의결을 거쳐 사회복지법률로 구체화된다. 그러므로 사회복지정책화의 과정은 정책의제로 취급되던 정책대안들이 상호조정 또는 경합되는 과정을 거쳐 하나의 정책으로 확정되는 것을 의미한다.

⑦ 사회복지정책 실행

사회복지정책 실행은 사회복지정책을 사회복지 행정조직을 통하여 서비스를 전달하고 실천하는 과정으로 사회복지 전문인력과 사회복지조직의 관리가 중요한 요소이다. 이들 요소를 통하여 사회복지정책이 목적하는 바를 어떻게 효과적이고 효율적으로 달성한 것인가가 관심의 대상이 된다.

사회복지정책조직이 갖추어야 할 요소로는 첫째, 서비스가 통합적이고 지속적이어야 할 것, 둘째, 접근이 편리할 것, 셋째, 사회복지조직의 활동과 결정에 대해 책임성이 있어야 할 것, 넷째, 사회복지대상자의 다양한 특성을 적절히 수용할 수 있을 것 등이 있다.

⑧ 사회복지정책 평가

실행된 사회복지정책에 대한 평가가 이루어지는 과정으로, 평가 결과는 사회복지정책과정에 적용되어 정책을 개선하는 데 반영된다. 평가의 기준과 측정방법은 사회복지정책의 목표와 내용에 따라 다양하다.

⑨ 욕구 불충족의 해결

평가 결과 처음에 목표했던 욕구의 충족과 개인 및 사회문제에 대한 해결이 어느 정도 성과를 거두었는지, 그렇지 않으면 욕구를 충족시키지 못하거나 문제해결에 실패하였는지 등을 판단하여 그 결과를 사회복지정책과 프로그램에 반영하는 과정을 말한다.

2) 사회복지정책의 분석

(1) 정책분석의 의미

정책분석이란 제반 사회과학적 지식을 응용하여 복잡한 사회복지정책을 체계적으로 분석하여 그 영향력을 정확하게 이해하려는 노력이다. 즉, 복잡한 정책문제와 관련하여 바람직한 대안을 식별, 고안하기 위한 방법으로 정책문제를 구조화하고 목표를 설계하며 그것을 달성하기 위해 최선의 수단을 발견하려는 논리적 과정이다.

그러므로 정책분석은 최선의 정책대안을 창출하기 위하여 수행되는 체계적인 활동을 의미하며, 다음과 같은 특성을 지니고 있다.

첫째, 목적지향적이다.
둘째, 체계적이다.
셋째, 행위지향적이다.
넷째, 조작성이 강조된다.
다섯째, 다양한 성격을 가지고 있다.
여섯째, 문제 접근에 대한 학제적 성격이 강하다.

정책분석 시 반드시 고려되어야 하는 조건이 있는데, 하나는 대안들에 대한 조사나 고려는 체계분석과 관련한 조사도구에 의하여 체계적인 방식으로 행해져야 한다는 것이고, 다른 하나는 분석의 결과가 입법이나 예산 등의 실제에 이용될 수 있어야 하며 구체적이어야 한다는 것이다.

(2) 정책분석의 유형

① 사회복지정책의 과정(process)분석

과정분석은 사회복지정책과 관련된 다양한 변수들의 영향력과 관계를 알아보려는 작업으로, 정책결정이 이루어지는 사회적 관계 그리고 그 과정에 참여한 다양한 사람들의 행위, 동기, 목적 및 정책개발과정의 단계들과 같은 문제들을 취급한다. 과정분석은 사회적 상황, 행위자 및 개발의 단계가 정책의 결과에 어떻게 기여했는지를 설명하는 데 도움을 준다.

과정분석은 사회복지정책의 과정을 분석대상으로 하여 사회복지정책이 목적하는 바가 무엇인가 등의 정책배경에 특별한 관심을 갖는다.

② 사회복지정책의 산출(product)분석

산출분석은 사회복지정책이 계획되고 수립되는 것은 일련의 정책적 선택과정을 거친다는 전제에서 출발하며, 일련의 정책선택과 연관된 다양한 쟁점에 대한 분석을 말한다. 즉, 정책계획을 구성하고 있는 선택의 형태와 내용은 무엇인가? 어떤 가치, 이론, 전제가 이러한 정책선택을 지지하는가? 등이다. 정책의 내용을 주로 분석하고 있다.

③ 사회복지정책의 효과(performance)분석

효과분석은 정책선택의 프로그램적 결과에 대한 설명과 평가에 관심을 가진다. 즉, 사회적 영향과 효과성에 대한 분석을 한다.

(3) 정책분석의 방법

① 욕구분석

사회복지정책은 사회문제를 합리적으로 규명하거나 개선하고자 하는 노력의 결과물을 산출하기 위해서 문제의 성격, 범위, 범주를 규명해야 한다. 또한 각종 정보를 이용하여 현재의 욕구상태를 설명하고 미래에 발생 가능한 욕구를 예견할 수 있어야 한다.

② 비용편익분석

비용편익분석을 위해 정책수행에 투입되는 비용과 정책수행 결과 나타나는 효과(편익)는 모두 화폐의 형태로 계산되어야 한다. 그러나 사회복지정책 수행 결과 나타나는 효과를 모두 화폐로 산출한다는 것에 난점이 따른다.

③ 비용효과분석

원하는 정책결과를 얻고자 할 때 비용효과분석은 상이한 정책들을 수행하는 데 투입되는 비용들을 비교・검토한다.

④ 결과물 연구

특정한 정책의 개입을 통하여 목표로 설정된 문제에 대하여 얼마만큼 영향을 주었는지 평가하는 것이다.

⑤ 사례연구

사례연구는 특정 사회정책의 형성, 적용, 평가에 관한 체계적이고 상세한 분석을 수행하는 것이다.

⑥ 메타분석

선행된 조사문헌, 조사연구를 비교・분석하는 체계적인 방법으로, 정책 또는 프로그램 개입의 결과 검토를 위해 방대한 분량의 양적 조사가 수행되어야 할 때 유용하게 사용된다.

3) 사회복지정책의 평가

(1) 정책평가의 개념과 의미

평가란 어떤 것에 대한 심판이며, 장점, 유용성, 가치 등을 결정하는 과정으로, 사회복지정책에 있어서 평가는 보다 전문적인 의미를 갖는다. 사회복지정책은 특별한 목적을 가지고 의도적으로 그 목적을 달성하기 위하여 여러 사람들이 집단적으로 활동하는 일련의 행동이기 때문이다.

정책평가는 어떤 한 정책의 과정이나 결과를 이해하고, 그 가치를 판단하는 사회적인 과정으로 일반적으로 정책을 실행한 후 그 결과에 대해 내려지는 작업이다. 즉, 정책형성과정에서 보다 나은 정책을 획득하기 위해 여러 가지 합리적인 방법을 동원·사용하는 것이다.

(2) 정책평가의 특성

사회복지정책의 평가에는 근본적으로 객관성과 과학성을 지향하는 측면과 정치적·현실적 상황을 고려하는 측면 사이에 긴장과 갈등관계가 있다.

사회복지정책의 평가는 그 실시주체가 어떤 목적으로 사용할 것인가라는 평가 실시 초기에서부터 종종 감추어진 목적으로 가지고 있는 경우가 허다하다. 어떤 의미에서는 사회복지정책의 평가를 어떤 분야에, 어떤 목적으로, 누가 평가할 것인가 등과 관련하여 선택이 이루어지는 것이고, 여기서부터 각종의 정치성이 개입될 소지가 존재한다.

정책평가의 내용과 결과에 부정적인 영향을 미칠 수 있는 몇 가지 요인을 살펴보면 다음과 같다.

첫째, 정책평가의 결과와 내용 등이 미치는 영향요인은 정책평가자의 개인적 가치관, 이론적·학문적 배경, 그리고 정책평가에 이용된 연구방법, 조사도구 및 기준 등이 지적될 수 있다.

둘째, 공공조직이나 민간조직은 목적달성을 위해 존재한다. 그러나 목적을 수행하는 과정에 조직이나 기관 자체의 존립을 위해 노력하는, 이른바 목적전도(목적전치)현상이 발생하는 경우가 있다. 그뿐만 아니라 정책평가과정에서 조직은 자신의 노력을 미화하거나 과장하려는 한편, 자신의 약점과 잘못된 점을 숨기거나 축소하려는 경향이 있다.

셋째, 정책평가는 현재의 사실과 결과를 특별하게 중요시하는 데서 지나치게 과학적 방법론을 강조하여 특정 정책평가의 이론과 방법론을 단기적인 관점에서

적용하여 평가하려는 경향이 있다. 특히 다른 나라의 평가방법이나 이론을 가지고 자국의 조직이나 기관을 평가할 때, 종종 다른 결과를 가져올 수 있고 그 실천적 파장은 상당하다고 할 수 있다.

넷째, 사회복지정책은 경제적 여건에 민감하게 영향을 받고, 경제적 쇠퇴기에는 국가 사회복지예산의 효과성을 둘러싸고 논란이 일어나며, 가장 먼저 삭감 대상이 되기도 한다. 또한 정치적 · 집단적 이해관계에서 정책이 선택되고 해석되기도 한다.

(3) 정책평가의 유용성과 목적

① 정책평가의 유용성

정책은 분명 평가되어야 한다. 한정된 국가예산을 효과적이고 효율적으로 사용해야 함은 물론 민간 차원에서도 정부나 개인의 후원으로 이루어지는 각종 프로그램에 소요되는 비용을 제대로 사용해야 하기 때문이다. 이러한 배경으로 정책평가의 유용성을 다음과 같이 지적할 수 있다.

첫째, 충족되지 않은 욕구를 해결하기 위해서는 정책평가를 통하여 미진한 부분을 밝혀내고, 그 해결책을 모색하여 필요한 자원을 개발할 수 있도록 한다.

둘째, 새로 발견되거나 아직 해결되지 못한 사회복지적 욕구를 충족시키기 위해 보다 나은 서비스 개발과 새로운 욕구에 대응하는 프로그램을 개발하도록 한다.

셋째, 정책평가는 정책결과를 분석하는 작업이 된다.

넷째, 정책평가를 통하여 기존의 정책과 프로그램을 유지할 것인지 또는 질적 수준을 개선하기 위해 필요한 조치는 무엇인지 정책개선과 개발에 유용하게 사용된다.

다섯째, 사회복지정책을 계획하고 실천할 경우 예상치 못했던 결과와 효과가 나타나게 되는데, 정책평가는 이러한 부수적인 효과를 발견하여 정책개선과 집행에 활용할 수 있는 기회가 된다.

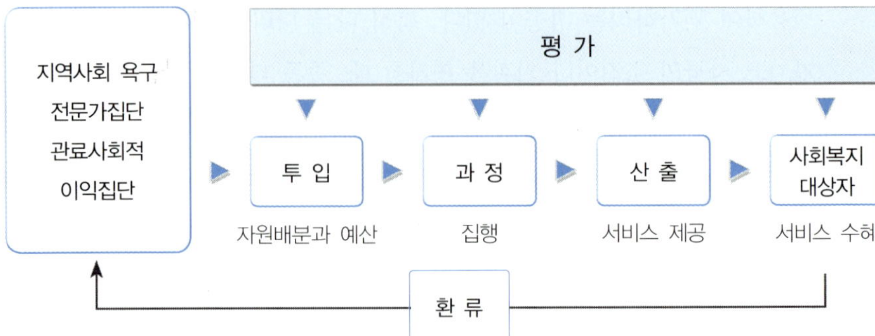

그림 4-2 사회복지정책 형성과 집행과정상의 평가 및 환류

② **정책평가의 목적**

첫째, 정책평가를 통하여 현재 집행하고 있는 정책과 프로그램이 당초의 정책목표를 제대로 수행하고 있는지 여부, 현재의 정책을 계속해서 추진해야 하는지에 대한 결정을 하도록 도움을 준다. 즉, 정책집행이 올바른 방향으로 진행되도록 도움을 주며, 정책목표를 보다 효과적으로 달성할 수 있도록 정책집행을 돕는 기능을 수행한다.

둘째, 정책평가를 통하여 새로운 정책대안을 개발하는 데 기여한다.

셋째, 정책평가는 정책담당자가 국민이나 지역주민에게 정책집행을 통해 책임지는 것을 의미한다.

넷째, 정책평가를 통해서 학문적·이론적 측면에서 정책현상의 이론화에 기여한다.

(4) 평가의 종류

① **사전평가**

사전평가는 정책이나 프로그램을 실행하기 전에 수행하는 평가로, 평가 결과를 가지고 새로운 대안적 정책이나 프로그램을 실시하거나 기존의 정책을 변경할 것인가의 여부를 판단하는 것으로 평가 결과를 정책에 반영한다.

② **과정평가**

과정평가는 사회복지정책을 집행하는 과정에 이루어지는 평가로서, 기존의 정책

목표가 제대로 달성될 수 있도록 프로그램이 실행되고 있는지, 단계별·과정별 전략과 하위목표가 적절하게 진행되고 있는지 등을 판단하는 것이다.

③ 사후평가

사후평가는 정책의 실시 후에 당초 목표로 하였던 결과나 영향을 평가하는 것으로, 평가에 따라 정책을 변경하거나 지속 혹은 종결 여부를 결정하기도 한다. 또 사후평가는 기존의 정책과는 다른 대안적인 정책개발에도 유용한 기여를 한다.

5. 사회복지정책의 구성 요소

1) 사회복지정책의 대상

(1) 할당(allocation)의 개념

사회복지정책에서 대상을 어떤 사람이나 집단 혹은 문제로 할 것이냐 하는 논의를 할당(allocation)이라고 한다. 즉, 할당은 사회복지급여를 누구에게 제공할 것이냐 하는 문제로, 자격요건(eligibility)을 어떻게 설정할 것인가와 관계가 있다. Gilbert 등은 사회적 할당은 사회복지 서비스 급여를 받을 자격을 가진 사람이 누구인지를 결정하기 위한 조건이라고 하였다.

(2) 보편주의와 선별주의

사회복지정책에 있어 할당의 원칙은 전통적으로 보편주의(universalism)와 선별주의(selectivism)로 나뉜다. 보편주의는 사회복지정책으로 제공되는 사회적 급여가 모든 국민들에게 하나의 사회적 권리로서 인정되는 것이나, 선택주의는 사회적 급여가 소수의 사회적 약자를 대상으로 제한적으로 주어진다.

(3) 자격요건

① 과거의 기여

특정한 사회복지정책의 급여를 받기 위해서는 자격요건을 갖추어야 하는데, 과거의 사회복지제도가 요구하는 기여도가 어느 정도인지가 자격의 관건이 된다.

② 행정적 재량권

행정적 재량권에 의한 할당의 예는 빈곤한 사람들이 음식물, 주거 및 다른 생활필수품을 신청하였을 때, 그들에게 현금(cash)이나 현물(in-kind)을 지급할 수 있도록 담당 행정가(사회복지전담공무원)에게 재량권을 부여하는 경우이다.

③ 소득 · 자산조사

자산조사(means test)에 의한 할당원칙은 거의 모든 나라에서 사용되고 있을 만큼 광범위하게 활용되는 방식으로, 후진국일수록 소득과 재산의 흐름이 투명하지 않고 비공식적인 경제가 국민경제에서 차지하는 비중이 높아 자산조사가 어렵다. 우리나라의 경우 매년 물가상승률을 감안하여 최저생계비를 설정하고 있고, 최저생계비 이하의 소득자에게 법에서 규정한 급여를 제공하고 있다.

(4) 문제점

① 낙인과 소외

낙인(stigma)이란 일종의 심리 · 사회적 현상으로 사회복지급여를 받는 사람들이 무가치한 존재 혹은 사회적으로 인정받지 못하는 사람으로 간주되는 현상이다.

이러한 감정은 일반적으로 급여 대상자에게 주관적 · 정서적 측면에서 다른 느낌을 갖게 하며, 급여 대상자 스스로 자신에게 다른 사람이 자신을 무가치하고 존중받을 수 없는 사람으로 여긴다고 생각할 수도 있다.

사회복지대상자가 사회복지급여를 신청할 때 자신이 급여를 받을 자격이 있다는 사실을 증명해야 하는데, 이 과정에서 낙인과 소외감을 느끼기 쉽다. 사회복지급여가 꼭 필요한 사람들에게 이러한 부정적인 감정이 가능한 한 발생하지 않도록 해야 한다.

② 급여의 목표이탈

급여의 목표이탈은 급여가 당초의 정책목표를 이탈하여 사용되는 것으로 모든 사회복지급여는 먼저 사회복지정책상의 목표가 결정된 후에 제공된다. 따라서 목표를 설정함에 있어 우선순위(priority)를 합리적으로 설정해야 한다.

③ 과다 비용 · 과대 이용

특히 오늘날 전 세계적으로 노인인구가 급격히 증가하면서 과다한 비용지출과 서비스의 남용문제가 심각하게 발생하는 경향이 있다. 제한된 사회복지자원을 보다 효율적으로 이용할 수 있도록 해야 할 것이며, 중산층 이상의 계층들이 서비스를 과다하게 이용하는 것은 소득의 역진적 재분배를 가져오는 것이라는 점을 간과하지 않아야 한다.

④ 근로의욕의 저하

일반적으로 사회복지정책은 납세자(tax prayer)와 급여수혜자 모두의 근로의욕에 상당한 영향을 주고 있다. 자격요건의 형태와 급여수준, 근로능력, 개인적 · 가족적 특성 및 한 사회의 사회경제적 상황과 가치관 등에 따라 사회복지급여가 근로의욕에 끼치는 영향은 다르다.

2) 사회복지정책의 내용

(1) 사회복지급여의 의미(급여의 내용)

사회복지급여는 사회복지정책의 선택 결과 무엇을 사회복지대상자에게 전달할 것인가 하는 문제에 관한 것이다. 사회복지급여는 사회복지정책 결정의 최후의 소산(product)이며, 이는 사회복지정책을 통하여 달성하려는 정책목표에 따라 급여내용과 형태, 그리고 수준이 결정된다.

일반적으로 사회복지급여는 사회복지 서비스라고도 불린다.

(2) 사회복지급여의 유형

급여형태와 관련하여 사회복지정책 선택의 논의는 전통적으로 현금(cash)급여와 현물(in-kind, goods)급여가 가장 기본적이다.

현금급여를 주장하는 사람들은 현금급여는 결정된 공공의 재정(조세)으로 개인이 획득할 수 있는 최대의 만족과 행복을 가져오는 등 복지의 극대화를 도모할 수 있다고 한다.

현물급여를 주장하는 사람들은 현물급여가 현금급여에 비하여 비용이 절약된다고 한다. 어떤 특정의 소비품목을 대량으로 생산하게 함으로써 '규모의 경제'로 인한 비용절감의 효과가 있고, 또한 일정한 일감을 기업에게 제공하여 적절한 수준에서 순환적 기업활동을 가능하게 하여 고용효과를 가져와 사회 전체적으로 생산성 증대에 기능적인 영향을 준다.

사회복지급여는 기회(opportunity), 서비스(services), 물품(goods), 신용(credit), 현금(cash), 권력(power) 등으로 분류할 수 있다.

① 기회(opportunity)

기회란 의도한 목표를 달성하기 위해 취해지는 인센티브(incentive)와 제재(sanctions) 등과 같은 환경을 의미한다. 기회는 직접적인 사회복지급여의 형태와 비교하여 가장 애매하고 추상적이다.

우리나라의 경우 일정한 규모 이상의 기업에 대하여 장애인에 대한 의무고용(의무고용률 2%)을 법으로 강제하고 있다. 또한 노인고용을 촉진하기 위해서 일정 비율(권장고용률 3%)의 노인을 고용할 것으로 권장하고 있다. 이와 같은 조치들은 장애인이나 노인에게 상대적인 예외의 기회를 제공하는 것에 해당한다.

② 서비스(services)

서비스란 클라이언트를 위해 교육, 상담, 계획 및 훈련 등과 같이 어떤 기능의 이행을 말한다. 비화폐적인 사회복지 서비스는 사회복지대상자의 자립과 자활을 가능하게 하는 중요한 급여로 평가한다.

③ 물품(goods)

물품급여란 식품, 의복 및 주택 등의 구체적인 상품을 말한다. 물품급여는 사회복지대상자들이 직면하고 있는 기본적 욕구를 직접적으로 충족시킬 수 있는 급여이지만, 특정의 목표에 맞추려는 정책적인 의도에 따라 제공되는 경향이 있다.

④ 신용(credits)

신용은 세금공제(tax credits)나 물품 및 서비스를 구매할 수 있는 증서(vouchers) 등의 형태로 제공되는 급여를 말한다. 이들 급여는 물품이나 서비스의 형태보다도 더욱 선택의 자유가 많다.

⑤ **현금**(cash)

현금급여는 공공부조, 기초노령연금 및 사회보험 등과 같은 것을 통하여 제공되는 급여로, 보편적인 교환가치를 지니며, 소비자 선택의 측면에서 가장 폭넓은 기회를 제공한다. 특히 현금은 수치심(stigma) 또는 치욕감을 가장 적게 느끼게 하는 급여이다.

현금급여는 그 지급이 일시적으로 이루어지는 일시금과 정기적으로 이루어지는 정기금이 있다.

현금급여와는 약간 상이하지만, 넓은 범위에서 보면 현금급여에 속하는 '융자'와 '대여'제도가 있다. 이것은 필요로 하는 자금수요에 대해서 자금을 제공하고 나중에 그 자금을 상환받는 방식이다. 그러나 재정여건상 제약이 많다.

⑥ **권력**(power)

권력급여는 물품과 자원에 대한 통제력을 재분배하는 것과 연관된다. 종종 영향력의 재분배는 저소득계층, 클라이언트 및 다른 사회적 약자집단의 대표자들을 사회복지 관련기관의 임원으로 선임하는 정책을 통해서 추구된다.

(3) 사회복지급여의 선택

사회복지정책의 급여형태와 수준은 여러 가지 원리에 의해서 이루어진다.

① **정책목표**

가장 중요한 고려요인은 사회복지정책의 목표가 무엇인가 하는 물음이다. 정책목표의 상이함에 따라 각각의 기능적 특성을 가진 급여의 형태가 선택되어진다.

② **대상자의 특성과 욕구**

사회복지정책 대상자의 욕구가 무엇이며, 그들이 가진 특성에 따라 급여형태가 선택될 수 있다. 대상자의 욕구가 비화폐적이고 인간관계 혹은 심리・사회적 문제와 연관된 것일 경우에는 현금이나 현물급여보다는 서비스 급여가 선택되어야 한다.

③ **사회・경제적 수준과 여건**

상대적으로 경제적 수준이 높을수록 기본적인 욕구수준이 높고, 이를 충족시키려는 국민적 최저한(national minimum)의 수준이 상승하는 경향이 있다. 따라서 사회복지정책의 급여수준은 사회경제적 수준에 비례하여 높아질 수 있다.

④ 이념

이념(ideology)은 급여형태와 수준을 결정하는 중요한 요소로 개인주의보다 집단주의 경향을 지닌 사회일수록 현금급여보다는 현물급여를 선호한다.

3) 사회복지정책의 재정

(1) 사회복지 재정의 개념과 유형

재정(finance)이란 사회복지정책을 실현하는 데 있어서 사용되는 제반비용과 관련된 것으로, 사회복지 재정에 대한 관심은 사회복지정책 목표를 달성하기 위해 필요한 재원을 어떻게 얼마만큼 조달하느냐라는 문제와 조달된 재원을 어떻게 배분하느냐라는 문제로 대별된다.

재원조달과 관련되는 방법은 사회복지정책의 유형에 따라서 보험방식 또는 부조방식, 무료 또는 유료, 공공부문의 재원조달방식 또는 민간부문의 재원조달방식으로 유형화할 수 있다.

(2) 재원조달의 유형별 특성

① 조세

조세(general tax)는 국가에서 정부의 비용으로 사용하기 위해 국민들로부터 강제적으로 징수하는 화폐로, 특수세(교육세, 사회보장세), 직접세, 간접세, 누진세, 소득세, 재산세, 소비세 등으로 다양하게 구분할 수 있다.

사회복지정책에서 일반적으로 조세는 수익과는 관계없이 지불능력에 따라 징수되는 재원이다. 따라서 국가는 국민들로부터 징수한 조세를 통해 국가의 책임을 수행하는 사회복지정책의 급여비용으로 사용하고 있다. 즉, 사회복지정책의 대상이 되는 사고(risk)는 대부분 개인적으로 대응할 수 없는 예기치 못하는 사회적 사고이기 때문이다. 따라서 사회적 사고의 축소는 사회구성원 전체의 이익으로 되돌려져 삶의 질을 향상시키게 된다.

〈표 4-5〉 조세부담률 및 국민부담률 국제 비교(2016년 기준)

구 분	한 국	미 국	스웨덴	프랑스	독 일	이탈리아	영 국	OECD (평균)
조세부담률(%)	18.3	19.7	34.1	28.8	23.4	29.8	26.5	24.9
국민부담률(%)	24.7	25.9	44.0	45.5	37.4	42.6	32.7	34.0

출처 : OECD. Revenue Statistics(2018년판).

② 사회보험료

사회보험료는 보험가입자(국민)가 일정한 기간 동안 정기적으로 일정한 금액을 기여하는 방식을 말한다. 사회보험료는 사회보험이 갖는 사회성과 보험성이라는 두 가지 성격을 내포하고 있는데, 능력비례원칙에 의해 사회보험료 부담 능력에 따라 징수되는 것은 사회보험료의 사회성을 반영한 것이다.

〈표 4-6〉 조세와 사회보헌료의 장점

조 세	사회보험료
① 소득재분배적 성격이 강하다. ② 사회의 소득평등화 또는 평등사회라는 정책 목표를 달성하는 데 유리하다. ③ 원천적으로 소득역진성을 방시할 수 있디. ④ 인적 공제를 통해 부담을 완화할 수 있다. ⑤ 부담능력이 없는 사람들의 부담을 감소시킬 수 있다. ⑥ 세입이전 방식은 그 재정운용에 있어 각종 서비스 프로그램 간에 상호조정이 가능하다.	① 무책임한 급여의 인상을 억제할 수 있다. ② 피보험자에게 낙인을 제공하지 않고 권리성을 부여할 수 있다. ③ 갹출에 의해 사회보험에 가입하는 자는 보험운영에 참여할 수 있다. ④ 사고발생 예방을 유인하여 부담의 증대를 억제할 수 있다. ⑤ 보험료의 징수비용이 낮거나 간편하다. ⑥ 목적세적 성격을 갖고 있어 납부의욕이 조세에 비해 높다. ⑦ 보험료의 적립은 공공투자의 자금으로 이용될 수 있다.

③ 수익자 부담

수익자 부담이란 사회복지급여나 서비스를 이용하는 사람들이 그 이용의 대가를 지불하는 방법으로 재원을 조달하는 것을 말한다.

수익자 부담의 필요성은 무료 또는 저가(低價)의 서비스 제공에서 오는 서비스 남용을 억제하여 자원이용의 효율성을 높이기 위한 방안에서 비롯된 것으로, 국가 전체의 사회복지 재정부담을 완화할 수 있고, 수익자와 비수익자 사이에 공평을 도모할 수 있다. 따라서 비용이 많이 들거나 특수한 서비스인 경우에 이러한 수익자 부담 방식은 서비스 이용자에게 그 책임을 물을 수 있는 방식이 된다.

④ 후원금 및 기부금

후원금은 개인이나 조직, 단체가 특정의 사회복지기관을 돕는다는 뜻에서 재정적 지원을 제공하는 것이고, 기부금은 반대급부를 기대하지 않고 사회복지기관에 제공하는 금품을 말한다.

⑤ 회비

회비는 사회복지조직의 회원자격으로서 내는 재정적 지원으로, 보통 회원으로서 의무적으로 내는 반면에, 반대급부로서 사회복지기관으로부터 특정한 서비스를 제공받을 수 있는 권리를 가진다. 그뿐만 아니라 회원을 통해 기관에 대한 소속감과 유대감을 공유함으로써 조직의 운영과 지역사회에 대한 기여를 연결시킬 수 있다.

⑥ 모금

모금은 특별한 문제해결을 위해 필요한 재원을 개인이나 집단으로부터 모집하는 것이다.

(3) 재원배분의 특성

재원배분은 조달된 재원을 분배하는 것으로 다음과 같은 조건들을 충족시키는 것이다.

① 프로그램 조건

정부가 지원하려는 활동의 종류를 구체화시킨 것으로, 특수교육, 의료급여(의료보호), 위탁보호, 금전지불 등이 이에 해당한다. 즉, 누가 자격요건이 있으며, 그들은 어떤 급여를 받으며, 어떻게 전달체계가 조직되는가라는 것과 연결되어 있다.

② **재정적 조건**

중앙정부의 재정배분을 받기 위해서 지방자치단체가 상응하는 지방재정(local match)을 부담하는 프로그램이다.

③ **수혜자 조건**

보조금(subsidy)을 제공하는 정부의 부서와 급여를 받는 사람의 유형을 조건화한다.

④ **절차적 조건**

자원배분을 받기 위한 요건으로서, 계획, 회계, 인사, 보고, 클라이언트의 권리 등과 같은 다양한 절차상의 조건을 구비하는 것이다.

4) 사회복지정책의 전달체계

(1) 전달체계의 특성과 기준

사회복지정책에 있어서 전달체계는 사회복지정책에서 제공하는 급여 및 서비스를 제공하는 조직적 장치를 말한다. 조직이 정책목표를 제대로 달성하기 위해서는 필요한 구조와 기능, 그리고 인력선발과 배치 등을 적절하게 선택해야 한다.

전달체계의 이상적인 목표는 사회복지 서비스가 필요한 개인이나 집단에게 제대로 전달하여 정해진 목표를 효율적이고 효과적으로 달성하는 데 기여하는 것이다. 이를 위해서는 첫째, 서비스가 통합되고 지속적이어야 한다. 둘째, 서비스가 대상자에게 손쉽게 접근할 수 있어야 한다. 셋째, 전달체계는 그 활동과 결정에 대하여 책임성을 유지할 수 있어야 한다.

(2) 전달체계의 수립

전달체계를 수립하여 사회복지정책을 통한 문제해결과 목표대상이 가진 욕구를 충족시키기 위해서는 다음과 같은 내용들이 확보되어야 한다.

① **통합성과 지속성**

서비스의 통합성(integration)이란 문제를 가진 사람들이 전달체계를 통하여 사회복지 서비스를 받게 될 때, 복합적이고 다양한 문제해결에 필요한 각종의 서비스가 질서정연하고 체계적으로 제공되어 문제를 해결하고 욕구충족을 충분히 달성할 수 있는 것을 말한다.

지속성(continuity)이란 사회복지대상자에게 필요한 서비스를 문제를 해결하는 일정 기간 동안 계속적으로 제공하는 것을 말한다.

② 접근성

접근성(accessibility)이란 사회복지대상자가 필요로 하는 서비스와 급여를 제공받기 위한 과정이 쉬워야 한다는 것을 의미한다.

③ 책임성

책임성(accountability)은 전달체계에 맡겨진 사회적 위임과 과제를 어느 정도로 적절하게 수행하고 있는지의 여부에 관한 것으로, 전달체계의 임무수행과정이 투명하게 드러나고 의사결정이 민주적으로 이루어질 수 있는 문화적 풍토가 매우 중요하다.

④ 전문성

사회복지 전달체계는 다른 조직이나 전달체계에 비하여 사회문제 해결과 개인적·가족적 욕구를 충족시켜야 하는 특수한 기능을 수행하고, 인간 욕구와 관련된 다양한 문제를 취급함으로써 공공정책의 전달체계와는 다른 특성을 지닌다. 따라서 사회복지 전달체계는 사회복지 전문기술을 갖추는 것이 요청되고 있다.

⑤ 효과성

효과성은 조직, 전달체계가 목적한 바를 얼마만큼 잘 달성하였는가 하는 물음으로, 일반적으로 사회복지기관이나 전달체계가 제공한 서비스나 프로그램이 그 대상이 가지고 있는 문제해결이나 지역사회의 욕구를 어느 정도로 충족시켰는가 하는 개념으로 사용되고 있다.

⑥ 효율성

효율성은 정책목적을 실행하기 위하여 투입한 비용과 산출된 서비스나 프로그램의 비용을 비교하는 개념으로, 전달체계는 가능한 한 투입비용을 적게 들이고 정책목표를 최대한 달성할 수 있도록 수립되어야 한다.

(3) 전달체계의 종류

① 공공전달체계

공공전달체계는 국가 또는 지방자치단체가 운영주체인 경우를 말한다.

② 민간전달체계

민간전달체계는 국가 또는 지방자치단체에 의해 업무를 위임받거나 민간이 자발적으로 설립한 사회복지법인 및 비영리 민간법인 등으로 대부분의 사회복지 서비스 부문에 집중되어 있다.

제5장 사회복지실천

학습목표

1. 사회복지 실천윤리의 가치와 윤리기준을 설명할 수 있다.
2. 사회복지실천기술을 사회사업에 적용할 수 있다.
3. 사회복지실천의 원칙과 실천방법을 설명할 수 있다.

사회복지실천이란 사회복지를 구체적으로 실천하는 원조활동이나 실천기술을 의미하는 원조기술 방법이다. 전통적인 사회복지의 실천방법은 개별지도, 집단지도, 지역사회조직과 같은 3내 방법으로 제시되어 왔다. 개별지도는 개인 또는 가족을 대상으로, 집단지도는 소집단을 대상으로, 지역사회조직은 지역사회를 대상으로 삼아 왔다(장인협 외, 1999 : 71).

〈표 5-1〉 전통적인 사회복지 실천방법

방 법	개별지도	집단지도	지역사회조직
대 상	개인, 가족	소집단	지역사회

사회복지실천이란 생활상 필요한 제반 서비스를 받기 위해 각종 체계에 의존하고 있는 개인을 돕는 일이다.

따라서 사회복지실천은 인간과 사회환경(그들이 자신들의 생활과업을 성취하고, 고통을 경감시키며, 그들이 바라는 것과 가치들을 실현하기 위한 그들의 능력에 영향을 미치는) 사이의 상호작용과 관련된 문제들을 완화 내지 경감시키고, 이에 대처할 수 있는 능력을 강화시키는 것을 돕는 일련의 원조과정을 말한다(박경일 외, 2001 : 100).

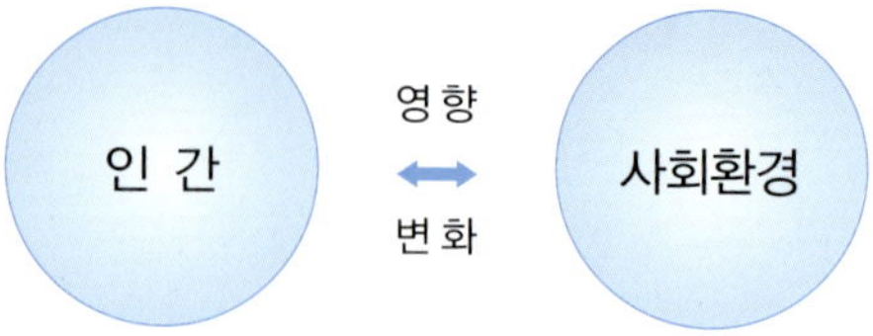

┃그림 5-1┃ 인간과 사회환경의 상호작용

1. 사회복지실천의 주체

1) 사회복지사

사회복지실천의 주체는 역사적 시기에 따라 강조점에서 차이가 있지만, 1960년대 이후 사회복지사('사회사업가'라고 불리기도 함)가 본격적으로 배출되면서, 사회복지사에 의한 전문적인 활동이 강조되고 있다.

사회복지사는 사회복지사업법에 의한 법적 자격인 '사회복지사(1·2·3급)' 자격을 취득한 사회복지를 계획하고 실천하는 사람을 말한다. 사회복지사는 개인, 집단, 가족, 지역사회의 복지욕구를 충족시키고, 사회문제를 해결하는 주요 전문가로서 활동한다. 특히 한국사회에서 사회복지사는 개인적으로 활동하는 사례는 드물고, 공공전달체계의 사회복지전담공무원, 종합사회복지관 및 사회복지법인의 직원으로 근무하고 있다.

사회복지사는 주로 사회복지사업법에서 규정하고 있는 다양한 사회복지 서비스를 제공하고 있으며, 그 역할은 전문 영역과 소속된 기관 및 시설의 특성에 따라 매우 다양하다. Siporin은 사회복지사의 역할을 "상담가, 충고자, 가능하게 하는 사람, 노련한 문제해결자, 분쟁해결의 조정자, 중개인, 의뢰자, 촉진자, 중재자, 토의 리더, 안내자, 자원자, 조정자, 행정가, 사업경영자, 자문을 하는 사람 등(이영철 외, 2000 : 84)"으로 예시하고 있다.

사회복지사는 특유의 식견과 비전(Vision), 통찰력을 지니고 있는 사회복지영역의 전문가이다. 그뿐만 아니라 '서비스 맨'으로서 대인적인 서비스를 제공해 주는 존재이기도 하다. 결국 사회복지사가 가족, 집단, 지역사회를 대상으로 어떠한 역할을 하느냐에 따라 변화의 강도와 사회문제의 빈도가 다르게 나타난다.

2) 공공부문

국가와 지방자치단체 등 공공부문은 그 재원이 대부분 정부예산(조세)에서 나오며, 그 운영은 주로 법령에 근거해서 소속 공무원이 사회복지를 실천하도록 하거나, 사회복지법인 등에게 국고·지방비를 보조하거나, 정부의 복지기관을 민간에 위탁하여 복지를 구현하는 방식을 취한다.

산업사회의 다양한 문제들로 인하여 공공부문의 기능이 확대되고 있으며, 현대사회에 있어서 사회복지 서비스 제공의 가장 중요한 주체는 국가와 지방자치단체이다. 즉, 국가는 국민의 최저생활보장과 생활향상에 대한 책임을 가지며, 지방자치단체는 국가정책에 협력하면서 국가의 시책이 미치지 않는 지역사회의 독특한 복지욕구에 반응하고 있다.

3) 민간비영리부문

민간비영리부문은 민간이 운영한다는 점에서 공공단체와는 성격이 다르고, 이윤을 추구하지 않는다는 점에서 민간기업과 다르다. 특징은 자발성에 기초하여 공급된다는 점이다. 국가복지의 확대 이전에는 중요한 영역이었다가 현대사회에 들어와서 그 기능이 축소되었고, 최근에 신보수주의적 재편이 이루어지면서 다시금 그 중요성이 부각되고 있다. 공공부문과 비교해 볼 때 효율적이며, 탄력적인 운영이 가능하나, 지속적인 대규모 사업을 전개할 수 없다는 단점을 지니고 있다. 대표적인 민간비영리부문이 사회복지법인 및 사회복지시설이다.

4) 민간영리부문

1979년 제2차 석유파동으로 세계경제의 퇴조와 1980년대 복지국가의 신보수주의적 재편이 이루어지면서 정부 역할의 축소와 맞물려 민간영리부문의 복지공급자로서의 역할에 대한 새로운 인식이 이루어지고 있다.

민간영리부문이 부각되는 이유를 네 가지로 정리하면 다음과 같다. 첫째, 복지국가의 재정적 위기 속에서 공공부문에 의한 사회서비스의 공급이 한계에 도달했다. 둘째, 사회복지의 민영화가 세계적으로 진행되고 있다. 셋째, 소득수준의 향상으로 사회서비스를 구매할 수 있는 능력을 지닌 계층이 많아졌다. 넷째, 인구의 고령화 속에서 필요로 하는 자원이 부족해지고 있어 복지재원의 낭비를 방지해야 하기 때문이다. 최근 들어 등장한 실버타운이 대표적인 예이다.

2. 사회복지 실천윤리

1) 사회복지실천의 윤리

사회복지실천의 가치는 사회복지실천을 왜(동기) 하는가? 무엇(목표)을 위해서 실천해야 하는가? 또는 어떻게(방법) 실천해야 하는가?에 대한 해답을 제공하는 것이라고 할 수 있다.

그렇지만 사회복지실천에서의 윤리는 일차적으로 사람들이 옳다고 믿는 것을 행동으로 옮기는 것이 아니라 오히려 옳은 것이 무엇인가를 결정하도록 돕는 것과 관련된다. 윤리는 도덕적 원칙들의 체계이고 옳고 올바르지 못한 것에 관한 지각이며, 개인, 집단, 직업 또는 문화에 따라 실천되는 행동철학이다(Baker, 2003).

이와 같이 사회복지실천에 있어서 가치는 추구해야 하는 이상적인 것과 관련된 것이고 윤리는 가치를 실현하는 실천적인 것과 관계된다. 가치와 윤리 사이의 차이점은 가치란 무엇이 좋고 바람직한 것인가에 관심을 두는 반면에 윤리는 무엇이 옳고 바른 것인가에 관심을 둔다(문인숙, 1991 : 41-49)는 것이다.

가치가 어떤 사회에 채택되고 확립되며 규정되는 방법은 사회규범의 형태로 이루어지기도 하며 교육이나 윤리적 원칙에 의하여 내면화된다(Siporin, 1975 : 68). 이와 같이 사회복지실천에서의 윤리는 가치에서 비롯되고, 이 윤리는 실천적인 원칙을 낳으며 원칙은 옳고 바른 것을 추구하게 하는 윤리기준을 제공한다. 윤리강령은 사회복지전문가에게 요구되는 가치, 윤리, 실천원칙과 윤리기준에 대해서 체계적으로 기술한 것이라 할 수 있다.

2) 사회복지 실천윤리의 필요성

사회복지실천에서 가치와 윤리가 매우 강조되고 있을 뿐만 아니라 사회복지사가 사회복지실천에 있어서 지켜야 할 윤리적인 원칙들은 사회정의, 개인의 존엄성, 인간관계의 중요성, 성실성, 능력 등을 핵심적인 가치로 인정하고 있다.

전문가는 전문직을 수행함에 있어서 대부분 윤리강령을 제정하여 이를 따르고 있다. Reamer가 미국의 Social Worker를 염두에 두고 제시했던 Social Work의 필요성을 살펴보면 다음과 같다(김상균 외, 2001 : 100-101).

첫째, 전문가 자신의 가치관과 다른 사람들(Client, 지역주민, 동료전문가, 직장 상사 등)의 가치관 사이에 어떤 공통점과 차이점이 있는가를 체계적으로 확인하기 위해 필요하다.

둘째, 윤리적 딜레마의 실태를 이해하고 이에 대처할 수 있는 능력을 갖추기 위해 필요하다. 전문가는 딜레마 상황을 적절하게 타개할 수 있는 사람이어야 한다.

셋째, 다수의 상이한 가치들 사이의 관계정립 또는 위계설정을 위해 필요하다.

넷째, Social Work의 현행 주류가치가 얼마나 정당한가를 반성하고 나아가서 시대적 조류에 맞는 가치를 정립하기 위해 필요하다.

다섯째, Social Work의 실천방법을 개발하거나 Social Worker의 전문경력을 발전시키기 위해 필요하다. Social Work는 Social Work의 전문지식과 기술을 지속적으로 개발해야 하며, Social Worker는 그것을 꾸준히 습득하고 연마해야 한다.

3) 한국 사회복지사 윤리강령

한국사회복자사협회의 윤리강령은 내용의 많은 부분이 사회복지사의 의무와 책무에 대한 국제사회복지사협회(ISFW)의 윤리강령을 따르고 있으며, 인본주의와 평등주의를 기반으로 인간 존엄성, 사회정의와 평등, 자유와 민주 가치를 핵심으로 한다.

윤리적인 지침을 미시적으로는 클라이언트 개인의 변화이며, 거시적으로는 사회제도 개선과 클라이언트의 권리의 중요성을 강조하면서 사회복지사의 솔선성과 주도성을 지향하며 사회복지사의 선서, 전문, 윤리강령으로 제시되고 있다(한국사회복지사협회, 2018).

사회복지사의 선서

- 나는 모든 사람들이 인간다운 삶을 누릴 수 있도록, 인간존엄성과 사회정의의 신념을 바탕으로, 개인 · 가족 · 집단 · 조직 · 지역사회 · 전체 사회와 함께 한다.
- 나는 언제나 소외되고 고통 받은 사람들의 편에 서서 저들의 인권과 권익을 지키며, 사회의 불의와 부정을 거부하고, 개인이익보다 공공이익을 앞세운다.
- 나는 사회복지사 윤리강령을 준수함으로써, 도덕성과 책임성을 갖춘 사회복지사로 헌신한다.
- 나는 나의 자유의지에 따라 명예를 걸고 이를 엄숙하게 선서합니다.

전 문

사회복지사는 인본주의 · 평등주의 사상에 기초하여, 모든 인간의 존엄성과 가치를 존중하고 천부의 자유권과 생존권의 보장활동에 헌신한다. 특히 사회적 · 경제적 약자들의 편에 서서 사회정의와 평등 · 자유와 민주주의 가치를 실현하는 데 앞장선다. 또한 도움을 필요로 하는 사람들의 사회적 지위와 기능을 향상시키기 위해 저들과 함께 일하며, 사회제도 개선과 관련된 제반 활동에 주도적으로 참여한다. 사회복지사는 개인의 주체성과 자기결정권을 보장하는 데 최선을 다하고, 어떠한 여건에서도 개인이 부당하게 희생되는 일이 없도록 한다. 이러한 사명을 실천하기 위하여 전문적 지식과 기술을 개발하고, 사회적 가치를 실현하는 전문가로서의 능력과 품위를 유지하기 위해 노력한다. 이에 우리는 클라이언트 · 동료 · 기관 그리고, 지역사회 및 전체사회와 관련된 사회복지사의 행위와 활동을 판단 · 평가하며 인도하는 윤리기준을 다음과 같이 선언하고 이를 준수할 것을 다짐한다.

한국 사회복지사 윤리강령(KASW Code of Ethics)

사회복지이념은 사회의 안정과 번영을 위하여 정의, 평등, 자유, 민주의 가치를 바탕으로 모든 사회성원들이 인간의 존엄성을 유지하면서 자기실현을 할 수 있도록 사회 전체가 공동으로 책임을 진다는 철학을 기본으로 한다.

위의 이념을 구현하기 위하여 사회복지사는 개인, 가족, 집단, 조직, 지역과 같은 복지대상과 직접 일하거나 사회제도적 개선과 관련된 제반 활동에 적극 개입한다. 위의 사명을 다하기 위하여 사회복지사는 다음의 윤리강령을 준수한다.

1. 사회복지사는 전문가로서 품위와 자질을 유지하고 관장하는 업무에 대하여 책임을 진다.
2. 사회복지사는 전문적 가치를 견지하면서 관련지식과 기술을 습득, 개발, 전달하는 데 최선의 노력을 기울인다.
3. 사회복지사는 업무수행과정에서 어떠한 압력에도 타협하지 않으며, 전문적 관계를 이용하여 부당한 영리를 취하시 않는다.
4. 사회복지사는 복지대상자의 권익을 최우선으로 삼는다.
5. 사회복지사는 복지대상자가 자기결정권을 최대한 행사할 수 있도록 돕는다.
6. 사회복지사는 복지대상자의 사상, 종교, 인종, 성별, 연령, 지위, 계층에 따른 차별을 하지 않는다.
7. 사회복지사는 복지대상자의 사생활을 존중하고 직무상 취득한 정보를 전문적 업무 이외에는 공개하지 않는다.
8. 사회복지사는 동료 간에 존중과 신뢰로써 대하며, 동료 간에 전문적 지위의 인격을 훼손하는 언행을 하지 않는다.
9. 사회복지사는 동료나 사회복지기관 또는 단체의 비윤리적 행위에 대하여 공식적인 절차를 통하여 대처한다.
10. 사회복지사는 소속기관과 전문단체 활동에 적극 참여하여 성장발전과 권익옹호에 힘쓰며 기타 유관기관과는 협조적 관계를 유지한다.

4) 준수해야 할 윤리적 가치

(1) 비밀보장

사회복지사는 클라이언트의 사생활에 대한 권리를 존중해야 하며, 불가피한 경우를 제외하고서는 전문적인 서비스 전개과정에서 획득한 사실과 정보에 대하여 비밀을 보장해야 한다.

(2) 자기결정

사회복지사는 클라이언트의 자기결정의 원리를 존중하고, 클라이언트 스스로 자신의 문제점을 발견하고 목표를 수립할 수 있도록 측면적인 원조를 제공해야 한다.

(3) 적극적 참여

사회복지사는 클라이언트를 대상으로 면접 초기 시 체계적이고 전문적 관계를 활용하여 클라이언트의 변화 가능성을 전제로 하고, 적극적으로 과정에 참여해야 한다.

(4) 전문적 가치의 확보

클라이언트가 직면한 문제로 인해 사회복지사가 자신의 가치와 자신이 소속한 기관 사이에서 가치갈등을 느낄 경우 기관의 규정을 따름으로써 클라이언트와 전문적인 관계를 유지할 수 있어야 한다.

(5) 자원의 배분

부족한 재원을 놓고서 갈등을 겪을 때 지나치게 효과성과 성과를 중시하기보다는 효율성을 먼저 고려하여 우선순위(priority)를 결정해야 한다. 자신의 개인적인 주관이 개입되어서는 안 되며, 외부적인 압력에 의하여 자원배분의 순위에 변동이 있어서는 안 된다.

(6) 법률과 규칙의 준수

사회복지사는 관계법률을 숙지하여 클라이언트와의 사이에서 법률상의 분쟁이 발생하지 않도록 주의해야 하며, 소속된 기관의 정책과 절차를 지지하고 이를 따라야 한다.

(7) 내부갈등 해결

내부갈등이 발생할 경우, 기관과 개인 사이의 갈등인지, 아니면 소속기관의 개인과 개인 사이의 문제인지를 분명히 하여 기관과 클라이언트에 피해를 주지 않도록 해야 한다.

5) 윤리기준

◆ 사회복지사의 기본적 윤리기준

(1) 전문가로서의 자세

1. 사회복지사는 전문가로서의 품위와 자질을 유지, 자신의 맡고 있는 업무에 대해 책임을 진다.
2. 사회복지사는 클라이언트의 종교 · 인종 · 성 · 연령 · 국적 · 결혼상태 · 성 · 취향 · 경제적 지위 · 정치적 신념 · 정신 · 신체적 장애 · 기타 개인적 선호 · 특징 · 조건 · 지위를 이유로 차별대우를 하지 않는다.
3. 사회복지사는 전문가로서 설정하고 공정하게 업무를 수행하며, 이 과정에서 어떠한 부당한 압력에도 타협하지 않는다.
4. 사회복지사는 사회정의 실현과 클라이언트의 복지 증진에 헌신하며, 이를 위한 환경조성을 국가와 사회에 요구해야 한다.
5. 사회복지사는 전문적 가치와 판단에 따라 업무를 수행함에 있어, 기관 내외로부터 부당한 간섭이나 압력을 받지 않는다.
6. 사회복지사는 자신의 이익을 위해 사회복지 전문직의 가치와 권위를 훼손해서는 안 된다.
7. 사회복지사는 한국사회복지사협회 등 전문가단체 활동에 적극 참여하여, 사회정의 실현과 사회복지사의 권익옹호를 위해 노력해야 한다.

(2) 전문성 개발을 위한 노력

1. 사회복지사는 클라이언트에게 최상의 서비스를 제공하기 위해, 지식과 기술을 개발하는 데 최선을 다하며 이를 활용하고 전파할 책임이 있다.
2. 클라이언트를 대상으로 연구하는 사회복지사는 저들의 권리를 보장하기 위해, 자발적이고 고지된 동의를 얻어야 한다.
3. 연구과정에서 얻은 정보는 비밀보장의 원칙에서 다루어져야 하고, 이 과정에서 클라이언트는 신체적, 정신적 불편이나 위험 · 위해 등으로부터 보호되어야 한다.

4. 사회복지사는 전문성을 개발하기 위해 노력하되, 이를 이유로 서비스의 제공을 소홀해서는 안 된다.
5. 사회복지사는 한국사회복지사업회 등이 실시하는 제반교육에 적극 참여하여야 한다.

(3) 경제적 이득에 대한 태도

1. 사회복지사는 클라이언트의 지불능력에 상관없이 서비스를 제공해야 하며, 이를 이유로 차별대우를 해서는 안 된다.
2. 사회복지사는 필요한 경우에 제공된 서비스에 대해, 공정하고 합리적으로 이용료를 책정해야 한다.
3. 사회복지사는 업무와 관련하여 정당하지 않은 방법으로 경제적 이득을 취하여서는 안 된다.

◆ 사회복지사의 클라이언트에 대한 윤리기준

(1) 클라이언트와의 관계

1. 사회복지사는 클라이언트의 권익옹호를 최우선의 가치로 삼고 행동한다.
2. 사회복지사는 클라이언트에 대하여 인간으로서의 존엄성을 존중해야 하며, 전문적 기술과 능력을 최대한 발휘한다.
3. 사회복지사는 클라이언트가 자기결정권을 최대한 행사할 수 있도록 도와야 하며, 저들의 이익을 최대한 대변해야 한다.
4. 사회복지사는 클라이언트의 사생활을 존중하고 보호하며, 직무 수행과정에서 얻은 정보에 대해 철저하게 비밀을 유지해야 한다.
5. 사회복지사는 클라이언트가 받은 서비스의 범위와 내용에 대해, 정확하고 충분한 정보를 제공함으로써 알 권리를 인정하고 존중해야 한다.
6. 사회복지사는 문서 · 사진 · 컴퓨터 파일 등의 형태로 된 클라이언트의 정보에 대해 비밀보장의 한계 · 정보를 얻어야 하는 목적 및 활용에 대해 구체적으로 알아야 하며, 정보공개 시에는 동의를 얻어야 한다.
7. 사회복지사는 개인적 이익을 위해 클라이언트의 전문적 관계를 이용하여서는 안 된다.
8. 사회복지사는 어떠한 상황에서도 클라이언트와 부적절한 성적관계를 가져서는 안 된다.
9. 사회복지사는 사회복지 증진을 위한 환경조성에 클라이언트를 동반자로 인정하고 함께 일해야 한다.

(2) 동료의 클라이언트와의 관계

1. 사회복지사는 적법하고도 적절한 논의 없이 동료 혹은, 다른 기관의 클라이언트와 전문적 관계를 맺어서는 안 된다.
2. 사회복지사는 긴급한 사정으로 인해 동료의 클라이언트를 맡게 된 경우, 자신의 의뢰인처럼 관심을 갖고 서비스를 제공한다.

◆ 사회복지사의 동료에 대한 윤리기준

(1) 동료

1. 사회복지사는 존중과 신뢰로서 동료를 대하며, 전문가로서의 지위와 인격을 훼손하는 언행을 하지 않는다.
2. 사회복지사는 사회복지 전문직의 이익과 권익을 증진시키기 위해 동료와 협력해야 한다.
3. 사회복지사는 동료의 윤리적이고 전문적인 행위를 촉진시키시며, 이에 반하는 경우에는 제반 법률규정이나 윤리기준에 따라 대처해야 한다.
4. 사회복지사가 전문적인 판단과 실천이 미흡하여 문제를 야기시켰을 때에는, 적절한 조치를 취하여 클라이언트의 이익을 보호해야 한다.
5. 사회복지사는 전문직 내 다른 구성원이 행한 비윤리적 행위에 대해, 제반 법률규정이나 윤리기준에 따라 조치를 취해야 한다.
6. 사회복지사는 동료 및 타 전문적 동료의 직무 가치와 내용을 인정 · 이해하며, 상호 간에 민주적인 직무관계를 이루도록 노력해야 한다.

(2) 수퍼바이저와 수퍼바이지의 관계

1. 수퍼바이저는 개인적인 이익의 추구를 위해 자신의 지위를 이용해서는 안 된다.
2. 수퍼바이저는 전문적 기준에 의해 공정하게 책임 수행하며, 사회복지사 · 수련생 및 실습생에 대한 평가는 저들과 공유해야 한다.
3. 사회복지사는 수퍼바이저의 전문적 지도와 조언을 존중해야 하며, 수퍼바이저는 사회복지사의 전문적 업무수행을 도와야 한다.
4. 수퍼바이저는 사회복지사 · 수련생 및 실습생에 대해 인격적 · 성적으로 수치심을 주는 행위를 해서는 안 된다.

◆ 사회에 대한 윤리기준

1. 사회복지사는 인권존중과 인간평등을 위해 헌신해야 하며, 사회적 약자를 옹호하고 대변하는 일을 주도해야 한다.
2. 사회복지사는 필요한 사회서비스를 개발하기 위한 사회정책의 수립 · 발전 · 입법 · 집행에 적극적으로 참여하고 지원해야 한다.
3. 사회복지사는 사회환경을 개선하고 사회정의를 증진시키기 위한 사회정책의 수립 · 발전 · 입법 · 집행을 요구하고 옹호해야 한다.
4. 사회복지사는 자신이 일하는 지역사회의 문제를 이해하고, 그것을 해결하는 일에 적극적으로 참여해야 한다.

◆ 기관에 대한 윤리기준

1. 사회복지사는 기관이 정책과 사업목표의 달성 · 서비스의 효율성과 효과성의 증진을 위해 노력함으로써, 클라이언트에게 이익이 되도록 해야 한다.
2. 사회복지사는 기관이 부당한 정책이나 요구에 대하여, 전문직의 가치와 지식을 근거로 이에 대응하고 즉시 사회복지윤리위원회에 보고해야 한다.
3. 사회복지사는 소속기관 활동에 적극 참여함으로써, 기관의 성장발전을 위해 노력해야 한다.

◆ 사회복지윤리위원회의 구성과 운영

1. 한국사회복지사협회는 사회복지윤리위원회를 구성하여, 사회복지윤리실천의 질적인 향상을 도모하여야 한다.
2. 사회복지윤리위원회는 윤리강령을 위배하거나 침해하는 행위를 접수받아, 공식적인 절차를 통해 대처하여야 한다.
3. 사회복지사는 한국사회복지사협회의 윤리적 권고와 결정을 존중하여야 한다.

6) 사회복지실천의 윤리적 딜레마

사회복지사들은 종종 어느 행동이 더 윤리적인지를 결정해야 하는 상황을 맞게 된다. 윤리적 원칙들 사이에서 무게의 경중을 따져 우선순위를 정할 필요가 있다.

어떤 상황이 삶과 죽음의 문제와 관련된다면 다른 원칙보다 우선순위를 갖는다. 누군가 위험에 빠져 있을 때 이를 보고하거나 경고해야 하는 것은 법적인 책임이기도 하다. 클라이언트와의 관계가 중요하더라도 삶과 죽음의 문제를 해결하는 데 더 우선순위를 두어야 한다. 다음으로 학대나 폭력의 상황은 클라이언트의 안전과 안녕에 직결되기 때문에 두 번째 우선순위에 두어야 한다. 이것도 법적인 책임과 관련이 있다. 학대나 폭력이 이슈가 다른 이슈들과 함께 발생할 때 사회복지사는 학대의 이슈해결에 우선순위를 두어야 한다. 예를 들어, 학대나 자살의 위험이 닥치는 경우, 비밀보장의 원칙을 어기는 것이 허용될 수 있다. 다음으로 클라이언트의 권리가 서비스 기관의 권리보다 우선하기에 클라이언트의 동의를 얻는 것이 중요하다(Ragg, 2001).

리머(Reamer, 1989)는 윤리적 딜레마 상황에서 결정을 내리는 데 도움이 될 만한 일반적 가이드라인을 제시해 주었다. 이 중 몇 가지를 살펴보면 다음과 같다.

첫째, 삶, 보건, 행복 그리고 생활필수품에 대한 권리는 부, 교육, 여가와 같은 부수적인 재화에 대한 기회와 비밀보장에 대한 권리에 우선한다.

둘째, 개인이 기본적 행복을 누릴 권리는 다른 사람의 사생활, 자유 또는 다른 사람의 자기 결정권에 대한 권리에 우선한다. 예를 들어, 아동의 의료적 처치를 받을 권리는 부모가 종교적 신념으로 치료를 거부할 권리에 우선한다.

셋째, 자기결정에 대한 권리는 그들의 기본 행복권에 우선한다. 다른 사람의 안녕을 침해하지 않는다면 자기결정권이 받아들여진다.

넷째, 개인의 행복에 대한 권리가 조직의 정책이나 법에 우선할 수도 있다. 일반적으로 사회복지사는 기관의 정책에 순응해야 하는 의무가 있지만, 어떤 정책이나 절차가 클라이언트나 사회복지사의 안녕에 해를 주거나 부당하다면 법, 정책 또는 절차를 위반하는 것이 정당화될 수 있다.

다섯째, 개인과 협회나 단체 양자 간에 갈등이 발생할 경우 단체의 규칙이나 정책보다는 개인의 행복권에 우선한다.

3. 사회복지의 실천기술

Loewenberg에 의해 정리(김만두 · 한혜경, 1993 : 222를 재정리)된 사회사업의 실천기술은 〈표 5-2〉와 같이 도표화할 수 있다.

〈표 5-2〉 사회사업의 실천기술

공통된 초보적 기술	① 면접	② 기록	③ 관찰
일반적 기초적 기술	① 구체적 원조 ④ 의뢰 ⑦ 대변	② 조언 · 정보 · 지시의 제공 ⑤ 정서적 지지	③ 명확화 ⑥ 교섭
실천과정에서 불가결한 기술	① 접촉을 전개하는 기술 ② 사정(査正)해 가는 기술 ③ 의사교류를 전개해 가는 기술		

사회복지사가 해결해야 할 심리적이고 내면적인 인간의 문제는 복잡하고 다양화되고 있으므로 이에 대처할 수 있는 기술이 무엇보다도 필요하다.

사회복지사가 클라이언트와의 전문적 관계 속에서 사회복지 서비스를 제공할 때 필요한 가장 기본적인 기술 가운데 Loewenberg가 정리한 '공통된 초보적 기술'을 중심으로 실천기술에 대하여 간략하게 살펴보면 다음과 같다.

1) 면 접

면접(interview)이란 사람과 사람 간에 언어나 동작을 매개로 하여 이야기를 주고받는 행동으로서 여기에는 반드시 커뮤니케이션이 일어난다(장인협, 1989 : 131). 사회복지사와 클라이언트의 관계형성은 면접을 통해서 이루어지며, 어원적으로 면접(interview)이란 '상호 간(inter)'과 '바라봄(view)'의 합성어로서 '서로 대등한 입장에서 바라봄'이라는 의미를 지니고 있다(박용순, 2000 : 130-131). 그러므로 사회복지사는 클라이언트보다 우위에 있다는 생각과 감정을 가져서는 안 된다.

이와 같은 이유에서 사회복지사에게 가장 요구되는 기술은 클라이언트와 올바른 의사소통을 할 수 있는 면접기술이다. 면접은 단순한 대화가 아니라 욕구와 문제가 있는 클라이언트를 원조하며, 필요한 정보를 획득하고 이를 문제해결에 활용할 수 있는 목표지향적 활동이다.

면접기술은 경청, 비언어적 의사소통, 말하고 질문하기 등의 기술 등을 포함한다. 경청(active listening)을 위해 사회복지사는 클라이언트의 애매모호한 메시지를 명확화하고, 메시지 내용을 재진술하며, 메시지에 담겨있는 정서를 재진술하고, 메시지를 요약하는 기술이 필요하다. 사회복지사는 클라이언트가 말하는 것을 듣고, 말하지 않는 것도 들을 수 있어야 하며, 몸짓으로 말하는 것을 듣고, 말 속의 숨은 뜻을 들어야 한다.

사회복지사의 좋은 면접은 적절한 문제해석 능력에 의해서 좌우된다. 다양한 가설을 설정하고 재구성할 수 있는 개방된 마음을 가지고 있어야 한다. 진정한 신뢰(rapport)관계가 구축된 이후에 실시되는 면접을 통하여 문제의 근원을 파악할 수 있다.

2) 기 록

사회복지사의 일상활동에서 기록(recording)은 필수적인데 기록을 강조하는 이유는 문제를 종합적으로 판단하고 계획하여 질 높은 사회복지 서비스를 제공할 수 있기 때문이다. 그뿐만 아니라 담당하는 사례를 관리하기 위해서 매일 기록하고, 각종 회의록을 작성하고, 계획・진행과정・결과보고서를 기록으로 남겨둔다.

사회복지실천을 진개히는 데에 있어서 기록의 필요성이 강조되는 이유는 다음과 같다.

첫째, 개개인의 사례나 경과, 서비스 제공 내용 등을 잊을 수 있기 때문이며, 클라이언트에게 반복적 질문을 하지 않고, 중요한 내용을 금방 파악할 수 있다.

둘째, 적절한 서비스 제공에 대한 증거물이 될 수 있다.

셋째, 사회복지사는 자신이 얻은 정보나 Know-how를 기록해서 다른 사람에게 전할 필요가 있으며, 정보를 공유함으로써 서비스의 효율성을 향상시킬 수 있다.

넷째, 사회복지사의 클라이언트에 대한 이해력을 높이고, 간과해 버린 점에 대해 심도 깊게 관찰할 수 있다.

다섯째, 기록을 통해서 클라이언트에 대한 이해를 증진함과 더불어 사회복지사 자신의 결점을 파악할 수 있다. 또한 사회복지제도 및 운영상의 문제점을 고찰할 수 있어 서비스 개선을 위한 자료로 이용할 수 있다.

여섯째, 기록된 자료들을 바탕으로 일관된 복지 서비스를 제공할 수 있다.

일곱째, 사례연구회의 자료, 효과측정 등에서 실천기술의 질을 높이는 등 조사나 연구를 위해서 필요하다.

기록은 매우 중요한 문서라는 사실과 사회복지사, 클라이언트, 사회복지기관 사이의 밀접한 관계를 연결시켜 주는 매개체 역할을 한다는 사실을 간과해서는 안 된다. 또한 근면하고 성실하게 사실에 입각하여 기록해야 한다. 기록의 경우 D/B화 할 수 있도록 문서양식을 통일된 기준으로 작성해야 하며, 모든 문서를 컴퓨터로 작성해서 보관하도록 한다.

3) 사 정

사정(assessment)은 문제가 무엇인지, 어떤 원인 때문인지 그리고 그 문제를 해결하거나 줄이기 위해 무엇이 변화되어야 하는지에 대하여 해답을 구하는 사회복지 실천과정의 핵심적인 단계로서 개인, 가족, 집단이 가지고 있는 자원, 동기, 장점, 능력들에 초점을 맞추고 있다. 그뿐만 아니라 사정은 자료를 수집하여 분석하고 종합하는 과정으로 개입과정 전체의 가장 핵심적인 부분이라고 할 수 있다. 여기서는 주어진 자료들을 연결하여 무엇이 문제인지 판단하여 그에 대한 개입계획을 세우게 된다. 결국 사정을 통해 목표를 설정하고 개입하게 되므로 개입의 효과는 사정의 정확성에 달려 있다고 볼 수 있다(양옥경 외, 2001 : 146-147).

사회복지실천에서 사정이란 사회복지사가 구체적인 사례에 개입하기 전에 개입계획을 수립하여 클라이언트와 주변환경의 문제(욕구)를 파악하는 과정으로 개입 시작부터 종료까지 지속성, 자료의 객관성, 클라이언트의 적극적인 참여가 이루어져야 한다.

4) 평 가

사회복지 실천과정의 마지막 단계로서 사회복지개입의 결과를 조사기법을 사용하여 사정하는 것을 의미한다. 여기에서는 의도했던 결과가 달성되었는지에 대한 평가와 목표달성이 개입의 결과로 인한 것인지 여부에 대한 평가가 포함된다.

사회복지실천의 평가는 일정한 틀에 의해 사회복지사가 개입하여 투입된 내용과 결과를 토대로 개입의 효과성과 효율성 그리고 클라이언트의 변화 정도를 점검하는 것이다. "평가는 모든 사회복지사의 전문적 의무이며 사회복지기관들 또한 그들의 임무와 목표에 대한 평가를 반드시 수행해야 한다. 사회복지사와 사회복지기관들은 클라이언트, 자원제공자, 지역사회주민에 대한 책임이 있기 때문에 특히 평가가 필요하다(남기민, 2001 : 199)."

평가는 서비스가 제공되는 전 과정을 관찰하고 제공된 서비스의 효과성을 검토하여 궁극적으로는 사회복지 서비스에 대한 효과성과 효율성을 증대시키기 위한 것이다.

4. 사회복지의 실천방법

클라이언트에게 원조를 제공함에 있어서 사회사업은 전통적으로 개인을 대상으로 하는 개별사회사업(casework), 집단을 대상으로 하는 집단사회사업(group work), 지역사회를 대상으로 하는 지역사회조직사업(community organization)이라는 전문적 방법을 중시하였다. 그러나 1970년대 전통적인 사회사업방법들의 통합화 논의가 진행되면서 일반적인 접근으로서의 사회사업실천(social work practice) 또는 개인, 가족 및 소집단으로 개인에게 직접적으로 개입하여 문제나 욕구를 해결하는 것을 핵심적인 것으로 하는 사회복지 실천방법인 임상사회사업(clinical social work)이 등장하게 되었다.

사회복지 실천방법은 직접적인 서비스 형태를 띠는 임상사회사업과 간접적인 서비스 형태를 띠는 지역사회복지(지역사회조직), 사회복지행정, 직 · 간접적인 부분이 혼합되어 있는 사회복지조사 등으로 접근방법을 분류할 수 있다. 여기에서는 임상사회사업(clinical social work)만을 다루기로 한다.

개인, 가족 및 소집단을 대상으로 개인에게 직접적으로 개입하여 문제나 욕구를 해결하는 것을 핵심적으로 하는 사회복지 실천방법을 임상사회사업이라고 한다.

직접적 개입방법(direct intervention)은 개인, 가족, 소집단을 대상으로 이들과 직접 대면적(face to face)으로 접촉하면서 이들의 문제를 해결해 주는 개입방법을 의미하며, 개별사회사업, 집단사회사업, 가족치료 등이 이에 포함된다.

임상사회사업은 개인, 가족, 소집단을 대상으로 이들의 심리사회적 기능을 향상시키고 유지하려는 사회복지의 기본 목적을 공유하려는 사회복지실천의 한 영역이며, 주로 직접적인 치료서비스를 중요한 개입방법으로 활용하는 전문적인 사회복지 실천활동이다(임상사회사업연구회, 1999 : 83).

임상사회사업은 인간과 사회환경 간의 상호작용을 중시하는 생태체계적 관점을 강조하며, 개인의 내적 문제는 물론 대인관계나 사회환경 간의 관계에서 나타나는 심리사회적 역기능을 예방하고 치료하는 특화된 실천영역이라 할 수 있다.

1) 개입을 위한 체계

개인, 가족, 집단, 조직, 지역사회의 변화는 실제로는 긍정적이고 저항적인 다양한 세력들이 상호작용하는 역동적인 과정을 통해 일어난다. 특히 임상사회사업 개입을 통해 일어나는 변화과정을 이해하기 위해서는 다음의 네 가지 체계를 이해하는 것이 중요하다(김만두 · 한혜경, 1993 : 218).

(1) 변화매개체계(change agent system)

사회복지사와 사회복지사가 소속된 기관 및 조직을 의미하며, 변화매개인이란 계획적 변화를 목적으로 특수하게 고용된 '돕는 사람', 즉 사회복지사를 의미한다.

(2) 클라이언트체계(client system)

사회복지시설, 단체, 기관이나 사회복지사에게 서비스를 요청하는 개인, 가족, 집단을 말한다.

(3) 표적체계(target system)

표적체계란 변화매개인이 목표를 달성하기 위해 직접적으로 영향을 주거나 변화시키는 것이 필요한 사람들로서 클라이언트 체계와 중복이 되기도 한다.

(4) 행동체계(action system)

클라이언트 상황에 변화 혹은 개선을 가져올 수 있는 모든 사람들로 구성되는 체계이다. 이것은 보통 표적체계에 변화를 일으키는 데 관여하는 사회복지사를 포함한 모든 개인들로 구성되며 클라이언트 체계를 포함할 수도 있고 포함하지 않을 수도 있다.

2) 실천과정

(1) 초기과정

이 과정은 원조과정의 초기로서 원조 신청자(applicant)가 클라이언트로 될 수 있는 기간을 의미하며 일반적으로 초기과정이라고 한다. 초기과정은 원조 서비스에 대한 사정, 신청자의 욕구평가, 욕구가 충족될 수 있는 방법의 결정, 서비스를 위한 적격성(eligibility)의 결정 또는 타 기관에 의뢰하기 위한 예방적 활동과 목적에 관한 중요한 장면으로 이루어지며, 기본적인 목적은 원조신청자가 클라이언트의 역할을 맡을 때까지 돕는 데 있다. 따라서 초기과정은 역할 안내, 원조관계의 설정 또는 서비스의 계약체결이 이루어지는 시기로 볼 수 있다(전재일 외, 2001 : 305-306).

이 과정에서 사회복지사는 서비스 신청자의 동기를 극대화하고, 클라이언트의 역할 수용에 대한 저항감을 감소시키며, 신청자를 클라이언트 역할로 전환할 수 있도록 적극적이며 협력적인 인간관계를 수립해야 한다.

초기과정의 절차는 개인, 가족, 집단 및 지역사회와의 사회복지실천에 있어서 적용될 수 있고, 대상체계가 클수록 더욱 많은 시간을 필요로 하게 될 것이다.

이 과정에서 사회복지사가 소속기관의 한계를 인식하고, 적절하지 못한 서비스가 제공될 것으로 예상되는 경우에는 클라이언트에 보다 적합한 다른 기관을 소개하여 의뢰(refer)조치하는 것이 필요하다.

(2) 사정과정

사정과정은 초기과정을 통하여 클라이언트와 사회복지사 간의 원조관계가 형성되면서부터 시작되며 클라이언트의 문제해결을 위한 자료 수집과 욕구 또는 문제 사정의 과정을 의미하는 것으로서 '계약과정'이라고도 한다(전재일, 2001 : 308).

이 과정을 효과적으로 수행하기 위해서 사회복지사는 문제의 사정과 계획에 기초가 될 필요한 자료(정보)를 수집해야 한다. 정보는 효과적인 계획을 위하여 수집되어야 하며, 정보의 종류와 양은 다루어야 할 문제의 정의와 목표에 의하여 제시되어야 한다. 문제의 사정이란 사회복지사가 다루어야 할 상황을 이해하고 그것을 개별화시키고, 특수한 상황 속에서 관련된 요인들을 확인하고 분석하는 것이다.

또한 클라이언트와 사회복지사는 공동으로 다루어야 할 문제를 명백히 하고, 그들이 공동으로 해야 될 일이 무엇이며, 문제해결을 위하여 적절한 것이 무엇인지 규명해야 한다. 그뿐만 아니라 행동의 목표가 무엇인가에 관한 목표를 설정해야 한다.

목표를 성취하기 위해서는 문제를 해결할 수 있는 방법이 결정되어야 하며, 사회복지사는 자신이 목표달성을 위하여 기대하고 있는 것과 클라이언트가 문제해결을 위하여 기대하는 것 사이의 차이점을 발견하고, 협의를 통하여 견해 차이를 줄일 수 있도록 하는 노력이 필요하다.

이 과정 속에서 사회복지사는 시간을 낭비해서는 안 되며, 자신의 능력을 상회하는 서비스에 대한 한계점을 클라이언트에게 말하도록 한다. 또한 비윤리적인 부분에는 관여하지 말아야 하며, 기관의 규정 내에서 계획이 수립될 수 있도록 해야 한다.

(3) 계획과정

계획과정은 수집된 자료를 바탕으로 사회복지사와 클라이언트가 공동협의에 의해 다루어야 할 문제를 정의하고, 목적을 구체화시키고 문제를 목적으로 옮기기 위한 계획된 중재방법을 제공하는 과정이다. 이 과정 속에서 어느 일방에 의해 주도적으로 진행되는 것이 아닌 사회복지사와 클라이언트 양자 공동협의에 의해 변화가 일어나도록 해야 한다. 그리고 사회복지사는 모든 유용한 정보와 지식을 활용해야 한다.

계획과정은 충분한 사고(思考)가 전제되어야 하며, 단계적이어야 한다. 계획과정은 사회복지사와 클라이언트가 앞으로 다루어야 할 문제를 정의하고 목표를 설정하여 중재계획을 서로 협의하는 과정이라는 것을 생각해야 하며, 시간, 기술, 윤리, 기관의 기능 등의 한계점을 반드시 고려해야 한다.

(4) 변화과정

변화과정은 수립된 계획을 실천하는 과정으로서 사회복지사의 활동을 통해서 목표에 도달하려는 것이다. 사회복지사는 클라이언트와 협의된 공동목표를 성취함에 있어 클라이언트를 원조하는 데 사용될 능력, 기술, 지식, 대면적 접촉의 도전에 직면하게 된다. 사회복지사는 발생할지도 모를 돌발 상황에 대처할 수 있는 간접경험을 확보하고 다양한 이론을 숙지해야 된다.

(5) 종결과정

종결과정은 사회복지 중재의 마지막 과정으로 목표달성과는 상관없이 사회복지사와 클라이언트 간의 전문적인 관계가 끝나는 과정이다. 종결은 목표달성을 통하여 클라이언트가 더 이상 사회복지사의 원조를 필요로 하지 않을 경우와 서비스의 범위를 넘어서거나 사회복지사의 능력을 상회하여 계속적인 서비스를 제공하지 못할 경우 이루어진다.

전자는 사회복지사와의 관계를 지속시키려는 클라이언트의 태도, 종결의 거부, 이전으로 회귀하려는 행동, 폭발적인 행동, 클라이언트에 의한 갑작스러운 관계 중단 등의 감정적 요소의 처리가 중요한 문제로 제기된다.

후자는 타 사회복지사, 타 기관에 의뢰(refer)를 함으로써 새로운 관계를 형성하게 하는 것으로, 의뢰는 사회복지사가 다양한 사유로 인하여 클라이언트에게 도움을 제공할 수 없거나 클라이언트에 대하여 적절한 서비스 제공을 기관이 할 수 없을 때 일어나게 된다.

종결은 사회복지사와 클라이언트, 클라이언트와 주변환경, 사회복지사와 주위환경 간에 적절한 관계의 수립으로 서비스 내용이 충족되어 서비스를 종료해도 좋을 것이라는 생각이 분명할 때 시작되어야 한다. 종결을 하기 위해서 사회복지사는 클라이언트의 솔직한 감정을 표출시킬 수 있도록 경청과 격려를 함으로써 클라이언트가 갖고 있는 분노, 원한, 상실, 공포에 관하여 충분히 표현하고 말할 수 있도록 한 이후 종결을 내리도록 해야 한다.

사회복지사는 종결 이후 클라이언트가 가질지도 모를 불안, 사회복지사에 대한 서운한 감정, 분노, 친밀감 등을 그대로 수용함으로써, 클라이언트가 자신의 내부역량 강화를 통하여 감정을 스스로 통제할 수 있도록 해야 한다.

3) 개입형태

(1) 개인에 대한 개입

개인을 대상으로 하는 임상사회사업의 기술은 전통적으로 개별사회사업(social case work)으로 지칭되었고, 행동심리학, 가족사회학, 자아심리학, 신프로이트 정신분석이론 등의 지식을 통합해 오면서 발전하고 있다.

M. Richmond는 "개별지도(casework)란 개인과 그 사회환경 간의 개별적인 의식적 조정을 통해서 그 사람의 인격발달을 도모하는 제반과정"이라고 함으로써 개별지도의 특징을 개별화, 의식적 조정, 인격발달 및 과정이란 말로써 표현하고 있다(장인협 외, 1999 : 79).

사회복지사는 클라이언트의 문제를 효과적으로 조정·해결하기 위해서 인테이크(intake), 조사, 사정(진단), 치료의 과정을 밟게 된다.

(2) 집단에 대한 개입

인간은 서로 간의 관계(집단) 속에서 성장하고 발전한다. 집단이 각 개인에게 미치는 영향은 지대하며, 인간은 집단을 매개체로 하여 스스로의 인격을 변화시킨다.

G. Konopka는 "집단사회사업이란 의도적인 집단경험을 통하여 인간의 사회적 기능을 증진시키고, 개인·집단·지역사회의 당면 문제들에 대해 더욱 효과적으로 대처하기 위한 사회사업의 한 방법(장인협 외, 1999 : 86)"이라고 하였다.

집단사회사업은 개인의 사회적 기능을 향상시키기 위해 집단을 그 수단으로 삼는다. 집단사회사업의 과정은 개인과 집단의 욕구와 능력·발달 단계 등을 기초로 의도적이고 계획적으로 시행하며, 기능상의 문제를 가진 집단 구성원을 취급함에 있어 전문가의 도움을 받아 특수한 전문적 지식과 기술을 사용하며, 사회사업방법 중의 하나이다(박용순, 2000 : 142).

집단사회사업은 19세기 후반에서 20세기 초반에 걸쳐 발생된 사회개량운동에 영향을 받았고, 특히 YMCA(기독교 청년회)에 의해 널리 확산되었다.

집단을 대상으로 하는 사회복지사는 가능자, 변화매개자, 중재자, 대변자, 상담자 등의 다양한 역할을 수행하고 있으며, 집단발달은 준비단계, 오리엔테이션단계, 탐색과 시험단계, 종료단계 등을 거치게 된다.

5. 사회복지실천의 원칙

사회복지실천의 원조과정은 사회복지사와 클라이언트의 관계에서 이루어진다. 관계란 공통된 이해관계를 지닌 두 사람 간에 정기적 또는 일시적으로 감정의 상호작용이 발생하면서 나타나는 조건이다. 사회복지실천에서의 관계는 클라이언트가 환경에 보다 잘 적응하도록 개인의 능력과 지역사회 자원을 적절히 동원하고 활용할 수 있도록 돕는 관계를 의미한다. 사회복지실천의 성공적인 결과를 위해서는 다음과 같은 원칙들이 필요하다.

1) 개별화(Individualization)

개별화는 개개인의 독특한 특질(character)을 알고 이해하는 일이며, 환경에 보다 잘 적응을 할 수 있도록 각 개인이 처해있는 상황에 따라 상이한 방법을 적용하여 원조하는 것이다. 개별화는 각 개인을 개별적인 특성을 지닌 존재로 파악하며, 다른 사람들과 동일하세 처우하는 것이 아니라 나름대로의 차이를 인정하여 처우를 달리 하는 것이다.

개별화를 위해서는 개개인에 대한 편견과 선입견, 자기주관에서 탈피해야 히며, 인간행동에 대한 깊은 이해와 폭넓은 지식을 지녀야 한다. 클라이언트의 말을 경청하고 관찰할 수 있어야 하며, 인간의 감정을 꿰뚫어 볼 수 있는 통찰력(insight)과 직관력, 혜안(慧眼)이 필요하다.

2) 의도적인 감정표현(Purposeful Expression of Feeling)

사회복지사가 클라이언트를 원조함에 있어서 클라이언트가 자신의 부정적인 감정을 자유로이 표현하고자 하는 욕구를 가지고 있다는 사실을 인식하고 이를 존중하며, 자유로이 표현을 할 수 있도록 해야 한다.

따라서 사회복지사는 이러한 감정을 의도적으로(문제해결을 위한 목적을 가지고) 경청하고, 이를 방해하거나 비판하지 않아야 한다. 의도적인 감정표현은 사회복지사가 클라이언트를 원조하는 데 있어서 클라이언트를 압력이나 긴장에서 완화시켜 주고, 클라이언트의 문제나 그 사람 자체를 이해하는 데 도움이 되며, 문제에 대한 처리방법과 대책을 강구할 수 있게 된다. 치료상 필요하다고 판단될 때에는 클라이언트가 자신의 감정을 적절히 표현할 수 있도록 적극적으로 격려·자극할 필요가 있다.

3) 통제된 정서적 관여(Controlled Emotional Involvement)

통제된 정서적 관여란 사회복지사가 클라이언트의 감정에 대하여 민감해야 되며, 감정의 의미를 이해하고 클라이언트의 감정에 목적을 가지고 적절히 반응하는 것을 말한다.

사회복지사는 관계를 통하여 클라이언트의 감정에 반응을 보임으로써 정서적으로 '관여(involvement)'하게 된다. 클라이언트의 감정에 대한 사회복지사의 반응은 사회복지실천의 관계에서 가장 중요한 심리적인 요소이며, 고도의 기술이 필요한 부분이다.

사회복지사는 클라이언트가 언어적·비언어적으로 전달하는 감정에 대해 민감하게 관찰해야 하며, 문제와 관련하여 클라이언트가 갖고 있는 감정에 대해 부분적인 이해가 아닌 완전한 이해를 하고자 노력해야 한다. 또한 민감성이나 이해 자체만으로는 불충분하며 이에 대한 사회복지사의 감정적인 반응이 필수적이다. 그러나 이때 사회복지사의 반응은 목적의식과 자기인식에 의해 반드시 통제되고 조절되어야 한다. 왜냐하면 클라이언트도 역시 자신의 감정이 그대로 공유되기보다는 자신과는 다른 입장에서 다른 반응을 보이는 사회복지사를 필요로 할 수도 있기 때문이다(양옥경, 2001 : 103).

클라이언트에 대한 이해를 바탕으로 사회복지사가 보여주는 정서적 반응은 구체적인 목적과 일정한 방향성을 지닌 의도적인 것이면서도 진실한 것이어야 한다. 진정성이 결여된 형식적인 감정 표현은 클라이언트에게 받아들여지지 않는다는 점 역시 인식해야 한다.

4) 수용(Acceptance)

수용은 클라이언트를 있는 그대로 받아들이고 처우한다는 원칙이다. 즉, 사회복지사가 클라이언트의 장·단점, 강·약점, 긍정적·부정적 감정 등을 있는 그대로 인정하고 존중해 주는 것을 말한다. 그러나 수용한다는 것은 클라이언트의 일탈적인 태도나 행동을 허용한다는 것이 아니다. 사회복지사는 윤리와 법, 전문적 가치 등에 의거하여 바람직한 것과 수용할 수 있는 것에 대한 기준을 가지고 있어야 하기에 그러하다. 사회복지사의 역할은 클라이언트를 바람직하고 수용할 수 있는 상황으로 발전할 수 있도록 돕는 것이다. 따라서 클라이언트에 대한 관심과 따뜻한 마음, 정중한 태도, 경청하는 자세 등을 가지고 중립성을 유지하려는 의지가 요구된다.

사회복지사의 수용은 인간행동에 관한 충분한 지식을 가지고 있지 못하거나 편견 및 선입견에 사로잡혀 있을 때, 또 클라이언트를 존중하는 마음이 없을 때 반응적인 수용은 이루어질 수 없다.

5) 비심판적 태도(The Nonjudgemental Attitude)

문제의 원인이 클라이언트의 잘못 때문인지 아닌지, 얼마만큼 클라이언트에게 책임이 있는지 등을 심판하지 않으며 클라이언트의 특성 및 가치관을 비난하지 않는다는 원칙이다. 도움을 요청하는 클라이언트의 경우 어느 정도 실패감과 열등감, 나약함, 불만 등의 감정을 지니고 있으며, 따라서 다른 사람으로부터 비난받는 것에 대해 매우 민감하게 반응하는 경우가 많다. 이때 사회복지사가 조금이라도 자신을 비난하고 있다고 생각하면 클라이언트는 실천과정 동안 자신을 방어하느라 많은 노력과 시간을 소모하게 될 것이다. 반면 사회복지사가 자신의 잘못을 심판하는 데에 관심을 두지 않는다는 것을 알게 되면 클라이언트는 비난에 대한 두려움에서 벗어나 좀 더 자유롭게 자신의 문제와 욕구에 대해 논의할 수 있을 것이다. 그러나 클라이언트의 태도, 행동, 가치기준 등에 대해 평가적 판단을 내리는 것은 필요하다. 이것은 클라이언트를 비판하기 위해서가 아니라 클라이언트를 이해하기 위해서이다.

사회복지사가 클라이언트에 대해 비심판적 태도를 지니고 있음을 전달하는 것은 매우 중요한데, 이를 위해서 사회복지사는 선입관이나 성급한 결론 유도, 문제의 유형화 등을 배제해야 한다.

6) 자기결정(Self-determination)

자기결정이란 목적이나 과정을 나타내는 것으로 외부의 영향을 받지 않고 스스로 결정하는 것 또는 스스로 선택하며 생활하고 다른 사람의 충고를 받지 않고 행동하거나 결정할 자유를 의미한다.

클라이언트의 자기결정의 원리는 사회복지 실천과정에 있어서 클라이언트가 스스로 선택과 결정을 할 자유에 대한 권리와 욕구를 실제로 소유하고 있음을 인정하는 것이다. 사회복지사는 클라이언트가 지역사회와 그 자신의 성격에서 유용하고 적절한 자원을 발견하고 활용하도록 도와줌으로써 자기지향을 위한 권리를 존중하고, 욕구를 인지하며, 잠재력을 발휘하도록 자극하고 도와줄 의무를 가진다.

대부분의 클라이언트들이 바라는 것은 자신의 주체성을 사회복지사에게 양도하는 것이 아니라 자신의 주체성을 회복하기 위해 도움을 받고자 하는 것이다. 그러므로 클라이언트가 선택과 결정의 자유를 주체적으로 행사할 수 있도록 적절한 도움을 제공해야 한다. 이 원칙은 클라이언트의 능력 및 법률, 도덕적 한계, 그리고 사회복지사가 소속된 기관의 범위 내에서 존중되어야 한다.

7) 비밀보장(Confidentiality)

자신의 비밀이 지켜지기를 원하는 것은 모든 사람의 근본적인 소망이며 기본적인 권리이다. 사회복지사는 자신을 믿고 도움을 바라는 클라이언트의 비밀을 지켜줄 윤리적 의무가 있다. 만일 비밀보장에 대한 확신과 믿음이 없다면 사회복지사와 클라이언트 간의 신뢰관계가 형성될 수 없으며, 효과적인 결과를 기대할 수 없다. 비밀보장은 클라이언트의 비밀을 보존하려는 데에 목적이 있는 것이 아니라 클라이언트의 다른 권리를 보호하기 위한 수단이다.

그러나 학생이나 하급 사회복지사의 경우 수퍼바이저(supervisor)에게 클라이언트에 대한 사례를 상세히 보고할 경우가 있다. 이러한 경우 사례보고는 클라이언트의 문제해결을 위한 유용한 방법이라는 것을 인지시켜야 된다. 그뿐만 아니라 기관에서 보관하고 있는 기록(record)이나 사례회의(case conference)에서도 비밀보장의 원리가 지켜지기 어려우므로 사회복지실천의 과정에서 비밀보장은 상대적이라고 할 수 있다.

또한 타인이나 클라이언트의 안전과 생명에 위협을 가하는 경우 보호가 우선이므로 비밀보장의 원리는 유보될 수밖에 없다. 그리고 살인, 자살, 학대 및 방임, 절도 등 범죄행위와 관련된 비밀은 보장하기 어렵다는 점을 면담 초기과정에서 분명히 해두어야 한다.

제6장 사회복지조사

학습목표

1. 사회복지조사의 목적과 중요성에 대해 설명할 수 있다.
2. 사회복지조사 단계를 나열하고 주요 과업을 설명할 수 있다.
3. 조사연구 시 연구방법에 따른 고려사항을 설명할 수 있다.

1. 사회복지조사의 중요성

사회복지실천에서 조사연구가 왜 필요하고, 중요한지는 다음과 같이 정리할 수 있다(최일섭·김성한·정순둘, 2001 : 13-16).

첫째, 사회복지사 자신이 하고 있는 일의 효과성을 높이기 위해서이다. 사회나 인간의 문제를 해결하고, 그 상황을 변화시키려는 사회복지사의 노력을 개입이라고 한다면, 개입의 전제가 되는 지식은 경험적으로나 논리적으로 타당성을 지닌 가정(hypothesis)에 입각해야 한다. 사회복지실천은 충분한 검증을 받지 않은 개입과 절차도 포함하고 있다. 따라서 조사연구에 대한 이해가 있을 때 자신이 몸담고 있는 분야의 문제를 보다 효과적으로 이해할 수 있고, 해결할 수 있다. 클라이언트의 문제에 대해 체계적인 해결, 즉 정확한 자료를 수집하여 이 자료에 근거하여 주의 깊은 추리와 보다 심층적인 질의를 통해 그 문제를 해결하고자 한다면 조사연구에 대한 이해가 필수적이다.

둘째, 자기 분야의 최신 연구 및 사회복지에 영향을 미칠 수 있는 논의들에 대해 보다 용이하게 접근할 수 있게 해줄 뿐 아니라 비판적으로 평가할 수 있게 해주기 때문이다. 기존의 연구는 문제의 현상(phenomenon)을 제대로 이해할 수 있게 해준다든지, 문제의 원인이 무엇인지를 밝힌다든지, 혹은 구체적인 실천기법들이 효과적인지, 사회복지가 사회에 미치는 영향은 무엇인지 등에 대한 내용을 담고 있다. 특히 최신의 연구 결과들에 대한 천착은 곧 사회복지사가 해결하려고 하는 문제에 대해 보다 나은 방법을 모색할 수 있게 해준다. 이러한 연구 결과들은 궁극적으로 클라이언트의 욕구나 문제해결과 연결되어 있다. 따라서 연구 결과의 적합성을 떠나 최신의 연구 및 논의에 대한 깊은 관심은 클라이언트에게 가장 좋은 서비스를 제공하기 위한 최선의 노력을 방증한다 할 수 있다.

셋째, 사회복지전문직이 클라이언트에 대해 책임을 지기 위해서이다. 이는 연구조사의 가장 중요한 목적으로 어떤 동기로 사회복지에 대해 관심을 가지든 사회복지 분야와 관련을 가지는 사람들의 궁극적인 관심은 클라이언트들의 삶의 질이 향상시키는 데 있기 때문이다. 현재 제공되는 서비스의 효과성, 해결방법이나 개입기법의 적합성, 새로운 대안의 모색 등이 과학적으로 검증될 때 클라이언트에게 최선의 결과를 가져올 가능성을 높일 수 있다. 조사연구에 대한 이해가 전제되어야만 이를 검토할 수 있다. 지금도 우리 주위에는 사회복지현장에서 클라이언트에게 서비스를 제공하는 많은 사회복지사가 있고 이를 보다 전문적으로 수행하려고 애쓰고 있다. 이들이 어떤 근거에서 실천을 하든 그 행위 속에는 '이렇게 하면 어떻게 될 것이다'라는 나름대로의 예측을 전제로 하고 있다. 하지만 때로는 더 좋은 방법은 없는지에 대한 고민을 하기도 한다. 연구조사를 통해 이와 같은 질문에 대한 해답을 찾아나갈 수 있다.

2. 사회과학이론의 특성

과학의 필수요소라고 하면 논리와 경험이다. 세상에 대해 과학적으로 이해한다는 것은 납득이 되어야 한다는 것이며, 우리가 관찰하는 것과 일치해야 한다. 이를 이론과 조사연구에 거칠게 대입하면 이론은 논리적 측면을 주로 다루고, 조사연구는 관찰의 측면을 다룬다고 할 수 있다. 사회과학에서 이론의 특성을 좀 더 구체적으로 살펴보면 다음과 같다(Rubin & Babbie, 1997 : 42-47).

1) 이론(Theory)

사회과학이론(theory)은 '어떻게 되어야 한다'가 아니라, '무엇인가'와 관련이 있다. 즉, 사물이 어떠하고, 왜 그런가와 관련이 있는 것이지, '옳고 틀림'에 대한 가치의 영역은 아니라는 것이다. 발견의 과학으로서 조사연구는 사회과학이론에 대해 단지 '무엇'과 '왜'를 알게 하는 데 도움을 줄 수 있는 것으로만 파악한다.

2) 사회적 규칙성(Social Rules)

사회과학이론들은 사회적 삶 속의 규칙성에 대해 논리적이고 정형화된 유형들을 찾으려고 한다. 사회과학이론에서는 삶이 완전히 무질서하거나 우연한 것이 아니라 일정한 규칙을 갖고 있다고 가정한다. 사회적 규범은 이러한 규칙성의 예이다. 규범이 아니더라도 사회적 행동 속에는 일정한 유형이 있다. 대다수는 이러한 규칙성 속에 우리가 살고 있고, 규칙성에 근거해 미래를 예측하면서 현재의 행위를 한다.

3) 집합체

사회과학이론은 주로 개인의 행위 유형보다는 사회적 유형을 연구한다. 왜냐하면 사회적 규칙성은 많은 개인의 집합적 행동과 상황을 반영하기 때문이다. 예를 들어, 한 사회의 출산율은 매우 일관적이다. 개개인의 사정이 저마다 다를 것임에도 불구하고 전체로 보면 일정한 유형이 있다는 것이다.

사회과학이론은 바로 이러한 집합적 행위 유형 속에 담겨 있는 규칙성을 설명하려 한다. 이를 통해 사회현상의 실상이 무엇인지를 이해하고, 왜 그러한 사회현상이 나타나는지를 이해하려 한다.

4) 변수언어

사회과학이론에서 사용하는 의사소통 도구는 사람이 아니라 변수(variable)이다.

▪ 변수는 둘 또는 그 이상의 값을 갖는 경험적 속성으로, 예를 들어 성별이라는 변수는 남성, 여성이라는 속성으로 되어 있고, 사회계급은 상류층, 중산층, 하류층 등의 속성으로 되어 있다.

즉, 한 개인으로서 사람 자체를 다루는 것이 아니라 그 사람이 갖고 있는 어떤 경험적 속성을 다룬다는 것이다. 이론이 인간관계를 다룬다는 것은 어떤 사람이 어떤 사람에게 영향을 준다는 것이 아니라 한 변수의 어떤 속성들이 다른 변수의 어떤 속성에 영향을 끼친다고 본다는 것이다. 이론은 변수들 사이에서 이러한 경험적 속성들이 논리적으로 기대되는 관계를 묘사하는 것이다.

예를 들어, 사회복지사가 관심을 두는 대상은 클라이언트이지만, 만약 사회복지사가 조사연구자의 입장이 된다면 이때 사회복지사가 관심을 두는 대상은 사람으로서 클라이언트가 아니라 어떤 속성을 가진 변수로서의 클라이언트에 관심을 둔다는 것이다.

3. 사회복지조사의 목적

조사연구의 궁극적 목적은 우리가 의문을 제기한 사회 및 개인의 현상에 대해 신뢰할 수 있고, 체계적인 지식을 구하는 것이다.

1) 조사연구의 목적

조사연구의 목적이 궁극적으로는 의문에 대한 지식을 구하기 위한 것이지만, 구체적으로는 어떤 의문을 제기하는가에 따라 크게 네 가지로 나누어 볼 수 있다.

(1) 기술(Description)

개인이나 사회의 현상을 기술(記述)하는 것으로, 어떤 사실들에 대해 일반적인 수준에서 요약하여 기록함으로써 현상 그 자체의 속성을 있는 그대로 보여주는 것이다. 예를 들어, 현재의 노인인구가 얼마이며, 장애인은 몇 명인지, 우리 지역에서 결식아동은 몇 명인지, 가정폭력 및 아동학대의 실태는 어떠한지 등과 같이 하나의 현상에 대해 파악하고자 할 때 조사연구를 하는 것이다. 즉, 조사연구의 첫 번째 목적은 결국 '무엇인가'에 대한 해답을 제공해 주는 것이다.

(2) 설명(Explanation)

조사연구의 두 번째 목적은 어떤 현상을 과학적으로 설명하기 위한 것으로, 설명이란 '왜'에 대한 물음에 대답하는 것이라고 할 수 있다. 즉, 자신이 관심을 갖고 있는 문제나 상황에 대해 단순히 기술하는 수준을 넘어 그 문제나 상황이 왜 발생했는가에 대한 원인 또는 이유를 밝혀 주는 것이다. 예를 들어, 왜 노숙을 하게 되었는가, 저소득계층의 자립에 영향을 미치는 요인은 무엇인가 등에 대한 의문은 모두 '왜'를 질문하고 있는 것으로 이에 대한 답을 얻기 위해 조사연구를 하는 것이다.

(3) 예측(Prediction)

조사연구의 세 번째 목적은 미래상태를 예측(prediction)하기 위한 것이다. 사회과학에서 예측이란 관찰에 의해 입증될 수 있는 미래의 사회적 행태의 특정한 측면에 관한 예상이나 기대이다. 우리가 어떤 현상의 원인을 알고 있다면 그 원인과 관련된 현재의 상태가 어떤지를 파악함으로써 미래가 어떻게 될 것인지를 예측할 수 있다. 예를 들어, 노숙자의 수가 늘어나는 이유 중 하나가 경제상황의 악화라고 설명될 수 있다면, 앞으로의 경제상황에 따라 노숙자의 수를 예측해 볼 수 있는 것이다.

(4) 조정(Control)

조사연구의 네 번째 목적은 개인이나 사회의 문제를 조정하기 위한 것이다. 조정은 어떤 현상의 원인 또는 조건에 대한 지식을 전제로 한다. 우리가 인간의 행태나 사회현상의 원인을 과학적인 방법으로 알 수 있다면 이러한 원인이나 조건을 조정할 수 있다. 조정은 사회복지와 같이 응용실천 사회과학에서 매우 중요한 과제이다. 모든 학문이 실천을 전제로 연구되지만, 특히 사회복지학에서는 실천이 중요하고, 이를 위한 과학적 실천지식이 필요하다. 조사연구는 바로 이 실천지식을 제공해 주는 데 궁극적 목적이 있다.

지금까지 자신이 가지고 있던 여러 의문점들은 단순한 호기심에서 비롯된 것이라기보다는 개인이나 사회를 보다 바람직한 모습으로 변화시키기 위해 필요한 것들이다. 과학적 실천지식이 필요한 것은 바로 효과적인 개입전략과 방안을 모색하기 위한 것이다. 이를 마련해 주는 것이 바로 조사연구의 목적이다.

2) 조사연구의 유형

(1) 탐색적 조사연구

탐색적(exploratory 또는 formulative) 조사연구란 좀더 정확한 조사를 위해 연구문제를 형성하거나 가설(假說)을 개발하려고 할 때 사용하는 조사연구 형태이다. 조사연구 행태 중 연구자가 필요로 하는 지식의 수준이 가장 낮은 형태라고 할 수 있으며 유용한 지식이 한정되어 있는 미개척 분야에서 기본적 자료를 제공하기 위한 조사연구에 적합하다.

연구자가 새로운 관심사에 대해 연구하거나, 연구주제가 거의 알려지지 않은 새로운 것이거나, 앞으로의 보다 중요한 연구를 위해 그 연구의 실행 가능성이나 사용할 연구방법 등을 개발하고자 하는 경우에 주로 볼 수 있다.

- 연구문제(research question)란 둘 이상의 변수 사이에 어떤 관계가 존재하는지를 의문문의 형태로 기술하는 것이다.
  "왜 주민들은 사회복지시설이 자신들의 주거지에 설치되는 것을 반대하는가?"
  "노부모의 부양에 대한 태도와 실제 부양형태는 같을까?"

- 가설(hypothesis)이란 둘 이상 변수의 관계에 대한 잠정적인 진술로, 질문형태로 되어 있는 연구문제를 진술형태로 바꾸어 놓은 것이다.
  "주민들은 사회복지시설이 자기들 거주지에 들어오는 것을 반대할 것이다."
  "노부모의 부양에 대한 태도와 실제 부양형태는 다를 것이다."

탐색적 조사연구는 연구대상에 대한 지식이 아주 적기 때문에 어떤 자료를 구해야 할 것인지 정하기 어렵다. 따라서 연구해야 할 대상의 속성이 무엇인지를 개념화하고, 이들 개념을 조작화하여 자료수집을 위한 변수로 전환시키는 것이 중요한 작업이 된다. 이러한 지식은 다음에 실시할 본격적인 조사연구에 중요한 사전지식으로 활용된다.

탐색적 조사연구에는 관련 문헌조사, 연구문제에 정통한 경험자를 대상으로 한 조사, 소수 사례의 분석 등이 있다.

탐색적 조사연구의 가장 큰 단점은 대부분의 경우 탐색적 조사연구만으로는 연구 질문에 만족할 만한 답을 구하기 어렵다는 것이다. 탐색적인 조사연구는 단지 답에 대한 힌트나 통찰력을 제공하거나, 이후의 조사에 필요한 연구방법이 어떤 것인지를 제시한다.

(2) 기술적 조사연구

기술적(descriptive) 조사연구는 현상을 정확하게 기술하는 것을 주목적으로 하는 조사연구 형태이다. 많은 사회과학 연구들의 주된 목적 중의 하나는 바로 사건이나 상황을 기술하는 것이다. 여기에는 특정 개인이나 상황, 집단이나 지역 등의 특성에 대해 정확하게 기술하는 조사연구, 어떤 사건의 발생빈도나 비율 등을 파악하는 조사연구, 미래의 일정 시점의 구체적인 상황을 예측하기 위한 조사연구, 둘 또는 그 이상의 변수들 간의 관계를 파악하는 조사연구 등이 포함된다.

예를 들어, 한 지역사회의 특성을 파악하기 위해 연령별, 성별, 교육수준 등을 분류하여 분석하거나, 주택의 상태, 범죄율 등을 조사연구할 수 있다. 특정 사안에 대해 어떻게 생각하는지에 대한 태도를 파악하는 것도 여기에 속한다. 노인의 자원봉사 경험과 생활만족도 간의 관계가 있는지를 살펴보는 것도 기술적 조사연구이다. 시간의 변화에 따라 앞으로 어떻게 될 것인지를 예측해 보는 것도 기술적 조사연구에 속한다.

기술적 조사연구에서 연구자는 관찰해야 할 변수가 무엇인지, 독립변수와 종속변수가 무엇인지 알고 있어야 하고, 또한 어떤 자료를 수집해야 할지도 알고 있는 상태이다. 기술적 조사연구에서 가장 중요한 점은 정확성이다. 따라서 오류를 최소화하고, 수집된 증거의 신뢰성을 극대화할 수 있는 조사 설계가 필요하다. 일반적으로 기술적 조사연구에서 많이 사용되고 있는 통계는 빈도 및 백분율 분포, 평균, 표준편차, 두 변수 간의 관계에 대한 가설 검증 등이 있다.

- 독립변수(Independent variable) : 종속변수의 결과를 예측하거나 차이를 설명하기 위해 사용되는 변수로 설명변수, 원인변수, 예측변수라고도 불린다.
- 종속변수(dependent variable) : 독립변수의 영향으로 나타나는 결과가 되는 변수로 주로 분석의 대상이 된다. 결과변수, 피설명변수, 피예측변수라고도 불린다.

예 가설에 따른 독립변수와 종속변수

가설 : "가정폭력의 경험이 있는 청소년은 그렇지 않은 청소년에 비해 비행률이 높을 것이다"

독립변수 : 가정폭력의 경험

종속변수 : 비행율

가설 : "교육수준에 따라 사회복지 공동모금에 기부하는 액수에 차이가 있을 것이다"

독립변수 : 교육수준

종속변수 : 기부액

(3) 설명적 조사연구

설명적(explanatory) 조사연구는 어떤 사건이나 현상을 설명하기 위한 조사연구 행태이다. 즉, 설명적 조사연구는 '왜'에 대한 해답을 주기 위한 것으로서 어떤 사실과 사실의 관계를 파악하여 인과관계를 규명하거나, 이러한 결과를 기초로 미래를 예측하기 위한 것이다(Mayer & Greenwood, 1980 : 55-56). 설명적 조사연구는 기술적 조사연구의 축적을 필요로 하기 때문에 이미 연구자는 연구대상에 대한 주요 변수들의 크기, 분포, 상호관계에 대해 상당히 알고 있는 상태이다.

예를 들어, 직업훈련이 실업자의 취업을 증가시켰는가, 자활지원사업이 장기빈곤을 감소시켰는가 등과 같은 연구문제는 모두 설명적 조사연구가 필요한 경우이다. 즉, 직업훈련이나 자활지원사업이라는 독립변수가 취업이나 장기빈곤과 같은 종속변수와 인과적 관계가 있는지를 밝혀야 되는 것이다. 왜 어떤 사람들은 사회복지 서비스의 확대를 위해 세금을 더 걷자는 것에 찬성하고, 어떤 사람들은 반대하는가 등도 설명적 조사연구라 할 수 있다. 만약 성별에 따라 여기에 대해 어떤 차이가 있는지만을 보여준다면 이는 기술적 조사연구이다. 마찬가지로 왜 어떤 지역은 다른 지역보다 가정폭력이 많은가를 알아보는 것은 설명적 조사연구지만, 지역별 가정폭력의 차이를 보는 것은 기술적 조사연구이다.

4. 사회복지조사의 단계

사회복지조사란 한마디로 말해서 자신이 알고자 하는 것을 밝혀내고자 노력하는 것이다. 일반적인 조사연구의 절차를 살펴보면 다음과 같다(Rubin & Babbie, 1997 : 92-97).

1) 제1단계 : 문제설정

문제제기는 연구자의 관심이나 아이디어, 경험, 기존 문헌 등을 통해 문제가 있다거나 어려운 점이 있다는 사실과 이러한 문제점에 대한 지식과 정보가 필요하다고 생각하는 데서 질문의 형태로 나온다. 해당 분야에 대한 관심과 고민이 요구되는 단계이며 대부분의 연구에서 가장 중요한 단계이다.

연구가 가지는 의미가 무엇이며, 실제 가능성은 어떤지, 연구의 궁극적인 목적은 무엇인지 등이 이 단계에서 고려된다. 이러한 고려하에 연구의 중요한 요소인 연구대상, 즉 분석대상을 결정하고, 가설, 변수 및 변수들에 대한 조작적 정의 등을 구체화해 나간다. 이러한 사항을 제대로 수행하기 위해 이 단계에서 무엇보다 중요한 것은 충분한 문헌고찰이다.

■ 조작적 정의 : 개념화 과정의 연장으로 변수를 측정하게 될 구체적인 경험과 과정을 명료하게 하는 것으로, 추상적 개념을 관찰가능한 경험적 수준으로 만들어 주는 것

2) 제2단계 : 연구설계

연구설계란 연구문제를 결정하기 위한 논리를 어떻게 전개할 것이며, 자료를 어떻게 수집할 것인지에 대한 여러 가지 대안들을 생각해 보는 것이다. 논리와 관련해서는 연역적으로 할 것인지, 귀납적으로 할 것인지가 있고, 자료수집 방법으로는 양적

연구방법(실험, 설문조사 등)을 사용할 것인지, 질적 연구방법(근거이론, 사례연구 등)을 사용할 것인지 등에 대해서 고려해 보는 것이다. 여기에서 말하는 연구설계는 좁은 의미의 연구설계이다. 보다 넓은 의미의 연구설계는 연구를 계획하고 진행해 나가는 모든 행위 자체를 의미한다. 연구설계를 넓게 정의하면, 표집, 자료수집과정 및 출처, 측정과 관련된 문제, 자료 분석계획 등이 모두 포함될 수도 있다.

■ 표집(sampling) : 대상 전체에 대한 전수조사를 실시하는 것이 아니라 전체 중에 표본을 뽑아내어 이 표본의 속성을 통해 전체의 속성을 추리하게 되는 것으로 전체 중에서 표본을 추출하는 과정

3) 제3단계 : 자료수집

자료수집은 연구설계를 기초로 자료들을 직접 수집하는 단계로서 결정된 연구방법에 따라 달라진다. 이 단계에서는 결정된 연구방법에 충실한 자료를 수집해야 하는데, 가설을 검증하려는 연역적 논리에 입각해 있거나 정확성과 객관성을 중시하는 기술적 · 설명적 연구의 경우는 보다 엄격한 자료수집방법을 요구한다.

■ 연역적 논리 : 이론에서 출발하여 가설, 조작화, 관찰, 검증을 거치는 방법으로 먼저 어떤 관심이나 생각, 문제 등에 대한 이론으로부터 시작하여 이를 기초로 검증될 한 개 혹은 그 이상의 가설을 도출한다. 그 다음은 측정할 때 사용될 가설들의 변수와 조작을 구체적인 용어로 정의한다. 마지막으로 현상이 실제로 그러한가에 대한 관찰을 하고 이를 통해 가설이 검증된 것인지 아닌지를 보는 것

(이 론)	모든 사람은 죽는다.
(조작화)	소크라테스는 사람이다.
(관찰 혹은 경험)	그러므로 소크라테스는 죽는다.

4) 제4단계 : 자료처리

자료처리는 수집된 자료들을 분류하고 코딩하여 입력하는 과정으로 수집된 자료가 양적인 자료인지, 질적인 자료인가에 관계없이 자료를 해석하기에 용이한 상태로 전환하기 위해 분류하거나 코딩하여 입력한다.

- 코딩(coding) : 수집된 자료들을 일정한 규칙에 따라 숫자, 문자, 기호 등의 기호를 부여하는 과정으로 주로 숫자를 부여한다. 즉, 코딩이란 일종의 컴퓨터를 위한 통역과정이라고 할 수 있다.

5) 제5단계 : 자료분석

자료분석은 자료처리과정을 거친 자료를 가지고 연구 질문에 대한 답을 구하기 위해 분석을 시도하는 과정이다. 자료분석은 연구의 목적 및 방법에 적합한 방법을 사용해야 한다. 물론 이 과정에서 전혀 예상치 못한 결과가 나올 수 있기 때문에 문제설정단계에 영향을 미치기도 하고, 새로운 연구의 계기가 되기도 한다.

6) 제6단계 : 자료의 해석

자료의 해석은 분석된 결과가 어떤 의미를 갖고 있는지를 연구자가 판단하는 과정으로, 이때 연구자는 자신이 사용한 연구방법 및 연구목적에 따라 해석이 달라질 수 있으므로 주의를 기울여야 한다. 예를 들어, 가설을 검증한다든지, 일반화의 가능성을 모색하고, 분석 결과를 다르게 해석할 가능성은 없는지, 분석 결과의 타당성을 저해할 방법론상의 제한점은 무엇인지, 분석 결과에 내포된 정책적 · 실천적 함의 및 후속 연구에 주는 함의 등이 논의되어야 한다.

7) 제7단계 : 연구보고서 작성

연구보고서의 작성은 지금까지 조사연구가 이루어진 전 과정을 담아내는 단계로, 일반적으로 연구보고서는 먼저 서론에서 연구배경 및 연구의 필요성 및 중요성, 관련 이론 및 선행 연구에 대한 고찰 등이 논의되고, 이어서 분석단위, 변수, 가설, 조작적 정의 등에 대한 논의가 이루어진다. 본론에서는 표집 및 자료수집방법, 측정방법 등과 같은 연구방법과 이에 입각한 분석 결과가 제시된다. 이어서 논의부분이 필요한데 6단계에서 다룬 내용 등을 서술한다. 마지막으로 결론에서 주요 연구 결과의 요약 및 제언을 서술한다.

5. 조사연구 고려사항

1) 연구의 시간적 차원

연구의 시간적 차원이란 연구의 시간적 범위를 말하는 것으로, 조사연구에서 관찰은 단 한 번으로 끝날 수도 있고, 오랜 시간에 걸쳐 이루어질 수도 있다. 연구의 시간적 범위에 따라 횡단연구와 종단연구로 나뉜다.

(1) 횡단연구

횡단연구(cross-sectional study)란 어느 한 시점에서 다수의 분석단위에 대한 자료를 수집하는 연구를 의미한다. 이를 통해 어느 한 시점에 나타나는 현상의 단면을 분석한다. 사회과학 분야에서 대다수의 조사연구는 이에 해당하는데 '욕구조사'도 그 한 예이다. 횡단연구는 연구대상이 지리적으로 넓게 분포되어 있고, 연구대상의 수가 많으며, 많은 변수에 대한 자료를 수집할 필요성이 클 경우에 많이 사용된다. 횡단연구는 탐색, 기술, 설명 등을 목적으로 수행될 수 있으나 설명적 목적을 지닌 조사연구의 경우에는 문제가 생길 수 있다. 왜냐하면 인과관계란 한 변수가 다른 변수보다 시간적으로 선행하여야 하는데 횡단연구에서는 동일한 시점에서 자료가 수집되기 때문이다.

(2) 종단연구

종단연구(longitudinal study)란 둘 이상의 시점에서 동일한 분석단위를 연구하는 것이다. 주기적으로 실시하는 인구센서스가 대표적인 종단연구이다. 종단연구는 크게 세 가지 종류가 있다.

첫째, 추이(trend)연구로, 어떤 연구대상의 변화를 여러 시기를 두고 관찰, 비교하는 연구이다. 예를 들어, 인구센서스를 통해 노인부양지수의 변화가 어떻게 되었는지, 이혼율의 변화는 어떤지 등을 관찰하는 것이 추이연구이다.

둘째, 동류집단(cohort)연구로, 이는 특정한 경험을 같이 한 사람들에 대해 두 번 이상의 다른 시기에 걸쳐 비교연구하는 것을 말한다. 예를 들어, '386세대'에 대해 지금 시점과 10년 뒤의 시점에 대해 조사를 하는 것이다.

셋째, 패널(panel)연구로, 이는 동일집단 반복연구를 말하는 것으로, 동일한 집단만을 관찰한다. 예를 들어, 특정 해에 사회복지학과를 졸업한 학생들 중 일부를 패널로 정해 놓고, 이들에 대해 추적조사를 하는 경우를 패널연구라고 한다.

종단연구는 횡단연구에 비해 일정 기간에 걸친 과정에 대한 정보를 제공해 주는 장점이 있지만, 상당한 시간과 비용이 필요하다는 단점이 있다.

2) 연구의 분석단위

분석단위란 '누구 혹은 무엇을 연구할 것인가'와 관련된 개념으로, 여기에서 '누구 혹은 무엇'은 연구 주제를 말하는 것이 아니라 연구의 대상을 말한다. 보다 큰 집단의 특성을 기술하거나 또는 어떤 추상적인 현상을 기술하려면 집계(aggregating)를 해야 하는데 이 목적을 위해 가장 먼저 기술되어야 하는 단위가 분석단위이다(Rubin & Babbie, 1997 : 92-97).

(1) 개인

일반적으로 대부분의 사회과학에서 가장 전형적인 분석단위는 개인이다. 예를 들어, 다수의 개인에 대한 관찰을 통해 성별, 연령, 출신지, 태도 등과 같은 개인의 특성을 설명하는 연구들을 주위에서 흔히 볼 수 있다.

사회집단이나 사회적 상호작용을 연구하는 경우에도 개인을 분석단위로 한다. 이때에도 비록 어떤 집단의 특성을 다루기는 하지만 분석단위는 개인이다. 예를 들어, 클라이언트들, 시설 거주자들, 지역사회주민들, 학생들, 교수들, 사회복지사들 등은 집단으로 표현되지만 분석단위는 개인이다.

(2) 집단

가정은 분석단위로 사용되는 집단의 전형적인 예로, 각각의 가정에 대한 연간총소득이나 장애인이 있는지의 여부 등을 기술한다면, 이때의 분석단위는 집단으로서의 가정이다. 나아가 가정의 총소득과 장애인이 있는지의 여부가 어떤 관계가 있는지를 볼 수도 있다. 이 경우에도 분석단위는 집단이다.

(3) 사회적 생성물

사회과학에서 사용되는 또 하나 분석단위는 사회적 생성물(social artifacts) 또는 사회적 존재의 산물 혹은 행위이다. 사회적 생성물이란 책, 그림, 시, 자동차, 건물, 노래, 주택 등 주로 문화적 항목으로 불리는 여러 형태의 사회적 대상이다. 예를 들어, 어느 한 신문의 사설 중에 대학에 관한 사설만을 골라 대학에 대한 견해가 어떻게 바뀌었는지를 분석한다면 이때의 분석단위는 사설이라는 사회적 생성물이다. 프로그램도 여기에 속한다고 할 수 있다. 이 경우에 프로그램 자체가 분석단위가 되는지, 그 속의 개인이 분석단위가 되는지를 분명하게 구별해야 한다.

제7장 지역사회복지

학습목표

1. 지역사회복지의 개념과 실천 유형을 설명할 수 있다.
2. 지역사회복지의 문제해결과정을 설명할 수 있다.
3. 지역사회복지 서비스와 사회복지사의 역할을 설명할 수 있다.

1. 지역사회복지의 개념

지역사회의 발전을 위한 다각적인 방안들 가운데 지역사회 통합과 생활개선을 목적으로 하는 지역사회복지는 지역사회구성원의 복지를 증진하기 위하여 개인, 가족, 지역주민, 지역사회, 사회제도 등에 바람직한 변화를 일으키고자 하는 전문적인 사회복지(사회사업)의 한 방법이다.

사회복지에서 지역사회 혹은 지역의 문제에 대해 관심을 가져야 하는 이유는 무엇보다도 '환경 속의 개인(person in environment)'이라는 관점이 사회복지 실천과정에서 중요하고, 지역사회복지의 초점은 지역사회(community)이기 때문이다. 지역사회는 다수의 사람들이 존재하는 장소이고, 한정된 재화와 욕구의 불만족으로 인하여 다양한 문제들이 존재하며, 문제를 해결할 수 있는 근원이 되는 곳이기도 하다. 따라서 지역사회의 문제들을 합리적으로 해결하기 위해서는 '바람직한 변화'가 선결요건인바, 이를 위해서는 지역사회에 대한 역사, 가치관, 주민의식 등을 이해해야만 한다. 그뿐만 아니라 지역사회는 계속적인 변화를 경험 중이며, 이러한 변화가 지역사회에 어떠한 효과를 가져다주는지를 해석할 수 있어야 한다.

지역사회복지가 발생한 배경은 다음과 같다. 첫째, 가족 및 지역사회의 변화에 따라 가족과 지역공동체가 지니고 있던 복지적 기능이 약화되고 이를 보완하는 서비스가 사회적으로 필요하게 되었다. 둘째, 복지욕구가 다양해져 경제적인 면에서 비경제적 복지 서비스로 옮겨지고 있다. 셋째, 기존의 시설입소 위주의 복지에서 탈피하여 가족, 이웃과의 정상적인 생활 속에서 클라이언트에게 서비스를 제공하는 재가복지 서비스가 점차 부각되고 있다. 넷째, 지방화시대를 맞이하여 기존의 중앙정부 중심의 복지정책이 아닌 지역사회를 중심으로 하는 지역별 복지정책이 중요시되기 시작했다.

우리나라에서는 지금까지 지역복지라는 용어 대신에 미국 사회사업의 영향으로 지역사회조직의 원리와 방법에 익숙해 있었으며 지역사회개발의 일환으로 시작된 1970년대의 새마을 운동에 익숙해 있었다. 그러다가 지역주민에게 직접적으로 제공되는 서비스에 중점을 둔 일본의 지역복지개념이 소개되면서 부분적으로 사용되고 있다(원석조, 1987 : 175).

지역사회복지란 사회복지방법론 중의 하나인 지역사회조직론이 그 시초라고 할 수 있다.

최근 지역복지라는 용어는 지역사회복지라는 용어와 동일개념으로 혼용하여 사용되고 있다. 지방화 시대의 본격적인 도래와 더불어 지역사회복지는 더욱 중요한 사회복지의 실천방법으로써 부각될 것이다. 또한 지역사회복지는 재가복지, 공동모금, 자원봉사활동과 함께 지역사회 중심의 실천적인 복지개념과 방법으로 전개될 것으로 여겨진다.

1) 지역사회복지의 정의

우리나라에서는 지역사회복지를 정의함에 있어 미국 사회사업의 영향으로 인하여 주로 지역사회조직에 국한해서 개념을 정의한다든지 지역사회조직의 원리와 방법이 지역사회복지의 모든 것을 대표한다고 보는 경향이 있다(강준렬, 1997 : 24). 그러나 지역사회복지는 획일적인 협의의 개념이 아니라 보다 광범위한 포괄적인 개념이라고 할 수 있다.

지역사회복지(community welfare)란 매우 포괄적인 개념으로 전문 혹은 비전문 인력이 지역사회 수준에 개입하여 지역사회에 존재하는 각종 제도에 영향을 주고, 지역사회의 문제를 해결하고자 하는 일체의 사회적 노력을 의미한다(최일섭 · 류진석, 1998 : 34-35).

또한 지역사회복지란 "바람직하다고 할 수 있는 표준적 생활수준에서 볼 때 좋지 않은 상태에 놓여 있는 지역주민 또는 지역사회에 대하여 개선 또는 향상을 목적으로 주민주체의 원칙에 입각하여 국가 · 지방자치단체 및 주민조직, 민간단체가 협동하여 소득보장정책, 주거환경정책, 보건의료정책, 교육 · 문화정책, 노동정책, 교통통신정책 등 일반 공공정책과 함께 상호보완적으로 보충하여 개별적, 종합적, 조직적으로 원조를 해주는 지역정책과 지역활동"을 의미한다(신섭중 외, 1997 : 521).

지역사회의 발전을 위한 노력에는 여러 가지가 있다. 그중에서 지역사회 통합과 생활개선을 목적으로 한 지역사회사업을 비롯하여 여러 가지의 지역사회행동이 있다.

지역사회복지는 어느 특정 분야에 국한하여 지역주민의 복지와 제도를 개선하는 것이 아니라 매우 광범위한 개념으로서 공공 또는 민간, 공식적 또는 비공식적인 분야 등이 지역사회 차원에서 지역사회가 지니고 있는 문제를 해결하기 위하여 지역사회가 보유한 모든 자원을 동원하여 문제를 예방하고 해결하고자 노력하는 종합적인 노력이라고 할 수 있다.

2) 지역사회의 복지적 기능

지역사회가 수행하는 기능이란 자녀양육, 물자의 생산, 분배, 소비, 여가 등을 포함하는 인간활동을 의미한다. 따라서 모든 지역사회가 공통적으로 수행하는 주요 기능은 다섯 가지로 ① 생산 · 분배 · 소비의 기능, ② 사회화의 기능, ③ 사회통제의 기능, ④ 사회통합의 기능, ⑤ 상호부조의 기능 등으로 설명할 수 있다(최일섭 · 류진석, 1998 : 10-13).

(1) 생산 · 분배 · 소비의 기능

지역사회 주민들이 일상생활을 영위하는 데 필요로 하는 경제활동을 수행하면서 재화와 서비스를 생산하고 분배하고 소비하는 과정과 관련된 기능이다.

(2) 사회화의 기능

사회가 향유하고 있는 일반적인 지식, 사회적 가치, 그리고 행동양식을 그 사회구성원들에게 전달시키는 과정을 말한다.

(3) 사회통제의 기능

지역사회가 그 구성원들에게 사회의 규범에 순응하게 하며 일탈행위 등을 방지하는 것을 말한다.

(4) 사회통합의 기능

사회체계를 구성하는 사회단위 조직들 간의 관계와 관련된 것으로 지역사회 내에 거주하는 다양한 이익집단과 계층들 간에 갈등과 대립을 지양하면서 스스로 규범을 준수하여 바람직한 행동을 하도록 하는 것을 말한다.

(5) 상호부조의 기능

사회구성원들이 주요 사회제도에 의해서 자기들의 욕구를 충족할 수 없는 경우에 필요로 하는 기능을 말한다.

3) 지역사회복지의 이념과 특징

(1) 이념

① **정상화**(normalization)

지역사회복지에서 추구하는 탈시설화, 주민 참여 등에 의한 지역사회복지의 구체적인 목적이 정상화의 이념과 밀접한 관계를 가지고 있다. 클라이언트는 지역사회를 중심으로 그 욕구를 충족시키며, 이웃관계, 교육, 고용, 문화 등을 포함하는 사회적 교류의 기회가 정상적으로 확보될 수 있도록 지역사회체제를 만들어 내는 것이 정상화 이념이다.[1)]

1) 정상화는 1952년 덴마크의 '부모운동'의 일환으로 거대한 시설에 격리되어 있는 아동들을 지역사회로 돌려보내는 운동에서 비롯되었다.

② 통합화(integration)

통합화는 정상화의 이념을 달성하기 위한 주요한 원칙으로서 지역사회의 클라이언트들이 가능한 한 지역주민들과 생활하고 일하는 것을 원칙으로 한다(김익균 · 고순철, 2000 : 41).

통합화는 의도적이든 의도적이지 않든 사회적 배제(social exclusion)가 발생하지 않도록 지역사회 내의 모든 계층의 사람들이 차별 없이 각종 기회와 권리를 실현할 수 있도록 하는 것이다.

③ 주민참가(participation)

지역사회복지에서 주민참가는 본질적으로 주민자치, 분권화의 이념과 밀접한 관계를 가지고 있다. 지역주민들이 지역을 중심으로 하는 사회복지정책의 계획, 수립, 운영, 실시에 참가하여 각종 지역사회문제의 해결에 앞장서도록 하는 것이다.

(2) 특징

지역사회복지는 사회복지실천의 주요 분야이면서, 지역사회주민의 '삶의 질(QOL)'을 높이고, 사회제도 및 인간관계 개선 등 복지향상을 도모하는 목적적 개념과 지역 내 발생한 또는 발생 가능한 문제들을 해결하기 위하여 수립된 지역사회복지의 계획이 적극적으로 실현될 수 있도록 실천서비스를 제공하는 실천적 개념 등 두 가지의 개념을 동시에 가지고 있다.

또한 지역사회복지는 지역주민의 공통적인 욕구와 문제를 해결하기 위해서 지역사회가 보유하고 있는 내적 · 외적 자원과 인적 · 물적 자원을 최대한 동원하여 주민의 표현된 욕구와 지역자원 간의 차이를 조정하는 적극적인 활동이라고 할 수 있다.

따라서 지역사회복지는 인간의 내면에 자리 잡고 있는 욕구가 분출되어 문제화되고 있는 부분과 지역사회가 갖고 있으며 동원할 수 있는 자원의 한계 속에서 절충점을 찾아 효율적으로 조정하여 지역주민 간 협력관계를 구축할 수 있도록 하는 것이다.

2. 지역사회복지의 역사

서구에서는 1869년(영국), 1877년(미국)에 자선조직협회(COS : Charity Organization Society) 운동과 인보관(Settlement House) 운동이 전개되었는데, 이러한 운동이 오늘날 사회복지의 전문적 실천방법의 출발점이 되었다. 당시 자유주의적 경제사상하에서 다수의 민간 자선단체들이 활동하였는데, COS는 우애방문원(friendly visitor)의 개별적인 방문조사를 통하여 빈곤한 가정에 서비스를 제공하였고, 자선기관들의 중복 서비스로 인한 재정의 낭비를 방지하기 위하여 서비스 제공자에 대한 등록을 실시하고 서비스를 조정하였다. 이러한 조직적인 활동들이 지역사회조직의 출발에 적지 않은 기여를 하게 되었다. 인보관은 빈곤지역에 침투하여 직접적으로 서비스를 제공하는 활동을 전개함으로써 지역사회복지관의 효시가 되었다는 데에 의의가 있다.

20세기 초반에는 미국을 중심으로 지역공동모금(community chest)과 사회복지협의회가 설립되어 지역사회복지 실천기관으로 발전하였다. 1950년대 이후에는 지역사회조직이 사회사업 실천방법의 하나로 확립되었다. 최근의 새로운 발전 동향으로는 지역사회조직에 대한 공공부문의 참여증대, 지역사회운동의 증대 등을 들 수 있다(장인협 외, 1999 : 295).

우리나라의 지역사회복지 역사를 보면, 삼국시대 이래로 시대별, 국가별로 유사한 전통적인 지역적 민간주도의 복지활동이 전개되어 왔고, 조선시대에 들어와서 두레, 계, 향약, 사창과 같은 제도가 보편적으로 시행되었다. 그뿐만 아니라 국가적인 지역복지활동으로서는 사궁구휼(四窮救恤), 의창, 상평창과 같은 제도가 있었다. 1960년대에는 외원(外援)단체 중심의 지역사회복지가 발전하였고, 1970년대에는 '새마을운동'이 지역사회개발의 중추로서 시행되면서 지역사회복지 부문에 있어서 경제적 효율성과 단기간의 높은 효과성을 장점으로 꼽을 수 있겠지만, 국가 주도의 지역사회 개발전략이라는 데에 한계점이 있다. 1980년대 이후에는 지역복지 서비스와 지역사회운동의 발전기로서 사회복지관 등을 중심으로 하는 지역중심의 서비스 기관이 증설되는 등 지역사회복지 분야가 팽창·발전하고 있다. 2000년대에 들어와서는 지역중심의 모금과 시민단체의 다양한 활동이 이어져 지역사회복지의 내실과 양적인 팽창을 추동할 것으로 보인다.

3. 지역사회복지의 목표와 원칙

1) 지역사회복지의 목표

지역사회복지가 사회복지의 중요한 실천방법으로 추구하고자 하는 목표는 이상적인 지역사회(ideal community) 또는 능력 있는 지역사회(competent community)를 형성하는 것이다. 여기에서 '능력 있는 지역사회'란 지역사회가 안고 있는 문제를 성공적으로 해결하기 위해 지역사회 내에 존재하는 다양한 요소들과 집단들이 지역사회의 욕구와 문제의 근원을 파악하기 위해 협력하고, 해결하기 위한 목표의 순위를 정하는 데 합의를 도출할 수 있으며, 합의된 목표를 달성하기 위한 수단과 방법에 동의할 수 있고, 필요한 조치를 취할 수 있다는 것을 뜻한다.

지역사회복지의 일반적인 목표는 다음과 같다. 첫째, 가장 중요한 사회적 욕구를 파악하고 우선순위(priority)를 결정한다. 둘째, 그 욕구충족을 위한 세심한 계획을 수립한다. 셋째, 목적을 달성하기 위해서 지역사회의 자원을 효율적으로 조정·동원한다. 넷째, 지역주민의 적극적인 참가를 권장한다.

이상적인 지역사회는 주민들에게 다음의 아홉 가지 조건을 제공할 때 가능하다(박경일 외, 2001 : 145-156).

① 효율적인 정부라는 매개체를 통해 주민의 생명과 안전을 지킬 수 있는 질서 유지
② 효율적인 경제체제를 통해 주민의 경제적 안녕, 즉 소득의 보장
③ 공공 보건기관을 통해 주민의 육체적 안녕, 즉 보건과 위생의 보장
④ 여가시간을 건설적으로 활용할 수 있는 여가공간의 확보
⑤ 지역사회의 지지를 받을 수 있는 윤리적 기준의 설정
⑥ 모든 사람들이 쉽게 접근할 수 있는 공공기관을 통한 지식과 교육의 제공
⑦ 자유로이 의사를 표현할 수 있는 수단과 기회를 제공
⑧ 주민들의 의사가 표현되고 반영되는 민주적인 조직을 제공
⑨ 지역사회에 공헌 혹은 헌신하고 이를 신뢰할 수 있는 동기를 제공

2) 지역사회복지의 원칙

지역사회 주민의 복지증진을 목표로 하는 지역사회복지는 지역사회가 당면한 욕구나 문제를 평가하고 개입하는 것이므로 지역사회복지실천에 있어서 원칙이 되는 지침(guideline)이 필요하다.

지역사회복지의 원칙이란 지역사회복지사업을 수행하는 데 있어서의 '올바른 행동에 관한 규칙(rule of right action)', 즉 무엇이 '건전하고', '좋은' 지역사회복지인가에 관한 가치판단을 의미한다. 지역사회복지는 민주주의 국가와 사회에 있어서 국민들에 의한 조직적인 복지 노력을 의미하는 것이기 때문이다.

(1) 일반적 원칙

① 지역사회의 자주성 중시의 원칙

지역사회의 목적설정이나 활동에 대한 지역주민의 자주적인 참가와 협동이 사업성취의 기반이 된다.

② 과정지향의 원칙

과정을 통해 지역사회의 단결과 협력태도가 이루어질 수 있는 계기가 되기 때문에 구체적인 과업도 중요하지만 과업성취에 이르는 모든 과정이 중요시된다. 따라서 민주적이며 개방적이고 투명한 의사결정과정이 필요하다.

③ 조정의 원칙

지역사회의 각종 문제나 갈등을 야기하는 계층 간, 집단 간, 주민 간의 마찰이나 대립의 상황도 주민간의 상호작용 방법에 의해 조정이 가능하다.

④ 합의의 원칙

지역사회의 문제해결이나 목표달성을 위해서 방법상의 원칙인 지역주민에 대한 공유된 합의를 도출해 내는 것이 중요하다.

⑤ 능력 부여자로서의 역할의 원칙

지역주민들이 자신에게 내재된 잠재능력이 있음을 자각하게 하고, 이를 바탕으로 능력을 충분히 발휘할 수 있도록 유도하는 역할이 중요하다.

다양한 지역사회복지의 원칙이 제시되고 있으나 그 가운데 지역사회복지의 기본 원리는 '레인보고서(The Lane Committee Report)'의 결론에서 찾을 수 있다. '레인보고서'는 1939년 미국에서 사회사업가들에 의해 사회사업회의에 제출된 것으로 지역사회조직에 대한 체계적인 분석이 이루어진 최초의 보고서이다.

(2) 레인보고서

'레인보고서'에 의한 지역사회복지의 원칙은 다음과 같다(강준렬, 1997 : 44).

① 지역사회조직이라는 말은 과정과 분야의 두 가지 의미로 사용되지만 과정에 중심을 두고 있다.

② 지역사회조직의 사상은 개별사회사업과 집단사회시업에 비교할 수 있는 사회사업의 일반직인 과정이며 여러 형태의 기관에서 사용된다.

③ 지역사회조직의 목적은 사회복지 자원과 욕구를 효과적으로 연결하고 성취하는 과정이다.

④ 지역사회조직은 여섯 가지의 2차적인 목적을 가지고 있다. 첫째는 건전한 계획과 행동을 위한 적절한 사실적 기반을 유지하는 것이고, 둘째는 자원과 욕구 간의 보다 나은 적응을 유지하고 복지 프로그램과 서비스를 개발·수정·발전시키는 것이며, 셋째는 사회사업의 수준을 향상시키고 각 기관의 효과를 증대시키는 것이다. 넷째는 사회복지 프로그램과 서비스에 관련된 개인·집단·조직의 상호작용을 촉진시키는 것, 다섯째는 복지문제와 관련된 욕구에 대한 보다 나은 이해와 사회사업의 목적, 프로그램 및 방법을 발전시키는 것이며, 여섯째는 사회복지활동에의 공적 참여와 지역사회 복지자원을 발전시키는 것이다.

⑤ 지역사회조직화의 과정은 사회사업의 일반적인 영역으로 내부영역과 외부영역을 포함한다.

⑥ 지역사회조직은 1차적인 기능과 2차적인 기능에 의하여 사회사업의 조직화를 수행한다.

⑦ 지역사회조직의 1차적인 기능은 요보호자들을 직접적으로 돕는 것이 아니라 이익집단이 이를 행하여 서비스 대상자에 대한 서비스의 질과 내용의 개선에 목적이 있다.

⑧ 지역사회조직은 지역수준에서 그치는 것이 아니라 전국적인 차원에서 이루어지며 차원들 간의 실천이다.

(3) C. F. McNeil의 지역사회복지 원칙

① 지역사회조직은 주민들과 주민의 욕구에 관심을 갖는다.

② 지역사회조직의 1차적인 클라이언트는 지역사회이다.

③ 지역사회는 있는 그대로 이해되고 수용되어야 한다.

④ 지역사회의 모든 사람은 보건과 복지 서비스에 관심을 갖는다.

⑤ 인간과 집단관계의 계속적인 변화가 지역사회조직 과정에 반영되어야 한다.

⑥ 모든 사회복지기관과 단체는 상호의존적이어야 한다.

⑦ 과정으로서의 지역사회조직은 사회사업의 한 방법이다(신재명, 2000 : 121-122).

(4) R. Johns, & D. F. Demarche의 지역사회복지 원칙

① 지역사회조직은 수단이지 목적이 아니다.

② 개인, 집단처럼 지역사회는 상이하며 자기결정의 원리를 갖는다.

③ 사회적 욕구는 지역사회조직의 토대이며 사회복지관은 자체의 이익보다 지역사회복지를 우선시한다.

④ 조정이란 성장을 위한 과정이며 지역사회조직을 수행하기 위한 구조는 단순해야 한다.

⑤ 지역사회서비스는 공평하게 분배되어야 하고, 문제해결방법에 있어 다양성이 존중되어야 한다.

⑥ 사회복지기관협의체는 광범한 이익이 반영되어야 하고, 지역사회는 전문가가 필요하다.

⑦ 지역사회 내의 다양한 집단간에 의사소통이 이루어져야 한다.

⑧ 지역사회복지기관의 효율적인 운영과 사업을 위해 집중과 분산 사이에 균형이 있어야 한다(신재명, 2000 : 122).

이상에서 살펴본 바를 바탕으로 지역사회복지의 원칙을 다음과 같이 정리할 수 있다.

① 지역사회복지는 지역사회주민의 욕구를 충족시키고자 하는 사회복지실천의 한 과정이다. 욕구는 주민들 스스로의 욕구이어야 하며, 사회복지기관 또는 지역기관의 이익을 위해서 조작되거나 강요되어서는 안 된다.

② 지역사회의 문제해결에는 주민의 광범위한 참여가 있어야 하며, 참여는 자발적이어야 하고, 전 지역주민 모두의 참여가 아니라 각계각층의 대표를 통해서 이루어져야 한다.

③ 지역사회복지는 지역사회를 있는 그대로 이해하고 수용하며 그 특성을 개별화해야 한다.

④ 지역사회의 복지를 증진시키기 위한 공·사 복지 관련 기관들의 협의체는 서비스의 조정을 통하여 제한된 복지자원을 효율적으로 활용하여 효과성을 도모해야 한다.

4. 지역사회복지의 실천 유형

1) 지역사회개발(Locality Development)

지역사회개발은 지역사회의 변화를 가장 효과적으로 이룩하기 위해서 목표설정과 실천행동 등에 주민들의 참여를 강조하는 방법이다. 인구 구성이 동질적이고 목표에 대한 합의를 쉽게 달성할 수 있는 지역사회에서 적절한 기능을 수행한다. 이 유형은 자조(self-help)와 지역사회 내 여러 집단 간의 전체적인 조화를 목표로 한다.

지역사회개발에 대한 UN의 정의를 보면 "지역사회개발은 지역사회주민의 적극적인 참여와 주민들이 가능한 한 최대의 주도권(initiative)을 갖고, 전지역사회의 경제적·사회적 조건을 향상시키기 위한 과정"이라고 말하고 있다.

이와 같이 지역개발모델은 지역사회를 중심으로 민주적인 절차, 자발적인 협동, 토착적인 지도자 개발 등을 중요시하고 있으며, M. Ross는 이 모델에 있어서 지역사회복지사의 역할을, ① 안내자(guide)의 역할, ② 가능자(enabler)의 역할, ③ 전문가(expert)의 역할, ④ 치료자(therapist)의 역할 등으로 열거하고 있다(박용순, 2000 : 158).

지역사회개발사업은 도시지역에서 전개되고 있는 지역사회복지관의 '지역개발사업' 등을 예로 들 수 있다.

2) 사회계획(Social Planning)

사회계획은 지역사회 내의 청소년 비행, 반사회적인 일탈행위, 주택문제, 정신건강과 같은 사회문제를 해결하고자 하는 기술적(technical)인 과정을 강조한다. 사회계획은 문제해결을 위한 합리적인 계획수립과 통제된 변화이다. 이 방법은 다원화된 산업사회의 복잡함 속에서 계획된 변화를 전개하기 위해서는 관료조직을 움직일 수 있는 능력과 전문가(expert)가 필요하다고 보고 있다. 사회계획은 지역사회의 문제해결능력을 배양한다거나, 사회를 근본적으로 변혁시키는 데 초점을 두고 있지 않다. 사회계획은 정부 또는 지방자치단체 등을 중심으로 이루어지고 있다.

I. Sanders는 사회계획모델에 있어서 지역사회복지사의 역할을, ① 분석가(analyst)의 역할, ② 계획가(planner)의 역할, ③ 조직가(organizer)의 역할, ④ 행정가(administrator)의 역할 등으로 제시하고 있다(박용순, 2000 : 159).

3) 사회행동(Social Action)

사회행동은 지역사회의 일정 이하의 계층(독거노인, 저소득층, 장애인, 한부모가족, 다문화가정 등)에 속하는 주민들이 사회정의에 입각하여 많은 자원의 배분과 향상된 처우를 그 지역사회에 권리로서 요구하는 행동을 의미한다.

사회행동모델에 있어서 사회행동의 참여자들은 가진 자들과 그렇지 못한 자들의 두 집단으로 구성되어 있으며, 특히 권력을 가진 소수의 사람들이 가지지 못한 다수 사람들의 권익을 침해하는 사회적 착취의 직접적인 결과로서 문제가 발생한다고 보고 있다.

사회복지사는 지역사회에 있어서 역학관계의 재편성이나 사회복지 서비스를 요구하는 주민들에게 욕구충족을 위해, 우선 문제점을 구체화하고 목표집단을 결정하며 그 목표에 대한 계획된 행동을 취하는 절차를 수행하게 된다.

C. Grosser는 사회행동모델에 있어서 사회복지사의 역할을, ① 가능자(enabler)의 역할, ② 중재자(broker)의 역할, ③ 변호자(advocator)의 역할, ④ 행동가(activist)의 역할 등으로 설명하고 있다. 사회행동은 노동운동, 소비자보호운동, 환경보호운동 등이 대표적인 예라고 할 수 있다.

5. 지역사회복지의 문제해결과정

지역사회복지는 지역사회가 당면하고 있는 문제와 충족되지 않은 욕구를 발견하여 효과적인 대응책을 수립하고, 이를 실천에 옮기는 일련의 과정이다. 그러나 전개되는 실천적인 과정은 현실적으로 기관의 성격과 목적에 따라 또한 기관이 놓여 있는 사회적 조건에 따라 다르다. 지역사회복지는 지역사회에 존재하는 문제를 발견하고 그것을 지역주민들의 복지를 위해서 해결되어야 할 과제로 이해하고 문제해결을 시도하지 않으면 안 되는 것이다.

따라서 지역사회 문제해결의 과정을 문제발견 및 분석, 정책 및 프로그램의 개발, 프로그램의 실시, 평가의 4단계로 구분하여 고찰하기로 한다.

1) 문제발견 및 분석

지역사회 문제해결의 과정에서 그 첫 단계는 지역사회의 충족되지 않은 욕구나 해결을 필요로 하는 문제를 찾아내는 일이다. 불만 또는 충족되지 않은 욕구가 존재한다는 것만으로는 문제해결을 위한 전제조건이 될 수 없다(최일섭 · 류진석, 1998 : 185-186). 문제들은 이를 해결하기 위한 방안을 수립하고 실천에 옮겨질 수 있도록 집약되고 분명하게 규정되어야 한다. 또한 문제를 규정하고 분석하는 데에 있어 해결하고자 하는 문제와 관련된 가치관에 대한 면밀한 배려를 해야만 한다.

전통적으로 지역사회복지의 첫 단계에는 우선 기존 자료의 점검에 의한 지역진단, 욕구의 발견, 문제의 파악 등이 포함된다. 이러한 문제파악의 방법으로는 실제 답사에 의한 관찰, 설문조사, 주민과의 간담회 등을 통해서 지역사회의 문제와 그에 대한 주민들의 의식상태, 문제의 심각성 등 제반 사실을 파악하는 것이다.

문제발견 다음 단계에는 사회문제와 관련된 자료를 수집하고 분석해야 한다. 사회문제의 분석에 필요한 자료를 수집하기 위해서는 다음과 같은 점들을 고려해야 한다.

첫째, 문제와 관련된 지역이나 특수집단의 특성을 기술한 통계자료, 실태보고서 등을 조사하고 분석해야 한다.
둘째, 특정 사회문제와 관련된 사회과학이론을 활용해야 한다.

따라서 지역사회의 문제해결에 있어서 문제발견 및 분석은 사회문제에 대한 이론을 분석하고, 가치관을 검토하며 객관적인 자료를 수집·분석하는 데 있다. 또한 다양한 모델과 이론을 분별 있게 활용하고, 나아가서 실제적인 조치를 위해서는 좀 더 구체적인 조작화가 이루어져야 할 것이다(강준렬, 1997 : 66).

2) 정책 및 프로그램의 개발

문제를 파악·분석·정의하게 되면 다음 단계로 정책을 수립하고 정책을 실현하기 위한 프로그램을 개발해야 한다. 이와 같은 의미에서 정책수립은 문제해결을 위해 취하고자 하는 조치와 프로그램의 방향을 결정하는 것이라고 할 수 있다. 정책이 수립된 후에는 정책을 실천에 옮길 수 있는 프로그램을 개발해야 한다. 사회복지 프로그램의 개발이란 목표를 실천하기 위한 사업들을 구체화하는 것이다.

사회복지 프로그램이란 의도적인 개입을 통해 개인이나 집단 혹은 사회에 대한 변화를 시도하는 것이다.

프로그램을 개발하는 데 있어서는 적어도 다음의 세 가지 요건을 고려할 필요가 있다(김만두·한혜경, 1993 : 297-298).

첫째, 해야 할 일에 대한 업무의 내용으로 어떤 종류의 활동, 프로그램, 서비스를 어떠한 순서로, 얼마만큼의 양을 어떤 전달체계를 통해 전달할 것인가를 고려해야 한다.
둘째, 활동을 전개하는 데 필요한 자원에 관련된 것으로 자본설비, 필요한 인력과 자격 및 재원, 자원들의 통제권은 누구에게 있으며, 어떻게 동원할 수 있느냐에 대해 고려해야 한다.

셋째, 가능성에 관한 것으로 자원의 활용 가능성의 정도, 정책목표를 달성하기 위해 필요한 변화, 자원의 분배, 새로운 자원의 개발은 어떻게 할 것인가에 대해 고려해야 한다.

3) 프로그램의 실시

프로그램의 실시란 정책목표를 달성하기 위해 행하는 일련의 활동을 말한다. 이러한 활동은 크게 두 가지 범주－과정중심적 활동, 과업중심적 활동－로 나눌 수 있다. 과정중심적 활동은 클라이언트 집단이 문제를 스스로 해결할 수 있도록 능력을 향상시켜 주는 활동을 말하며, 과업중심적 활동이란 클라이언트 집단이 필요로 하는 서비스를 직접적으로 제공해 주는 활동을 말한다.

4) 평 가

평가는 문제해결과정의 마지막 단계로서 두 가지 목적을 가지고 있다. 하나는 프로그램 실천과정에서 수집된 정보를 실천에 반영하여 실천의 궤도를 수정하는 것이며 다른 하나는 문제해결의 전 과정이 이룩한 결과를 평가하는 것이다(강준렬, 1997 : 69). 이러한 의미에서 전자는 평가가 문세해결과정의 마지막 단계라고 볼 수는 없고 문제설정, 목표수립, 프로그램의 개발, 프로그램의 실천이라는 전 과정에 영향을 주는 계속적인 활동이라고 보는 것이 타당하다(최일섭 · 류진석, 1998 : 200). 후자는 문제해결의 전 과정이 이룩한 결과와 최종 산물을 평가하는 것이다. 이러한 평가는 일반적으로 프로그램을 통해서 성취하고자 하는 목표가 어느 정도 달성되었는지, 즉 프로그램의 효과성(effectiveness)과 영향(impact)을 측정하는 것이다.

6. 지역사회에서 사회복지사의 역할

1) 지역사회복지사의 자질

지역사회에서 활동하고 있는 사회복지사는 전문직업인 사회복지사를 의미하며, 전문직업인이 되기 위해서는 '전문적 지식'과 '기술' 및 '사회적 책임감'을 구비해야(김영모, 2001 : 52)할 뿐만 아니라 사회복지에 대한 열정(heart), 문제를 구조화하여 파악할 수 있는 분석력(analysis), 직관과 이해를 바탕으로 하는 통찰력(head), 사회복지적 실천기술(hand), 열정적으로 활동가능한 건강(health) 등의 자질과 건전하고 건강한 정신과 신체, 문제발견 및 분석, 해결능력, 열의가 요구된다(오오하시 켄사쿠, 1997 : 206).

지역사회복지사는 기본적으로 지역사회복지 전반에 관한 전문적인 지식, 가치, 기술을 갖추고 있어야 하며 인간의 가치와 존엄성을 인정하는 사람이어야 한다.

지역사회복지사가 갖추어야 할 일곱 가지 기본적 요소를 보면 다음과 같다(김영모, 2001 : 53).

첫째, 상이한 사회·경제적 환경에서 주민들과 함께 일하며 이해할 수 있는 능력이 있어야 한다.

둘째, 사회복지 분야, 사회복지 자원, 지방 및 국가적 수준의 사회정책에 관한 지식이 있어야 한다.

셋째, 개별사회사업, 집단사회사업, 사회조사 및 사회복지행정과 같은 사회사업의 다른 방법에 대한 이해가 있어야 한다.

넷째, 사회적 상호작용의 과정과 사회사업의 방법으로서 지역사회조직의 기술적인 이해가 필요하다. 즉, 목적, 기본적 개념, 문제의 형태, 프로그램의 형태와 기능, 방법과 원리에 대한 이해가 요구된다는 것이다.

다섯째, 지역사회조직을 실천하는 기술을 알아야 한다.

여섯째, 지역사회 조직가는 성실성, 용기, 감정적인 균형과 조정, 객관성, 자기훈련, 건전한 판단, 재치, 민감도, 융통성, 상상력, 차분한 업무처리 능력, 주민에 대한 애정 등이 있어야 하고 타인의 인격을 존중하는 성품이 필요하다.

일곱째, 지역사회조직의 철학, 즉 개인의 가치와 존엄성을 인정해야 한다. 이 외에 지역사회 조직가는 사회문제와 관련된 사실을 발견하고 욕구의 우선순위를 정하고, 사회행동을 위한 방법을 연구하는 것을 도와야 한다.

2) 지역사회복지사의 역할

오오하시 켄사쿠는 지역사회복지사의 역할을 5C로 설명하고 있다. 5C는 상담가, 분류가, 조정자, 개별사회사업가, 협력가를 말하는 것으로(오오하시 켄사쿠, 1997 : 206-208), 그 내용은 다음과 같다.

첫째, 상담가(counsellor)의 역할은 초기면접을 통하여 지역주민 생활 전반에 관한 문제를 파악하는 것으로, 지역사회복지사는 효과적인 상담을 위하여 근본적으로 주민들의 욕구를 파악해야 한다.

둘째, 분류가(clarifier)의 역할은 지역사회 주민들의 불만이나 불평을 수용하여 문제가 어디에 있으며 어떤 과제를 해결해야 하는가를 정리하여 주민들에게 문제제기를 하는 것을 말한다. 지역사회복지사는 주민들이 요구한 문제가 다른 문제 혹은 과제와 어떤 관계가 있는가를 정리하고, 우선적으로 해결되어야 할 과제가 무엇인지 명확히 할 필요가 있다.

셋째, 조정자(coordinator)의 역할은 한마디로 연결망을 만드는 것이라고 할 수 있다. 지역사회복지의 효과적인 실천을 위해서는 문제와 문제 간의 연결, 문제와 사업 간의 연결, 인간과 인간 간의 연결 등이 요구된다. 따라서 지역사회복지사는 이를 조직적으로 수행・조정할 수 있는 능력을 갖추고 있어야 한다.

넷째, 개별사회사업가(caseworker)의 역할은 상담을 통해 파악된 클라이언트의 문제를 사정하며 자기결정의 원리에 따라 클라이언트를 원조하는 활동이다.

다섯째, 협력가(copartner)의 역할은 지역사회 주민의 문제에 대해 지역사회복지사와 클라이언트가 지시하고 지시받는 수직적인 관계가 아니라 수평적인 관계로서 문제해결에 관여하는 것을 말한다.

7. 지역사회복지 분야와 서비스

1) 사회복지관

사회복지관사업은 지역사회 내에서 일정한 시설과 전문인력을 갖추고 지역사회의 자원을 동원하여 지역사회 문제를 해결하고 주민의 복지욕구를 충족시키기 위한 종합적인 사회복지사업을 수행하는 기관이다.

구체적으로 살펴보면 사회복지관은 종합적인 사회복지사업을 통해 저소득층의 자립능력을 배양하여 중산층으로 유도하고, 지역사회 문제를 예방・치료하며 지역사회 및 주민의 연대감을 조성하는 매체로서 지역사회 주민의 복지증진을 위한 종합복지센터의 역할을 수행한다.

(1) 사회복지관의 주요 기능

① 지역사회의 실정과 주민 욕구의 파악 및 평가
② 주민의 성장과 자립을 위한 종합사회복지 서비스의 제공
③ 지역사회 통합과 발전의 매개역할
④ 지역사회 민간자원의 발굴 및 활용
⑤ 주민을 위한 사회교육의 매개체 역할(이영철 외, 2000 : 251-252).

(2) 사회복지관의 주요 업무

지역사회 주민의 욕구와 복지관의 크기에 따라서 그리고 지역사회의 특성에 따라서 다양하게 운영되는데 6개 사업 분야 31개 단위사업이다. 주요 사업내용은 다음과 같다.

① 가족복지사업 : 가정문제종합상담, 취업, 부업안내, 보건・의료 서비스
② 아동복지사업 : 아동선도 및 사회교육, 방과 후 교실, 어린이 기능교실, 모자상담 및 교육
③ 청소년복지사업 : 청소년상담 및 교양교육, 청소년기능교사
④ 노인복지사업 : 노인사회교육, 노인무료급식사업, 노인식사 및 목욕서비스
⑤ 장애인복지사업 : 재가서비스 알선 및 이송, 장애인기능교육
⑥ 지역복지사업 : 주민사회교육, 자원봉사자의 양성 및 발굴, 후원자개발, 지역사회복지조사

2) 재가복지봉사센터

지역사회에서 일정한 시설과 전문인력 및 자원봉사자를 갖추고 필요한 재가복지 서비스를 제공하는 사회복지시설로서, 가정에서 보호를 필요로 하는 장애인, 노인, 소년소녀 가장, 한부모가족 등 가족기능이 취약한 저소득 가정과 재가복지 서비스가 필요한 사람에게 가사, 간병, 정서, 의료, 결연 등의 서비스를 제공한다(장인협 외, 1999 : 303).

(1) 역할

① 서비스 대상자 및 가족의 욕구조사와 문제의 진단을 통해 필요한 서비스를 산정한다.

② 욕구와 문제의 진단내용에 따라 서비스를 제공한다.
③ 지역사회의 인적·물적자원을 동원·활용한다.
④ 서비스의 기능, 효과, 자원동원 및 활용효과를 자체 평가하고 그 결과가 사업에 활용되도록 한다.
⑤ 자원봉사자 및 지역사회 주민들에게 재가복지 서비스 사업 등에 관한 교육을 제공한다.
⑥ 지역사회 내 인적·물적자원 연계를 통한 계층 간의 연대감을 고취시킨다.

(2) 서비스 내용

재가복지봉사 대상자는 지역사회 내 저소득층을 우선으로 하며 국민기초생활보장 수급자, 저소득층 가정, 무인가 시설 생활자 등이 이에 해당한다. 인구학적 특성과 인구 유형에 따라 필요하다고 판단되는 서비스를 제공한다. 그 내용은 다음과 같다.

① 가사서비스 : 집 안 청소, 식사 준비 및 취사, 세탁, 청소
② 간병서비스 : 간호 수발, 병원 안내 및 동행, 통원 시 차량지원, 병원수속 대행, 약품 구입, 체온 측정, 신체운동, 집 안 소독
③ 정서적 서비스 : 말벗, 상담, 학업지도, 책 읽어주기, 여가지도, 취미활동 제공
④ 결연서비스 : 재정적 지원 알선, 의부모·의형제 맺어주기
⑤ 의료 서비스 : 의료·보선기관과의 연계 및 결연을 통한 정기 방문
⑥ 자립지원서비스 : 탁아, 직업보도, 기능훈련, 취업알선
⑦ 주민교육서비스 : 재가보호 서비스 요령 및 방법 교육

3) 사회복지공동모금회

(1) 필요성

사회복지공동모금회는 사회복지사업을 지원하기 위하여 국민의 자발적인 성금으로 공동모금된 재원을 효율적으로 관리·운용함으로써 사회복지의 증진에 이바지함을 목적으로 사회복지공동모금회법에 의하여 설립된 민간 비영리 조직이다.

우리나라의 공동모금은 1970년 제정된 사회복지사업법에 근거하여 1970년대 초에 수년간 운영되었으나 사회경제적 여건의 미비로 중단되었으며, 1980년대부터 사

회복지사업기금법에 의하여 정부 주도로 모금과 배분을 시행하여 왔다. 그러나 민간에 의한 자율적인 모금의 필요성이 증대하여 1997년에 제정된 사회복지공동모금회법에 의하여 1998년 7월부터 민간 주도의 공동모금이 이루어지게 되었다(장인협 외, 1999 : 305).

공동모금이 활성화되기 위해서는 사회복지사업에 대한 정부 재정지원의 한계성을 극복하기 위한 민간사회복지 재원을 동원하고 전 국민을 대상으로 이웃을 돕고 불우한 계층을 위하여 봉사하는 상부상조하는 정신과 시민참여의 정신을 고양하기 위한 조직적인 활동이 활발해져야 한다. 지역사회 재원의 체계적, 조직적인 모금과 분배활동을 위하여 산발적으로 이루어지고 있는 모금활동을 일원화한 공동모금의 필요성이 강력히 요청되고 있는 실정이다.

(2) 특성

사회복지공동모금의 특성으로 봉사활동으로서의 민간운동, 지역사회 중심, 효율성과 일원화, 공표, 전국적인 협조 등을 들 수 있다. 그 내용은 다음과 같다.

첫째, 봉사활동으로서 민간복지부문의 역할이 점차 증대하고 있고, 그 활동에 대한 기대 또한 증가하고 있다. 재정적으로 어려움을 겪고 있는 민간복지조직들을 건전하게 유지·발전시키기 위해서는 사회 전체의 의사를 반영하는 노력으로서 사회연대, 상부상조의 정신을 바탕으로 하는 지역주민의 자발적인 봉사활동으로 전개되는 적극적인 민간활동이 필요하다.

둘째, 지역사회의 복지사업은 민간의 자발적인 노력과 상부상조 정신에 의해 지역사회를 기반으로 자율적으로 이루어져야 한다. 지역의 특성에 맞는 복지증진을 모색하기 위해서는 지역주민을 동원하여 지역사회의 문제에 대하여 적극적으로 해결할 수 있도록 해야 한다.

셋째, 각 사회복지기관 또는 시설이 개별적으로 기부금품을 모집할 경우 여러 가지 모금활동에서 오는 낭비와 어려움을 겪게 된다. 기부자로 하여금 계속되는 모금행위에 대한 불편함, 모금에 대한 회의적인 생각 등을 갖게 할 수 있다. 효율성과 일원화를 통하여 기부금 모집에 대한 노력, 시간, 경비 등을 절약하는 합리성을 추구할 수 있다.

넷째, 공동모금 시 배분계획을 수립하고, 필요한 모금액을 결정하여 공표함으로써 공동모금에 대한 관심과 깊은 이해를 갖게 할 수 있다. 이러한 행동을 통하여 사회복지에 대한 여론이 긍정적으로 변화하고, 사회 전반에 걸쳐 사회복지의 향상이 이루어진다.

다섯째, 전국적으로 일제히 공동모금을 전개함으로써 공동모금 활동이 일부 지역에 한정된 것이 아닌 전국적인 활동이라는 점을 부각시키고, 상부상조의 사명감을 갖게 함으로써 사회적 연대감을 고양시킬 수 있다.

4) 사회복지협의회

(1) 개요

사회복지협의회는 지역사회의 사회복지 서비스 기관들이 효과적인 서비스를 제공하기 위하여 상호연락·협의·조정하고, 지역사회복지에 관한 계획을 수립하며, 주민의 참여를 유도하고 자원을 동원하는 중간조직의 성격을 갖는다(장인협 외, 1999 : 307).

우리나라의 사회복지협의회는 1952년에 민간 사회사업기관들의 모임인 한국사회사업연합회로 시작하였으며, 1970년에 현재의 명칭인 한국사회복지협의회로 바뀌었다. 1983년에 이르러 개정된 사회복지사업법에 의하여 법정단체가 되었으며, 1998년에는 지방사회복지협의회가 독립법인으로 개편되어 자율적인 민간조직의 중추기관으로 발전하고 있다.

(2) 기능

첫째, 조사연구의 기능으로 사회복지의 기초 자료를 수집하고 사실을 발견한다.

둘째, 사회복지기관들의 회의를 통해 활동에 대한 계획, 프로그램 개발 및 교환하고 이를 협력할 수 있도록 조정한다.

셋째, 지역사회의 복지를 위한 중추적인 센터의 역할을 수행한다.

넷째, 공통의 복지업무를 수행함으로써 조정적인 역할을 한다. 즉, 사회복지에 관한 필요 정보나 위탁서비스, 자원봉사자의 관리, 사회서비스의 교환 등이 그 예이다.

다섯째, 사회복지기관들이 수행하는 업무의 질적 수준을 높이도록 집단적, 개별적으로 원조해 주는 역할을 한다.

여섯째, 사회복지에 관한 공동의 계획을 수립하고 홍보활동을 한다.

일곱째, 공청회 개최, 기관 명부의 발간 등 정보제공, 교육, 홍보활동을 한다.

여덟째, 사회복지분야의 재정 상태를 개선하기 위한 활동을 전개한다. 즉, 효율적인 예산편성을 하도록 자문한다거나 소득사업, 보조금, 차관 등을 알선해 준다.

아홉째, 사회복지협의회가 공공의 이슈(issue)에 대한 입장을 밝히거나, 특수계층의 복지에 관한 입법대안을 제시할 수 있다.

5) 지역사회복지협의체

(1) 개요

관할지역 안의 사회복지사업에 관한 중요 사항과 지역사회복지계획을 심의 또는 건의하고, 사회복지·보건의료 관련 기관·단체가 제공하는 사회복지 서비스 및 보건의료 서비스의 연계·협력을 강화하기 위하여 시·군·구에 지역사회복지협의체를 설치하도록 하고 있다.

(2) 기능

첫째, 시장·군수·구청장은 지역주민 등의 의견을 청취한 뒤 지역사회복지협의체의 심의를 거쳐 당해 시·군·구의 지역사회복지계획을 수립하며, 이 경우 지역보건의료계획과 연계되도록 한다.

둘째, 지역복지계획을 수립할 경우, 지역사회 내 복지수요의 측정 및 전망에 관한 사항, 사회복지시설 및 재가복지에 대한 장·단기 공급대책에 관한 사항, 인력·조직 및 재정 등 복지자원의 조달 및 관리에 관한 사항, 사회복지전달체계에 관한 사항, 사회복지 서비스 및 보건의료 서비스의 연계제공방안에 관한 사항, 지역사회복지에 관련된 통계의 수집 및 정리에 관한 사항 등의 내용을 포함해야 한다.

셋째, 시장·군수·구청장은 '시·군·구 복지계획'을 수립하기 전에 지역주민의 복지욕구 및 지역사회 내 복지자원 등에 대한 자료를 수집하고 이에 필요한 조사를 실시하여야 한다.

넷째, 시 · 도지사 또는 시장 · 군수 · 구청장은 4년마다 '지역복지계획'을 수립하고, 그 수립연도는 '지역보건의료계획'의 수립시기와 일치하도록 하고 있다.

다섯째, 시 · 도지사, 시장 · 군수 · 구청장은 지역복지계획을 시행함에 있어 필요할 경우 민간 사회복지관련 단체 등에 대하여 인력 · 기술 및 재정 지원을 할 수 있다.

8. 지역사회복지의 활성화

지방화 시대를 맞이하여 21세기 한국의 지역복지가 지향해야 될 특징들은 다음과 같다.

1) 지역복지의 조직화

한국의 지역사회복지는 중앙집권적인 사회복지가 아니라 지방을 중심으로 지역복지로 이전되고 있다. 기존의 사회복지제도와 프로그램은 모두 중앙정부에서 수립하여 일방적으로 지방자치단체에 하달하는 수직적 형식이었으나, 앞으로는 지방자치단체가 주체적 정책결정과정을 거쳐, 지역주민의 복지증진에 부합되는 복지 프로그램을 계획하여 시행할 것이므로 지역복지의 참다운 의미를 실현시킬 수 있다.

2) 참여형 지역복지로의 전환

지역사회복지는 지역주민 누구나 자발적으로 지역 현안문제에 참여하고 이를 해결하기 위한 방안을 모색해야 한다. 그뿐만 아니라 지역복지는 지역주민의 협조와 지원이 있어야만이 복지 서비스의 전달이 가능하므로 지역주민이 지역사회복지의 중추적인 역할을 수행해야만 한다.

지방자치단체와 지역주민들이 거주하는 지역의 복지를 자발적으로 해결해야 한다는 주체의식을 갖게 됨으로써, 자발적인 지역사회복지를 구현할 수 있다.

3) 지역사회복지의 다양화 및 차별화

지역사회복지사업은 중앙정부의 계획된 일방적인 복지 서비스 시행이 아닌 지역의 사정과 실정에 맞는 복지 서비스 형태를 개발하여 서비스를 제공함으로써 서비스의 다양화, 지역적 특성화, 자율화를 해나갈 수 있으며, 수요에 따라 서비스를 제공하는 수동적 복지가 아니라 욕구발생에 따라 언제든지 발생하는 새로운 욕구에 맞춰 즉시적인 사회복지 서비스를 제공할 수 있는 적극적인 공급방식으로 발전해야 한다.

제3부

사회복지 서비스

제8장 사회보장제도

학습목표

1. 사회보장제도의 범위와 기능에 대해서 설명할 수 있다.
2. 공공부조의 개념과 관련 보장제도를 설명할 수 있다.
3. 사회보험 서비스와 공공부조의 차이점을 설명할 수 있다.

1. 사회보장제도

1) 사회보장의 개념과 범위

(1) 사회보장의 개념

오늘날 세계 대부분의 국가에서 실시되고 있는 사회보장(social security)이라는 개념은 국가에 따라 상이하게 사용되고 있다. 영국이나 미국과 같은 국가에서 사회보장이라는 용어를 사용할 때는 주로 소득보장이란 의미를 가지고 있고, 일본이나 국제노동기구(ILO)에서는 소득보장 이외에 의료 서비스나 사회복지 서비스를 포함하는 의미로서 사회보장이라는 용어를 사용하고 있다.

우리나라의 경우 법률적으로 사용되는 정의를 살펴보면 1963년 '사회보장에관한 일반법률'로 제정되어 1995년 전면 개정된 사회보장기본법에서 "사회보장이란 출산, 양육, 실업, 노령, 장애, 질병, 빈곤 및 사망 등의 사회적 위험으로부터 모든 국민을 보호하고 국민 삶의 질을 향상시키는 데 필요한 소득·서비스를 보장하는 사회보험, 공공부조, 사회서비스를 말한다"고 정의하고 있다.

사회보장이라는 용어는 미국의 Roosevelt 대통령이 1934년 의회에서 뉴딜정책을 설명하는 가운데 처음 등장하였다. 이것이 법률적인 용어로 처음 사용된 것은 1935년에 미국에서 제정된 사회보장법(social security act)에서이며, 1938년 뉴질랜드에서 제정된 사회보장법에서도 언급되었다.

이후 사회보장이란 용어가 보편적으로 사용되는 계기가 된 것은 1942년 국제노동기구(ILO)가 발간한 『사회보장에의 길(*Approaches to Labor Organization*)』과 같은 해에 베버리지(W. Beveridge)를 위원장으로 하는 '사회보험 및 관련 서비스 관계기관 위원회'에서 영국 정부에 제출한 『베버리지보고서』 등이라고 볼 수 있다.

(2) 사회보장의 범위

① 협의의 개념과 범위

사회보장은 협의의 개념으로 설명할 것인가, 광의의 개념으로 설명할 것인가에 따라 그 범위가 달라진다. 영국이나 미국은 사회적 소득보장을 협의의 개념으로서의 사회보장으로 사용하고 있다. 미국의 사회보장을 정의한 E. M. Burns는 "사회보장은 제1차적으로 소득보장계획과 관련된 것으로, 국민의 일부 또는 전부에게 일정의 최저소득을 보장하는 것을 목적으로 하는 공적 제도이며, 강조하고자 하는 것은 최저한도의 보장을 현금지불의 방법에 의하여 달성하고자 하는 여러 계획이라는 점에 있다"고 했다.

또한 제2차 세계대전 이후 영국 사회보장제도의 기초가 되었고, 많은 국가의 사회보장정책에 영향을 미친 베버리지보고서에서는 사회보장을 다음과 같이 정의하고 있다. "사회보장이란 실업, 질병 또는 부상으로 인하여 수입이 중단된 환경에 대처하며, 또한 노령에 의한 퇴직이나 본인 이외의 자의 사망으로 인한 부양의 상실에 대비하고 나아가서는 출생, 사망 및 결혼 등에 관련된 특별한 지출을 보충하기 위한 소득의 보장을 의미한다."

이와 같은 정의는 사회보장을 금전적 급여를 통하여 행해지는 사회적 소득보장제도라고 판단하고 있는 것으로 볼 수 있고, 특히 W. Beveridge의 정의에서 사회보장은 사회보험을 중심으로 구성되어야 하며 이를 보완하기 위해서 공공부조가 그 기능을 수행해야 한다는 견해를 가지고 있음을 알 수 있다. 이와 같은 사회보장에 대한 정의는 소득보장이 사회보장의 중요한 프로그램이긴 하지만 그 범위가 너무 좁게 설정되어 있다 할 수 있다.

② 광의의 개념과 범위

사회보장의 범위를 광의의 개념으로 생각해 보면, 의료, 고용, 주거와 환경이나 교육 분야와 같은 공적 서비스와 기타 보조 프로그램까지를 포함하게 된다. 국제노동기구는 1952년에 채택한 '사회보장의 최저기준에 관한 조약'에서 사회보장의 범위를 ① 의료, ② 질병급여, ③ 실업급여, ④ 노령급여, ⑤ 산업재해급여, ⑥ 가족급여, ⑦ 출산급여, ⑧ 폐질급여, ⑨ 유족급여로 열거하고 있다.

일본은 1950년 사회보장제도심의회에서 사회보장을 다음과 같이 정의한다. "질병, 부상, 분만, 사망, 질병, 기타 곤궁의 원인에 대하여 보험의 방법 또는 직접공적부담으로서 경제보장의 길을 강구하고 생활이 곤궁한 자에 대하여 국가부조에 의해서 최저생활을 보장함으로써 공중위생 및 사회복지를 향상시키고 모든 국민으로 하여금 문화적 사회의 성원으로서 가치 있는 생활을 영위할 수 있게 하는 제도"라고 말이다. 이는 사회보험, 공공부조, 사회복지, 공중위생의 네 가지를 사회보장의 큰 줄기로 삼고 있음을 나타낸다.

우리나라는 1963년 제정된 사회보장에 관한 법률에서 처음으로 사회보장에 대한 정의를 하고 있으며, 당시는 사회보험에 의한 제급여와 무상으로 행하는 공적부조를 그 범위를 규정하고 있었다. 그러나 1995년 전면 개정된 사회보장기본법에서는 사회보험, 공공부조, 사회복지 서비스 및 관련 복지제도로 그 범위를 확대하고 있다.

2) 사회보장의 이념

(1) 국민적 최저한론

페비안 사회주의의 이론적 지도자였던 Sidney Webb은 1901년 저서『20세기의 정치』에서 국민적 최저한론(national minimum)을 주창했다. Sidney Webb의 국민적 최저한은 주로 임금노동자를 염두에 둔 것이었고, 1905년 설치된 구빈법위원회에 참여한 그의 부인 Beatrice Webb은 연금 등을 포함한 예방적 보장을 통해 사회성원이 건전한 생활을 영위할 수 있도록 해야 한다고 주장했다. Sidney Webb의 국민적 최저한 개념은 그 이후 더욱 정교하게 정리되었으며, 오늘날에 이르러서는 '정부가 생존, 의료, 교육, 주택, 영양과 관련된 사회서비스, 즉 최저임금법, 사회보험, 정부규제와 같은 수단을 통해 국민이 살아가는 데 필요한 최저의 수준을 정하고 빈곤의 원인을 제거해야 한다는 원리'로 정착되고 있다.

(2) 보편주의

선별주의(selectivism)란 사회보장의 대상을 노동능력이나 자활능력이 없는 특수한 개인에 대한 자산조사(means test)를 통하여 선별하고, 이러한 개인을 열등처우의 원칙에 의해 구제하는 것을 말한다. 이에 비하여 보편주의(universalism)란 고령에 의해 퇴직하거나 중도장애인이 되었을 때 권리로서 연금 등이 지급되는 방식을 일컬으며, 원칙적으로 자산조사를 조건으로 사회보장 프로그램을 제공하지 않는다.

복지국가들은 보편주의적 이념을 바탕으로 국민적 최저한을 보장하는 사회보장이 중심이 되고 있으며, 선별주의적 방식은 공공부조나 특정의 보충급여에 한정되어 있다.

(3) 정상화 이념

북유럽을 중심으로 생성된 정상화 이념(normalization)은 오늘날 복지선진국과 일본 등에서 사회복지 서비스의 공통적 지배 이념이 되고 있다. 정상화 이념은 어느 누구나 보호를 필요로 하는 상태가 되어도 가능한 한 지금까지 생활해 온 주거환경과 인간관계 속에서 보호를 받으며 정상적인 생활을 하는 것이 바람직하다는 사고에서 출발하고 있다. 이러한 사고에 기초하여 재가복지시스템을 정비하고 생활시설의 경우도 가능한 한 일반 주거공간의 환경과 유사하게 구성하여 클라이언트로 하여금 심리적인 안정감을 가질 수 있는 시설을 만들고자 하는 배려가 요청되고 있다.

3) 사회보장의 기능

사회보장은 사람들의 생존과 관계되는 기초적 욕구를 충족하며 생존권을 보장함에 있어 중요한 역할을 수행한다. 그리고 노령, 질병, 실업 등에 의한 소득의 급격한 감소를 완화시켜 생활의 안정을 유지하게 하며, 소득의 재분배에 있어서도 중요한 역할을 하고 있다. 특히 복지국가라고 일컬어지고 있는 국가에서의 사회보장 급여는 국민경제 속에서 커다란 비중을 차지하고 있어 사람들의 생활과 경제에 중요한 영향을 주고 있다.

(1) 생존권과 최저생활 보장기능

사회보장제도의 가장 기본적인 역할은 사람들의 생존권을 보장하는 것이다. 생존권은 기본적 인권이며, 이것을 사회적으로 보장하는 것이 현대국가의 책임이 되고 있다.

사회보장기본법의 기본 이념에 따르면, “사회보장은 모든 국민이 다양한 사회적 위험으로부터 벗어나 행복하고 인간다운 생활을 향유할 수 있도록 자립을 지원하며, 사회참여・자아실현에 필요한 제도와 여건을 조성하여 사회통합과 행복한 복지사회를 실현하는 것을 기본 이념으로 한다”고 명시하고 있다. 이 법은 사회보장에 관한 국민의 권리와 국가 및 지방자치단체의 책임을 정하고 사회보장정책의 수립・추진과 관련 제도에 관한 기본적인 사항을 규정함으로써 국민의 복지증진에 이바지하는 것을 목적으로 한다.

(2) 생활과 경제의 안정기능

1950년대까지는 영국이나 북유럽과 같은 복지국가에 있어서 국민적 최저한의 보편주의적 보장이 사회보장의 기본적 목적과 과제였다. 그러나 이 목적이 달성된 국가에서는 최저생활을 보장할 뿐만 아니라 노령, 실업, 질병 등에도 소득과 생활수준이 급격하게 감소하지 않고, 안심하며 생활할 수 있는 사회보장을 실시할 필요가 있다는 시각이 확산되어 왔다.

그리고 사회보장은 실업이나 퇴직 등에 의한 소득의 감소를 완화시켜 불황이나 경기후퇴에 따른 소비수요의 저하를 완화시키며, 경기가 좋을 때는 실업수당이나 생활보호비용의 지출을 감소시켜 경기변동의 안정화에 기여한다.

(3) 소득재분배 기능

사회보장제도의 중요한 기능 중의 하나는 소득재분배에 있다. 소득재분배는 수직적 분배와 수평적 분배로 나누어진다. 수직적 재분배는 고소득층에서 저소득층으로의 소득재분배를 의미한다. 예를 들면, 누진적인 소득세나 자산과세를 통해서 징수한 세금으로 연금이나 공공부조비용으로 사용한다면 소득이 고소득층으로부터 저소득층으로 재분배되는 것이다.

사회보장에 있어 보다 일반적으로 보여지는 재분배 기능은 수평적 재분배 기능이다. 즉, 동일한 소득계층 내에서 일하고 있는 사람으로부터 일할 수 없게 된 사람에

계로의 소득재분배나 가족수가 많은 가정에 대한 가족수당이나 주택수당을 지급하는 경우가 여기에 해당한다. 그러므로 사회보험에 의한 수직적 재분배 효과를 높이기 위해서는 정부 부담분을 늘려서 사회보험재정에서 조세 부담분이 차지하는 비중을 크게 해야 할 것이다.

(4) 사회적 통합기능

사회보장의 사회적 통합기능은 R. Titmuss 등에 의해 중요하게 역설되고 있다. 사회보장은 사회적 위험에 노출된 수많은 사람들에게 기본적 생활을 보장함으로써 사회통합 또는 사회적 연대감의 중요한 기제로서 작용한다. 그리고 자본주의 사회에 내재된 불평등과 계급 간의 대립을 완화시켜 국민의 연대감을 높이는 기능을 한다.

4) 사회보장제도의 체계와 내용

(1) 사회보장제도의 성립

사회보장제도는 자본주의의 발전으로 인한 사회문제의 증가, 특히 노동자의 궁핍과 실업의 증가 및 노동자들의 조직적 저항에 대응하여 자본주의 제도를 유지·존속시키기 위한 대책으로서 도입된 사회보험제도에서 비롯되었다. 독일의 비스마르크 정부에 의하여 제정된 노동자질병보험법(1883년), 공업재해보험법(1884년), 그리고 노동자양로폐질보험법(1887년) 등이 최초의 사회보험으로서 사회보장제도의 시초라고 할 수 있다. 한편 사회보험제도는 1929년 세계 대공황으로 인한 대량실업과 이로 인하여 사회보험에 의한 사회적 보호로부터 누락된 노동자 및 그 가족이나 비고용 관계에 있는 저소득층을 대상으로 국가가 일방적으로 도움을 주지 않으면 안 되는 한계에 부딪히게 되었다. 이에 따라 등장한 것이 사회보장제도의 또 다른 축인 공공부조제도이다.

최초의 공공부조제도는 1934년 영국의 실업법에서 찾아볼 수 있는데 이 법은 실업부조라고 하는 공공부조제도를 실업보험의 보조제도로 삼으면서 실업으로 인한 사회적 희생자의 생활을 국가가 보장해 주는 생활보호제도이다. 그러나 사회보험과 공공부조가 통일적인 사회보장제도로 처음 발족하게 된 것은 1935년에 제정된 미국의 사회보장법을 통해서였다. 사회보장법은 사회보장이라는 용어를 세계 최초로 사용한 법률로서 ① 연방정부가 운영하는 노령연금보험, ② 주정부가 운영하는 실업보험에 대한 보조금,

③ 주정부가 운영하는 공공부조 및 사회복지 서비스의 연방보조금으로 구성되어 있다.

국가마다 그 내용과 과정에 있어서 차이를 보이지만 사회보장제도는 세계적으로 보급되고 있고, 그 내용 역시도 발전되고 있다. 종전에는 재해, 질병, 노령, 실업 등이 사회보험 대상이었으나 점차 생활상 일체의 위험에 대한 보험으로 급여의 내용이 확대되었고, 사회보험을 중심으로 한 사회보장제도에 공공부조가 더해지면서 광의의 사회보장으로 이행되고 있다. 동시에 제2차 세계대전 이후 적용대상에 있어서도 종래의 노동자 중심에서 전 국민을 대상으로 범주가 확대되고 있다.

특히 1942년에 출판된 영국의 베버리지보고서는 영국뿐만 아니라 세계 각국의 사회보장제도 발전에 공헌한 것으로 높이 평가되고 있다. 영국은 본 보고서에 입각하여 1945년에 가족수당법, 1946년에 국민보험법, 그리고 1948년에 국민부조법을 제정하여 '요람에서 무덤까지'라는 말이 대변하듯 전 국민을 대상으로 하는 사회보장제도를 마련하였다.

(2) 사회보장의 분야와 법체계

사회보장제도는 소득보장, 의료보장, 사회복지 서비스와 기타 관련 분야로 구성되어 있다. 먼저 국민생활에 있어 가장 기본적인 문제인 빈곤으로부터의 해방, 즉 생활상의 사고나 장애로부터 발생하는 소득의 상실, 중단, 감소에 대한 소득보장은 사회보장제도의 근간이 되고 있다.

의료보장은 '건강하고 쾌적한 환경에서 생활할 권리'를 지탱하는 기초가 된다. 이 두 가지 제도가 사회보장제도의 중심이다. 사회보장이란 국민의 소득보장과 의료보장을 목적으로 한 제도체계이다.

사회복지 서비스는 소득보장이나 의료보장만으로는 대처할 수 없는 개개인의 생활상의 장애에 대처하기 위한 개별적 사회서비스이다. 사회복지 서비스는 사회생활에 대한 적응이나 자립을 원조하기 위해 생활상의 제문제를 가지고 있는 개개인에 대한 소득보장, 의료보장과 긴밀한 연계를 도모하면서 상담, 조언, 보호, 선도, 사회적응훈련, 치료 등의 방법을 사용하여 대응하는 제도이다.

(3) 소득보장제도의 체계

소득보장제도는 크게 사회보험, 공공부조, 사회수당으로 구성되어 있으며, 각각의 제도의 기능적 역할은 다음과 같다.

① 사회보험

사회보험제도는 사회생활상의 제위험(social risk)을 그 대상으로 하고 있다. 그러나 사회보험제도는 보험의 원리를 이용하여 소득보장을 도모하기 때문에 모든 생활문제가 그 대상이 되지는 않는다. 즉, 보험구조가 성립되기 위해서는 다음과 같은 세 가지 조건이 충족되어야 한다.

㉠ 위험(사고) 발생이 규칙적이어야 한다. 사고가 어떤 일정의 비율로 누군가에게 발생한다는 것이 통계의 축적으로부터 경험적으로 인지되어야 한다.

㉡ 위험에 대비하여 공동의 기금을 조성해야 한다. 보험자는 위험이 발생한 경우 이 공동의 기금으로 급여를 실시해야 한다. 공동의 급여를 만들기 위해서는 보험집단의 각 구성원이 일정액을 분담해야 하며, 사회보험의 경우 국가와 사업주, 보험가입자가 보험기금 조성을 위해 각각 부담하는 것이 일반적이다.

㉢ 보험기금으로부터의 수지(收支)가 균등해야 한다. 위험률의 측정이 정확하게 이루어지면 보험기금의 분담과 보험기금으로부터의 급여가 균형을 이룰 것이다. 보험제도의 유지는 이 수지균등의 원칙이 준수되느냐에 달려 있다.

사회보험이 사회성을 확보하기 위해서는 위의 세 가지 조건 이외에 다음과 같은 요건을 충족해야 한다.

㉠ 국가 또는 공적 기관이 보험자이어야 한다.

㉡ 국고부담이 이루어져야 한다.

㉢ 강제가입의 형태를 취해야 한다.

그리고 사회보험이 대상으로 하는 사고는 크게 세 가지 유형으로 나누어 볼 수 있다.

㉠ 장기적인 사고 : 장애, 노령, 사망

㉡ 단기적인 사고 : 질병, 분만, 실업

㉢ 사용자의 보상책임이 요구되는 사고 : 노동재해

이상과 같은 사고에 직면하게 되면 그 대상자는 수입의 상실, 중단, 감소에 의해 생활이 불안정해지고 그에 따른 대책으로서 소득보장이 필요하게 된다. 소득보장의 형태는 사고의 유형에 따라 다르다.

㉠ 장기적인 사고 : 장애연금, 노령연금, 유족연금, 사망일시금 등

㉡ 단기적인 사고 : 요양급여, 분만급여, 실업급여

㉢ 사용자의 보상책임이 요구되는 사고 : 요양급여, 휴업급여, 장해급여, 유족급여 등

이와 같이 사회보험은 국민생활의 빈곤의 원인이 되는 사회적 사고에 폭넓게 대처하는 제도로서, 사회보험 사고 자체가 빈곤한 생활을 의미하지는 않지만, 이를 방치해 두면 언젠가는 빈곤한 생활에 처할 것이 명백하므로, 사회보험은 빈곤을 사전에 예방하기 위한 제도이며 그런 의미에서 방빈적・예방적 기능을 가지고 있다.

② 공공부조

공공부조는 공적인 책임 아래 공공의 비용으로 생활상 곤란을 겪고 있는 개인 및 집단에 대하여 급여를 실시하여 최저생활을 보장하는 제도이다.

공공부조의 특징은 사회보험과는 달리 본인의 기여나 자기부담을 필요로 하지 않는다는 것이다. 그러나 현재의 생활이 빈곤한 상태에 있는가에 대한 사실 확인을 위한 자산조사(means test)를 요구한다.

적용조건을 살펴보자면 사회보험이 강제가입임에 비해서 공공부조는 본인의 신청(신청주의)이나 사회복지전담공무원의 대리 신청(직권주의)에 의해 이루어진다. 급여수준에 있어서 사회보험이 급여에 비례하거나 균일한 것에 비해서 공공부조는 최저생활비가 지급된다. 사회보험의 급여기간은 대체적으로 한정되어 있으나 공공부조의 경우, 빈곤한 생활을 하고 있는 이상 무제한적으로 이루어진다. 또한 사회보험의 중요한 기능 중의 하나가 빈곤의 원인이나 사회적 사고에 대한 예방적 대처라고 한다면, 공공부조는 빈곤한 생활이 현실적으로 나타났을 때에만 그 기능을 발휘하게 되므로 구빈적・사후치료적인 기능이 강하다. 사회보험과 공공부조의 개념적 차이를 비교해 보면 다음과 같다.

〈표 8-1〉 사회보험과 공공부조의 개념적 차이

구 분	사회보험	공공부조
적용조건	강제가입	신청
대 상	주로 노동자와 그 가족	국민일반(생활곤란자)
비 용	유상(본인 기여를 전제)	무상(공적 비용)
급여수준	임금비례, 균일액	최저생활비
급여기간	대체로 유한	대체로 무한
급여개시	사고의 발생(자동적)	자산조사
수급자격	피보험자 본인 및 그 가족	자산조사를 받은 자
기 능	예방적, 방빈적	구빈적, 사후치료적

③ 사회수당

사회수당(social allowance)은 개인이나 가족의 고용상태 또는 경제적 수준에 관계없이 한 나라의 국민 전체 또는 일정한 범주(category)에 속하는 사람 전체에게 공공비용부담을 통해 일정한 액수의 현금이나 서비스를 제공하는 방법이다. 여기에서 일정한 범주에 속하는 사람이란 주로 연령에 의하여 결정되는데, 예를 들면 18세 미만의 아동이나 65세 이상의 노인으로 규정하는 것이다. 이는 욕구에 근거하고 무차별 평등의 원칙을 바탕으로 현금이나 서비스를 제공하는 것이다. 사회수당은 경제적 비용효과보다는 사회적 통합효과를 우선하는 가치선택에 기초하고 있다.

역사적으로 사회수당의 성격을 가진 가족수당제도가 제일 먼저 만들어진 국가는 1926년 뉴질랜드이다. 1930년에는 벨기에에서, 1932년에 프랑스에서도 만들어지며 뒤를 이었다. 초기의 가족수당제도는 근로자의 가족구성원의 수에 비례하여 임금을 보충해 주기 위해 만들어졌다. 근로자의 소비생활수준은 가족구성원의 수에 절대적인 영향을 받게 되나 노동자의 임금수준은 동일노동에 대한 동일임금원칙에 기초하고 어디까지나 근로자 개인의 노동생산성에 의해 결정된다. 따라서 자녀와 가족수가 많은 가구의 경우 가족부담을 완화시키기 위해 사회적인 보장(사회적 임금)을 필요로 하게 되었다. 이러한 형태의 소득보장으로서 존재하는 것이 가족수당 또는 아동수당, 노령수당 등이다.

(4) 의료보장제도의 체계

의료보장이란 질병, 부상, 분만, 사망 등의 요인으로 인한 생활상의 불안을 예방하거나 이미 발생한 질병을 치료하여 전체 국민에게 최저한의 생활을 보장하여 주는 사회적 노력을 의미한다.

의료보장의 방법은 일반적으로 의료 서비스형과 의료보험형의 두 가지 형태가 있다. 의료 서비스 형태의 제도를 실시하고 있는 대표적인 국가는 영국이며 국민보건서비스(NHS : National Health Service)라고 불리고 있다. 또한 의료보험형은 사회보험의 기술을 의료급여에 채택하여 사용하는 방법으로서 우리나라를 비롯하여 독일, 프랑스, 대만 등 많은 선진 국가에서 사용하는 방법이다.

① 의료 서비스(medical service)형

의료 서비스형 의료보장이란 전 국민을 대상으로 원칙적으로는 무료로 보건의료 서비스를 제공하는 방식이다. 의료보장방식으로 의료 서비스형을 채택하고 있는 국가는 영국, 스웨덴, 이탈리아와 사회주의 국가들이다.

국민보건서비스제도를 실시하고 있는 영국은 모든 국민을 대상으로 실시되고 있는데, 의료비 가운데 일부 자기부담금을 제외하고 원칙적으로 무료이다. 영국에서는 병원을 국유화, 공영화하여 지역의 공중보건활동과 의료조직을 정비하였으며, 일반개업의사(general practitioner)에세 지역단위 속에서 가정주치의로서의 역할을 수행하도록 함으로써 의료 서비스의 사회화를 이루어 냈다.

국민 개개인의 건강은 사회와 국가에게 있어 소중한 재산이라는 시각에 기초한 의료보장은 진단 · 치료만으로는 불충분하며, 진정한 의료보장은 예방, 진단, 치료, 재활, 사후관리를 포함한 포괄적인 의료로 구성되어야 한다고 본다. 발생한 질병만을 대상으로 하는 사회보험방식으로는 의료의 포괄적인 영역을 감당하기 어려우며 이러한 발상에 기초한 의료보장제도가 의료 서비스형 의료보장제도이다.

② 의료보험(medical insurance)형

의료보험형이란 의료보장에 사회보험제도를 도입하여 질병을 보험사고로 간주하는 제도이다. 이 방식은 사회적으로 어떤 동질성을 갖는 국민이 보험집단을 형성하여 보험료를 지출함으로써 질병으로 인한 경제적 손실을 분산시키고자 한 것이다. 처음에는 노동자를 중심으로 보험집단이 형성되었으나 제도가 성숙되어 가면서 점차 그 적용범위가 모든 국민을 대상으로 확대되었다. 의료보험에 의한 의료급여는 요양급여(현물급여)나 요양비용(현금급여)으로 주어지게 된다. 보험료는 피보험자와 사업주 및 국가가 부담하는 재원으로 조달된다.

2. 공공부조

1) 국민기초생활보장

(1) 국민기초생활보장제도의 법률적 의미

① 의의

국민기초생활보장제도는 헌법에 보장된 인간다운 생활을 할 권리, 생존권, 사회권, 복지권 내지 사회보장수급권 및 공공부조수급권을 구체적으로 보장하기 위한 제도이다(김기원, 2000 : 186).

국민기초생활보장법은 헌법 제34조에 근거하여 국가와 지방자치단체가 생활이 어려운 자에게 빈곤의 정도에 따라 필요한 급여를 행하여, 법으로 정한 최저생계비 수준 이상의 생활을 보장하고 자활을 조성하는 것을 목적으로 하고 있다.

국민기초생활보장제도는 생활상 곤궁에 처한 사람들에게 각자의 처지에 따라 경제적－비경제적 원조를 필요에 따라 행하는 것이다. 국민기초생활보장제도는 생계급여, 주거급여, 교육급여, 해산급여, 장제급여와 같이 생활상의 곤란을 완화시켜 주는 소극적·보완적 의미뿐만 아니라, 자활급여를 제공함으로써 빈곤에 처한 사람들이 스스로 자립·자활할 수 있도록 국가가 주도하는 적극적 의미도 갖는다.

② 특징

첫째, 기존의 생활보호제도를 기초로 하여 생활을 보장한다는 '외환위기'(1997년) 이후의 경제사회적 환경을 반영한 정책대안이다.

둘째, 급여를 받는 사람들의 권리를 인정하여 수급자와 수급권자라는 용어를 사용하여 복지권 내지 생존권에 대한 수혜자의 법적 권리를 강조하고 있다.

셋째, 인구학적 기준에 의한 급여를 철폐하고, 소득이 최저생계비 이하인 국민은 누구나 국가로부터 지원을 받을 수 있도록 함으로써 수급요건을 '빈곤'으로 단순화하였다.

넷째, 수급권자에 대한 생활보장의 수준을 '최저생계비 수준 이상'으로 구체적으로 설정함으로써 생활보장행정의 실행에 있어 객관성과 합리성을 높일 수 있다.

다섯째, 소득인정액을 산정하여 수급자의 기준을 상향조정함으로써 많은 대상자를 보장의 범주에 포함시켜, 안정적인 근로를 할 수 있도록 근로동기를 강화할 수 있다.

여섯째, 수급권자의 조사・선정・급여실시 등 보장업무를 수행하게 하기 위하여 사회복지전담공무원을 배치함으로써 전담공무원의 사기를 제고하고, 전문성을 유지하게 할 수 있다.

(2) 국민기초생활보장제도의 기본 원칙

① 복지권 보장의 원리

모든 국민은 인간다운 생활을 하기 위해 필요한 조건을 부여받을 수 있는 권리가 있으며, 국가와 지방자치단체는 이를 보장할 책임이 있다는 원리이다.

② 국가책임의 원리

생활이 어려운 국민들의 인간다운 생활을 국가가 책임지고 보장한다는 원리로, 국가와 지방자치단체가 생활이 어려운 자에게 빈곤의 정도에 따라 필요한 급부를 행하여 최저생계비 수준 이상의 생활을 보장하고 자활을 조성한다고 규정하고 있다.

③ 최저생활보장의 원리

모든 국민은 인간다운 생활을 보장받을 권리를 가지며, 국가는 이를 보장할 책임을 진다는 원리로, 최저생활이란 건강하고 문화적인 생활수준을 유지할 수 있는 최저한도의 생활로서 최저생계비로 계측된다.

④ 무차별 평등의 원리

모든 국민은 국민기초생활보장법상의 요건을 충족하는 한 그 보장은 평등하게 행해져야 하며, 태만이나 비행, 개인적 철학 등과 같은 경제적 빈곤의 주관적 원인을 묻지 않고, 생활이 어려운 상태라는 객관적 요건만 있으면 차별 없이 평등하게 기초생활을 보장받는다는 원리이다.

⑤ 사회적 형평의 원리

국가와 지방자치단체는 사회적 형평성(social equity)에 입각하여 생활이 어려운 국민들의 기초 생활을 보장해야 한다는 원리이다. 사회적 형평은 수평적 형평과 수직적 형평으로 나누어지는데, 수평적 평등이란 같은 처지에 있는 사람을 같이 대우해 주는 것을 의미한다. 반면 수직적 형평이란 서로 다른 처지에 있는 사람을 서로 다르게 대우해 주는 것을 의미한다.

⑥ 보충성의 원리

국가의 보호를 받기 전에, 기초생활보장을 받아야 할 자기 자신의 자산과 근로능력을 최대한 활용하고, 부양의무자의 부양과 법령에 의한 보호를 우선적으로 받은 후에, 그래도 생활상 곤란에 처한 경우 최후의 의존수단(the last resort)으로서 국민기초생활보장제도에 의하여 생활을 보장받는다는 원리이다.

⑦ 자립자활조장의 원리

기초생활보장수급자가 공공부조를 받지 않고 스스로 다른 사람에 의존하지 않은 채 독립된 생활을 할 수 있도록 조장하는 원리이다.

(3) 국민기초생활보장제도의 내용

① 급여대상

국민기초생활보장법에 의한 대상자는 '수급권자'로 불리며, 수급권자는 부양의무자가 없거나, 부양의무자가 있어도 부양능력이 없거나 또는 부양을 받을 수 없는 자로서 소득인정액이 최저생계비 이하인 자이다. 근로능력의 여부와 관계없이 일단 소득이 최저생계비에 미달하면 누구나 대상자가 될 수 있다.

〈표 8-2〉 2020년 가구별 최저생계비

(단위 : 원/월)

구 분	1인 가구	2인 가구	3인 가구	4인 가구	5인 가구	6인 가구	7인 가구
금액	527,158	897,594	1,161,173	1,424,752	1,688,331	1,951,910	2,216,915

주 : 8인 이상 가구는 1인 증가 시마다 기준이 265,005원씩 증가(8인 가구 : 2,481,920원)
출처 : 보건복지부(2019). 2020년 국민기초생활보장사업 안내.

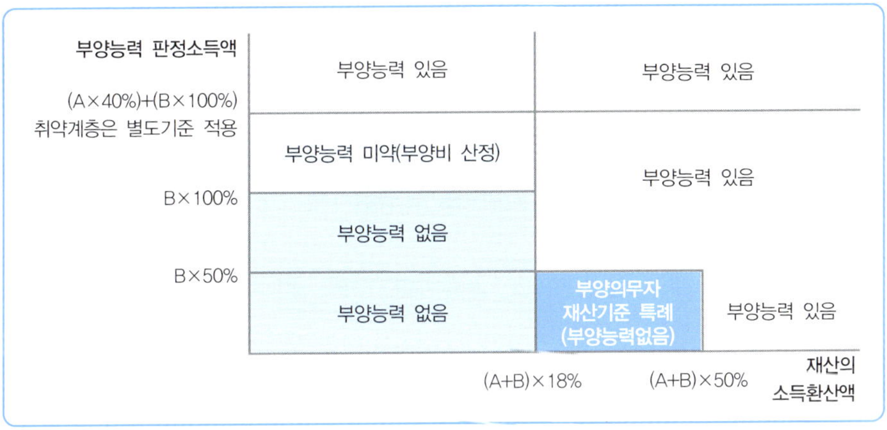

※ A : 수급(권)자가구의 기준 중위소득, B : 부양의무자가구의 기준 중위소득

| 그림 8-1 | 부양의무자 부양능력 판정 도해(일반/재산특례)

출처 : 보건복지부(2019). 2020년 국민기초생활보장사업 안내.

② 급여내용

국민기초생활보장제도 아래에서는 국가와 지방자치단체가 생활이 어려운 국민에게 빈곤의 정도에 따라 필요한 급여를 행한다고 규정하고 있다. 따라서 국민기초생활보장법 제8조에 의거하여 수급자에게 의복·음식물 및 연료비, 기타 일상생활에 기본적으로 필요한 금품을 지급하고 있다.

현행 법률에 의거하여 제공되고 있는 급여로는 국민기초생활보장법에 의한 생계급여, 주거급여, 교육급여, 해산급여, 장제급여, 자활급여, 의료급여법에 의한 의료급여 등이 있다.

㉠ 생계급여

생계급여는 금전지급을 원칙으로 하며, 예외적으로 현금급여가 불가능하거나 적당하지 않을 때에는 현물지급을 할 수 있다. 생계급여는 매월 정기적으로 특정일(20일)에 지급한다.

생계급여의 수준은 최저생계비 수준의 생활을 유지할 수 있는 것이어야 하고, 선정 기준은 소득인정액 기준의 중위소득 30% 이하이어야 한다.

생계급여액 = 생계급여 최저보장수준(대상자 선정기준) - 소득인정액

〈표 8-3〉 2020년도 생계급여 최저보장수준 및 선정기준

(단위 : 원)

구 분	1인 가구	2인 가구	3인 가구	4인 가구	5인 가구	6인 가구	7인 가구
기준 중위소득(A)	1,757,194	2,991,980	3,870,577	4,749,174	5,627,771	6,506,368	7,389,715
생계급여 선정 및 급여기준 (A의 30%)	527,158	897,594	1,161,173	1,424,752	1,688,331	1,951,910	2,216,915

※ 8인 이상 가구의 선정 및 급여기준 : 7인가구 생계급여 선정기준액에서 6인가구 생계급여 선정기준액을 차감한 금액인 265,005원을 추가함(8인가구 생계급여 선정기준액 2,481,920원).

출처 : 보건복지부(2019). 2020년 국민기초생활보장사업 안내.

〈생계급여액 산출 예시〉

- 소득인정액이 150,000원인 1인 가구의 생계급여액
  ☞ 1인 가구 생계급여 지급기준 527,158원 - 소득인정액 150,000원 = 377,160원

※ 원단위 올림

급여실시 여부 결정 전에 긴급히 생계급여를 하여야 할 필요가 있는 경우 시·군·구청장의 직권에 의해 긴급생계급여를 실시할 수 있다. 긴급생계급여는 최저생계

비 중 식료품비에 해당하는 금액을 지급한다. 긴급생계급여기간은 1개월로 하되, 필요시 1개월에 한하여 연장가능하다. 급여방법으로는 생계비를 현금으로 지급하되, 적당하지 않다고 인정되는 경우에는 물품으로 지급한다.

〈표 8-4〉 2020년 긴급생계급여액 기준

(단위 : 원)

가구규모	1인 가구	2인 가구	3인 가구	4인 가구	5인 가구	6인 가구	7인 가구
지급액	263,579	448,797	580,587	712,376	844,166	975,955	1,108,457

※ 8인 이상 가구는 가구원 1인 추가 시 132,502원 추가지급
출처 : 보건복지부(2019). 2020년 국민기초생활보장사업 안내.

ⓛ 주거급여

수급자의 주거실태에 따른 적정한 급여를 지급함으로써 수급자가 보다 나은 주거환경에서 거주할 수 있도록 유도하기 위하여 주거급여를 지급하고 있다. 선정 기준은 소득인정액 기준의 중위소득 45% 이하이며, 수급자의 주거안정을 위하여 필요한 임차료, 유지수선비 등을 주거급여로 지급하고 있으며, 주거급여와 생계급여에 포함된 주거비를 통하여 최저주거를 보장하고 있다.

ⓒ 교육급여

기초생활보장수급자에 대하여 적정한 교육기회를 제공함으로써 자립능력을 배양함과 동시에 빈곤의 세대 간의 전승을 차단하는 데 목적을 두고 있는 급여이다. 선정 기준은 소득인정액 기준의 중위소득 50% 이하에 해당된다.

급여내용으로는 2020년 기준 초등학생 203,000원(연간/1인당 부교재비 : 134,000원, 학용품비 : 72,000원), 중학생 295,000원(연간/ 1인당 부교재비 : 212,000원, 학용품비 : 83,000원), 고등학생 422,200원(연간/ 1인당 부교재비 : 339,200원, 학용품비 : 83,000원, 교과서 대금 · 수업료 · 입학금 전액 지원) 지원하고 있다.

ⓔ 해산급여

해산급여는 수급자에게 조산(助産), 분만 전 · 후의 필요한 조치와 보호를 행하며,

보장기관이 지정하는 의료기관에 위탁하여 시행한다. 출산여성은 출생신고만으로도 해산급여를 받을 수 있고, 사산(死産)의 경우에도 의사 · 한의사 · 조산사의 사실 확인서나 이웃주민의 사실 확인서를 첨부하여 해산급여를 신청할 수 있다.

급여액은 출산여성에게 2020년 기준 1인당 70만 원(쌍둥이 출산 시 140만 원 지급)을 현금으로 지급하고 있다.

㉤ 장제급여

장제급여는 기초생활보장수급자가 사망한 경우 사체의 검안 · 운반 · 화장 또는 매장 기타 장제조치를 행하는 데 필요한 금품을 지급하는 것이다.

급여액은 2020년 기준 1구당 80만 원 현금 지급한다.[1)] 다만, 금전지급이 적당하지 않다고 인정되는 경우 물품을 지급할 수 있다.

㉥ 자활급여

자활급여는 수급자의 자활을 조성하기 위하여 행하는 급여로, 생산적 복지와 밀접한 관계가 있다. 자활급여의 내용으로는 자활에 필요한 금품을 지급 또는 대여, 자활에 필요한 기능습득의 지원, 취업알선 등 정보의 제공, 자활에 필요한 시설 및 장비의 대여, 기타 자활조성을 위한 각종 지원 등이 있다. 자활에 필요한 기능습득지원이나 취업정보제공은 보장기관이 수급자를 위해 비용을 부담함으로써, 직업훈련이나 취업알선 등을 목적으로 하는 시설에 위탁하여 이를 행할 수 있다.

③ 재정

공공부조의 재정은 사회보험과 기타의 사회복지 서비스와는 달리 전액 국가의 조세에 의존하므로, 중앙정부와 지방자치단체의 공공부조 지출액이 공공부조의 수준을 결정한다고 볼 수 있다.

④ 전달체계

현행 국민기초생활보장업무는 보건복지부에서 관장하고 있지만, 서비스 전달과정

1) 산업재해로 인하여 사망한 경우 산업재해보상보험법 제71조 등 타법령에 따라 장제비를 지급받은 수급자는 그 금액을 차감하여 지급(산재법상 장의비 : 평균임금의 120일분에 상당하는 금액을 장제를 행하는 자에게 지급)

은 행정안전부(구, 행정자치부)의 행정라인을 통하여 이루어지고 있다. 행정안전부의 행정라인을 이용하는 사회복지업무는 국민기초생활보장업무, 의료급여, 사회복지 서비스업무로서, 보건복지부에서 사업계획과 지침을 수립하여 행정자치부의 지방조직인 시・도 보건사회국/가정복지국으로 전달하면 시・군・구 사회(복지)과/가정복지과에서 업무지침을 시달받아 사업을 시행하되 사회복지 서비스 대상자를 선정하거나 서비스를 제공하는 것은 읍・면・동의 사회담당이나 사회복지전담공무원에 의해서 이루어진다.

2) 의료급여

1977년 의료보호법이 제정되면서 생활보호대상자를 중심으로 시작된 의료보호는 2001년 의료급여법으로 전면개정되면서 생활유지능력이 없거나 생활이 어려운 기초생활보장수급자 및 저소득층의 의료욕구부터 국내 입양아동에 대한 의료급여에 이르기까지 의료의 사각지대를 해소하고, 저소득층의 의료비 부담을 완화하고자 하는 사회보장적 제도이다.

〈용어의 정의〉

의료급여법 제2조(정의) 이 법에서 사용하는 용어의 뜻은 다음과 같다.

1. "수급권자"란 이 법에 따라 의료급여를 받을 수 있는 자격을 가진 사람을 말한다.
2. "의료급여기관"이란 수급권자에 대한 진료 · 조제 또는 투약 등을 담당하는 의료기관 및 약국 등을 말한다.
3. "부양의무자"란 수급권자를 부양할 책임이 있는 사람으로서 수급권자의 1촌의 직계혈족 및 그 배우자를 말한다.

(1) 의료급여의 범위

의료급여수급권자는 질병・부상・출산 등에 대한 진찰・검사, 약제・치과재료의 지급, 처치・수술과 그 밖의 치료, 예방・재활, 입원, 간호, 이송과 그 밖의 의료목적의 달성을 위한 조치 등의 의료급여를 받도록 하고 있다.

의료급여수급권자의 진료비 부담은 1종 의료급여수급권자는 입원의 경우 본인 부담금이 없으며, 외래의 경우 본인 부담금이 있다. 2종 의료급여수급권자의 경우 입원·외래의 진료 시 본인 부담금이 있다.[2)]

〈표 8-5〉 수급권자가 의료기관 이용 시 본인이 부담해야 하는 금액

구 분		1차 (의원)	2차 (병원, 종합병원)	3차 (상급종합병원)	약국	PET등
1종	입원	없음	없음	없음	–	없음
	외래	1,000원	1,500원	2,000원	500원	5%
2종	입원	10%	10%	10%	–	10%
	외래	1,000원	15%	15%	500원	15%

1) 보건복지부장관이 고시하는 경증질환으로 종합병원 이상급 기관에서 원외처방전을 발급받아 약국에서 조제 받는 경우 약국약제비 본인부담은 급여비용총액의 3%

2) 상기 본인부담금은 급여청구분에 대한 것으로 비급여 청구분은 전액 본인이 부담해야 하며 선별급여 시에는 급여항목별로 30~90% 본인이 부담해야 함

출처 : 보건복지부(2019). 2020 의료급여사업안내.

〈표 8-6〉 수급권자 유형별 선정기준

유 형	선정기준
1종	• 국민기초생활보장수급자 : 근로무능력가구, 산정특례 등록한 결핵질환자, 희귀질환자, 중증난치질환자 및 중증질환(암환자, 중증화상환자만 해당) 등록자, 시설 수급자 • 행려환자 • 타법적용자 : 이재민, 의상자 및 의사자의 유족, 입양아동(18세 미만), 국가유공자, 국가무형문화재의 보유자, 북한이탈주민, 5·18 민주화운동 관련자, 노숙인
2종	• 국민기초생활보장수급권자 중 1종 수급대상이 아닌 가구

출처 : 보건복지부(2019). 2020 의료급여사업안내.

2) 식대 본인부담

- 식사종류(일반식, 치료식, 멸균식, 분유, 산모식, 경관영양유동식)별 식대의 20%
  - 정신과 정액수가 적용환자 : 수가 내에 식대 포함되어 있어, 진료비에 대한 본인부담률과 동일(1종 면제, 2종 10%)
- 식대본인부담 면제 : 자연분만·6세 미만 입원(1·2종 모두) 및 행려환자
- 식대본인부담 경감 : 중증질환(등록암·화상환자, 심장 및 뇌혈관질환자, 중증외상 환자)산정특례자 (1, 2종 모두)의 해당 질환(합병증 포함)에 대한 진료 시 5%

(2) 진료체계

의료급여환자는 의료급여법 규정에 의해 시・도지사가 의료급여수급권자수, 의료기관의 분포상황, 교통편의 등을 고려하여 정한 진료지구 내의 1차 진료기관(보건기관, 의원급, 시장・군수・구청장이 지정)과 2차 진료기관(병원, 종합병원급, 시・도지사가 지정)에서 단계적으로 진료를 받고, 2차 진료기관에서 치료를 할 수 없는 특수질환의 경우에는 보건복지부 장관이 지정한 3차 진료기관(대학병원 등)에서 진료를 받도록 하고 있다.

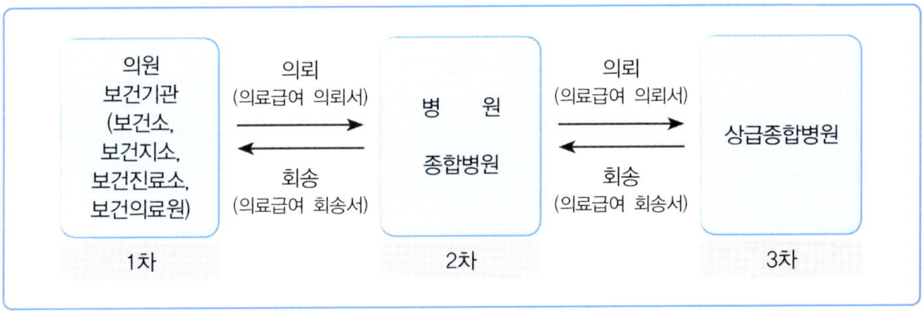

| 그림 8-2 | 의료급여절차

출처 : 보건복지부(2019). 2020 의료급여사업안내.

(3) 의료급여수가

의료급여사업은 국가재정으로 시행하는 사업이며, 1990년부터는 국민건강보험 수가기준과 동일하게 운영(행위별 수가)하고 있으나, 정신질환자, 사회복지법인 의료기관은 일당 정액제로 운영하고 있다.

(4) 의료급여의 현황

의료급여는 저소득층의 의료비를 정부재정에서 지원하고, 진료비 심사를 제외한 수급권자 선정 및 진료비 지급 등 관리운영은 시・군・구가 담당한다. 1인당 급여비는 2018년 기준으로 5,112천 원으로 건강보험 1인당 급여비 1,239천 원의 4.1배에 이르고 있다. 의료급여비는 7조 6355억 원으로, 총진료비 7조 8070억 원의 97.8%에 해당하는 액수다. 노인 인구가 늘고 있어 이대로라면 내년에는 8조 원대, 내후년 9조 원대로 매년 1조원씩 증가할 가능성이 높다.

입원 또는 내원한 일 수는 1억 2103만 3100일이었다. 전년보다 1.5% 증가한 일수다. 의료비 지출이 입내원일수에 비해 큰 가장 중요한 원인은 65세 이상 노인 층의 의료비 급증이다. 1인당 입내원일수는 81.0일이나 65세 이상은 104.4일로 65세 미만 68.4일의 1.5배였다. 1인당 급여비도 65세 이상은 7,083천 원, 65세 미만 4,048천 원의 1.8배였다. 65세 이상 급여비 증가율은 8.7%로 평균(9.8%)보다 낮았지만 금액이 워낙 커 평균치를 끌어올렸다.

〈표 8-7〉 의료급여 수급현황

(단위 : 천 명, %, 천 원)

구 분		2013	2014	2015	2016	2017	2018
수급권자수		1,459	1,441	1,534	1,506	1,486	1,485
수급률		3.0	2.9	3.0	2.9	2.9	2.9
급여비	전체		3,827	4,008	4,337	4,655	5,112
	65세 미만		3,091	3,233	3,453	3,689	4,048
	65세 이상		5,384	5,618	6,135	6,516	7,083

1) 수급권자수 : 의료급여법에 따라 의료급여를 받을 수 있는 자격을 가진 자로 연도말 기준이며 국민건강보험공단 전산관리 잠정수치임 (매년 10월 확정자료 공표)
2) 수급률 : 총인구 대비 의료급여 수급자수 (총인구 : 통계청 인구추계)
3) 급여비 : 1인당 연평균(천 원)
출처 : 보건복지부(2019). 2018 의료급여통계.

(5) 의료급여의 문제점

① 의료급여수급자 선정상의 문제

현재 의료급여수급자는 대부분 국민기초생활보장수급자이고, 국민기초생활보장수급자 선정기준인 최저생계비와 실제적인 생계비와는 현실적인 차이가 있어 다수의 저소득층이 의료급여수급자로 선정되지 못한 채 의료 사각지대에 놓여 있다. 그러나 정부는 불필요한 지출을 줄여 의료급여 재정의 안정을 계획하고 있다. 또한 2종 급여수급자의 1종으로의 전환을 억제하고, 급여일수를 제한하여 재정절감을 시도하고 있다. 결국 정부의 이러한 계획은 의료보장의 취지를 무색하게 하는 것이라 할 수 있다.

〈표 8-8〉 의료급여와 국민건강보험제도 비교(2019년 기준)

구 분	의료급여	건강보험
대상자	1,492천 명(2019년 11월 기준)	51,416천 명(2019년 10월 기준)
재 원	7조 4,815억 원(2018년 말 기준)	62조 1,159억 원(2018년 말 기준)
재원조달	• 조세(국고+지방비) – 국 고 : 5조 6,054억 원 – 지방비 : 1조 8,761억 원	• 보험료(일부 국고) – 보 험 료 : 53조 6,415억 원 – 국고지원 : 5조 2,001억 원 – 담배부담금 : 1조 8,801억 원 – 기 타 : 1조 3,942억 원
자격증명	• 의료급여증 또는 의료급여증명서 제시 • 본인확인을 위한 신분증명서로 본인 확인이 가능한 경우 의료급여증 등을 제시하지 아니할 수 있음	• 건강보험증 또는 신분증명서
급여수준	• 건강보험 준용/영안실 안치료 별도 급여	• 진찰, 검사, 약제, 치료, 입원 등
수가기준	• 행위별 수가 • 정액수가 : 정신과, 혈액투석	• 행위별 수가
종별 가산율	• 제3차 병원 : 22% • 종합병원 : 18% • 병원 : 15% • 의원 : 11%	• 상급종합병원 : 30% • 종합병원 : 25% • 병원 : 20% • 의원 : 15%
본인부담금	• 1종 수급권자 –1차 1,000원, 2차 1,500원, 3차 2,000원, 약국 500원 – CT, MRI 등 : 급여비용의 5% – 입원 : 본인부담금 없음 • 2종 수급권자 –1차 1,000원, 약국 500원 –2차, 3차, CT, MRI 등 입원 : 급여비용의 10% 외래 : 급여비용의 15% • 약국 : 500원 – 경증질환으로 종합병원 상급 기관을 이용하여 처방받는 경우 약국 약제비 본인부담금 3%	• 입원 : 20% • 외래 – 의원급 이하 : 30% – 병원급 : 35%, 40% – 종합병원급 : 45%, 50% – 상급종합병원 : 60% • 약국 : 30~50% – 처방전 발행 의료기관 종별에 따라 차등 (병 · 의원 30%, 종합병원 40%, 상급종합 50%)

급여절차	• 3단계(의원→병원→3차 기관)	• 2단계(의원, 병원, 종합→상급종합병원)
운영기관	• 복지부 - 시 · 도 - 시 · 군 · 구(보장기관) • 업무위탁 – 지급 : 건강보험공단 – 심사 : 심사평가원	• 복지부 - 건강보험공단(보험자)
이의신청	• 보장기관(자격 등 보장기관 처분) • 심평원(심사, 적정성평가)	• 공단(자격 등 공단의 처분) • 심사평가원(심사, 적정성평가)

출처 : 보건복지부(2019). 2020년 의료급여사업안내.

② 접근성의 저하문제

의료급여기관 분포의 지역적 불균형은 의료급여수급자들의 접근성을 떨어뜨리는 기본 요인이 되고 있다. 또한 현행제도는 정작 지원이 필요한 고가진료에 대한 급여를 실시하고 있지 않아 의료급여수급자들은 양질의 진료와 첨단장비를 사용한 의료서비스로부터 소외당하고 있다. 또한 2종 의료급여수급자들에 대한 본인부담금과 저조한 대불제도 실적은 의료이용의 접근성을 현저하게 낮추고 있는 실정이다.

③ 진료과정에서의 차별문제

진료비 체불로 인하여 의료공급자들인 의료급여기관들이 의료급여수급자들을 외면하고 있다. 현재 의료급여기금에서 의료급여기관에 대한 비용지불이 통상 3~6개월 후 이루어지고 있기 때문에 의료급여수급자로 하여금 의료급여기관 이용을 기피하게 만들고 있다.

④ 관리조직상의 문제

일선 의료급여서비스 담당 행정공무원들의 비전문성, 잦은 이동과 행정업무의 경직성 등으로 인하여 업무가 비효율적으로 운영되고 있다. 이는 서비스의 질을 떨어뜨리며 공급자와 이용자의 불편을 초래하여 의료급여의 본질을 훼손하고 있다.

⑤ 기금조성운용상의 문제

각 지방자치단체별로 조성하고 있는 의료급여기금은 전년도 실적치에도 미치지 못하는 낮은 예산과 이에 따른 만성 진료비 체불로 인하여 의료공급자들이 의료급여

수급자를 기피하는 현상을 초래하고 있다. 그뿐만 아니라 재정자립도가 취약한 지역의 경우 의료급여수급자의 확대를 의도적으로 제한하는 경향이 있다.

(6) 의료급여의 개선방안

첫째, 실질적인 빈곤층 모두가 의료급여의 혜택을 받을 수 있도록 충분한 재정확보 방안을 마련하여, 의료보장(medical security)체계를 구축해야 한다. 이를 위해서는 지방자치단체별로 의료급여기금을 조성하도록 할 것이 아니라 중앙정부 차원에서 의료급여기금을 조성·관리할 수 있도록 하는 전달체계의 정비가 우선적으로 이루어져야 한다.

둘째, 의료급여수급자의 차별을 조장할 수 있는 행정·재정적 모든 요소들을 제거해야 한다.

셋째, 의료급여수급자의 보호수준과 내용을 현실화해야 한다.

넷째, 전문적인 전달체계를 구축하여 효율성을 높이고, 사회보장정책의 각종 제도와의 상호 호환성과 보완성을 높여야 한다.

3) 공공부조제도의 쟁점과 과제

국민기초생활보장법 제정의 취지는 기존의 생활보호법(의료보호법 포함)이 가진 공공부조로서의 진근대성을 버리고 전 국민에게 생존권과 의료보장권을 보장하자는 것이다. 공공부조제도로서 국민기초생활보장제도 및 의료급여제도는 고려되어야 할 기본적인 쟁점들이 있다.

첫째, 대상자 선정기준과 관련된 쟁점들이다. 무엇보다도 소득기준을 어떻게 정할 것인가는 공공부조정책의 기본적인 정책 쟁점이 된다. 1999년에 처음 공표된 공식적인 빈곤선은 전물량 방식에 의해 계측된 최저생계비였다. 가구규모별 차등을 두고 있어서 이전의 생활보호자 대상자 선정기준에 비하면 진일보한 것이지만, 앞으로도 계속해서 매번 전물량 방식으로 빈곤선을 정할 것인지, 언제까지나 도시와 농촌 간의 실제적인 최저생계비의 차이를 무시할 것인지, 노인이나 장애인과 같은 가구원 특성별 추가비용이라든가, 물가의 변동, 전반적인 생활수준의 변동은 어떻게 반영할 것인지 등이 잔존하고 있는 쟁점이다. 부양의무자의 부양능력기준에 관해서도 다양한 견해의 차이가 있을 수 있다. 공식적인 빈곤선의 결정에 합의한다 할지라도 재산기준과 부양능력판정 기준만 가지고도 얼마든지 기초생활보장수급자의 범위를 조정할 수 있기 때문이다.

둘째, 공공부조정책의 영원한 쟁점의 하나는 근로유인 문제이다. 국민기초생활보장법이 보장하는 근로능력자의 생존권은 자활노력 조건부라는 점이다. 근로능력이 있는 빈곤계층을 위하여, 자활지원을 얼마나 충실히 할 것인가는 중요한 정책 쟁점이다. 자활지원의 효과성은 자활지원 서비스에 대한 적정한 투자 없이는 기대할 수 없으며, 자활할 수 있는 노동시장 환경과도 밀접한 관련이 있다. 또한 국민기초생활보장법은 자활지원 서비스 공급체계를 민간부문과의 협력체계로 설계하고 있으므로, 이미 언급한 바와 같이 공공부문과 민간부문 간의 협력체제의 구축도 중요한 과제로 남겨두고 있다. 특히 자활의 유인요소로서 근로소득에 대한 공제제도의 확립도 앞으로 풀어야 할 과제이다.

셋째, 국민기초생활보장제도를 법 취지에 맞춰 정착시키기 위해서는 후속적인 정비와 개발이 요구되는 법률과 제도들이 있다. 관련 법규정이 있다 할지라도 법에서 보장하고 있는 보장의 수준이 현실적인 수준에 크게 미치지 못하고 있기 때문에 법의 목적을 달성하지 못함과 더불어 법의 사각지대를 생성시키는 결과를 낳고 있다.

넷째, 공공부조 정책결정의 가장 근본적인 쟁점은 국민의 생존권 보장을 위한 국가정책으로서 공공부조의 우선순위(priority) 문제이다. 현재로서 국민기초생활보장법은 현대적인 요소들을 갖추고 있다. 그러나 이를 구체적으로 시행하고 정착시켜 가는 과정에서 반드시 고려해야 할 논의들이 사회보장 내지 재분배정책에 있어서의 우선순위 문제라 할 수 있다. 다시 말해서 공공부조의 필요성은 일차적인 배분의 형평성과 다른 재분배 기제(mechanism)의 기능 여하에 따라 크게 달라질 수 있는 것이다. 공공부조는 직접적인 재분배 효과는 크지만, 행정비용이 많이 들며 궁극적으로는 낙인효과를 피하기 어렵다는 제도 자체의 약점이 있다. 사회보장제도의 구성으로 볼 때, 사회보험과 사회복지 서비스 그리고 공공부조의 상대적인 비중이 국가에 따라 다른 것도 이와 같은 재분배 기제들 간의 우선순위의 차이 때문이다. 대체로 사회민주주의 모형의 복지국가들은 공공부조의 비중이 자유주의 모형의 국가들에 비해 상대적으로 낮다. 공공부조제도의 기본 구상은 다른 사회보장제도 및 관련 재분배정책들과 함께 종합적 및 통합적으로 고려되어야 한다.

3. 사회보험

1) 사회보험의 개념 및 특성

(1) 사회보험의 개념

사회가 발전함에 따라 개인에게 닥칠 불확실성(insecurity)은 점차 증가하게 된다. 개개인의 불확실성은 곧 사회 전체의 불안정으로 이어질 수 있으며, 이러한 불확실성은 정치적, 사회적, 국가적 및 국제적인 측면을 포함하고 있다. 따라서 사회보장의 대상이 되는 주요 부분은 경제적 불확실성, 즉 개인과 가족의 경제적 불확실성이다. 개인 및 가족의 경제적 불확실성을 제거하는 것이 사회보장의 주요 목적의 하나이다.

사회보장을 성취하기 위한 방법론으로 사회보험을 주요 수단으로 하고 공공부조와 사회복지 서비스를 보조수단으로 하는 것이 바람직하다.

사회보험은 개념상 및 실제상의 어려움 때문에 정의하기가 간단하지 않다. 미국의 ARIA(American Risk & Insurance Association)가 정의한 것을 보면 "사회보험이란 일정한 위험을 다른 기관에, 주로 정부에 이전하는 형식으로 풀(pool)을 조성하여 위험분산 효과를 거두고자 하는 장치이다. 보험가입자에게 사전 규정된 손실발생 시 금전적 보상이나 서비스를 법에 의거, 해당자에게 제공하도록 하는 장치이다. 물론 가입, 수급자 요건, 급여의 종류, 급여의 방법, 급여액의 산정, 행정 등 제반요건은 법률이 정하는 바에 따른다"라고 규정하고 있다(박상범, 1999 : 16-17).

현행 사회보장기본법 제3조 제2항은 사회보험을 "국민에게 발생하는 사회적 위험을 보험방식으로 대처함으로써 국민건강과 소득을 보장하는 제도"라고 규정하고 있다.

사회보험에서 대상으로 하는 위험은 사회적인 성격이 강한 것으로 국가나 지방자치단체에 따라 상이하며, 주로 노령, 실업, 폐질, 건강, 상해, 사망 등을 사회적 위험으로 간주하고, 이들 위험에 따라 산업재해보상보험, 국민건강보험, 국민연금, 고용보험, 노인장기요양보험 등의 사회보험을 제도화하여 시행하고 있다.

(2) 사회보험의 특성

사회보험이란 위험요소들을 다른 기관에, 주로 정부에 이전하여 공동효과를 거두고자 하는 장치이다. 사회보험제도의 일반적 특성을 살펴보면 다음과 같다.

① 사회보험은 강제성을 띤다

사회보험 가입의 강제성은 개인들을 일반적 위험요소들, 즉 가장(家長)의 조기사망, 퇴직 후의 불충분한 수입 또는 장기간에 걸친 신체적 장해(障害)로부터 개인 및 가족을 보호하도록 한다. 강제가입을 원칙으로 하여 소득이 있는 일정한 연령의 다수를 가입자를 둠으로써 대규모의 사회적 위험을 보다 효과적으로 분산하여 전반적인 보험료 인하 효과를 거두게 된다.

② 사회보험은 최저수준의 수입을 보장한다

사회보험은 최저수준의 수입을 보장하여 개인의 경제적 안전을 도모한다. 최저수준의 수입이란 다른 수입원을 고려하지 않고서도 최소 수입만으로도 쾌적한 생활을 영위할 수 있고, 적절한 수준의 생활을 영위할 수 있어야 한다.

③ 개인적 적정성보다는 사회적 공평성

사회보험은 그 급여에 있어 개인적 적정싱(individual adequacy)보다는 사회적 공평성(social equity)에 더 큰 비중을 둔다. 사회적 공평성이란 모든 기여자들에게 골고루 혜택이 돌아가도록 한다는 것이고, 개인적 적정성이란 개개인이 기여한 만큼 맞추어 혜택을 준다는 것이다. 급여는 보험료 납입 정도에 직접적 연관관계를 갖는 것이 아니라, 저임금 근로자나 부양가족이 많은 근로자에게 상대적으로 더 큰 혜택이 돌아가도록, 즉 부의 재분배 효과를 거둘 수 있도록 고안되어 있다.

④ 급부(給付)와 소득과의 관련

사회보험에서 급부(benefit)는 소득과 어느 정도 연관되어 있고, 급부 역시 생활수준 등 갖가지 경제여건을 고려하여 정해져야 한다.

⑤ 급여를 지급받을 권리 요건

사회보험에 있어서는 그 급여를 지급받기 위해서는 경제적 어려움을 증명해야 할 필요는 없다. 사회보험에서는 규정되어 있는 수급자격 요건을 갖추게 되면 자연발생적으로 급여를 지급받게 된다.

⑥ 급여는 추정된 욕구(needs)에 의해 결정됨

급여의 지급은 자격요건의 발생과 필요한 자격조건 획득 시에 한해 지급됨을 의미한다.

⑦ 수익자 부담형식의 재원조달원칙

사회성원들은 수익자 부담에 의해 사회보험 프로그램이 운영되기에 급여의 증가는 수익자 자신들의 부담의 증가라는 것을 이해하기 때문에, 사회보험 프로그램 운영에 높은 관심을 보이고 참여를 하게 된다.

〈표 8-9〉 사회보험과 사보험의 차이점

사회보험	사보험
강제가입의 원칙	자발적 가입의 원칙
최소수입보장의 원칙	가입자의 보험료 납부에 따른 차이
사회의 공평성 확보의 원칙	개인의 적정성 확보의 원칙
수급권리는 법정권리	계약에 의한 권리
정부독점	업체 간 경쟁
원가산정 곤란	원가산정 용이
장기간에 걸친 재원조달	신규가입자에 의한 재원조달
보험계약 사정과정이 없다	보험계약 사정과정이 있다
목표와 결과에 대한 이견	목표와 결과가 비교적 일치
정부의 주도·책임 아래 투자	민간경제차원에 의한 투자
인플레이션은 국가보조로 보완	인플레이션 대책 미흡

2) 산업재해보상보험

(1) 산업재해보상보험의 의의

산업재해(industrial injury)에 대한 보상을 확실·신속·공정하게 처리하기 위하여 일정한 규모 이상의 기업에 대하여 사업주의 보험가입의사에 관계없이 강제적으로 산업재해보상보험에 가입시키고 보험료를 전액 부담하도록 하여 해당 기업에서 산업재해가 발생하면 보상문제를 국가가 직접적으로 관장하여 사회보험방식으로 실시하는 제도가 산업재해보상보험이다.

이러한 산업재해보상보험제도는 근로자의 업무상 재해를 신속·공정하게 보상하고, 불의의 재해를 당한 근로자나 그 가족의 생활을 보호하기 위하여 보험시설을 설치·운영한다. 또한 근로복지사업을 실시하며 뜻하지 않은 재해로 인한 사업주의 부담을 분산·경감시켜 기업안정에 기여하기 위해 사회보험방식으로 제도를 실시한다는 점에 그 의의가 있다.

또한 산업재해보상보험법의 기본 이념은 헌법 제34조의 정신을 바탕으로 피재(被災)근로자와 그 가족의 생존권 보장을 핵심으로 하여 사회보장제도를 확립하는 것을 목적으로 한다.

(2) 산업재해보상보험의 특징

① 무과실책임

사용자의 고의·과실의 유무를 불문하고 업무상의 재해에 대하여 사용자에게 무과실책임을 부과한다.

② 보험급여의 내용

보험급여의 내용은 현실적으로 발생한 전 손해에 대한 보상이 아니라 평균임금을 기초로 법령에 의한 정률보상방식에 따라 산정하므로 정형화되어 있다. 이로써 보상이 신속하고 확실하게 이루어질 수 있는 것이다.

③ 보험료의 부담

보험사업에 소요되는 비용은 원칙적으로 사업주가 전액 부담한다. 다만, 보험사무

집행에 소요되는 비용은 국가가 일반회계에서 부담하며, 국가는 매년 예산의 범위 안에서 보험사업에 소요되는 비용의 일부를 지원할 수 있다.

④ 보험제도의 채택

재해보상의 이행을 확실히 하기 위하여 사업의 사업주가 보험가입자가 되고 고용노동부장관이 보험관장자로서 보험사업을 운영·관리하는 사회보험제도를 채택하고 있다. 이와 같이 정부를 보험관장자로 한 것은 업무상의 재해를 신속·공정하게 보상하고 이에 필요한 보험시설을 설치·운영하며 기타 근로자의 복지증진을 행함으로써 근로자를 보호하는 데에 그 취지가 있다.

〈표 8-10〉 노동재해

노동재해	직접적 노동재해	작업상 발생한 노동재해
	간접적 노동재해	직업병
		작업과 관련하여 발생한 노동재해

(3) 보험급여

① 보험관장자

산업재해보상보험업무는 고용노동부장관이 관장한다. 고용노동부장관이 관장하는 이유는 강제가입을 통한 산업재해보상보험제도의 실효성을 높이고 신속·공정한 보상을 하기 위함이다. 고용노동부장관은 산업재해보상보험법의 목적을 달성하기 위한 사업을 효율적으로 수행하기 위하여 근로복지공단을 설립하고 업무를 위탁한다.

② 보험가입자

사업주(개인 기업은 개인사업주, 법인은 법인 그 자체)는 산업재해보상보험의 보험가입자가 된다.

③ 보험급여의 종류

산업재해보상보험법에서 보험급여란 산업재해보상보험법의 적용을 받는 사업 또는 사업장에 근무하는 과정에서 업무상 재해를 입은 근로자 또는 그 가족의 생활보호를 위하여 지급되는 일체의 급여를 총칭하는 말이다.

보험급여제도는 피재근로자의 상실된 노동력을 신속하게 회복시켜 사회에 복귀시킴과 동시에 부양가족의 생활안정 유지라는 사회정책적인 배려임을 이해하여야 한다.

산업재해보상보험의 보험급여는 업무상 사유로 인하여 근로자가 부상・질병 또는 그 결과로 신체장해나 사망에 이르는 등 재해를 입어 가득(稼得)능력에 손실을 가져온 경우에 이를 회복시키고 근로자의 소득을 보장하기 위하여 지급하는 것이다. 그러므로 보험급여는 노동력 회복을 위하여 필요하고 적정한 요양을 행하며, 노동력이 회복되지 않아 가득능력을 상실한 경우에는 현금급여 등을 행함으로써 보상한다. 이와 같은 목적을 위한 보험급여의 종류는 다음과 같다.

㉠ 요양급여

요양급여는 산업재해보상보험 적용사업장에서 근로자가 업무상 또는 질병에 걸린 경우에 근로자로 하여금 병원 등의 시설에서 완치될 때까지 치료를 받도록 하는 보험급여를 말한다.

㉡ 휴업급여

휴업급여란 근로자가 업무상 부상 또는 질병으로 요양급여를 받고 있는 동안에 근로를 제공할 수 없으므로 요양으로 인해 취업하지 못한 기간에 대하여 지급하되 1일당 지급액은 평균임금의 70/100에 상당하는 금액을 지급하는 보험급여를 말한다. 이는 임금을 받지 못하는 기간 동안의 피재(被災)근로자 및 그 가족의 생활보조수단으로서 지급되는 보험급여이다.

㉢ 장해급여

장해급여란 근로자가 업무상 부상 또는 질병에 걸려 치유되었으나 당해 부상 또는 질병과 상당인과관계가 있는 장해가 남게 되는 경우에 지급하는 보험급여를 말한다. 여기서 치유라 함은 부상 또는 질병에 대한 치료와 효과를 기대할 수 없게 되거나 또는 그 증상이 고정된 상태에 이른 것을 말하며, 상당인과관계라 함은 장해가 당해 부상 또는 질병으로 인하여 발생하였음이 의학상 명백한 경우를 말하고, 장해라 함은 업무상 부상 및 질병이 치유되었을 때 당초의 상병과 상당인과관계가 의학적으로 인정되어 잔존하는 영구적인 정신적 또는 육체적인 훼손상태로 인하여 발생한 손실 또는 감소를 말한다.

㉣ 유족급여

유족급여는 근로자가 업무상 재해로 사망한 경우에 그에 의하여 부양되고 있던 가족들의 생활보장을 위하여 지급되는 보험급여이다.

㉤ 상병보상연금

상병보상연금이란 업무상 부상 또는 질병으로 인하여 2년 이상의 장기요양을 필요로 하는 경우에 그 피재(被災)근로자와 가족의 생활안정을 도모하고, 폐질상태에 있는 근로자의 재기의욕을 고취하고자 지급되는 보험급여로서 휴업급여의 실질적인 향상급여라 할 수 있다.

㉥ 장의비

장의비란 근로자가 사망한 경우 그 장제(葬祭)에 소요되는 비용을 지급하는 보험급여로, 장의비는 당해 사망근로자의 평균임금의 120일분에 상당하는 금액을 실제 장제를 행하는 자에게 지급한다.

㉦ 민사대불제도

노사 간의 배상문제의 신속한 해결을 위하여 보상과 배상을 유기적으로 연결지어 산업재해보상보험의 기능을 수행함으로써 근로자의 소송비용절감의 효과와 사용자의 배상비용조달에 따른 일시적인 자금부담을 경감시키는 제도이다.

㉧ 유족특별급여

유족특별급여란 보험가입자의 고의 · 과실로 업무상 재해가 발생하여 근로자가 사망한 경우에 수급권자가 민법에 의한 손해배상에 갈음하여 지급받는 보험급여이다.

3) 국민건강보험

(1) 국민건강보험의 의의

질병은 인간의 육체적·정신적 기능을 침범한다. 이는 사회적 관계에서 보면 노동력 감퇴, 즉 수입 감소라는 경제적 문제를 야기하게 된다. 이 경우 의료적 비용에 대한 지출 증가로 상당한 경제적 부담이 증가하게 된다. 또한 질병이 장기적으로 만성화된 경우에는 실업으로 연결되어 수입 중단에 의한 생활상의 곤란이 나타나기도 한다. 치료비의 과중은 가족에게 희생을 강요하게 되고 나아가서는 가족 간의 불화의 원인이 되는 경우도 있다. 이것이 질병이 가져오는 가족문제이다. 질병문제에 대처하기 위한 국민건강보험제도는 생활상의 상병과 불만 또는 사망으로 일반적인 가계지출 외에 일시에 많은 지출을 하게 됨에 따라 가계가 파탄되는 것을 방지하기 위하여 보험의 원리를 이용하여 의료비의 지출부담을 국민건강보험가입자 모두에게 분산시켜 국민생활의 안정을 도모하기 위한 사회보험의 하나이다. 즉, 사회보험의 원리를 기초로 모든 사람이 국민건강보험에 강제로 가입하도록 하여 피보험자에게 질병, 부상 등의 사고가 발생한 경우에 요양 또는 요양비를 제공하는 것이다.

(2) 국민건강보험의 특징

① 법률에 의한 강제가입방식

일정한 법적 요건이 충족되면 본인의 의사에 관계없이 강제적용시키고 있으며 이러한 강제적용방식을 채택한 이유는 첫째, 보험가입을 기피할 경우 국민 상호 간 위험분담을 통하여 의료비를 공동으로 해결하고자 하는 국민건강보험제도의 목적 실현이 어렵고, 둘째, 질병위험이 큰 사람만이 가입할 경우 보험재정이 파탄되어 원활한 국민건강보험제도 운영이 불가능하기 때문이다.

② 소득수준 등 부담능력에 따른 보험료 차등부담

사회보험방식인 국민건강보험에서는 사회적인 연대를 기초로 의료비 문제를 해결하는 것이 목적이므로 보험료 부담능력에 따라 차등부담제를 채택하고 있다. 이로써 소득재분배 효과를 거둘 수 있다.

③ 보험급여의 균등한 수혜

사회보험에서는 보험료 부담수준에 관계없이 관계법령에 의하여 균등하게 보험급여를 받을 수 있다.

④ 보험료 징수의 강제성

강제적 가입하에서 국민건강보험제도의 실효성을 확보하기 위하여 보험료 징수의 강제성이 부여된다.

(3) 보험급여

① 요양급여

요양급여란 피보험자 또는 피부양자가 질병에 걸리거나 부상을 입었을 때 보험자가 요양기관을 통하여 의료 서비스를 제공하는 것을 말한다. 요양급여의 범위는 진찰(현물급여), 약제 또는 치료재료의 지급(현물급여), 처치·수술 기타의 치료(현물급여), 의료시설에의 수용(현물급여), 간호(현금급여), 이송(현금급여) 등이다.

② 분만급여

분만급여란 피보험자 또는 피부양자가 요양기관에서 분만하는 경우에 요양기관이 제공하는 서비스를 말한다.

③ 요양비

보험자는 피보험자나 피부양자가 긴급 기타 부득이한 사유로 인하여 규정에 의한 요양기관 외의 의료기관이나 약국 등에서 요양을 받은 경우에는 요양급여에 상당하는 금액을 요양비로서 지급한다.

④ 분만비

보험자는 피보험자 또는 피부양자가 규정에 의한 요양기관 외의 장소에서 분만한 때에는 보건복지부장관이 정하는 분만비를 지급한다.

⑤ **건강진단**

보험자는 대통령령이 정하는 피보험자에 대하여 질병의 조기발견과 그에 따른 요양급여를 하기 위하여 건강진단을 실시한다.

⑥ **부가급여**

부가급여는 기본 급여와는 달리 보험자의 재정상태에 따라서 재량적으로 지급할 수 있는 보험급여이며, 장제비, 분만수당 및 본인부담보상금이 있다. 현재 장제비, 본인부담보상금이 부가급여로 행해지고 있으나 분만수당은 시행이 되지 않고 있다.

⑦ **보건예방사업**

보건예방사업은 건강한 생활습관의 유지·관리를 통한 자기관리의식을 고취시키고, 질병의 조기발견 및 조기치료로 국민건강수준의 향상을 도모함으로써 질병의 사전예방으로 국민의료비용을 줄이는 데 그 목적이 있다.

4) 국민연금

(1) 국민연금의 의의

국민연금제도는 국가가 가입자인 국민이 노령·폐질, 영구불구 및 사망으로 소득을 상실하였거나 소득이 감소한 경우, 본인이나 그 유족에게 일정액의 금전급여를 하여 안정된 생활을 영위할 수 있도록 하는 장기적인 소득보장제도이다.

국민연금제도는 국가가 사회보장을 구현하기 위하여 보험의 원리와 방식을 도입하여 고안되고 시행되는 사회보험의 일환이다. 보험료의 강제갹출과 정형화된 보험금의 지급을 특징으로 한다. 따라서 강제가입, 정형화된 보험금, 정부주관 등의 특성이 국민연금과 사보험을 구분되게 하나 국민연금과 사보험과는 상호 보완적인 기능을 수행한다.

(2) 국민연금제도의 필요성

① **고령인구의 증가**

생활수준의 향상과 의료기술의 발전 등으로 국민의 평균수명이 크게 늘어났고, 따라서 부양을 필요로 하는 노인의 수가 급격히 증가하고 있다. 우리나라의 경우 다른 선진국들보다 2~3배 정도 빠른 고령화 속도를 보이고 있기에 국민연금의 필요성이 강력히 대두되고 있다.

② 급격한 가족구조의 변화

우리의 전통적인 가족제도인 대가족제도는 산업화와 더불어 핵가족화로 급격히 전환되어 왔다. 전반적인 생활수준의 향상, 낮은 출산율로 인한 핵가족화 및 서구문물의 성급한 도입 등은 많은 전통문화의 파괴와 함께 우리 사회에 개인주의 및 물질만능주의의 팽배라는 부작용을 낳고 있다. 이러한 개인주의 및 물질만능주의는 노인부양이라는 전통적 미풍양속에도 큰 영향을 미치고 있다. 따라서 점차 약화되고 있는 사회구성원 전반의 부양의식을 강화하고 부양비에 대한 사회 전체의 연대책임을 고취시켜야 할 것이다. 또한 개인적으로도 노후를 자식에게 의존하기보다는 스스로 대비하는 자세 역시 요구된다. 노후대비를 위하여 개인저축을 하거나 퇴직 후에도 정기적인 소득이 발생할 수 있도록 고령자취업은행 등을 이용하는 등의 적극적인 자세도 가져야 할 것이다.

③ 사회적 위험의 증가

산업화와 도시화, 환경파괴는 각종 사고나 재해 등으로 인한 사망, 장해, 노년기 만성질환 및 이로 인한 장애를 증가시키고 있다. 따라서 이러한 각종 예기치 못한 위험에 대비하여 본인 및 부양가족의 생계안정대책을 미리 준비해야 한다.

(3) 국민연금의 가입대상 및 수급요건

① 가입대상

국내에 거주하는 국민으로서 18세 이상 60세 미만인 자는 국민연금 가입 대상이 된다. 다만, 공무원연금법, 군인연금법, 사립학교교직원 연금법 및 별정우체국법을 적용받는 공무원, 군인, 교직원 및 별정우체국 직원, 그 밖에 대통령령으로 정하는 자는 제외한다.

② **수급요건**

㉠ 노령연금의 경우 가입기간이 최소한 10년 이상 되어야 하며, 특례노령연금은 50세 이상 60세 미만이었던 가입자가 최소 5년 이상이 되어야 한다.

㉡ 장애연금은 가입 중의 질병, 부상으로 인하여 그 완치 후에도 신체 또는 정신장애가 있는 자에 대하여 그 장애가 존속하는 동안 장애연금을 지급한다. 종전의 장해연금에서 장애연금으로 개정하여 그 수급대상범위를 넓히고 있다.

㉢ 유족연금은 가입자가 사망했을 당시 노령연금수급권자, 가입기간이 10년 이상인 가입자이었던 자, 가입자, 장애등급 2급 이상에 해당하는 장애연금 수급권자의 유족에게 지급된다.

(4) 국민연금의 보상내용

① **노령연금**

노령연금은 국민연금의 기초가 되는 급여로 국민연금 가입자가 나이가 들어 소득활동에 종사하지 못할 경우 생활안정과 복지증진을 위하여 지급되는 급여이다. 가입기간(연금보험료 납부기간)이 10년 이상이면 60세(조기노령연금의 경우 55세) 이후부터 평생 동안 매월 지급받을 수 있다.

노령연금은 가입기간, 연령, 소득활동 유무에 따라 노령연금, 조기노령연금이 있으며, 이혼한 배우자에게 지급될 수 있는 분할연금이 있다.

〈표 8-11〉 노령연금 수급연령

출생연도	수급개시연령(세)		
	노령연금	조기노령연금	분할연금
1952년생 이전	60	55	60
1953~56년생	61	56	61
1957~60년생	62	57	62
1961~64년생	63	58	63
1965~68년생	64	59	64
1969년생 이후	65	60	65

출처 : 국민연금공단(2019). 노령연금.

㉠ 완전노령연금

가입기간이 20년 이상인 가입자 또는 가입자였던 자가 60세에 달한 때에는 생존하는 동안 완전노령연금을 수급받을 수 있다. 완전노령연금은 2008년에 최초로 신규수급자가 발생하게 되었다. 완전노령연금은 가장 기본적인 연금으로서 보상의 중심이 된다. 연금급여액은 기본연금액과 가급(加給)연금액을 합한 금액이다. 기본 연금은 전체 가입자의 평균소득, 가입자의 소득수준, 가입기간에 따라 정해지며, 물가상승률에 따라 매년 조정된다.

㉡ 감액노령연금

감액노령연금은 가입기간이 10년 이상 20년 미만인 가입자가 60세에 달하여 '소득이 있는 업무'[3](전체 가입자의 기준소득월액 이상)에 종사하지 않는 경우 가입기간에 따라 일정률의 기본연금액에 부양가족연금액을 합산하여 지급한다.

㉢ 재직자노령연금

재직자노령연금은 가입기간이 10년 이상이고 60세에 이른 가입자가 소득있는 업무에 종사하고 있는 경우 60세 이상 65세 미만의 기간 동안에는 일정한 금액의 연금을 받는다. 60세에는 가급연금 없이 기본연금액의 50%를 지급하고, 가입기간 1년 증가 시마다 기본연금액의 5%를 증액하고, 연령이 1년 증가 시마다 10%씩 증가하여 64세에는 90%를 받게 된다. 65세부터는 수입의 유무에 상관없이 100%를 지급받게 된다(단, 2015년 7월 29일 이후 수급권 취득자부터는 소득구간별 감액).

㉣ 조기노령연금

조기노령연금은 가입기간이 10년 이상이고, 55세 이상인 가입자가 60세 이전에 은퇴하여 일정 급여를 받는 업무에 종사하지 않는 경우에 받는 연금으로 그 금액은 기본연금액의 70%에서 94% 수준이다. 즉, 55세 은퇴자의 경우 기본연금액의 70%를 지급받고, 56세의 경우 76%를 지급받는 등 1년에 6%씩 증가된다. 2008년부터 신규수급자가 발생되었다.

---

3) 소득이 있는 업무 : 연금수급자의 소득이 있는 업무란 사업장 근로자와 사업자등록자 구분 없이 소득세법 규정에 따른 부동산임대소득금액, 사업소득금액, 근로소득금액을 합산한 금액을 당해연도 종사월수로 나눈 금액이 전년도 연말기준으로 산정된 연금수급 전 3년간의 전체 가입자의 표준소득월액의 평균액(2019년의 경우 월 2,356,670원)보다 많은 경우 "소득이 있는 업무"에 종사하는 것으로 본다.

ⓜ 분할연금

분할연금은 이혼한 자가 배우자이었던 자의 노령연금액 중 혼인기간에 해당하는 연금액을 나누어 지급받는 연금으로, 이 경우 혼인기간 중 국민연금보험료 납부기간이 5년 이상이어야 한다. 분할연금은 ① 이혼, ② 배우자이었던 자의 노령연금수급권 취득, ③ 본인의 60세 도달이라는 세 가지 요건이 갖추어졌을 때, 본인의 신청에 의해 지급된다.

② 장애연금

장애연금은 가입기간 중에 생긴 질병이나 부상으로 인해 완치 후에도 신체적 정신적으로 장애가 있는 경우, 장애등급에 따라 지급되는 연금으로 장애등급은 네 가지 등급으로 구분되며, 등급에 따른 지급액은 다음 표와 같다.

〈표 8-12〉 장애연금 등급별 지급액

장애등급	지급액
1급	기본연금액 100% + 부양가족연금
2급	기본연금액 80% + 부양가족연금
3급	기본연금액 60% + 부양가족연금
4급	기본연금액 225% (일시보상금)

③ 유족연금

일정 조건을 갖춘 가입자가 사망한 경우 가입자의 유족(배우자, 자녀, 부모, 손자녀, 조부모 순으로 지급)에게 지급하는 연금으로 가입기간에 따라 기본연금액의 일정률(40~60%)에 기본연금액에 부양가족연금액을 합한 금액을 지급하여 가족들이 안정된 삶을 살아갈 수 있도록 하며, 다음과 같은 일정조건을 갖추어야 한다(사망일이 2016년 11월 30일 이후 수급요건).

㉠ 노령연금수급권자
㉡ 장애등급 2급 이상의 장애연금 수급권자
㉢ 가입기간 10년 이상인 가입자(였던 자)

㉣ 연금보험료를 낸 기간이 가입대상 기간의 1/3 이상인 가입자(였던 자)

㉤ 사망일 5년 전부터 사망일까지의 기간 중 3년 이상 연금보험료를 낸 가입자(였던 자). (단, 전체 가입대상기간 중 체납기간이 3년 이상인 경우는 유족연금을 지급하지 않음)

※ 다만, 노령연금수급권자가 사망한 경우 유족연금액은 사망한 자가 지급받던 노령연금액을 초과할 수 없으며, 노령연금의 지급연기로 인한 가산금액은 유족연금액에 반영되지 않음.

※ 2016년 11월 30일 이후 사망자 중 연금보험료를 낸 기간이 가입대상 기간의 1/3이상인 가입자(였던 자) 및 사망일 5년 전부터 사망일까지의 기간 중 3년 이상 연금보험료를 낸 가입자(였던 자)는 사망일이 타공적연금 가입기간이나 내국인의 국외이주 또는 국적상실 기간 및 외국인의 국외거주기간 중에 있는 경우는 유족연금을 지급하지 않음.

④ 반환일시금

국민연금의 급여조건을 만족하지 못하고 가입자격을 상실한 가입자를 위하여 반환일시금 제도가 시행되고 있다. 수급자격요건은 가입기간이 10년 미만인 자로서 60세에 달한 경우, 가입자 또는 가입자였던 자가 사망, 국적상실, 국외이주 사유로 국민연금에 더 이상 가입할 수 없게 되어 연금수급요건을 채우지 못한 경우, 그동안 납부한 보험료에 이자를 더해 일시금으로 지급하는 급여이다.

⑤ 사망일시금

가입자 또는 가입자였던 자가 유족 없이 사망한 경우에는 그 배우자・자녀・부모・손자녀・조부모・형제자매 또는 4촌 이내의 방계혈족으로서 가입자 또는 가입자이었던 자에 의하여 생계를 유지하고 있던 자에게 사망일시금을 지급한다. 유족연금과 사망일시금의 관계는 국민연금법 제73조 제1항 제2호 및 제4호에 따른 유족연금수급권자에 대하여는 제75조 제1항 제4호에 따라 유족연금수급권이 소멸할 때까지 지급받은 유족연금액이 제80조 제2항에 따른 사망일시금액보다 적을 때에는 그 차액을 일시금으로 지급한다.

〈표 8-13〉 국민연금의 급여 종류별 수급 자격과 급여 수준

급여 종류		수급 자격	급여 수준
노령연금	완전 노령	20년 이상 가입 60세에 달한 자(생존하는 동안)	기본연금액의 100%+부양가족연금액
	감액 노령	10년 이상 20년 미만 가입한 자로 60세가 된 때부터	기본연금액의 50%+(가입 10년 초과 1년마다)부양가족 연금액
	재직자 노령	10년 이상 가입, 60세 이상 65세 미만 소득이 있는 업무에 종사	수급권자의 연령별로 기본 연금액의 50~90%
	조기 노령	10년 이상 가입, 또는 가입했던 자로 55세 이상인 자가 소득이 없는 경우	기본 연금액의 70~94%+부양가족 연금액
	분할 연금	혼인기간이 5년 이상인 자 중 연금 수급권자의 배우자였을 경우	배우자였던 자의 노령연금액 중 혼인기간에 해당하는 연금액을 균등하게 나눈 금액
장애연금		가입 중 질병 · 부상으로 인하여 장애가 발생한 경우, 그 장애가 계속되는 동안 장애 정도에 따라 지급	장애등급 1급 · 2급 · 3급 · 4급에 따라 차등금액이 지급 장애등급 1급에 대하여는 기본연금액에 부양가족 연금액을 더한 금액
유족연금		1년 이상 가입자, 10년 이상 가입자였던 자, 노령연금 수급권자, 장애연금(2급 이상) 수급권자가 사망한 때	가입 기간에 따라 기본 연금액의 40~60%+부양가족 연금액
반환일시금		가입 기간이 10년 미만인 자가 60세가 된 때, 가입자 또는 가입자였던 자가 사망한 때(단, 유족연금이 지급되지 아니한 경우)	가입자 또는 가입자였던 자가 납부한 연금보험료(사업장 가입자의 경우 사용자의 부담금 포함)에 대통령령으로 정하는 이자(정기예금 이자율)를 더한 금액

출처 : 국민연금공단(2019). 연금급여.

5) 고용보험

(1) 고용보험의 의의

일반적으로 고용보험(실업보험)이란 비자발적 단기실업의 경우에 그 실업기간 동안 수입의 일부분을 보상하는 제도로, 현대의 산업화된 수많은 국가가 일반적으로

당면하고 있는 실업문제를 헌법이 보장하는 인간다운 생활을 할 권리보장 측면에서, 즉 국가의 사회보장 차원에서 풀어보려는 시도이다.

실업보험(1905년 프랑스에서 실업보험이란 이름으로 최초로 시행)은 사회보험의 일반원칙이 적용되므로, 보험급여는 권리의 문제이고 공공부조에서와 같이 경제적으로 빈곤함을 증명할 필요는 없다. 실직근로자는 실업기간 중 소정의 보험급여를 받을 수 있고, 이는 전체 소비자 구매력의 유지에 이바지하며, 실업이 광범위할 경우 지역경제에 미칠 파장을 상당부분 줄여준다. 부수적 효과로서 근로자의 근로의 권리보장, 근로자의 기술수준의 저하 방지 및 사회방어적 효과 역시 달성할 수 있다.

(2) 고용보험의 목적

① 실업 시 생활안정

실업보험의 가장 중요한 목적이 실직자에게 실업급여를 지급하여 실직자 및 그 가족의 생활안정을 보장하는 것이다. 대부분의 경우, 실직의 위험은 단기간의 일시해고이기 때문에 실업급여의 지급기간은 통상적으로 짧다.

② 새 직장을 찾을 시간 제공

실업급여를 제공함으로써 실직자가 자신의 기술수준과 경력에 맞는 직장을 다시 구할 수 있는 시간을 제공해 준다. 즉, 실직자는 실업급여를 받음으로써 현재의 생계대책 때문에 자신의 기술수준이나 경력에 맞지 않는 낮은 임금수준의 일자리를 찾지 않아도 된다.

③ 불경기 시 경제의 안정

실업급여는 불경기 시 경기악화를 막아주는 효과가 있다. 즉, 경기가 하강국면에 들어서면 실업의 증가와 더불어 실업급여가 지급되고, 이는 실직자의 수입을 보장하여 경기의 하강을 재촉하는 소비지출의 위축을 상당부분 막아준다.

④ 실업의 사회적 비용 절감

실업이 반드시 근로자의 책임으로 일어나는 것이 아닌 만큼 고용주 또한 이 부분에 대한 책임을 져야 할 것이다. 많은 수의 근로자를 해고하는 기업에 더 많은 액수의 고용보험료를 부과시킨다면, 이 부담이 생산비에 반영될 것이고, 따라서 실업을 유발한 업계의 생산에 실업의 사회적 비용이 부과되어, 부과된 만큼의 공정한 자원 분배가 이루어지게 된다.

⑤ 효율적인 노동력 활용

고용보험은 실직근로자가 적절한 직장을 구하도록 격려하고, 필요하면 기술수준 향상에 도움을 줌으로써 노동력의 효율적 활용에 도움을 준다.

⑥ 고용주의 고용안정화 노력유도

경험요율(experience rate)을 도입함으로써, 고용보험은 고용주가 고용안정을 유지하도록 유도할 수 있다. 경험요율이란 실업을 많이 발생시키는 고용주 또는 근로자에게 높은 보험요율을 부과함으로써 실업 발생을 억제하고자 하는 제도이다. 또한 고용안정을 달성한 기업에는 실업보험료 납부에 세금혜택 등을 줌으로써 고용안정을 유도할 수 있다.

⑦ 숙련공의 고용유지

고용주 입장에서는 일시해고된 숙련 근로자가 실업급여로 생활을 유지하고 구직을 미룰 경우, 이들을 다시 고용할 수 있는 기회를 갖게 된다. 즉, 일시적인 경영난으로 이들 숙련 근로자에 대한 일시해고를 단행했지만 다시 정상화된 후 기업이 이들을 재고용할 경우 숙련 근로자로서는 기술과 경력을 낮추어 가며 구직할 필요가 없고 기업은 새 기술자를 찾아 다시 훈련을 시키는 등의 번거로움을 피할 수 있다. 또한 근로자들의 사기에도 큰 도움이 된다.

(3) 고용보험의 내용

① 고용안정사업

고용안정사업은 근로자가 자신의 적성과 능력에 맞는 직업을 올바로 선택하여 원하는 직장에 취업할 수 있도록 고용정보를 제공하고 직업훈련을 실시하며 직업지도와 취업알선을 시행함은 물론 근로자가 실직했을 경우 실업에 대한 실업급여를 지급한다. 그뿐만 아니라 경기변동, 산업구조변화 등에 대처하여 실업의 예방, 재취업의 촉진, 고용기회의 확대 등을 도모하여 적극적인 고용정책의 차원에서의 고용안정사업을 시행하고자 한다.

비자발적 실업을 기업이 사회적 책임이라는 명분으로 계속 고용하고 있도록 하거나 정리해고에 의한 실업에 이르게 한다는 것은 타당하지 않다. 그보다는 전직훈련 등을 통하여 생산적인 부문으로 재배치되어 새로운 부가가치를 창조하도록 하는 것이 바람직하다.

고용노동부장관은 경기의 변동, 산업구조의 변화 등에 따른 사업규모의 축소, 사업의 폐지 또는 전환으로 인하여 고용조정이 불가피하게 된 사업주가 근로자에 대한 휴업, 직업전환에 필요한 직업능력개발훈련, 인력재배치 등의 실시 기타 근로자의 고용안정을 위한 조치를 취하는 경우에는 당해 사업주에 대하여 고용유지지원금 또는 장려금을 지급할 수 있도록 하였다.

② 직업능력개발사업

직업능력개발사업은 근로자의 능력개발 및 향상을 촉진하기 위한 것이다. 근로자는 기술혁신과 산업구조 변화에 적응하여 경쟁력을 강화하기 위해 지속적인 신기술의 습득과 기능향상을 꾀해야 한다. 따라서 기업은 직업훈련을 유도할 수 있는 제도적 장치를 마련하여 근로자의 지속적인 능력개발과 생산성 향상을 도모해야 할 필요성이 있다. 이에 고용정책기본법 제11조 및 제12조에서는 정부가 직업능력개발을 충실하게 하기 위한 필요한 시책을 수립·시행해야 하고, 또한 근로자와 사업주에게 직업능력개발에 관한 정보의 제공과 상담, 기타 필요한 지원을 하도록 규정하고 있다.

③ 실업급여

실업급여는 실직자의 생계보장을 위한 구직급여와 조속한 재취업을 장려하기 위한 취직촉진수당으로 구분되며, 취직촉진수당은 조기재취직수당, 직업능력개발수당, 광역구직활동비 및 이주비로 구분된다.

실업급여를 받을 권리(수급권)는 양도, 압류하거나 담보로 제공할 수 없으며, 일용근로자에 대한 실업급여 및 실업급여의 보험료에 관한 사항에 대하여는 따로 법률로 정한다.

〈표 8-14〉 고용보험사업의 내용

고용안정사업	고용조정지원	고용유지지원금
		채용장려금
	지역고용의 촉진	지역고용촉진지원금
	고령자 등의 고용촉진	고령자고용촉진장려금
		여성고용촉진장려금
	건설근로자의 고용안정 지원	
	고용촉진시설에 대한 지원	
	고용정보 제공 및 직업지도	
직업능력개발사업	사업주에 대한 지원	직업능력개발훈련 지원
		시설지원
	근로자에 대한 지원	직업능력개발 지원
		고령자 등 수강장려금 지원
	건설근로자 등의 직업능력개발 지원	
실업급여	구직급여	
	취직촉진수당	조기재취직수당, 직업능력개발 수당, 광역구직활동비, 이주비

6) 노인장기요양보험

(1) 노인장기요양보험의 의의

고령이나 노인성 질병 등으로 인하여 6개월 이상 동안 혼자서 일상생활을 수행하기 어려운 노인 등에게 신체활동 또는 가사지원 등의 장기요양급여를 사회적 연대원리에 의해 제공하는 사회보험제도로서, 수급자에게 배설, 목욕, 식사, 취사, 조리, 세탁, 청소, 간호, 진료의 보조 또는 요양상의 상담 등 다양한 방식으로 장기요양급여를 제공하게 된다.

〈표 8-15〉 제도 운영방식

제공방식	국 가
제정방식(국가 + 지방자치단체)	영국, 오스트레일리아, 스웨덴, 노르웨이
사회보험방식	독일, 일본, 네덜란드, 룩셈부르크
건강보험의 급여 일종으로 제공하는 방식	미국, 캐나다

출처 : http://www.longtermcare.or.kr

(2) 노인장기요양보험제도의 목적

노인장기요양보험제도를 통하여 노후의 건강증진 및 생활안정을 도모하고 그 가족을 부담을 경감시켜 줌으로써 국민의 삶의 질을 향상한다.

① 국가와 사회의 분담

그동안 가족의 영역에 맡겨져 왔던 치매 · 중풍 등 노인에 대한 장기간에 걸친 간병, 장기요양 문제를 사회연내원리에 따라 국가와 사회가 분담한다.

② 전문적인 서비스의 제공

노인들은 더 이상 자녀들에게 부담을 주지 않고 계획적이고 전문적인 장기요양서비스를 제공받음으로써 보다 안락하고 쾌적한 노후생활을 영위할 수 있다.

③ 가족의 부양부담 완화

노인의 장기요양을 직접 담당하던 가족들은 정신적 · 육체적 · 경제적 부담에서 벗어나 사회 · 경제활동에 전념할 수 있으며, 주부양자의 자녀들도 장기요양 부담이 해소된 가정에서 더 나은 교육과 보살핌을 받을 수 있다.

(3) 장기요양보험의 내용

① 장기요양급여의 실시

장기요양인정서가 도달한 날부터 장기요양급여를 받을 수 있으며, 이용지원 대상은 1~6등급의 장기요양인정을 받은 자이며, 장기요양수급자는 시설 또는 재가장기요양기관과 계약을 체결하고 급여를 이용한다.

〈표 8-16〉 장기요양 등급판정 기준

등 급	기능상태 수준
1등급	심신의 기능상태 장애로 일상생활에서 전적으로 다른 사람의 도움이 필요한 자로서 장기요양인정 점수가 95점 이상인 자
2등급	심신의 기능상태 장애로 일상생활에서 상당 부분 다른 사람의 도움이 필요한 자로서 장기요양인정 점수가 75점 이상 95점 미만인 자
3등급	심신의 기능상태 장애로 일상생활에서 부분적으로 다른 사람의 도움이 필요한 자로서 장기요양인정 점수가 60점 이상 75점 미만인 자
4등급	심신의 기능상태 장애로 일상생활에서 일정 부분 다른 사람의 도움이 필요한 자로서 장기요양인정 점수가 51점 이상 60점 미만인 자
5등급	치매환자로서(노인장기요양보험법 시행령 제2조에 따른 노인성 질병으로 한정) 장기요양인정 점수가 45점 이상 51점 미만인 자
인지지원 등급	치매환자로서(노인장기요양보험법 시행령 제2조에 따른 노인성 질병으로 한정) 장기요양인정 점수가 45점 미만인 자

출처 : 국민건강보험공단(2019). 노인장기요양보험.

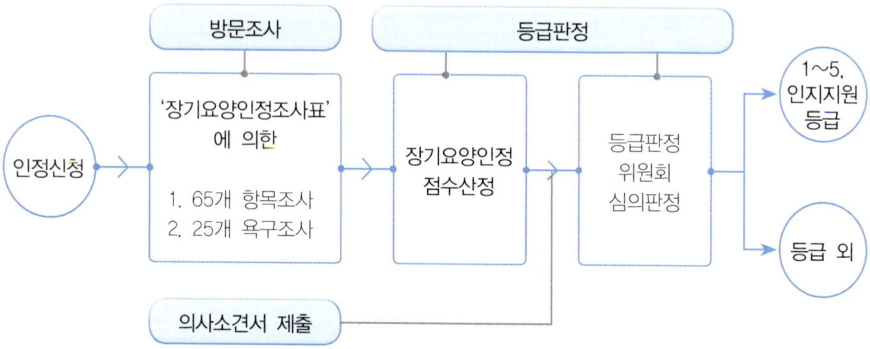

| 그림 8-3 | 등급판정 절차

출처 : 국민건강보험공단(2019). 노인장기요양보험.

[참고 : 장기요양인정조사표(52개 항목)]

<table>
<tr><th>영 역</th><th colspan="2">항 목</th></tr>
<tr><td>신체기능
(12항목)</td><td>• 옷 벗고 입기
• 양치질하기
• 목욕하기
• 일어나 앉기
• 방밖으로 나오기
• 대변 조절하기</td><td>• 세수하기
• 식사하기
• 체위변경하기
• 옮겨 앉기
• 화장실 사용하기
• 소변 조절하기</td></tr>
<tr><td>인지기능
(7항목)</td><td>• 단기 기억장애
• 날짜 불인지
• 장소 불인지
• 나이/생년월일 불인지</td><td>• 지시 불인지
• 상황판단력 감퇴
• 의사소통/전달장애</td></tr>
<tr><td>행동변화
(14항목)</td><td>• 망상
• 물건 망가트리기
• 길을 잃음
• 슬픈 상태, 울기도 함
• 부적절한 옷 입기
• 밖으로 나가려 함
• 도움에 저항</td><td>• 서성거림, 안절부절못함
• 환청, 환각
• 돈/물건 감추기
• 폭언, 위협행동
• 불규칙수면, 주야혼돈
• 대/소변 불결행위
• 의미가 없거나 부적절한 행동</td></tr>
<tr><td>간호처치
(9항목)</td><td>• 기관지절개관 간호
• 도뇨관리
• 욕창간호
• 산소요법
• 투석간호</td><td>• 경관영양
• 흡인
• 장루간호
• 암성통증간호</td></tr>
<tr><td rowspan="2">재활
(10항목)</td><td>운동장애(4항목)</td><td>관절제한(6항목)</td></tr>
<tr><td>• 우측상지
• 우측하지
• 좌측상지
• 좌측하지</td><td>• 어깨관절
• 팔꿈치관절
• 손목 및 수지관절
• 고관절
• 무릎관절
• 발목관절</td></tr>
</table>

※ 방문조사 : 인정신청을 하게 되면 간호사, 사회복지사, 물리치료사 등으로 구성된 공단 소속장기요양 직원이 직접 방문하여 '장기요양인정조사표'에 따라 52개 항목의 조사 결과를 입력하여 '장기요양인정점수'를 산정한다.

출처 : 국민건강보험공단(2019). 노인장기요양보험.

② 급여의 종류

㉠ 재가급여

- 단기보호 : 부득이한 사유로 일시적으로 가족의 보호를 받을 수 없는 수급자에게 일정 기간 동안 단기보호시설에 보호하여 신체활동 지원과 심신기능의 유지 · 향상을 위한 교육 · 훈련 등을 제공하는 급여
- 기타재가급여 : 수급자의 일상생활 또는 신체활동 지원에 필요한 용구로서 보건복지부 장관이 정하여 고시하는 것을 제공하거나 대여하여 노인장기요양보험 대상자의 편의를 도모하고자 지원하는 장기요양급여(휠체어, 전동 · 수동침대, 욕창방지 매트리스 · 방석, 욕조용 리프트, 이동욕조, 보행기 등)

〈표 8-17〉 재가급여의 종류

급여구분	급여내용
방문요양	장기요양요원이 수급자의 집을 방문해서 목욕, 배설, 화장실 이용, 옷 갈아입기, 머리감기, 취사, 생필품 구매, 청소, 주변 정돈 등을 도와주는 급여
방문목욕	장기요양요원이 목욕설비를 갖춘 차량을 이용하여, 수급자의 가정을 방문하여 목욕을 제공하는 급여
방문간호	장기요양요원인 간호사는 의사, 한의사 또는 치과의사의 지시에 따라 가정 등을 방문하여 간호, 진료의 보조, 요양에 관한 상담 또는 구강위생을 제공하는 급여
주 · 야간보호	수급자를 하루 중 일정한 시간 동안 장기요양기관에 보호하여 신체활동 지원 및 심신기능의 유지 · 향상을 위한 교육 · 훈련 등을 제공하는 급여

㉡ 시설급여

노인의료복지시설(노인전문병원 제외)에 장기간 동안 입소하여 신체활동지원, 심신기능의 유지 · 향상을 위한 교육 · 훈련 등을 제공하는 요양급여이다.

㉢ 특별현금급여

가족요양비, 특례요양비를 제공하는 급여이다.

- 가족요양비 : 장기요양기관이 현저한 부족한 지역(도서 · 벽지)에 거주하는 자, 천

재지변 등으로 장기요양기관이 실시하는 장기요양급여를 이용이 어렵다고 인정된 자, 신체 · 정신 · 성격 등의 사유로 가족 등이 장기요양을 받아야 하는 자에게 지급

- 특례요양비 : 수급자가 장기요양기관으로 지정되지 않은 장기요양시설 등의 기관과 재가 또는 시설급여에 상당한 장기요양급여를 받은 경우 장기요양급여 비용의 일부를 지급

제9장 아동복지 서비스

학습목표

1. 아동복지의 개념과 특징을 설명할 수 있다.
2. 현대사회의 아동문제를 설명하고 대책방안을 설명할 수 있다.
3. 아동복지 서비스 프로그램에 대해 설명할 수 있다.

1. 아동복지의 개념과 특징

아동복지는 아동과 복지의 복합개념으로서 아동을 위한 사회복지 서비스를 의미한다.

Kadushin은 아동복지에 대하여 "넓은 의미에서 모든 아동의 행복과 사회적응을 위해 심리적·육체적 잠재능력을 개발시켜 주기 위한 각종의 방법을 말하며, 좁은 의미로 특수한 문제를 가진 아동과 그 가정을 대상으로 전문적인 기관에서 행하는 서비스"라고 강조하였다. Friedlander는 "아동복지는 단지 빈곤, 방치, 유기, 질병, 결함 등을 지닌 아동 혹은 환경에 적응하지 못하는 비행아동들에만 관심을 두는 것이 아니며, 아동복지란 모든 아동이 신체적·정서적 발달에 있어서 안전하며 행복할 수 있도록 위험에서 지키며 보호하기 위하여 공사의 다양한 기관에서 실시하는 사회적·경제적·보건적인 여러 활동들이다"라고 밝히며 아동복지의 대상을 보다 명확하게 제시하고 있다.

아동복지는 전체 아동의 행복을 추구하지만 현실적으로 요보호아동의 복지에 1차적인 관심을 둘 수밖에 없다. 여기에서 요보호아동이라 함은 가족이나 지역사회로부터 적절하게 보호를 받지 못하는 아동이다. 부모의 사망과 이혼 등으로 부모의 보호를 받지 못하는 아동, 빈곤아동, 장애아동 등은 가장 전형적인 요보호아동이지만, 시기별로 아동복지의 대상은 변화되어 왔다.

아동복지의 대상에 대한 관심이 부모의 결손과 빈곤에 의한 요보호아동에서 부모의 취업으로 인한 요보호아동으로 옮겨가고 있고, 일부 아동의 보호에서 전체 아동의 보호와 발전으로 변화하고 있다. 이러한 변화는 단순히 양육환경의 변화뿐만 아니라, 아동관의 변화와도 밀접한 관계가 있다. 즉, 아동은 보호의 대상에서 권리 향유의 주체로 인식되고 있으며, 1989년 '아동의 권리에 관한 국제협약'의 채택으로 말미암아 권리실현의 주체라는 시각이 점차 확산되고 있다.

2. 현대사회의 아동문제

1) 가족의 문제

아동문제를 유발하는 가족문제를 논의함에 있어서 흔히 "문제아동의 이면에는 문제가족이나 문제부모가 있다"는 말을 한다. 빈곤이나 실업에 의한 가족의 경제적 불안정, 가족구조상의 결함, 부모양육상의 결함 등은 아동문제를 유발하게 된다. 부모의 학력이나 사회적 지위가 우대받는 사회에서 부모의 빈곤과 실업은 아동에게 매우 부정적인 영향을 미칠 수 있다. 그 외에 빈곤으로 인한 영양실조, 불결한 주거환경 등은 아동의 건전한 성장에 장애요인이 되고 있다. 이것은 교육기회의 박탈을 야기하고 나아가 아동의 비행으로까지 연결될 수 있다. 그리고 부모의 이혼 또는 사망 등으로 가족이 해체되거나 결손가족이 될 경우에는 아동은 심각한 정서적 상처를 입는다.

2) 사회환경의 문제

현대사회는 아동의 성장에 부적합한 다양한 환경적 요인이 존재한다. 즉, 환경오염, 공해문제, 교통문제, 슬럼지역, 위험지역, 퇴폐향락문화의 확산, 님비(NIMBY)현상 등이 이에 해당한다. 특히 대중적 매스컴의 부정적 영향에서 오는 가치관의 함몰,

절제되지 못한 성인들의 이기적인 행태, 아동학대의 만연, 성폭력 및 성폭행의 증가 등은 심각한 사회문제로 대두되면서 아동의 인성에 부정적 영향을 주고 있다. 그러므로 사회환경적인 측면에서 아동의 건전한 성장과 발달을 위한 사회복지적 개입이 절실히 요구되고 있다.

3) 부적응의 문제

아동문제 중에서 특수한 욕구를 지닌 장애아동의 경우 이에 알맞은 적절한 수준의 특수한 사회복지 서비스가 제공되어야 한다. 대개 문제아동들은 심리적으로 자기학대, 자살, 학업포기 등의 행동을 일으킬 소지가 있기에 특별한 보호가 요구된다. 이러한 욕구를 지닌 아동문제는 가족이나 사회환경의 무관심과 방임에 의하여 방치되는 경우도 있으므로 이에 적합한 서비스 개입이 필요하다.

4) 지원체계의 부족

오늘날 핵가족의 일반화, 맞벌이 가정 및 편부모 가족의 증가 등으로 인하여 아동문제가 확산되고 있다. 지소득층 가정일수록 이러한 현상은 더욱 현저하게 나타나고 있으며, 사회적 지원체계의 부재로 인해 아동이 가정에 방임됨으로써 다양한 아동문제를 발생시키고 있다. 이와 같은 아동문제를 해결하기 위해서는 아동-사회, 아동-부모, 아동-부모-사회를 연결해 줄 수 있는 지역사회 차원의 사회적 지원체계가 수립되어야 한다.

5) 경제적 문제

경제적 안정은 가정생활 속에서 아동에게 미치는 영향이 매우 크다. 가정의 경제적 불안정은 아동들의 최저한의 욕구를 충족시키지 못하는 상태로서 아동의 건전한 성장과 발달에 장애요인이 되고 있다. 경제적 문제는 아동의 육체를 해칠 뿐만 아니라, 교육의 기회마저 박탈함으로써 지능이나 정서에 커다란 상처를 주게 된다. 따라서 아동에게 의식주 문제는 심신의 발달에 필수적인 요소가 되므로 공적·사적 프로그램을 통해서 경제적 혜택과 안정이 보장되어야 한다.

3. 아동복지 서비스 프로그램

1) 지지적 아동복지

지지적 서비스(supportive services)는 부모와 자녀가 자신들의 책임을 효율적으로 수행할 수 있도록 그들의 능력을 지원하고 강화시켜 주는 서비스를 의미한다. 이 서비스의 특징은 여타 서비스와는 달리 아동이 자신의 가정에 머물면서 받을 수 있는 서비스라는 점이다. 서비스 기관은 부모나 아동의 역할 기능을 대행해 주는 것이 아니라, 외부에서 원활한 사회적 기능을 수행할 수 있도록 원조해 주는 기능을 담당한다. 지지적 서비스를 제공하는 주요 사회복지기관은 아동복지관, 아동상담소 등이며, 가족구성원에 개별적으로 개입하여 다양한 가족치료 방법을 활용하고 있다.

아동복지 서비스가 이상적으로 개발되기 위해서는 전체 아동을 위한 보편적인 서비스로서의 아동상담이 개발되어야 할 것이다. 즉, 부모의 보호를 적절히 받지 못해 양육환경이 좋지 못한 요보호아동을 조기에 발견하거나, 부모나 보호자의 통제수준을 벗어난 문제행동을 하는 아동을 사정하고 치료하기 위해서 아동상담이 적용되어야 한다는 것이다.

그러나 우리나라의 현실적 조건은 아직 열악하다. 기아, 미아, 가출아동 등을 발견할 경우 귀가조치 또는 일시보호하였다가 영유아시설로 이송하기 위한 전 단계로 아동상담을 활용하는 경우가 많다. 아동상담을 전담하는 기관으로는 아동상담소가 있는데, 이 아동상담소는 설립 주체에 따라서 공립아동상담소와 민간아동상담소가 있다.

아동상담소가 아닌 곳에서도 아동상담은 광범위하게 이루어질 수 있다. 전국에 420여 개소에 이르는 (종합)사회복지관은 대부분 상담실을 갖추고 있고, 10,000여 명에 이르는 읍・면・동의 사회복지전담공무원이 도움을 필요로 하는 아동을 상담할 수 있다.

현재 아동상담의 가장 큰 문제점은 아동의 문제행동이 매우 다양화되고 있음에도 불구하고, 이에 대한 적절한 대처가 없다는 점이다. 공립아동상담소는 친권포기아동, 기아, 미아 등 긴급보호가 필요한 아동에게 서비스를 제공하는 등의 제한적인 기능을 수행하고 있고, 민간아동상담소는 입양상담과 같이 다른 사업의 일부로 아동상담을 하는 경우가 많다. 이 때문에 아동상담소는 반사회적 문제행동(도벽, 습관성 거짓

말, 폭력 등)이나 비사회적 문제행동(정서불안, 과잉행동 증후군, 자폐증 등)을 하는 아동에게 거의 개입하지 못하고 있다.

2) 보충적 아동복지

보충적 서비스(supplemental services)는 지지적 서비스와는 달리 가정 내에서 전개되는 서비스의 형태를 말한다. 이 서비스는 부모의 역할을 일부 대행하는 것으로 부모의 실업, 질병, 장애뿐만 아니라, 가족의 재정적 곤란 등을 보충하는 데 목적을 두고 있다.

보충적 서비스의 종류는 영유아보육서비스, 방과후 아동지도, 피학대아동 보호 서비스(protective services), 가정조성사업(home maker services) 등이 있다.

(1) 영유아보육

영유아보육사업은 하루 중 일정 시간 동안 가정의 아동양육기능을 보완하기 위해 제공되는 서비스이다. 보육사업은 모(母)의 경제활동으로 일시적으로 아동양육을 책임질 사람이 가정에 부재할 때 아동의 양육을 지원하기 위하여 제공되는 것이다. 아동이 특별한 도움을 필요로 하는 장애아일 경우 그리고 가정 내 부양가족의 질병 등으로 양육 기능이 위기에 처해있을 때 부모 또는 가정의 아동양육기능을 보충하기 위해 제공된다.

우리나라에서 보육사업이 법적으로 실시된 것은 1961년 아동복리법이 제정되면서 보육시설을 아동복지시설 중의 하나로 규정하면서부터이다. 그러나 현행 제도는 1991년 영유아보육법이 제정되면서 확립되었다. 현행 영유아보육사업은 보육장소에 따라서 지역보육과 직장보육으로 나뉘고, 보육시설의 설립과 운영의 주체에 따라서 국·공립보육시설과 민간보육시설(법인, 민간단체, 개인), 그리고 보육시간에 따라서 종일제, 반일제, 시간제, 주간보육, 야간보육, 24시간 보육 등으로 분류된다.

영유아보육은 사회적 요구에 따라 그 성격이 크게 변화하고 있다. 즉, 1970년대 이전까지는 도시저소득층의 맞벌이 부부 자녀를 위한 탁아서비스로 인식되다가, 1982년 유아교육진흥법이 제정되면서 조기교육이 반영되기 시작하였으며, 1991년 영유아보육법이 제정되면서 '보호'와 '교육'의 조화를 강조하게 되었다.

2018년 기준 전국의 보육시설은 39,171개소이고 보육시설이용 영유아수는 141.6만 명으로, 영유아보육은 가장 보편적으로 실시되고 있는 아동복지 서비스라고 볼 수 있다. 최근에는 초등학교 저학년의 방과후 학습과 생활지도가 사회적 주목을 받으면서 '방과후 아동지도'가 방과후 아동보육으로 시도되고 있다.

〈표 9-1〉 영유아보육사업의 세 가지 측면

아동복지 관점	아동의 개성 함양, 민주적 사회공동체 경험 축적
여성복지 관점	여성의 노동시장 참여와 사회참여 장려
저소득층 복지 관점	기혼여성의 취업 조장

영유아보육사업은 반드시 아동과 가족 간의 팀 접근을 포함해야 한다. 아동의 개별적 욕구와 발달단계에 대한 이해, 지속적인 양육과 지지적인 정서적 반응, 아동의 신체적 · 정서적 · 인지적 · 사회적 발달 욕구에 대한 주의력과, 아동의 스트레스와 단절을 최소화하기 위해서이다. 이를 위해서 사회복지사는 효과적인 자녀양육자로서의 역할뿐만 아니라, 상담가, 대변인, 그리고 욕구와 자원을 연결하는 연계자로서의 역할을 수행해야 한다.

(2) 피학대아동보호사업

'Protective services'로 불리는 피학대아동보호사업은 신체적 · 성적 · 정서적으로 학대받거나 방임된 아동을 보호하는 사업으로, 선진국에서는 아동복지의 중요한 영역이었지만 우리나라에서는 별로 관심을 받지 못하고 있던 영역이었다.

그동안 아동복지법에 아동학대가 '금지행위'로 포함되어 있었지만, 무엇이 아동학대인지에 대한 정의가 불분명하고 학대받는 아동을 어떻게 보호할 것인지에 대한 준비가 미흡하였다. 그러나 1999년 아동복지법이 개정되면서 아동학대에 관한 규정이 새롭게 포함되어 점차 관심이 증대되기에 이르렀다.

아동복지법에 '아동학대'라 함은 '보호자를 포함한 성인에 의하여 아동의 건강 · 복지를 해치거나 정상적인 발달을 저해할 수 있는 신체적 · 정신적 · 성적 폭력 또는 가혹행위 및 아동의 보호자에 의하여 이루어지는 유기와 방임을 말한다'(아동복지법

제3조 제7호)고 규정되어 있다.

또한 학대받는 아동을 보호할 수 있는 법적 체계도 갖추었기 때문에 앞으로 성과가 기대되는 영역이다. 국가와 지방자치단체는 아동학대를 예방하고 수시로 신고를 받을 수 있도록 24시간 긴급전화(1577-1391)를 설치했고, 학대아동의 발견, 보호, 치료에 대한 신속한 처리 및 아동학대 예방을 전담하는 아동보호전문기관을 지속적으로 설치하고 있다.

아울러 누구든지 아동학대를 인지한 때에는 아동보호전문기관 또는 수사기관에 신고할 수 있고, 교사, 의료인, 사회복지사 등 그 직무상 아동학대를 알게 된 때에는 신고의 의무가 있다. 아동은 누구든지 아동에게 해서는 안 되는 '금지행위'로부터 보호받아야 한다.

다음은 아동복지법 제17조(금지행위)의 내용이다.

① 아동을 매매하는 행위
② 아동에게 음란한 행위를 시키거나 이를 매개하는 행위 또는 아동에게 성적 수치심을 주는 성희롱 등의 성적 학대행위
③ 아동의 신체에 손상을 주거나 신체의 건강 및 발달을 해치는 신체적 학대행위
④ 아동의 정신건강 및 발달에 해를 끼치는 정서적 학대행위
⑤ 자신의 보호·감독을 받는 아동을 유기하거나 의식주를 포함한 기본적 보호·양육·치료 및 교육을 소홀히 하는 방임행위
⑥ 장애를 가진 아동을 공중에 관람시키는 행위
⑦ 아동에게 구걸을 시키거나 아동을 이용하여 구걸하는 행위
⑧ 공중의 오락 또는 흥행을 목적으로 아동의 건강 또는 안전에 유해한 곡예를 시키는 행위 또는 이를 위하여 아동을 제3자에게 인도하는 행위
⑨ 정당한 권한을 가진 알선기관 외의 자가 아동의 양육을 알선하고 금품을 취득하거나 금품을 요구 또는 약속하는 행위
⑩ 아동을 위하여 증여 또는 급여된 금품을 그 목적 외의 용도로 사용하는 행위

그러나 보호사업은 미아를 찾아주거나 기아를 보호하는 전통적인 아동복지사업과 상당히 다른 측면이 있다. 즉, 전통적인 아동복지사업은 부모나 보호자가 아동을 양

육할 의사가 없거나 능력이 없을 때 정부가 개입하지만, 보호사업은 부모나 보호자의 양육방식에 중대한 결함이 있을 때 정부가 개입하기 때문이다. 아동의 건전한 성장을 위해서 부모의 역할은 무엇이고, 부모가 그 역할을 성실히 수행하지 못할 때 국가가 어떻게 개입하는 것이 바람직한지에 대한 논쟁이 있다. 예컨대, 우리나라는 전통적으로 자녀에 대한 체벌을 관용적으로 광범위하게 허용해 왔기 때문에 체벌과 신체적 학대를 구분하는 것에 대하여 모호하게 생각하여 왔다. 신체적으로 학대받는 아동을 부모로부터 격리시켜 보호하기 위해서는 보다 체계적인 서비스가 개발되어야 할 것이다.

(3) 소득유지사업

선진 외국에서는 부모의 양육을 받지 못한 아동은 입양이나 가정위탁을 받거나 불가피한 경우에는 시설보호를 받는데, 우리나라의 경우 '선가정 후시설보호' 정책으로 소년소녀가장세대 지원사업이라는 다소 독특한 제도가 있다. 소년소녀가장세대란 부모의 사망, 질병, 심신장애, 가출, 이혼 및 수형 등으로 인하여 만 20세 이하의 소년소녀가 경제적·심리적으로 가사의 실질적인 책임을 지고 한 가정을 이끌어 가는 세대를 일컫는 용어이다. 정부는 이러한 가구를 국민기초생활보장법에 의한 수급권자로 우선 책정하여 생계를 보장하고, 결연을 통한 민간의 후원을 장려하고 있다.

또한 보호자가 있는 경우에도 보호자가 경제적으로 빈곤할 때 정부로부터 국민기초생활보장제도에 의한 수급권자로 우선 책정되어 보호를 받을 수 있다. 생계급여, 의료급여, 자활급여, 교육급여, 주거급여, 해산급여, 장제급여 등이 이에 해당한다. 수급권자에 따라 급여내용이 조금씩 다르지만, 아동은 주로 교육급여를 통해서 고등학교까지 입학금과 수업료, 학용품비를 받고, 최소한의 의식주를 국가로부터 보장받게 된다.

선진국에서는 양육비에 대한 지원과 함께 식사 준비, 자녀학습지도, 생활지도 등 가사를 전반적으로 지원하는 '가정조성사업'을 실시하는데, 우리나라에서는 경제적 지원에 그치고 있다는 것이 한계점으로 지적된다.

3) 대리적 아동복지

대리적 서비스(substitutive services)는 아동이 가정을 이탈하여 다른 체계로부터 보호받는 서비스를 말한다. 이 서비스의 대표적인 형태로는 입양, 가정위탁보호, 시설보호 등으로 구분할 수 있다. 본래 대리적 아동복지는 지지적·보충적 서비스만으로 아동복지를 추구하기 어려울 때 시도되는 제3의 방법이다.

(1) 입양

입양(adoption)은 성인이 다른 아동을 법적인 절차를 밟아서 자신의 자녀로 삼는 것을 의미하며, 입양된 아동은 그들과 법률적으로 친부모와 동등한 친자의 관계를 맺는다. 입양은 생물학적 과정이 아닌 법적이고 사회적인 과정을 통하여 친권관계를 창조하는 행위라고 할 수 있다.

우리나라는 전통적으로 가까운 친족 중에서 양자를 입양하는 풍습이 있었고, 이 입양은 가문의 대를 잇고 제사를 지내는 것이 핵심적 기능이었다. 자녀 없는 부모에게 양자를 주는 전통적인 입양과는 달리, 부모 없는 자녀에게 부모를 주는 현대적 의미의 입양은 고아입양특례법(1961)에 의해서 장려되었다.

입양은 이를 전담하는 기관을 거치지 않는 단독입양과 기관에 의해 입양을 성립시키는 기관입양이 있고, 입양아동이 가진 원래의 국적과 같은 부모에게 입양되는 국내입양과 그렇지 않은 국외입양이 있다. 어떤 경우나 입양의 질은 입양부모의 양육태도와 가정환경에 의해서 크게 좌우된다. 따라서 대부분의 입양전문기관은 양부모의 조건으로 부부의 연령은 30~50세 정도이고, 결혼 지속기간은 3~10년 정도이며, 가구의 소득은 평균 이상일 것을 요구하기도 한다.

입양기관을 통해서 입양이 성립될 경우에는 사회복지사는 입양의 전 과정에서 핵심적인 역할을 한다. 입양과정은 흔히 최초의 면접, 가정조사, 입양 그리고 사후조사로 이루어진다. 최초의 면접은 입양을 원하는 신청자를 대상으로 입양의 동기 및 태도, 연령, 불임 여부, 가족상황, 경제적 여건, 원하는 아동의 특성 등에 대해 개별면접을 한다. 가정조사는 최초의 면접에서 나타난 사항을 확인하기 위해 부부의 공동면접, 개별면접과 가정방문을 실시한다. 이 과정에서는 법률적 조건을 최저기준으로 삼아 입양부모로서 적합한 조건을 지니고 있는지와 가정환경을 살펴보게 된다. 입양 신청자에게 입양할 아동에 관한 모든 자료를 제공하여 입양의 여부를 결정짓고, 입양시키며 신고를 필한다. 입양 1개월을 전후로 가정방문을 실시하여 입양아동의 적응도를 평가한다.

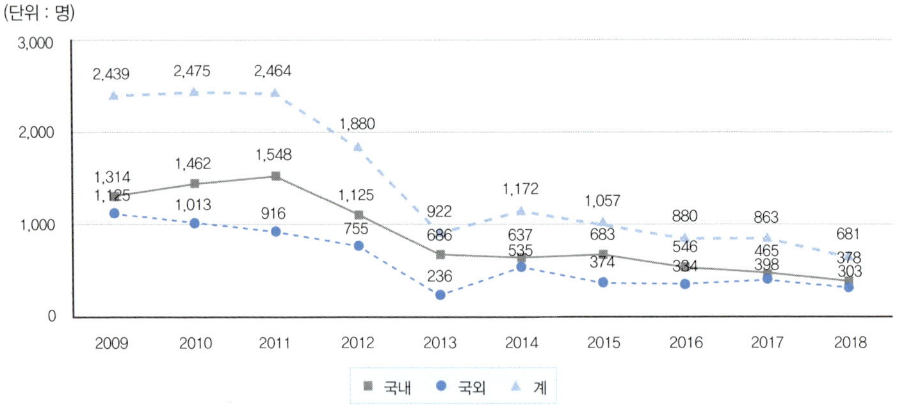

| 그림 9-1 | 국내 · 외 입양아동 현황

출처 : 보건복지부(2019). e-나라지표. 가정위탁국내입양소년소녀가정현황(2018년).

한국에서 기관입양은 초기에 전쟁고아 중에서 혼혈아를 미국에 입양하는 것으로 출발했기 때문에 현재도 국외입양이 국내입양보다 더 많으며, 입양대상아동도 혼혈아와 고아에서 미혼모가 양육을 포기한 아동으로 바뀌고 있다. 정부는 국내입양을 장려하기 위한 각종 대책을 발표하고 있지만, 입양전문기관들이 기관운영비의 대부분을 국외입양 수수료로 충당하고 있고, 국내입양의 경우 양부모들이 건강한 신생아만을 희망하는 관행으로 장애아동 등 의료 · 재활적인 서비스가 필요한 아동들은 여전히 국외입양대상자로 남고 있다.

(2) 가정위탁

가정위탁보호는 아동을 자신의 가정에서 일시적으로나 장기적으로 돌보아 줄 수 없는 경우에, 어떤 계획된 일정 기간 동안 사회복지기관을 통하여 제공되는 대리적 가정보호이다. 가정위탁은 부모의 수형, 장기 입원, 별거 등으로 일정한 기간 동안 일반 가정에서 위탁보호되고, 위탁의 사유가 된 상황이 해소되어 친부모에 의해서 친가정에서 자랄 수 있게 되면 아동은 자신의 가정으로 돌아가게 된다. 이 부분에서 가정위탁의 기본적 전제는 위탁보호의 수준이 자신의 친부모에 의한 양육수준 이상이어야 한다는 점이다. 이 사업은 입양과 같이 위탁부모의 법적 가족이 되는 것이 아닐 뿐만 아니라 시설보호와 달리 가정에서 보호와 양육이 이루어진다는 점이 특징이다. 아동이 가정적인 분위기에서 보호됨으로써 친부모와 영구적으로 분리되는 것을 방지하고 아동의 전인간적인 발달과정의 손상을 줄이려는 데 의의가 있다.

선진 외국에서는 아동 자신에게 발달상의 문제가 있을 때는 해당 전문성을 갖춘 위탁가정에게 위탁보호를 하기도 하고, 아동이 직업적 능력을 연마하여 사회적으로 자립하는 동안 '고용위탁'되기도 한다.

가정위탁보호는 입양의 전 단계로 활용되기도 한다. 한국에서는 입양전문기관의 주관하에 국외입양을 할 요보호아동을 일정 기간 동안 가정에서 양육하게 하거나, 국내입양을 촉진하기 위해서 아동양육을 희망하는 가정을 위탁가정으로 지정하여 원할 경우 입양으로 발전시키기도 한다.

최근에는 그룹홈(group home)이라고 불리는 소규모 아동복지시설이 활발하게 시도되고 있다. 그룹홈은 부모의 보호를 받지 못하는 5명 내외의 아동과 청소년이 생활교사(사회복지사)와 더불어 일반적인 주택가에서 생활을 함께 하는 시설로 지역사회로부터의 고립을 방지하는 역할도 수행하고 있다.

(3) 시설보호

시설보호는 가정에서 욕구가 제대로 충족되지 못하는 아동을 위해서 집단보호와 치료를 마련해 주는 대리보호를 의미한다. 아동이 자기의 가정과 부모 밑에서 성장해야 한다는 것은 중요한 원칙이지만, 도저히 가정에서 성장할 수 없는 아동들은 불가피하게 시설보호를 받고 있다.

우리나라의 경우 전쟁고아를 단순히 '수용보호'하는 차원에서 시설보호가 확대되었다가 요보호아동이 줄어들고 그 특성이 바뀌면서 아동복지시설이 전문화되어 왔다. 시설보호는 우선 아동에게 장애가 있느냐의 여부에 따라서 나뉘는데, 장애아동은 전문화된 장애인복지시설의 도움을 받고 비장애아동은 연령에 따라서 3세 미만은 영아시설, 3세 이상은 육아시설에서 보호받게 된다. 영유아시설에 입소하기 전에 요보호아동을 발견하고 상담하기 위해서 아동상담소가 설립되었고, 이들을 일시보호하기 위해서 아동일시보호시설이 설립되었다. 성장한 요보호아동의 자립을 촉진시키기 위해서 직업훈련시설이 설립되었고, 연장아동이 주거문제를 해소하면서 자립하도록 자립지원시설이 설치되었다.

다음은 아동복지시설을 유형화한 것이다.

① 아동복지시설의 종류는 다음과 같다.

㉠ 아동양육시설 : 보호대상아동을 입소시켜 보호, 양육 및 취업훈련, 자립지원 서비스 등을 제공하는 것을 목적으로 하는 시설

㉡ 아동일시보호시설 : 보호대상아동을 일시보호하고 아동에 대한 향후의 양육대책수립 및 보호조치를 행하는 것을 목적으로 하는 시설

㉢ 아동보호치료시설 : 아동에게 보호 및 치료 서비스를 제공하는 다음 각 목의 시설

가. 불량행위를 하거나 불량행위를 할 우려가 있는 아동으로서 보호자가 없거나 친권자나 후견인이 입소를 신청한 아동 또는 가정법원, 지방법원소년부지원에서 보호위탁된 19세 미만인 사람을 입소시켜 치료와 선도를 통하여 건전한 사회인으로 육성하는 것을 목적으로 하는 시설

나. 정서적 · 행동적 장애로 인하여 어려움을 겪고 있는 아동 또는 학대로 인하여 부모로부터 일시 격리되어 치료받을 필요가 있는 아동을 보호 · 치료하는 시설

㉣ 공동생활가정 : 보호대상아동에게 가정과 같은 주거여건과 보호, 양육, 자립지원 서비스를 제공하는 것을 목적으로 하는 시설

㉤ 자립지원시설 : 아동복지시설에서 퇴소한 사람에게 취업준비기간 또는 취업 후 일정 기간 동안 보호함으로써 자립을 지원하는 것을 목적으로 하는 시설

㉥ 아동상담소 : 아동과 그 가족의 문제에 관한 상담, 치료, 예방 및 연구 등을 목적으로 하는 시설

ⓢ 아동전용시설 : 어린이공원, 어린이놀이터, 아동회관, 체육 · 연극 · 영화 · 과학실험전시 시설, 아동휴게숙박시설, 야영장 등 아동에게 건전한 놀이 · 오락, 그 밖의 각종 편의를 제공하여 심신의 건강유지와 복지증진에 필요한 서비스를 제공하는 것을 목적으로 하는 시설

ⓞ 지역아동센터 : 지역사회 아동의 보호 · 교육, 건전한 놀이와 오락의 제공, 보호자와 지역사회의 연계 등 아동의 건전육성을 위하여 종합적인 아동복지서비스를 제공하는 시설

ⓩ 아동보호전문기관

ⓒ 제48조에 따른 가정위탁지원센터

ⓚ 제10조의2에 따른 보장원

② 제1항에 따른 아동복지시설은 통합하여 설치할 수 있다.

③ 제1항에 따른 아동복지시설은 각 시설 고유의 목적 사업을 해치지 아니하고 각 시설별 설치기준 및 운영기준을 충족하는 경우 다음 각 호의 사업을 추가로 실시할 수 있다.

㉠ 아동가정지원사업 : 지역사회아동의 건전한 발달을 위하여 아동, 가정, 지역주민에게 상담, 조언 및 정보를 제공하여 주는 사업

㉡ 아동주간보호사업 : 부득이한 사유로 가정에서 낮 동안 보호를 받을 수 없는 아동을 대상으로 개별적인 보호와 교육을 통하여 아동의 건전한 성장을 도모하는 사업

㉢ 아동전문상담사업 : 학교부적응아동 등을 대상으로 올바른 인격형성을 위한 상담, 치료 및 학교폭력예방을 실시하는 사업

㉣ 학대아동보호사업 : 학대아동의 발견, 보호, 치료 및 아동학대의 예방 등을 전문적으로 실시하는 사업

㉤ 공동생활가정사업 : 보호대상아동에게 가정과 같은 주거여건과 보호를 제공하는 것을 목적으로 하는 사업

㉥ 방과 후 아동지도사업 : 저소득층 아동을 대상으로 방과 후 개별적인 보호와 교육을 통하여 건전한 인격형성을 목적으로 하는 사업

아울러 아동복지시설이 시설보호를 중심으로 한 복지 서비스를 벗어나서 주로 가정에 있는 아동이 건전하게 성장하도록 돕는 서비스가 새롭게 강조되고 있다. 지역사회아동의 건전한 발달을 위하여 아동, 가정, 지역주민에게 상담, 조언 및 정보를 제공해 주는 아동가정지원사업, 부득이한 사유로 가정에서 낮 동안 보호를 받을 수 없는 아동을 대상으로 개별적인 보호와 교육을 통해서 아동의 건전한 성장을 도모하는 아동주간보호사업, 학교부적응 아동 등을 대상으로 올바른 인격형성을 위한 상담, 치료 및 학교폭력 예방을 실시하는 아동전문상담사업, 학대아동의 발견, 보호, 치료 및 아동학대의 예방 등을 전문적으로 실시하는 학대아동보호사업, 보호를 필요로 하는 아동에게 가정과 같은 주거 여건과 보호를 제공하는 것을 목적으로 하는 공동생활가정사업, 저소득층 아동을 대상으로 방과 후 개별적인 보호와 교육을 통하여 건전한 인격형성을 목적으로 하는 방과 후 아동지도사업 등이 있다.

위의 사업들을 아동복지시설로 하여금 각 시설 고유의 업무 이외에도 실시할 수 있도록 함으로써 아동복지시설이 지역사회의 욕구와 직면하는 문제에 효과적으로 대처할 수 있도록 새로운 아동복지사업을 개발해야 할 것이다.

제10장 청소년복지 서비스

학습목표

1. 청소년의 발달적 특성과 관련 법령의 규정을 설명할 수 있다.
2. 청소년복지의 필요성과 관련 전문직을 설명할 수 있다.
3. 위기청소년에 대한 복지 서비스를 설명할 수 있다.

1. 청소년의 개념

청소년이라는 용어가 사용되기 시작한 것은 산업혁명과 의무교육의 등장 이후부터라고 할 수 있다. 그 이전까지 청소년은 농경사회에서 어른 아니면 아이로서 인식되었고 그에 따른 인권 또한 열악하기 그지없었다. 그런데 의무교육이 등장하면서 청소년은 교육기간 동안 노동시장에 유입되지 않고 경제활동에서 제외되는 특권이 부여되면서 청소년기 인간발달 단계에 대한 관심이 증대되었다.

청소년에 대한 개념은 국가・사회・문화・시대적 상황에 따라 차이가 있다. 문화에 따라 청소년기는 짧을 수도 있고, 길 수도 있으며 심지어 존재하지 않을 수도 있다. 그 사회의 고유한 통과의례를 거치면 아동기에서 바로 성인기로 인식되는 사회도 있다는 것이다. 그러나 현대 사회에서는 고등교육으로 인해 재학 기간이 길어지고, 직업훈련이 진행되는 기간의 연장 등으로 청소년기가 점점 길어지고 있는 추세이다.

청소년을 지칭하는 말도 관념적 용어인 '사춘기'나 '10대' 개념이 사용되고 있다. 사춘기란 청소년기와 함께 20세기 이후 심리학 및 발달 이론적 접근에서 확산된 개념으로 생리적 전환과정, 생식기능, 출산이 가능한 시기를 말한다. 이 시기는 인간발달 과정 중 신체적 변화가 가장 왕성한 시기로 2차 성징이 출현하며 정서와 정신상의 발달도 수반된다.

그리고 youth나 10대(teenager)는 역사적 변화과정과 사회문화적 맥락 속에서 시기적 역할, 지위, 또래집단이 만들어 낸 문화양상의 특징을 중심으로 발전해 온 용어이다. 오늘날 youth란 의존적이던 청소년기는 벗어났지만 여러 정황상 결혼과 취업이 늦어지면서 경제적 자립의 지체로 온전한 성인기에 진입하지 못하고 있는 시기를 말하고 있다. 또한 10대란 1990년대 이후 그들이 공유하고 창출하는 독특한 사회문화 현상인 소비성향, 패션, 음악, 영화 등의 대중문화 양상과 라이프스타일을 함축하여 상징하는 보편적 용어로 등장하고 발전하였다(백사인 외, 2015 : 11-12).

청소년기에 대한 개념 설정은 크게 신체적 특성과 연령에 따른 구분으로 나누어 설명할 수 있다. 먼저 신체적 특성에 따른 구분이 있다. 이는 청소년기를 구분하는 가장 일반적인 방법으로 보통 초경이나 사정의 시작을 기준으로 하지만, 개인의 신체적 징후들이나 사춘기의 특성들은 사람에 따라 차이가 있기 때문에 보편적 기준을 제시하는 데에 한계가 있다. 더군다나 청소년기의 끝이 분명하지 않은 상황에서 신체적 징후만으로 판단하는 것은 역시 한계가 있다.

청소년기를 구분하는 다른 방법은 연령에 의한 구분이다. 1985년 UN에서 공식 규정한 청소년(young people)은 '15세부터 24세 사이의 집단'이며, 국제식량기구(FAO)에서는 '10세부터 24세 사이의 결혼 여부를 불문한 남녀 인구부문'을 청소년으로 규정하고 있다(홍봉선 외, 2015 : 18).

우리나라의 경우 법의 성격에 따라 청소년의 연령이 상이하게 규정되고 있다. 민법 제4조에서는 성년을 19세 이상으로 정의하고 있으며, 아동복지법 제3조에 따르면 아동은 18세 미만의 자를 가리킨다. 또한 공직선거법상 선거연령은 19세 이상으로 정의하고 있고, 소년법에서의 소년이란 19세 미만의 자를 말하고 있다. 이처럼 청소년에 대한 연령은 통일되어 있지 않으며, 상황에 따라 법의 적용을 받고 있음을 볼 수 있다. 이 장에서는 청소년기본법의 정의에 따라 9세 이상 24세 이하의 집단을 청소년으로 규정하고자 한다.

〈표 10-1〉 청소년의 연령 기준

법령명		조항	연 령	적용기관	규정내용
일반법	민법	제4조	19세 미만	법무부	19세로 성년이 된다.
	형법	제9조	14세 미만	법무부	14세가 되지 아니한 자의 행위는 벌하지 않는다.
	소년법	제2조	19세 미만	법무부	소년의 정의
	청소년기본법	제3조 제1항	9~24세	여성가족부	청소년육성정책에 관한 기본적 규정(혜택의 부여)
특별법	청소년보호법	제2조 제1항	19세 미만	여성가족부	19세 미만의 자를 말한다.
	아동 · 청소년의 성 보호에 관한 법률	제2조	19세 미만	여성가족부	'아동 · 청소년'은 19세 미만의 자를 말한다.
	식품위생법	제44조	19세 미만	보건복지부	유흥접객원 고용금지, 단란주점 유흥주점 영업소 출입금지
	근로기준법	제64조	18세 미만	고용노동부	도덕상 · 보건상 유해 · 위험한 사업에 사용하지 못한다.

출처 : 법제처(2019).

2. 청소년의 발달적 특성

청소년 시기는 부모의 보호가 절대적으로 필요하면서도 성인기로 전환해 가는 과도기적 시기이다. 그래서 청소년은 아동도 성인도 아닌 주변인으로서의 삶을 살게 된다. 또한 이 시기에는 청소년은 건전하고 바람직하게 자랄 수 있는 성장 가능성과 잘못된 생활로 경도될 수 있는 부정적 측면 등 양면성을 지니게 된다.

이런 의미에서 청소년기를 제2의 탄생기, 불안과 갈등의 시기, 부적응 시기, 제2의 반항기, 질풍노도의 시기와 같은 어려운 시기라고 부른다(양석호, 1991 : 460-461). 그

렇다 보니 청소년기는 인생에서 단순히 스쳐 지나가는 과정이 아니라 독특한 요구와 도전을 함축하는 시기로 특별한 관심이 요구되고 있다. 고도화된 산업사회에서 사회 구조가 복잡해질수록 직업과 사회적 역할 수행에 필요한 준비기로서의 청소년기는 점점 길어지고 있기 때문이다(한국청소년연구원, 1993 : 1).

그러나 청소년기의 일반적 발달 특성은 개인차가 클 뿐 아니라 개개인에게 있어서도 여러 측면에서 발달이 동시에, 그리고 동일한 속도로 일어나지 않는다. 그렇기 때문에 청소년들의 발달 특성을 이해할 때는 보편적 특성을 토대로 하되 개개인의 독특한 경험과 개별성을 고려하여 그 특징을 살펴보아야 할 것이다.

1) 신체 · 생리적 발달

청소년기의 신체 · 생리적 발달의 특징은 다음과 같다.

첫째, 호르몬의 변화이다. 이 시기에는 안드로겐(androgen, 남성 호르몬)과 에스트로겐(estrogen, 여성 호르몬)의 분비가 왕성하여 신체적 발육의 정도가 가장 활발하며 신장과 체중이 급격히 증가한다. 남자의 경우 외부 생식기의 크기와 신장이 증가하고, 목소리의 변화를 겪게 되며, 여자의 경우 가슴과 자궁이 발달하며 골격의 변화가 생기는 등의 제2차 성징이 나타난다. 이 시기 청소년은 자신의 신체변화에 대한 자각을 통해 신체에 많은 관심을 보이게 된다. 또한 신체변화의 정도를 친구들과 비교하면서 신체적 우월감 내지는 열등감을 가지게 된다. 이는 청소년의 성격이나 자아존중감, 대인관계 형성에 영향을 준다고 할 수 있다.

둘째, 성적 측면의 성숙기이다. 청소년기의 성적 발달을 통해 남녀 모두 생식기능을 갖게 되면서 신체적으로 성인과 다를 바 없는 체격과 성적 기능을 갖추게 된다. 그러므로 성적 욕구의 발달 역시 동반된다. 성적 욕구는 자연스럽고 건강하다고 이해되지만 때로 불안감이나 수치심, 죄의식, 충동조절의 문제와 같은 부정적 정서를 갖게 하며, 임신, 근친상간, 이상 성행위, 성폭행 등의 문제를 야기할 수도 있다.

2) 인지적 발달

청소년기 인지적 발달은 질적, 양적, 사회인지적 발달로 구분할 수 있다(천정웅, 2013; 백사인 외, 2015 : 21-23). 첫째, 질적 발달에 대해 Piaget는 '형식적 조작기'에 해당되는 청소년들은 정신적 조작범위와 대상이 넓어져서 추상적이고 광범위한 부분까지도 사고가 가능하다고 하였다. 그러므로 성인과는 다른 독특한 인지적 특징을 보일 수 있고 추상적 개념을 다룰 수 있으며, 현실보다는 가능성의 세계를 중요시한다. 이들은 조합적 사고가 가능하고 자기성찰에 몰두하며, 정체감의 획득이 가능해진다. 둘째, 양적 발달은 정보처리 능력이 높아지고 정보처리의 양과 속도, 방법이 아동기와는 현저히 다른 양상을 보인다는 것을 의미한다. 기억의 용량도 점차 확대되어 12세경에 거의 성인 수준에 다다른다. 셋째, 사회인지적 발달은 자신과 타인의 역할이나 관계·감정·의도를 관찰하고 추론해 내어 개념화하는 능력이 정확해지고 발달하면서 대인관계와 인간관계에 대한 이해의 폭도 넓어진다(김혜원, 2010)는 것이다.

이러한 인지적 발달은 청소년의 자아정체감 형성과 자기중심성의 형성, 도덕성의 발달과 사회적 상호작용에 영향을 미치는데(홍봉선 외, 2014 : 21-22), 그 내용을 살펴보면 다음과 같다.

첫째, 자아정체감(self identity)은 내가 보는 나와 타인의 눈에 비치는 나의 모습이 일관되게 통합되는 것을 말하며, 인간이 전 생애를 통해서 획득해야 할 발달과업인 동시에 청소년기에 이루어야 할 중요한 과업에 해당한다. 자아정체감의 형성은 자신과 타인에게 신뢰감을 주고, 정신적 안정감을 주며 삶의 가치를 명료하게 한다. 논리적이고 추상적 사고가 발달하면서 자신이 누구인지에 대한 근원적 질문을 통해 자신과 자신의 환경과 상호작용을 하면서 정체감을 찾게 되는 것이다. 그러나 정체감의 위기를 극복하지 못하면 자신을 있는 그대로 수용하지 못하고 미래의 전망에 대해 불안해하며 이에 대처할 자신의 잠재력에도 자존감을 갖지 못하여 역할로부터 도피하거나 반발함으로써 자신의 갈등을 해소하려고도 한다(정영윤, 1992 : 48).

둘째, 청소년기에는 자기중심성이 형성된다. 청소년기에 나타나는 자기중심적 사고의 하나로 '가상청중' 이론이 있다. 이는 과장된 자의식을 반영하여 자신이 타인의 집중적 관심과 주의의 대상이 되고 있다고 생각하는 경향을 말한다. 또한 '개인적 우화'를 통해 자신은 특별한 존재라고 생각하는 경향을 보인다. 그래서 자신의 경험이나 감정을 타인은 이해하지 못한다고 생각하기도 하며, 자신은 특별한 사람이기 때문에 위험으로부터 안전하고 예외가 될 것이라고 생각한다.

셋째, 청소년기에는 도덕성의 발달이 일어난다. 청소년기의 도덕성은 청소년들의 인지적 성숙과 사회·환경적 역할 변화에 영향을 받게 된다. 이 시기의 도덕성 발달 특성은 Kohlberg(1969)의 도덕성 퇴행문제, 도덕적 상대주의 개념, Gilligan의 대인지향적 도덕성 이론에 의해 설명할 수 있다.

Kohlberg가 말하는 도덕성 퇴행은 청소년기의 최고 과업인 자아정체감의 혼미로 사회적 규범과 법률을 절대적 도덕률로 받아들이고 이를 준수하던 단계에서 사회적 구속을 벗어나기 위하여 규범을 배척하는 단계로 이행된다는 것이다. 이는 구조적 후퇴가 아니라 더욱 높은 단계의 도덕수준으로 발전해 나가기 위한 이행과정으로 본다. 또한 도덕적 상대주의란 모든 사람이 준수해야 할 객관적이며 보편타당한 도덕률을 부정하고 개인적이며 주관적 관점에서 도덕성을 판단하는 것을 의미한다(송명자, 1995).

Gilligan의 대인지향적 도덕성 이론은 인간관계에서 보살핌, 책임, 애착, 희생 등을 강조하는 이론으로 청소년기에는 자기이익 지향보다 타인을 배려하고 책임지려는 이타적 부분이 크게 발달함을 강조하고 있다(한상철, 1999 : 124-128).

넷째, 청소년기에는 사회적 이해력이 발달된다. 이 시기에는 자기중심적 사고에서 벗어나 타인에 대한 관심과 배려, 애정에 집중하게 되면서 사회적 상호작용이 활발히 일어난다. 그리하여 자신이 경험하지 않았어도 상대방이 갖고 있는 감정이나 느낌을 정확하게 파악하고 더 나아가 상대방의 감정이나 느낌을 그대로 느끼기도 한다.

3) 사회적 발달

청소년기에는 자신의 사회적 지위와 역할에 따른 도덕적 책임감과 의무를 중시하면서 충실하려고 한다. 또한 부모에게 의존하고, 영향을 받던 것에서 벗어나 독립과 자립의 욕구를 느낌과 동시에 동년배 또래집단에게 강한 심리적 영향을 받는다.

이들은 개별화 노력을 통해 부모와 정서적 유대관계를 지속하면서도 스스로를 부모와는 다른 독특한 한 사람의 인격체로 인식하고 경험해 가기를 바란다. 그러나 부모는 이 과정을 자연스러운 성장과정으로 인정하지 않고 부모에 대한 도전이나 공격으로 인식하면서 부모와 자녀 간 갈등이 증폭될 수 있다.

또한 청소년기에 가장 두드러진 사회적 특징은 또래 집단을 통해 비밀을 공유할 수 있는 친밀한 관계를 형성하는 것이다. 청소년기에는 또래 관계를 통해 자신의 정체감을 형성하고 유지하는 데 필요한 심리·사회적 지지를 얻게 된다. 이는 사회적 본능의 하나로 친구와 어울리게 되고 점차 사회생활에 관심이 생기면서 새로운 본능과 취미를 기초로 해서 친구를 사귀게 된다. 그러나 이 시기에 지지를 받지 못하면 부정적 자아상이 확립될 수 있고, 사회적 거부, 배척의 감정, 고립감 등을 갖게 된다(백사인 외, 2015 : 25).

4) 정서적 발달

청소년기에는 신체적 급변과 함께 사회적 과업이 과중하면서 정서적으로 불안정할 수 있다. 이 시기를 3단계로 나누어 보면 다음과 같다(천정웅, 2016 : 26-27).

첫째, 청소년기 초기(사춘기)로 성적 충동을 강하게 경험한다. 성에 대한 높은 호기심과 이성에 대한 관심을 갖지만 동시에 수치심을 느끼고 이성에게 반발하며 주변 사람들에게 허세적 반항을 하는 등 이중적 정서를 표출한다. 따라서 정서에 일관성이 없고, 불안정하며, 기복이 심하다. 주변 사람들에 대해 부정적 태도를 보이고 자신의 공상 속에서 만족을 추구하려는 경향이 있지만 현실적으로 해결책을 찾지 못함으로써 불안이나 초조함에 사로잡히는 경우가 많다(임영식 외, 2004).

둘째, 청소년 중기(중학교 말부터 고등학교까지)는 청소년 초기보다 더욱 강렬한 정서를 느끼지만 의식적으로 억압하려는 경향을 보인다. 이 억압 과정에서 자기혐오나 열등감을 갖고 내면적으로 침울하거나 정서의 불안정성이 고조될 수도 있다. 또한 자아의식이 강해지면서 우월함을 과시하며 독선적이고 현실을 부정하고 혐오하는 경향을 강하게 보인다. 이에 따라 기성세대, 사회구조, 사회의 도덕과 법률에 대해 의혹을 품고 자기 나름의 독특한 구조와 논리를 갖고 비판하게 된다.

셋째, 청소년 후기(대학교 시기)로 사회적으로 안정된 정서를 경험하게 된다. 이때에는 주관과 객관의 결합, 자기와 사회와의 타협, 현실과 이상과의 조화를 꾀하며 완성된 자아의식을 가지려고 한다. 이성을 사랑하는 마음과 연애의 경험을 통해 더욱 풍부하고 윤택한 정서를 경험하게 된다.

이러한 청소년기의 정서적 특성은 청소년의 심리와 행동에 영향을 미치는데 그 내용은 다음과 같다. 첫째, 감정의 기복이 심하고 예민하다. 쉽게 우울하며 낙담에 빠지고 화를 잘 내는 등 불안정하게 보인다. 둘째, 수줍음이 많다. 지나치게 타인을 의식하기 때문에 몸과 마음, 행동이 자유롭지 못하고 특히 이성 앞에서 부끄러움을 느낀다. 이때에는 수줍음을 감추기 위해 과장된 행동을 표출하기도 한다. 셋째, 열성적이며 호기심과 모방심이 강하다. 쉽게 흥분하며 현실감을 잃고 곧잘 열중해서 어떤 일에 빠진다. 또한 자신의 관심사를 가정에서 지역사회로 확대하기 시작하면서 귀가시간이 늦어지고 외출이 잦아지며 우상을 맹목적으로 추종하는 경향도 보인다(홍봉선 외, 2015 : 22-23).

3. 청소년복지의 개념

사회복지란 사회적으로 약한 자와 소외된 자, 불이익을 받는 자들에게 국가가 다양한 정책과 제도, 행정적 서비스를 통해 안정적으로 평안한 삶(well-being)을 영위할 수 있도록 돕는 총체적 활동이라고 정의할 수 있다. 그러므로 청소년복지도 모든 청소년과 그 가족을 대상으로 그들의 욕구와 상황에 적절하게 대응하기 위한 총체적 사회복지 서비스라고 할 수 있다.

우리나라에서는 1990년 이후 청소년기본법이 제정되면서 청소년복지에 대한 학문적 논의가 시작되었고, 급속한 사회적 변화 속에서 대중문화의 중심축에 청소년이 자리 잡으면서 청소년복지가 명확하게 정립되지 못한 채 관련 정책과 제도가 시행되기 시작하였다. 그러다 보니 청소년복지라는 개념은 아동·청소년복지, 청소년정책, 청소년복지정책, 청소년육성정책, 청소년복지활동 등으로 혼용되기도 하였다(박정란 외, 2016 : 33).

청소년복지의 개념은 시대적 상황, 청소년의 특성과 발달, 국가의 복지수준 정도에 따라 다양하게 정의될 수 있는데, 지금까지 연구된 개념을 살펴보면 다음과 같다(박정란 외, 2016 : 33-34).

장인협과 오정수(1984)는 청소년복지를 아동복지와 구분하지 않고 아동·청소년복지로 혼합해서 사용하고 있다. 사회 구성원으로서 아동과 청소년의 기본적 욕구를 충족시키고, 건전한 성장과 발달을 도모하기 위해 여러 가지 활동을 가능하게 하는 공적 방법과 절차라고 정의하고 있다.

김성이(1993)는 가정이나 사회로부터 버려지거나 적응하지 못하는 청소년들뿐만 아니라 모든 청소년들의 안녕에 관심을 가져야 한다고 전제하고, 청소년복지활동을 청소년의 기본적 욕구를 충족하게 하고 정신적·정서적·신체적으로 최상의 발달을 도모하기 위해서 청소년 자신들에게 직접적으로 또는 가정이나 사회를 통해 간접적으로 제공되는 모든 사회제도적·전문적 활동이라고 정의하였다.

또한 홍봉선과 남미애(2015)는 청소년복지의 대상 집단으로 요보호청소년 등 특정 집단에 국한한 것이 아니라 일반 청소년 및 청소년의 생활에 가장 직접적인 영향을 미치는 가족까지도 포함하고 있으며, 또한 청소년에 대한 직접적 서비스뿐 아니라 간접적으로 제공되는 모든 정책과 제도를 포함하는 광범위한 개념으로 정의하였다(홍봉선 외, 2015 : 46-47).

그리고 노 혁(2010)은 청소년복지는 청소년의 올바른 성장과 발달에 목적을 두고 이를 위해서 공동의 노력과 참여를 전제로 이루어져야 한다고 하였다. 즉, 지식정보사회에서 청소년들에게 일정 부분 사회적 역할과 책임을 부과하며, 동시에 현재 청소년의 삶을 이해하여 보다 나은 여건을 마련해 주고, 미래에 보다 좋은 환경에서 생활할 수 있도록 복지를 통해 자립기반과 자기 계발을 할 수 있는 능력과 기회를 마련해 주는 제반 활동이라고 정의하고 있다(백사인 외, 2015 : 54).

이상의 정의를 토대로 볼 때 청소년복지란 청소년의 특성과 욕구 등에 있어서 아동복지와는 구별되며, 주체성과 정체성을 갖는 청소년으로서 그들의 발달 과업으로서의 문제, 사회적 기본권의 보장, 이를 통한 인권보장, 문화적 권리의 실현 등을 도모하는 일련의 활동이라고 정의할 수 있다.

4. 청소년복지의 필요성

1990년대 이후 자본주의와 민주주의의 발전이 가속화되고, 경제적 성장에 따라 교육의 수요가 증진되면서 청소년과 청소년기가 생애 발달 과정에서 독자성을 가져야 한다는 사실을 깨닫게 되었다.

또한 국가가 정책적으로 청소년에 대해 관심을 갖게 된 요인들이 몇 가지 있다. 첫째, 인구학적 측면에서 청소년 인구가 2017년 기준 한국사회 구성원의 18% 정도를 차지하고 있으나 1990년대에는 전체 인구의 1/3을 차지하고 있었기에 사회적 영향 세력으로 부상하게 되었다. 둘째, 인적 자원의 개발을 통해서 국제 경쟁력을 확보해야 하는 우리나라에서는 차세대의 주역인 청소년들을 어떻게 육성하느냐가 관건이 되었다. 셋째, 인생주기 측면에서 현대 사회의 삶의 조건은 과거 그 어느 때보다도 청소년기가 장기화되고 있고 이에 따라서 우리나라에서 발생하는 다양한 문제들에 청소년들이 직·간접적으로 결부되어 있기 때문이다(한국청소년개발원, 1992; 백사인 외, 2015 : 55).

김성이 등은 청소년복지의 필요성을 이해하기 위해 우리나라에서 발생하고 있는 전반적인 가족구조의 변화추이와 청소년 문제와 욕구의 변화, 그리고 가치관의 변화에 대해 다음과 같이 언급하고 있다(김성이 외, 2013 : 53-64).

1) 가족구조의 변화

출산율의 감소, 이혼율의 증가로 인한 가족 해체, 결혼의 연기와 가정 해체로 인한 여성 가구주의 증가, 고령 인구의 증가 및 이에 따른 부담의 증가 등이 사회문제로

부상하고 있다. 이러한 가족 구조의 변화는 궁극적으로 아동복지, 청소년복지, 가족복지, 여성복지, 노인복지 등 사회복지 전반에 걸쳐 서비스의 욕구의 변화를 야기했으며 이에 대한 적절한 대처가 요구된다.

(1) 출산율의 감소

우리나라의 아동·청소년의 구성비는 1960년에 전체 인구의 61.3%를 기록하고 있으나 2017년 1월 기준 32.3%로 현저하게 감소되었다(통계청, 2017). 출산율 감소의 원인으로는 사회경제적 환경 및 가치관의 변화에 따라 결혼기피, 결혼연기로 인한 결혼연령 상승과 출산지연 및 기피현상 등이 거론된다. 국내 평균 초혼연령에 있어서 1990년에는 여성이 24.8세, 남성은 27.8세이었으나 2018년 기준 여성 33.0세, 남성 36.2세로 나타나 초혼이 점차 늦어지는 것을 볼 수 있다(통계청, 2018a). 이처럼 혼인연령의 상승 및 미혼율의 증가로 인하여 출생아 수는 지속적인 감소 추세를 보이고 있다.

(2) 이혼율 증가와 가속 해체

가족 형태가 급속히 다양화되고 있는 가운데 혼인율은 급속히 감소하고 있다. 황혼 이혼은 증가하는 추세에 있으나, 통계적 측면의 이혼율은 완만한 감소를 보이고 있다. 이는 혼인율 자체가 감소해서 이혼율도 감소한 결과로 볼 수 있지만, 사실혼 관계만 유지한 채 혼인신고를 하지 않는 개방적 결혼관이 승인되는 등의 시대적 가치관이 반영된 것이라고 해석할 수도 있다.

(3) 고령 인구의 증가

우리나라는 2000년에 전체 인구의 7.2%가 고령인구로 분류되며 고령화사회에 진입하였고, 2017년에는 14.3%로 고령사회에 진입하였으며, 2025년에는 노인인구 20% 이상이 되는 초고령사회에 진입할 것으로 예상된다. 이는 선진국에 비해서 매우 빠른 속도로 신약개발 및 의료기술의 발달, 풍부한 영양섭취, 안정된 삶, 위생적 환경, 저출산 극대화, 자기관리 등으로 비롯된 현상이다.

고령사회로의 진입은 노인복지 정책 및 서비스의 다양화를 초래한다. 노인의 신체적 · 정신적 · 심리적 기능의 장애 정도와 경제 상태에 따라 전문적 서비스가 차별화되어 제공되고 있으며, 그 서비스의 제공 장소도 원가정 중심에서 노인 전문 시설로 전환되고 있다. 특히 2008년부터 시행된 노인장기요양보험제도에 의해서 요보호대상자로 여겼던 노인 인구가 소비의 중심, 즉 주체적으로 서비스를 선택하는 중심에 서게 된 것이다.

고령화 문제는 가족 체계의 맥락에서 각 성원의 욕구를 충족시켜야 하는 가족복지와 청소년복지, 아동복지와 노인복지, 여성복지 등의 측면에서 많은 연관성을 가진다. 노인에 대한 보호 및 부양의 문제는 가족 전체의 안정성에 영향을 주게 되므로 청소년의 정신건강 및 행동에도 직접적인 영향을 미치게 된다. 이런 측면에서 고령화 문제로 인한 파급효과가 청소년복지에 미치는 영향을 고려해야 한다.

(4) 취업 여성의 증가

여성의 교육 수준과 사회경제적 지위 향상되고 남녀평등 사상에 대한 인식이 성장하면서 여성 취업 인력이 급격히 증가하고 있다. 여성의 취업률이 남성의 취업률보다 꾸준히 증가하고 있다는 사실은 이를 뒷받침하고 있다.

여성 취업이 증가하는 원인으로는 가족의 생계를 유지하고 생활수준을 향상시키고자 하는 경제적 이유와 여성의 일과 사회 진출에 대한 성취 의식의 변화, 취업을 통한 자아실현 등이 있다. 더 나아가 성차별을 완화하고 여성으로 하여금 새로운 직업과 사회활동의 기회를 얻도록 장려하는 시책 등도 그 원인으로 볼 수 있다.

(5) 핵가족화 경향

산업화가 진전되면서 가족 형태는 대가족에서 벗어나 부모—자녀 중심의 핵가족으로 이동하게 되었다. 심지어는 현재 1인 가구가 크게 증가하며 가족 규모가 크게 축소된 것을 볼 수 있다. 이러한 핵가족화는 자녀 교육에 많은 영향을 미치고 있다. 자녀의 수가 감소하면서 형제자매 간에 상호 돌볼 수 있는 정서가 결여되고, 조부모나 친척 등이 양육을 분담하는 경우도 줄어들게 되었다.

이처럼 핵가족은 교육적 측면에서 대가족보다 그 기능이 약화되어 있다. 핵가족에서 부모만의 양육과 지도를 받고 자라는 아동은 대가족하에서 성장하는 아동보다 정서적으로 덜 성숙하고 사회화가 덜 이루어질 가능성이 높다. 이러한 관점에서 핵가족화는 가족의 교육적 기능의 약화를 초래하며 아동 문제의 원천이 될 수도 있다(김성이 외, 2013 : 58).

2) 청소년 문제와 욕구의 변화

시대적 상황에 따라 청소년의 문제와 욕구가 달리 표출될 수 있으므로 청소년복지 정책과 서비스 또한 이에 따라 유연한 대응이 필요하다고 할 수 있다(김성이 외, 2013 : 58-62).

(1) 청소년 문제와 욕구의 다양성

청소년 비행과 같은 문제는 어느 시대와 문화를 막론하고 존재해 왔으며, 그에 대한 대응도 다양하게 일어났다. 예를 들어, 미국의 경우 19세기 말부터 청소년의 범죄 행동을 성인과 분리하여 다루기 시작하였으며, 우리나라는 청소년을 보호하려는 취지에서 미성년자보호법을 제정하여 통제와 처벌 위주의 법 집행을 강화하는 방식을 취해오다가 1999년 이후부터 청소년보호법을 제정하며 변화를 꾀했다.

기존에는 청소년 문제로 청소년 비행, 공격적 행동, 우울증과 자살, 입시 스트레스 등의 문제를 주로 다루었다. 그런데 최근에는 이에 더해 산업화와 경제성장을 통해 의・식・주 생활이 향상되며 비만과 섭식장애 등의 문제가 증가하고 있다. 또한, 청소년보호법과 같은 제도적 조치가 마련되어 있음에도 음주 및 흡연은 증가하는 추세에 있으며, 점차 저연령화 현상이 심해지고 있다. 나아가 인터넷의 보급률이 세계적으로 손꼽히는 우리나라는 청소년을 사이버상의 유해매체로부터 보호할 장치가 미흡한 편이다. 특히 인터넷의 보급과 사용률이 높다는 측면에서 청소년의 대인관계가 점차 사이버 공간에서의 상호 작용으로 한정되어 가며, 이에 따른 부작용으로 인터넷 중독뿐만 아니라 사이버상의 언어적・성적 폭력이 신체적 폭력으로 이어지고 있는 실정이다.

또한 1990년대 후반부터 급속히 증가한 청소년 성매매 행동과 성폭력 행동은 청소년기의 단순한 성적 호기심을 넘어 용돈 조달의 수단이 될 뿐만 아니라 소득의 수단으로까지 이용되는 등 상업화, 조직화되기에 이르렀다. 이로 인해 미혼모 증가, 성병과 에이즈(AIDS) 감염의 확산, 낙태 증가 등 문제가 발생하고 있다. 그리고 학교 교육에 대한 혐오감을 느끼고 해외유학을 선택하거나, 획일적인 암기 위주 및 입시 위주의 교육, 급우 및 교사와의 갈등 등이 학교 부적응으로 이어지며 학교를 중퇴하는 학생이 점차 증가하고 있다. 이로 인하여 우리나라에서는 교육부 인정 대안학교가 1998년부터 설립되기 시작하여 증가하는 추세에 있으며, 설립도 점차 완화될 전망이다.

(2) 청소년 문제와 욕구의 복잡성

이전의 청소년 문제는 원인이 비교적 단순하고 해결방안이나 접근방법에 있어서도 개별적 접근을 요구하는 수준이었다. 그러나 사회 변동과 함께 청소년을 둘러싸고 있는 다양한 체계의 영향이 복잡해짐에 따라 청소년의 문제는 다양하게 서로 얽혀 있어 해결의 실마리를 찾기 어려운 형태로 표출되고 있다. 따라서 복합적 서비스를 운영하기 위한 원스톱서비스 제공기관 설립 및 운영이 필요한 시점이다.

(3) 청소년 문제의 심각성

청소년 문제의 심각성은 저연령화와 청소년의 문제행동 증가에서 분명하게 나타난다. 청소년의 흡연이나 음주 비율이 지속적으로 증가하고, 유해 매체의 접촉 빈도 역시 상승하고 있는 것을 볼 때 청소년들의 문제는 보편적으로 만연해 있음을 알 수 있다.

(4) 청소년 문제의 접근방법 변화

청소년 관련 접근 방법은 기존엔 의료 모델에 입각하여 단순원인론적 결정주의에 중점을 두었다면 1980년대 이후에는 생태체계적 관점과 강점 관점에 중점을 두게 되었다. 특히 문제행동에 대한 이해의 폭이 넓어지면서 어려운 상황에서도 문제를 극복해 나가는 청소년의 보호 요인과 어려운 상황에 빠져들도록 하는 위험 요인을 파악함으로써 이들에 대한 예방적 접근 방법이 활성화되기 시작하였다.

나아가 사회복지사 주도의 문제 해결과 개인 및 환경의 변화보다 파트너십 관계에서 변화 추구를 모색하게 되면서 임파워먼트 접근 방법과 권익옹호의 실천을 중요시하게 되었다. 개인이나 집단, 가족, 그리고 지역사회가 자신들의 힘을 되찾아 활용할 수 있도록 하고 상실하거나 박탈당한 권리, 서비스, 자원 등을 활용하도록 하게 되었으며, 사회복지사가 클라이언트의 입장에서 권익을 옹호하고 권익을 대변하거나 권익 향상을 위한 정책 과정이나 입법 활동에 참여하게 되었다.

3) 가치관 변화

가치란 믿음 또는 신념과 같은 것으로 '좋다/싫다', '바람직하다/나쁘다' 등과 같이 선호하는 것에 대한 암묵적 견해로서 인간의 삶과 관련된 특정 수단, 목적, 조건에 대한 주관적 선호를 말한다. 이처럼 가치는 단순한 관심이 아니라 인간행동의 방향과 동기를 제공하는 개념으로서 행동 시에 선택의 기준으로 작용하다 보니 청소년과 관련된 가치의 변화 또한 청소년복지가 필요로 하는 배경이 된다고 할 수 있다. 이에 김성이 등이 이야기한 가치관의 변화 내용을 살펴보면 다음과 같다(김성이 외, 2013 : 62-64).

(1) 양육 가치관의 변화

자녀 양육에 대한 사회적 가치관은 점차 변화하고 있으며 이로 인해 청소년복지의 필요성이 증대되고 있다. 오늘날의 부모들은 이전 세대와 희생에 대한 관점을 달리하고 있으며, 또한 자기표현과 실현욕구의 증진으로 그 양상이 변화되고 있다. 이에 따라 이혼 등 여러 가지 원인으로 인한 가족 해체의 위기 상황에서 아동에 대한 사회적 보호의 필요성이 증대하고 있는 실정이다. 아동과 청소년에 대한 국가의 책임이 증대되어 청소년의 권익을 대변할 수 있고, 이들에게 필요한 심리·사회적 욕구를 충족시켜 줄 사회복지서비스가 필요하게 되었다.

(2) 성 가치관의 변화

청소년의 성에 대한 가치관이 서구적 경향을 띠게 되면서 실제 성행동에도 영향을 주고 있다. 쾌락주의적 성행동 추구, 혼전 성관계 및 동거에 대한 개방적 태도 등은 청소년의 성 가치관이 변하고 있음을 보여준다. 10대 미혼모(부) 및 낙태율의 증가는 이를 방증하고 있다.

이러한 맥락에서 국가 및 사회의 책임은 점차 증대되고 있으며, 우리나라에서는 청소년보호법에 따라 2001년부터 '신상공개제도'를 시행해 오고 있다. 하지만 이러한 일의 예방을 위해서는 학교 교육과 의료 및 보건, 그리고 사회복지 관련 기관 및 단체의 협력을 통해 체계적인 성교육을 실시하고 올바른 성인식을 심어줄 필요가 있다.

(3) 균등 교육 기회권에 대한 가치관의 변화

학교부적응 학생의 증가에 따른 대안 학교 및 대안 교육에 대한 욕구가 증가하는 것은 기존 교육 제도에 대한 거부감에서 비롯된다고 할 수 있다. 이에 따라 국민의 기본권인 균등 교육 기회권에 대한 요구가 점차 증가하고 있는 추세이다. 제도권 밖의 교육을 부정적으로 바라보던 사회적 시각이 변화되었고 동등한 교육의 수혜자로서의 권리를 주장하고, 이에 따른 정부와 사회의 대책과 해결 방안을 적극적으로 요구하면서 대안을 찾고 있는 것이다.

4) 사회환경 변화

우리나라는 1997년 외환위기와 국제통화기금(IMF)의 관리 체제로 인해 경제위기와 함께 여러 가지 사회 문제를 경험하게 되었다. 경제 위기는 대량 실업과 절대 빈곤층 및 차상위 계층의 증가, 가정 해체 및 이혼, 시설보호 아동의 증가, 노숙자 문제, 자살 등과 같은 다양한 사회 문제를 유발시켰다. 이러한 문제는 청소년에게도 직·간접적으로 영향을 미쳤다. 빈곤과 실직은 가정파괴 및 해체를 가져오게 되었고, 해체된 가정의 아동과 청소년은 적절한 보호를 받지 못한 채 사회적 위험에 노출되며 청소년 문제를 증가시켜 청소년복지의 필요성이 가중된 것이다.

5. 청소년 관련 전문직

1) 청소년지도자

'청소년지도자'라 함은 청소년기본법에 의한 청소년지도사 및 청소년상담사와 청소년시설·청소년단체·청소년관련 기관 등에서 청소년육성 및 지도업무에 종사하는 자를 총칭하는 것이다. 국가전문자격인 청소년지도사는 2016년까지 총 42,193명이 배출되었으며, 청소년상담사 자격증 소지자도 11,453명을 넘어서고 있다.

| 그림 10-1 | 청소년지도자의 분류

출처 : 여성가족부(2016). 2016년 청소년백서, p. 437.

2) 청소년지도사

급격한 사회변화에 따라 심각해지고 있는 청소년문제를 적극적으로 해결하고 체계적인 청소년활동을 제공하기 위해서는 청소년수련활동에 대한 전문지식과 지도기법 및 자질을 갖춘 청소년지도자의 양성이 필요하다. 청소년지도자의 체계적이고 전문적인 양성을 위해 청소년기본법에서는 청소년지도사 양성 및 배치에 관한 내용을 규정하여 1993년부터 국가공인 청소년지도사를 양성을 독려하였다.

청소년지도사는 국가(여성가족부장관)로부터 자격을 부여받아 청소년 수련시설 및 청소년 단체 등에서 청소년 활동 · 복지 · 보호와 관련된 업무를 담당하는 전문가로 청소년활동(프로그램, 사업)을 전담하며, 청소년의 수련활동, 지역 · 국가 간 교류활동, 동아리활동, 봉사활동, 예술 활동 등을 지도한다. 청소년지도사는 양성계획에 따라 1993년부터 2017년까지 1급 소지자 1,666명, 2급 소지자 32,402명, 3급 소지자 11,905명 등 총 45,973명의 국가공인 청소년지도사가 배출되었다.

3) 청소년상담사

청소년상담사는 청소년상담기관인 한국청소년상담복지개발원, 시・도 청소년종합상담센터, 시・군・구 청소년상담센터를 비롯하여 청소년수련관, 청소년문화관, 사회복지관, 청소년쉼터, 청소년 관련 복지시설 및 청소년업무 지원부서 등에서 청소년의 보호선도 및 건전생활의 지도, 수련활동의 여건조성 장려 및 지원, 청소년단체의 육성 및 활동지원, 청소년을 위한 지역사회의 유익한 환경 조성 및 유해 환경의 정화활동 등의 직무를 수행한다.

청소년상담복지센터와 청소년쉼터 등 청소년복지시설에 배치・활용되는 청소년상담사는 양성계획에 따라 2017년까지 총 16회의 청소년상담사 자격검정이 있었으며, 청소년상담사 1급 510명, 2급 5,178명, 3급 11,499명으로 총 17,187명의 청소년상담사를 양성하였다(여성가족부, 2017 : 485).

4) 학교사회복지사

학교사회복지사는 학교에서 일어나는 학생의 문제들을 개인만의 문제가 아닌 개인과 개인을 둘러싼 환경과의 상호작용의 문제로 보고 심리적・사회적 문제들을 학생・학교・가정・지역사회의 연계를 통해 예방하고 해결한다. 또한 모든 학생이 자신의 잠재능력과 능력을 최대로 발휘할 수 있도록 최상의 교육환경과 공평한 교육기회를 제공하고자 한다. 학교사회복지는 교육의 본질적 목적을 달성하고 학생의 복지를 실현할 수 있도록 도와주는 교육기능의 한 부분이며 사회복지의 전문분야라고 할 수 있다.

6. 위기청소년 지원

1) 학교 밖 청소년 지원사업

(1) 지원 사업

학교 밖 청소년 지원 사업의 목표는 학교 밖 청소년에게 상담・교육・취업・자립 지원 등의 서비스를 제공함으로써 학교 밖 청소년이 건강한 사회 구성원으로 성장할 수 있도록 돕는 것이다. 서비스 대상은 9세 이상 24세 이하의 청소년으로, 초・중학교 및 이와 동일한 과정을 교육하는 학교에 입학 후 3개월 이상 결석하거나 취학 의무를 유예한 청소년, 고등학교 및 이와 동일한 과정을 교육하는 학교에서 제적·퇴학 처분을 받거나 자퇴한 청소년, 또는 상급학교에 진학하지 않은 청소년이 주 대상이며, 「학교 밖 청소년 지원에 관한 법률」 제2조에 의거 학교 밖 청소년 발생 예방을 위해 필요한 경우 잠재적 학교 밖 청소년도 포함된다.

꿈드림센터에서는 관계부처 합동으로 '학교 밖 청소년 발굴·지원 강화 대책(2015. 8. 27)'을 토대로 학교, 경찰서, CYS-Net 연계기관과의 다양한 채널을 통해 학교 밖 청소년을 발굴하고 있고 그 개소는 점차 확대되고 있다.

(2) 지원 서비스

학교 밖 청소년 지원센터로 연계된 청소년은 각자의 요구에 따라 맞춤형 서비스를 제공받는다. 서비스에는 상담지원, 교육지원, 직업체험 및 취업지원, 자립지원, 건강검진 등이 있는데 서비스 내용을 구체적으로 살펴보면 다음과 같다.

첫째, 학업형 청소년을 대상으로 학습동아리, 멘토링, 검정고시, 대학입시설명회 등 학력취득 및 상급학교 진학 지원 등의 서비스를 제공한다. 둘째, 직업형 청소년에게는 직업기술을 익히는 단계에서 직업체험이나 진로교육활동 또는 직접적인 경제활동 참여 등의 체험을 통해 진로를 설정할 수 있도록 지원하고, 이후 고용노동부 직업훈련 프로그램에 연계하여 취업을 지원한다. 셋째, 문화·자립이 필요한 대상에게는 자유공간 마련, 문화 활동 지원, 해외봉사 기회제공 등 자립준비에 필요한 서비스를 제공하며, 넷째, 건강검진 사업을 신규로 도입, DB를 구축하여 학교 밖 청소년의 건강관리 체계도 마련하였다. 이때 참여 청소년들에게는 개별적으로 자신의 목표를 성취할 때까지 사례관리 서비스가 제공된다.

학교 밖 청소년 건강검진 사업은 다음과 같다. 학교에 다니는 청소년의 경우 학교보건법에 근거하여 초등학교 1학년, 초등학교 4학년, 중학교 1학년, 고등학교 1학년 때 정기 검진(매 3년 단위)을 실시한다. 그러나 학교 밖 청소년은 건강검진이 정기적으로 실시되고 있지 않아 여성가족부에서는 2016년부터 신규로 학교 밖 청소년에게 건강검진을 도입하여 학교 밖 청소년이 건강하게 성장할 수 있도록 무료로 지원하고 있다.

2) 가출 청소년 지원

(1) 사업내용

청소년쉼터는 가출 청소년의 생활보호뿐만 아니라 상담, 자립역량 강화, 고충처리, 문화 활동 프로그램 기회 제공 등을 통해 가출 청소년들의 가정·사회로의 복귀를 지원하고 있다. 그뿐만 아니라 청소년 보호시설의 전문화 및 차별화된 지원 서비스를 제공하기 위하여 일시, 단기 및 중·장기 쉼터로 특성화하여 설치·운영하고 있다. 청소년쉼터는 가출 청소년을 일정 기간 보호하면서 상담·주거·학업·자립 등을 지원하는 시설(청소년복지 지원법 제31조 제1호)로서 쉼터의 활동범위에는 가출 청소년에 대한 일시보호 및 숙식 제공, 가출 청소년의 상담·선도·수련활동, 가출 청소년의 학업 및 직업훈련 지원활동, 청소년의 가출예방을 위한 거리상담 지원활동, 그 밖에 청소년복지지원 관리 등이 포함된다. 위기청소년의 조기발견과 개입, 가정 및 사회복귀를 위한 청소년쉼터는 지방자치단체 경상보조로 지원되고 있다. 청소년쉼터의 운영주체는 국가 또는 지방자치단체이지만 지역 실정 및 여건 등에 따라 청소년단체(청소년복지 지원법 제42조의2)에 위탁하여 운영하고 있는 경우가 많다. 또한 2012년 청소년복지 지원법의 전부 개정으로 국가 또는 지방자치단체 외의 자가 청소년쉼터를 운영하고자 할 경우 관할 지방자치단체에 신고하도록 되어 있다.

〈표 10-2〉 청소년쉼터 운영지원체계

보호 종류	보호 내용
생활보호	의식주 제공, 임시보호 등을 통한 안정적 생활환경 제공
의료 · 법률 지원	의료기관 연계, 진료비 지원, 유관기관 사례관리
상담 · 심리 치료	상담 및 사례관리, 가족개입을 통한 위기요인 감소
사회복귀 자립역량 제고	가정 및 학교 복귀, 취업 및 상급학교 진학

출처 : 여성가족부(2017).

(2) 청소년쉼터 종류 및 유형별 기능

청소년쉼터에서는 가출 청소년을 대상으로 개인별 정서적 지지 및 심층 상담을 실시하며, 거리상담 지원활동 시 또는 청소년쉼터 입·퇴소 시 필요한 경우 청소년상담복지센터, 정신건강센터, 국립정신병원 등 유관기관 연계 및 전문심리상담 및 치유 프로그램의 참여를 지원한다. 또한 가출 청소년을 대상으로 검정고시, 대안학교 진학, 전문자격취득 지원, 취업을 위한 직업훈련 등의 교육지원서비스를 개인별 적성을 고려하여 제공한다.

〈표 10-3〉 청소년쉼터 시설 유형

구분	임시쉼터(30개소)	단기쉼터(53개소)	중장기쉼터(40개소)
입소 기간	• 24시간 이내 일시보호 (최장 7일 이내 연장 가능)	• 3개월 이내 단기보호 (최장 9개월까지 연장 가능)	• 3년 이내 중장기보호 (필요시 1년 단위 연장 가능)
이용 대상	• 일반 청소년 • 거리 생활 청소년	• 가출 청소년	• 자립의지가 있는 가출 청소년
주요 기능	• 위기개입상담, 진로지도, 적성검사 등 상담서비스 제공 • 가출청소년 구조·발견, 청소년쉼터와 연결 • 먹거리, 음료수 등 기본적인 서비스 제공	• 가출청소년 문제 해결을 위한 상담·치료 서비스 및 예방활동 전개 • 의식주 및 의료 등 보호 서비스 제공 • 가정 및 사회복귀를 위한 가출 청소년 분류, 연계 의뢰 서비스 제공 등	• 가정복귀가 어렵거나 특별 보호가 필요한 위기청소년을 대상으로 전환형, 가족형, 자립형, 치료형 등 특화된 서비스 제공
위치	• 이동형(차량) • 고정형(청소년 유동지역)	• 주요 도심별	• 주택가
지향점	• 가출예방, 조기발견, 조기개입	• 보호, 가정 및 사회복귀	• 자립지원

출처: 여성가족부(2017).

3) 청소년방과후아카데미

청소년방과후아카데미 사업의 목적은 첫째, 저소득층·한부모·장애 등 방과 후 돌봄이 필요한 취약계층 청소년에게 체험활동, 학습지원, 상담 등 종합서비스를 제공하고, 둘째, 취약계층 청소년에게 활동·복지·보호·지도 등 다양한 지원을 통해

건강한 성장과 스스로 자립할 수 있는 역량을 배양하며, 셋째, 취약계층 청소년의 사교육비 절감 및 방과 후 비행 노출을 예방하는 것이다.

청소년 기본법 제48조의2(청소년 방과 후 활동의 지원)와 청소년 기본법 시행령 제33조의3(청소년 방과 후 활동 종합지원계획의 수립), 제33조의4(방과 후 활동 종합지원사업 실시), 제33조의5(청소년 방과 후 활동 지원센터의 설치 · 운영)를 근거로 시행되고 있다.

4) 드림스타트 사업(아동 통합서비스 지원체계 구축)

(1) 개념

드림스타트(Dream Start)는 아동복지법 제37조, 아동복지법 시행령 제37조에 의거하여 취약계층 아동의 건강한 성장과 발달을 지원함으로써 공평한 출발 기회를 보장하고 궁극적으로 빈곤의 대물림을 차단하는 것을 목적으로 한다. 이를 위해 건강 · 복지 · 보육 등 맞춤형 통합서비스를 제공하여 아동의 전인적 발달을 도모하고, 부모에게는 자녀 양육지도, 직업훈련 · 고용촉진서비스를 제공해 가족기능 회복, 양육여건 개선 등을 지원하고 있다. 드림스타트는 아동에 대한 집중적인 투자를 통하여 빈곤의 악순환을 끊을 수 있는 복지사업의 필요성이 대두되면서 2007년 희망스타트라는 이름의 시범사업을 시작으로 도입되었다. 이후 2008년 드림스타트로 사업명을 변경하고 정부의 국정과제로 채택되면서 급속도로 확산되었다.

지원대상은 0세(임산부)부터 만 12세(초등학교 6학년 이하)의 취약계층 아동 및 가족으로, 복지욕구조사 및 양육환경, 아동발달 사정 등을 통해서 대상 아동을 선정한다. 단, 만 12세 이상의 아동이라도 초등학교 재학생인 경우 사업 대상에 포함하고 있다. 국민기초생활 수급가정 및 차상위 계층 가정, 한부모가정, 조손가정, 다문화가정 등을 우선 지원하는 것을 원칙으로 하고 있으며, 아동 발달수준 및 양육환경 사정을 실시하여 고위기 또는 중위기로 판정된 아동과 저위기로 판정된 아동 중 특정 영역에서 고위기 또는 중위기가 나타난 아동을 대상으로 서비스를 제공한다.

(2) 수행체계

드림스타트 사업은 지역사회 복지자원 네트워킹을 통해 취약계층 아동의 다양한 욕구에 적합한 보건 · 복지 · 교육 · 문화 등을 종합적으로 지원하는 '맞춤형 통합서비스'를 실시하고 있다. 개인별·가구별 욕구조사 및 사례관리를 통해 아동 생활 전반에 필요한 통합서비스를 제공한다.

〈표 10-4〉 드림스타트 서비스 유형 및 프로그램

구 분	서비스 내용
신체 · 건강	• 아동의 건강한 성장과 신체발달 증진 • 건강한 생활을 위한 건강검진 및 예방, 치료 • 아동 발달에 필요한 신체/건강 정보 제공
인지 · 언어	• 아동의 의사소통 및 기초학습 능력 강화 • 맞춤형 인지/언어 서비스를 통한 아동의 강점 개발
정서 · 행동	• 자아존중감 및 긍정적 성격 형성을 위한 정서발달 서비스 제공 • 사회성 발달 및 아동 권리 신장을 위한 교육
부모 · 가족	• 부모자녀 상호작용 및 적합한 교육환경을 위한 부모 역량 강화 • 부모의 유능감 및 자존감 강화 • 부모의 양육기술 지원 • 임산부의 건강한 출산 및 양육 지원

출처 : 보건복지부(2017).

이러한 제반 서비스를 효과적으로 제공하기 위해서는 지역사회 공공·민간자원을 최대한 효율적으로 연계하는 것이 관건이다. 이를 위해 드림스타트 사업은 지방자치단체가 직접 설치·운영하는 공공전달체계를 통해 공공과 민간이 공동으로 사업을 수행하는 체계를 갖추고 있다. 보건복지부가 정책결정, 재정지원 등을 통하여 사업을 총괄하고 있으며, 각 지방자치단체는 드림스타트를 만들어 세 명의 전담 공무원을 두고, 4~7인 이상의 아동 통합서비스 전문요원을 배치하여 통합서비스를 제공하고 있다. 사업수행에 필요한 공간이나 서비스는 기존 지역인프라를 활용하는 것을 원칙으로 하고 있다. 한편 시·군·구 드림스타트 설치·운영 지원, 전담인력 교육, 운영모델 연구·개발, 사업평가, 후원 개발 및 홍보 등의 아동 통합서비스 실무 지원을 위해 드림스타트사업지원단을 전문기관에 위탁하여 운영하고 있다.

제11장 가족복지 서비스

학습목표

1. 가족의 기능과 가족복지의 필요성에 대해 설명할 수 있다.
2. 현대 가족기능의 변화와 문제에 대해 설명할 수 있다.
3. 가족복지 서비스와 가족치료에 대해 설명할 수 있다.

1. 가족의 개념과 기능

1) 가족의 개념

가족은 우리 사회의 기본 단위이며, 부호, 보건 등 신체적 보호의 1차적 기능을 가지고 있는 사회화를 위한 학습의 장이다. 그리고 개인의 인격 형성에 영향력을 미치며, 사회 공통의 행동 특징, 문화규범을 습득하는 등 사회화 과정을 담당한다. 사전적 정의로는 '가족은 부부, 부모, 자녀, 형제, 친지 등 혈연에 의하여 맺어지며 생활을 함께하는 공동체 또는 그 성원이다'라고 하였다. 전통적인 가족 개념은 현대에 와서는 산업사회의 급격한 변동으로 가족규모가 축소되었다. 또한 사회제도가 가족기능을 대체하고 있으며, 오늘날 가족의 가치 또한 급속히 변화하고 있다. 하지만 가족은 여전히 다른 곳에서는 발견할 수 없는 중요한 가치를 지니고 있다.

(1) 전통적인 가족 개념

가족에 대한 고전적인 정의를 내린 학자는 Murdock(1949)이 대표적이다. Murdock은 사회인류학자로 문화환경이 다른 여러 사회(약 1,170명)를 대상으로 하여 가족을 연구하였다. 그리고 다음과 같이 정의하였다. "가족은 부부와 그들의 자녀로 구성되고, 주거와 경제적인 협력을 같이하며 자녀의 출산을 특징으로 하는 집단이다. 사회적으로 인정받는 성적 관계를 유지하는 최소한 두 명의 성인 남녀와 한 명 이상의 자녀를 포함한다"라고 정의하였다. 이 정의는 가족을 혈연이나 혼인이라는 제도적 측면에서 법적 지위를 부여받는 핵가족의 정의에 초점을 두고 있다.

한편 Levi-Strauss(1956)는 "가족은 결혼으로 형성되고, 부부와 그들의 결혼에 따라 출생한 자녀들로 구성되지만 다른 근친자가 포함될 수 있다. 가족구성원은 법적 유대, 경제적·종교적 그리고 그 외 다른 권리와 의무, 성적 관리와 금기, 애정, 존경 등 다양한 심리적 감정으로 결합된 것"으로 정의하였다. 이는 가족의 유대, 관계, 결합 등 운명공동체적 성격을 중요 요소로 생각한 것이다. Levi-Strauss는 가족구성원의 심리적 정감을 결합시키면서 가족의 범위를 Murdock보다 넓혀 확대가족적 정의에 초점을 두고 있다.

Burgess와 Locke(1963)는 가족을 "혼인, 혈연 또는 입양에 의해 결합된 집단으로, 하나의 가구를 형성하고 남편과 아내, 아버지와 어머니, 아들과 딸, 형제와 자매라는 각각의 사회적 역할 속에서 상호작용과 의사소통을 하며 공통의 문화를 창조, 유지하는 집단"으로 정의하였다. 이러한 정의는 전통적인 가족의 정의에 가족구성원 내의 사회적 역할과 문화를 강조하면서 가족의 개념을 앞선 두 학자들보다 확장시켰다.

국내 학자들은 가족의 외형에 근거하여 가족에 대한 정의를 내리고 있다. 최재석(1982)은 "가족은 가례를 공동으로 하는 친족집단"이라고 하였고, 유영주(1993)는 "가족은 부부와 그들의 자녀로 구성되는 기본적 사회집단으로서, 이들의 이익관계를 떠난 애정적 혈연집단이며, 같은 장소에서 기거하고 취사하는 동거동재 집단이다. 또한 그 가족만의 고유한 가풍을 갖는 문화집단이며, 양육과 사회화를 통하여 인격 형성이 이루어지는 인간발달의 근원적 집단"이라고 하였다.

이들의 개념은 조금씩 다르기는 하지만 모두 결혼과 혈연을 토대로 한 협의의 개념에 속한다. 이를 종합해 보면, 전통적 의미의 가족은 혼인, 혈연 및 입양으로 이루어진 관계자들의 집단으로 볼 수 있으며, 이 집단의 구성원들은 의식주를 공동으로 해결하고 정서적 유대와 공동체적 생활방식을 갖는다.

(2) 현대적인 가족 개념

핵가족은 인류의 가장 보편적인 가족의 형태로 여겨지며, 정상 가족과 비정상 가족을 나누는 기준으로 존재해 왔다. 그러나 사회의 급격한 변화와 가족에 대한 가치관의 변화로 이혼가족, 재혼가족, 무자녀가족, 조손가족, 다문화가족, 미혼모부자 가족, 동성애가족 등 다양한 형태의 가족이 등장하였다. 현대가족이 변화하게 된 주요 요인으로는 사회문화적 환경, 산업화, 도시화 등 다양한 요인들이 있지만 학자들은 산업화, 도시화가 가장 많은 영향을 미쳤다고 보았다. 그 결과 가족에 대한 전통적인 개념은 새롭게 등장한 가족을 포괄하기 어렵고, 그러한 가족들을 비정상 가족으로 취급되었다. 그러므로 가족에 대한 새로운 개념정의가 요구되었다.

Hartman과 Laird(1983)는 가족을 "둘 이상의 사람이 서로 친숙한 한 가족이라 여기고, 밀접한 감정적 유대와 '가정'이라는 생활공간 그리고 생물학적·사회적·심리학적 요구의 충족에 필요한 역할과 과제를 공유하는 것"이라고 정의하고 있다. 미국의 인구국에서는 "가족 구성원은 한 집에 거주하는 서로 관련된 두 명 이상의 사람들로 구성된다"라고 하여 물리적 거주에 중점을 두고 있으나, 가족을 연구하는 학자들은 가족의 정의를 "가족이란 둘 또는 그 이상의 가족원들이 서로 돕고 몰입되어 있으며, 애정과 친밀감, 가치관과 의사결정 그리고 자원을 서로 나누는 집단"이라 보았다(Olson & DeFrain, 2003). 이효재(1998)는 가족을 "일상적인 생활을 공동으로 영위하는 부부와 자녀들, 그들의 친척, 입양이나 기타 관계로 연대의식을 지닌 공동체 집단"이라고 정의하였고, 유영주(2000)는 "가족은 인간의 본질적 특성인 개체성과 반개체성, 즉 개인으로서 '나'와의 관계에서 '나'의 욕구를 충족시켜 주며 상호작용하는 생활공동체적 집단"이라고 정의하였다. 정현숙 등(2001)은 "가족은 사회의 영향을 받기만 하는 집단이라기보다는 사회의 영향에 대해 나름대로 의미를 부여하며 적응·변화하는 집단"이라고 하였다. 이는 비혈연적인 관계라도 연대의식을 갖고 지속적인 관계를 유지하는 집단을 가족으로 볼 수 있다는 가족 개념을 제시한 것이다.

미국사회복지사협회는 가족을 "자신들 스스로가 가족으로 생각하면서 전형적인 가족임무를 수행하는 2인 이상의 사람들"로 규정하였다(Miller, 1948). 이와 같은 맥락으로 Eichler는 가족을 "한 명 혹은 그 이상의 자녀를 포함하거나 포함하지 않을 수 있으며, 이 자녀가 혼인관계에서 태어날 수도 있고 그렇지 않을 수도 있는 사회집단이다. 이들 성인관계는 결혼에 근원을 둘 수도 있고 그렇지 않을 수도 있다. 이들은 거주지가 같을 수도 있고 그렇지 않을 수도 있다. 이들 성인은 성적으로 동거할 수도 있고 그렇지 않을 수도 있으며, 이 관계는 애정, 매력, 경건성, 경외감 같은 사회적으로 패턴화된 감정을 포함했을 수도 있고 그렇지 않을 수도 있다"고 정의하였다(Eichler, 1988, Collins, Jordan, & Coleman, 1999 : 24-25 재인용).

가족은 사회 속의 개방체계(open system)이고 개인을 사회와 연결하는 매개체이므로, 사회가 가족을 바라보는 관점은 가족구성원에게 직접적으로 영향을 미칠 수 있다. 즉, 가족의 개념을 어떻게 정의하고 어떤 가족 개념에 의거하여 정책을 결정하는가에 따라 다양한 형태의 가족들이 경험하는 현실은 달라질 수 있다. 그러므로 핵가족만을 정상가족으로 간주할 경우, 다른 형태의 가족들은 문제가족이라는 사회적 낙인은 물론, 핵가족만을 인정하는 정책에서도 소외되고, 불평등을 경험하게 될 것이다. 이는 사회통합을 방해하는 장애물이 될 수 있다. 그러므로 우리 사회는 핵가족만이 정상적 가족이라는 개념을 뛰어넘어, 다양한 형태의 가족이라는 현대적 가족 개념을 수용해야 한다.

2) 가족의 기능

가족은 보편적으로 두 가지 기능을 수행한다. 하나는 구성원에게 애정과 친밀한 관계로 정서적 지원과 성장, 성숙을 돕는 것이다. 다른 하나는 자녀의 출산과 양육을 통해 사회성원을 충원하는 것이다.

① 애정의 기능 : 한 남녀가 애정을 바탕으로 가정을 이루며 그들의 자녀를 사랑으로 양육하는 집단이다. 현대의 가족은 다양한 가족의 출현과 산업화, 도시화, 가치관의 변화로 애정의 기능을 중요시하게 되었다. 복잡한 산업사회에서 많은 긴장감과 갈등 속에서 살아가야 하는 현대가족에서는 정서적 안정감과 사랑을 가족으로부터 제공받아야 하기 때문에 중요한 기능이다.

② 성적 통제 기능 : 성적 무질서를 방지하면서 사회적으로 인정되는 방법으로 성적 욕구를 충족하도록 하는 제도가 결혼이다. 따라서 결혼이라는 사회제도가

전체 사회에 대하여 어느 정도 성관계의 통제기능을 담당함을 의미한다. 어느 사회나 국가에서 결혼을 제도화한 이유는 성적 관계를 규제하기 위함이며, 이에 따른 규범은 시대나 사회배경에 따라 다소 차이는 있어도 소멸되지는 않을 것이다.

③ **생식의 기능** : 이 기능은 조직의 구성원을 충원하기 위한 재생산의 기능이다. 모든 사회의 조직은 그 사회의 존속을 위해 사망한 사람의 빈자리를 보충해 나가야 한다. 가족은 그 기능을 담당하고 있고, 이는 가족 이외의 다른 집단이 대신할 수 없는 기능 중 하나이다.

④ **양육**(사회화)**의 기능** : 아이가 출생하면서부터 가족구성원들에 의해 보호를 받으며, 가족생활을 통해 교육을 받게 된다. 가정에서는 아이들이 사회에 잘 적응하고, 자기에게 주어진 역할을 하며, 바람직한 인간으로 성장하도록 돕는 역할을 한다. 가족은 1차 집단으로 자녀의 인격 형성에 막대한 영향을 끼치기에, 나아가서는 건강한 사회인을 길러내는 기능이기도 하다.

⑤ **경제**(생산, 소비)**의 기능** : 전통사회 가족의 경제적 기능은 생산과 소비의 기능을 함께 수행했지만, 현대사회는 고도의 상업화, 상품의 대량생산으로 생산단위로서의 가족기능은 축소되었다. 가족원은 산업사회에 노동력을 제공하고 그 대가로 임금을 받으며 이것으로 필요한 물품을 구입하였다. 따라서 현대 산업사회의 가족은 상품 구매에 대한 현명한 소비자로서 능력이 요구된다.

⑥ **교육적 기능** : 교육적 기능은 문화전달기능에 대응한다. 양육의 기능으로 자녀가 사회에 적응하는 데 필요한 지식, 기술, 규칙 등의 기초적인 사회화를 시켜주는 것이다. 그러나 오늘날에는 교육이 교육전담기관인 학교나 학원 등에 의하여 수행되고, 가족의 사회화도 사회활동을 위한 조직체가 담당하여 교육적 기능을 가족 외에서 수행하는 비율이 늘어나게 되었다.

⑦ **보호적 기능** : 보호적 기능은 외적 위험으로부터 가족구성원과 가족의 재산을 보호하는 것이다. 특히 오늘날에는 익명적·대중적 사회생활 속에서 정신질병으로 인한 피해가 심각하므로 가족의 보호적 기능이 보다 중시되고 있다.

⑧ **휴식의 기능** : 휴식의 기능은 가장 특징적인 부차적 기능으로 가족구성원에 대해 심신의 긴장과 피로를 해소하고, 노동력을 회복시키는 기능을 의미한다. 이

전의 사회는 과중한 노동으로 육체적인 피로가 많다. 하지만 오늘날에는 심신의 긴장이나 피로가 늘어, 이를 회복하기 위한 장소로 따뜻한 가족적인 분위기가 더욱 필요해지고 있다.

⑨ **오락의 기능** : 오락의 기능은 가족구성원의 오락적 욕구를 충족시키는 기능을 의미하며, 여가를 즐길 때 가족구성원이 한자리에 모두 모이게 되므로 교육적 의미도 수반될 수 있다. 오늘날에는 오락적인 욕구가 질적·양적으로 복잡하고 다양해져 가족 단위의 여가활동이나 오락이 증가하는 경향과 함께 컴퓨터나 TV, 스마트폰 등의 영향력이 증가하여 가족의 오락기능을 위협하는 경향이 나타나고 있다.

⑩ **종교적 기능** : 종교적 기능은 종교적 의례와 형식만을 의미하는 것이 아니라 가족의 신앙적 욕구를 충족시키는 기능이다. 삶에 감사하고 삶의 진리를 깨달으며, 인간의 한계를 인정하고 기도하는 생활태도를 의미한다. 과거의 가족은 종교공동체적인 성격을 지녔으나, 오늘날에 이 기능이 점차 감퇴하고 있다.

2. 가족복지의 개념과 필요성

1) 가족복지의 개념

사회의 기본 단위인 가족은 인간의 성장과 발달, 문화전달, 양육을 담당하는 1차 집단으로 위대한 생존가치와 능력을 지녔다. 또한 가족은 현대사회의 급격한 변동에도 가족생활은 개인의 생활주기를 통해 다른 사회부분에서 발견할 수 없는 중요한 가치를 지니고 있다. 그러나 가족의 규모와 기능이 축소되면서 가족을 중심으로 발생하는 사회문제를 해결하기 위해 새로운 가족복지정책이 요구되고 있다.

가족복지란 가족의 삶이 행복하고 안정되며 바람직하도록 사회구성원 전체가 집단적으로 노력하는 것을 말한다. 또한 이것은 가족이 더욱 안정적이고 질 높은 삶을 살 수 있도록 지지하고, 가족에게 직면한 문제를 극복 또는 해결할 수 있도록 다양한 수단과 기관을 통해 도움을 주는 노력을 말한다.

그러나 가족복지는 가족이 가지는 복합성, 포괄성과 사회복지가 가지는 고도의 다양성으로 인해 개념을 고정화하기가 매우 어렵다. 가족은 사회의 일부로서 모든 문제와 정책에 직간접적으로 끊임없이 영향을 받고, 특히 사회복지의 다른 분야인 아동문제, 노인문제, 장애인문제, 여성문제 등과도 중첩되어 구분이 모호하기 때문이다. 또한 가족복지의 대상을 규정할 때 가족구성원 간의 상호작용과 역할관계를 모두 고려하기보다는 실용적이고 편의적인 개인 단위로 규정하는 경우도 많았다.

이렇게 볼 때 가족복지는 가족의 복지를 추구하기 위한 인간의 공동체적 노력으로 볼 수 있다. 그러므로 가족복지의 개념은 문화적 양상에 따라 다양한 의미를 나타낼 수 있다. 이에 대한 여러 학자들의 정의를 살펴보면 다음과 같다.

Feldman과 Scherz(1968)는 가족복지란 전체로서의 가족은 물론 그 구성원의 사회적 기능수행을 효과적으로 증진시켜 가족구성원 모두의 행복을 도모하기 위한 사회복지의 한 분야라고 하였다.

조흥식 외(1997)는 가족복지란 목적 면에서는 국민의 생활권의 기본 이념에 입각하여 가족의 행복을 유지하는 것이며, 주체 면에서는 가족을 포함한 사회구성원 전체가 되고, 대상 면에서는 가족구성원 개개인을 포함한 '한 단위로서의 가족 전체'가 되는 것이다. 또한 수단 면에서는 제도적 · 정책적 · 기술적 서비스 등 조직적인 제반 활동이 되고, 범위 면에서 사회복지의 한 분야인데 추상적인 목적 개념이 아니라 복지라는 목적 달성을 위한 현실적인 수단으로써 실체적인 개념을 갖는다고 하였다.

최경석 등(2003)은 가족복지를 사회의 한 단위로서의 가족의 전체성을 주목하면서 가족과 그 구성원이 경험하는 문제를 해결하여 가족이 건강하고 행복한 상태를 유지할 수 있도록 하는 거시적이고 미시적인 사회적 대책으로 정의하였다.

김영화 등(2010)은 가족복지를 가족의 욕구와 문제를 스스로 충족시킬 수 있도록 그 잠재력을 개발하고, 가족의 역할과 기능을 활성화시키며, 생활의 질적 향상을 위해 여러 가지 형태로 사회가 개입하는 것으로 정의하였다.

이렇듯 가족복지는 다양하게 규정되거나 구체적으로 규정하기 어렵다. 그 개념이 다양하게 정의되지만, 가족문제를 가족 전체(family as a whole)의 맥락에서 본다는 것에는 대체적으로 합의하고 있다.

이상의 정의에 근거하여 가족복지는 가족이 욕구를 충족할 수 있도록 그 가족의 잠재력을 개발시켜 주거나 가족문제의 예방 및 해결, 가족구성원의 사회적 기능 수행의 활성화와 생활의 질적 향상 등에 전문적 지식과 기술을 제공하는 과정이라 할 수 있다. 이것은 가족구성원의 만족스러운 삶 그 이상의 상태를 지향하며, 그를 위한 구체적 실천활동까지 포함하는 개념이다.

2) 가족복지의 의의

가족과 사회의 관계를 살펴보면, 사회는 가족을 기본적이고 핵심적인 단위로 삼아 존속·발전하게 된다. 이에 사회는 가족의 생존과 복지를 보장해 주는 기능을 수행한다. 그러므로 사회가 가족의 기능과 구조를 바람직한 방향으로 이끌고, 가족의 복지를 증진하고자 노력하는 것은 사회뿐만 아니라 가족의 존속과 발전을 위해서도 필요한 일이다.

가족의 기능이 원활히 잘 수행된다는 것은 가족구성원 개개인이 주어진 복지적 책임을 다한다는 의미이다. 그러나 사회가 점차 변화하면서 가족이 그 맡은 바를 수행하기가 힘들어지고, 사회를 대표하는 국가가 가족의 복지기능을 강화·보완·대리하기 위하여 제도적인 노력을 기울이게 되어 복지국가가 탄생하게 되었다.

가족은 구성원들의 일상적인 욕구를 충족시키면서 개인의 발전과 복지를 돕고, 개인이 사회에서 기능적인 역할을 하게 하여 사회의 유지와 발전을 돕는 것에 그 본질적인 의의가 있다. 그런데 가족기능의 일부를 사회의 다른 제도가 수행할 수는 있지만, 그 다양하고 복합적인 기능을 지속적으로 수행할 수는 없다. 여기에 바로 가족복지의 의의가 있다.

3) 가족복지의 목표

가족복지의 목표는 가족복지를 통하여 실현하고자 하는 것으로, 가족복지에 관심을 갖는 이유이다. 이것은 하나의 절대적인 개념이 아니라, 한 사회의 경제, 정치, 역사적 배경에 따라 다양하게 변화한다. 그중 기본적으로 염두해야 할 가족복지의 목표는 다음과 같다.

(1) 가족의 안녕 추구

가족복지는 가족의 문제와 욕구를 해결하여 개인과 가족의 안녕을 추구해야 한다.

(2) 가족구성원 간의 권리보장과 평등증진

현행의 가족 관련 법률에 제시·시행되고 있는 가족정책은 대체적으로 바람직하다. 하지만 아직은 가족구성원의 권리보장과 평등증진의 목표를 실현하는 데 부족한 부분이 있다. 그러므로 다양한 가족구성원 간의 문제를 해결하고 예방하기 위해서는 법적 장치와 제도적 장치가 이들의 권리와 평등을 보장하는 것에 목표를 두고 실천해야 한다.

(3) 새로운 가족형태의 인정

사회와 가치관의 변화에 따라 새로운 형태의 가족이 출현하고 있음을 인정하고, 이를 정책에 반영해야 한다. 즉, 전통적인 직계가족이나 핵가족뿐만이 아니라 새로이 나타나는 한부모가족, 아동가장가족, 노인단독가족 등의 가족형태를 인정하고, 그들이 가진 문제를 해결하기 위한 정책을 적극적으로 시행하여야 한다.

(4) 사회문제의 근본 해결

가족복지는 사회의 변화를 유도하고, 사회문제를 해결하는 데 기여해야 한다. 가족의 문제해결은 인간이 끊임없이 추구해 온 가치인 평등과 자유의 개념을 실현하는 수단이며, 이를 통해 사회변화를 유도할 수 있어야 한다.

4) 가족복지의 필요성

오늘날의 가족은 사회경제적 변화를 비롯하여 가족의 구조나 관계, 기능, 역할, 가치관 그리고 가족생활 전반에 걸쳐 많은 변화를 겪고 있다. 이로 인해 가족은 다양하고 복잡한 문제에 직면했으며, 가족갈등의 증가는 개인과 사회에 많은 부담과 부작용을 가져오게 된다. 이러한 상황 속에서 그동안 가족이 수행하던 기능들이 축소되면서 가족복지서비스가 이러한 기능을 보완하고 대체하게 되었다. 이로써 가족복지가 더욱 필요해졌다.

(1) 가족과 사회관계의 변화

가족은 사회의 존속을 위한 필수적인 존재로 가족과 사회의 관계성은 점차 긴밀해지고 있다. 하지만 가족은 사회의 변화로 인해 과거에는 경험하지 못한 문제가 나타나기 시작했다. 그 결과 취업모의 증가, 핵가족화, 탈시설화 정책, 비용절약정책 등의 이유로 가족의 구성원들은 가족에게 보다 많은 보호와 복지에 대한 책임을 요구하고 있다. 따라서 국가는 가족의 책임을 잘 수행할 수 있도록 다양한 사회복지서비스를 제공해야 한다.

(2) 가족에 대한 개입의 관점변화

과거에는 가족구성원의 보호와 복지는 가족의 책임으로 제3자인 국가가 개입하면 더 많은 문제를 야기할 수도 있다는 입장이었다. 하지만 오늘날에는 사회문제 해결에 국가의 개입을 부정적으로 인식하던 신자유주의자들조차 사회복지제도의 개혁을 촉구하고 있다. 이들은 가족복지 프로그램을 집중 지원하기를 바라며 가족에 대해 국가가 개입해 줄 것을 요구하고 있다.

(3) 다양한 가족형태의 등장과 욕구변화

다양한 가족형태가 등장하고 그에 맞추어 가족구성원 간의 다양한 욕구변화가 발생하면서 이를 충족시켜 주는 가족복지서비스가 필요해졌다. 맞벌이가족, 재혼가족, 한부모가족, 소년소녀가장가족, 독신가족, 동성부부가족, 집단가족 등 다양한 가족이 점차 증가하면서 기존의 가족복지정책으로는 가족구성원들의 다양한 욕구를 충족시키기 어렵게 되었다.

(4) 가족문제에 대한 가족 단위의 접근변화

점차 인간과 사회문제를 해결하는 데 가족이 효율적인 단위라는 사실이 강조되고 있다. 그 예로 인간의 문제를 해결하기 위해 개인을 대상으로 한 접근보다 가족을 단위로 한 가족치료가 보다 효과적이었다.

3. 현대 가족기능의 변화와 문제

현대사회 가족의 변화는 산업사회와 현대 도시의 성장으로 탈제도화, 다양화, 개인화 등 다양한 차원에서 우리들의 생활을 변화시켰다. 산업혁명 전에는 농촌공업의 가내공업에 종사했고, 산업화 초기에는 공장에 취업하여 도시생활을 하면서 양육의 부담과 여성의 활동성 등이 높아지면서 점차 대가족을 기반으로 한 가족구조가 소규모로 변화하고 있다. 이에 노동시장을 중심으로 조정되는 생활방식 속에서 대규모 집단이나 공동체보다는 개인의 이동성이나 유동성을 강조하는 개인화 경향이 뚜렷하게 나타나고 있다. 특히 여성의 교육수준 향상과 노동시장 진출은 여성들에게 점차 가족 안에서의 역할을 벗어나 노동영역 안에서의 삶을 기획하고 조정해야 하는 상황에 놓이게 하였다. 이에 따라 자율적 개인으로서의 여성과 남성이 가족생활을 영위할 때 가족과 노동시장 영역 간 성역할 분업을 둘러싼 갈등은 피할 수 없을뿐더러 이를 새로운 방식의 삶으로 재조정해야 하는 단계로 접어들었다. 더욱이 완전고용이나 평생직장 보장이라는 기반 위에 성립되어 왔던 남성가장중심의 1인 생계자 가족구조는 자본주의의 고도화 속에서 점차 확대되고 있는 고용불안정성, 불완전고용의 증가로 인하여 더 이상 적합하지 않은 시대로 접어들었다(Esping-Andersen, 1999).

따라서 현대사회의 가족은 구조적 변화의 외부변수인 산업화, 도시화에 따라 핵가족이라는 가족형태가 출현하게 되었으며, 전형적인 가족모델로 자리 잡았다. 또한 부모와 자녀만의 핵가족 세대비율이 감소하고 부부만의 세대, 편부·편모세대, 독신세대 등 가족의 다양화 현상이 뚜렷해지고 있다. 그리고 출산율의 감소, 노인인구의 증가, 독신가구 및 단독가구의 증가, 결혼연령과 이혼 및 재혼율의 증가 등의 현상들은 가족 인구구성의 변화뿐만 아니라 가족 구조, 형태, 기능, 가치관, 주기에 있어서도 많은 변화를 초래하고 있다.

1) 가족기능의 변화

가족은 개인의 성장·발달을 위해 여러 가지 기능을 수행하고 있다. 이러한 가족기능은 산업의 발달과 도시화의 영향으로 많은 변화를 겪게 되었다. 가족기능의 일부가 다른 사회기관에 의해 수행됨으로써 그 기능이 축소·약화되었다. 반면, 자녀를 사회화시키는 기능이나 가족구성원의 긴장과 피로를 회복시키기 위한 기능, 사회발전에 기여할 수 있는 기능은 오히려 확대·강화되고 있다.

가족의 일반적인 기능 변화는 다음과 같다.

(1) 성적 및 재생산 기능의 변화

현대사회에서도 가족은 정상적인 규범하에서 성적 욕구 외 종족유지의 본능을 가능하게 하는 장소로서의 기능을 한다. 그러나 임신 및 출산의 자유, 다양한 피임법의 개발 및 보급으로 성에 대한 규범 및 가치관의 변화를 가져왔다.

(2) 자녀양육 및 사회화의 기능 변화

자녀양육 및 사회화의 기능은 과거보다 강화되어 가족에게 큰 부담으로 작용하고 있다. 이는 부분적으로 부모 및 자녀 간의 갈등을 조장하기도 하고, 입시 위주의 교육제도로 인해 조기교육 및 과잉교육에 따른 가정교육의 부재현상도 나타나고 있다.

(3) 경제적 기능의 변화

가족의 경제적 기능은 산업화로 인해 가족 삶의 공간과 일터가 분리됨에 따라 변화가 일어났다. 농경사회에서 가족이 수행하던 자급자족의 생산기능이 약화되거나 혹은 상실되고 오히려 소비기능이 강화되었다. 또한 취업은 경기변동에 더 큰 영향을 받아 직업의 안정성은 상대적으로 낮아졌다. 따라서 실업은 1차적으로 가족의 소득 중단 혹은 소득 감소에 영향을 미치기 때문에 가족경제적인 측면에서 심각성을 가지며 결과적으로 가족위기를 유발시킨다.

(4) 정서적 유대 및 여가의 기능 변화

과거에 비해 가족 간의 정서적 유대 및 여가기능이 강화되어 그 어느 때보다 중요시되고 있다. 특히 최근 부부의 이혼·별거 등에 의한 가족해체로 버려지는 자녀들이 점점 늘고 있다. 이는 부모로서의 책임의식이 약화되며, 사랑과 보호와 양육을 가장 우선시하는 가족의 정서적 유대기능이 점점 약화되고 있음을 보여주는 현상이다. 또한 가정의 휴식 및 여가기능은 일터와 가정의 연결, 인적 재원의 재충족, 노동력 질의 향상을 위해서 필요하며, 개인 및 가족 삶의 질 향상에 절대적인 역할을 하고 있다. 이는 점차 비중이 커지고 있으며 오늘날 휴식 및 여가 기능은 대부분 창조적 활동보다는 '상품소비'의 방식으로만 이루어진다. 이에 계급 및 계층 간의 격차는 매우 큰 것으로 확인되며, '구세대', 즉 조부모 세대의 노인들은 소외되기 쉽다는 문제점이 있다.

(5) 사회보장기능의 변화

지금까지의 가족은 노인과 환자 등을 보살피는 일종의 사회보장제도로서의 기능을 수행해 왔다. 그러나 현대의 가족은 사회보장기능을 담당할 인적 자원을 보유하고 있지 않으며, 또한 사회보장제도가 미비한 우리나라의 경우 가족에게 경제적 부담과 심리적 부담을 안겨주고 있는 실정이다. 따라서 가족기능을 대신할 사회보장제도가 마련되어야 한다.

(6) 지위계승기능의 변화

과거에 비해 현대사회는 지위계승기능이 강화되었으며, 자녀의 교육과 결혼, 재산 상속 등을 통해 계속 강화되고 있다.

(7) 가사노동의 변화

여성의 가사노동 부담을 덜기 위한 성역할 사회화, 의・식・주 생활의 상품화, 가사보조기구의 기계화 등이 계속 진행되고 있다.

이상과 같이 가족은 사회제도의 변화 및 발전과 함께 개인의 욕구가 다양해지면서 가족의 기능이 변화・축소됨에 따라 그 중요성이나 내용 면에서 달라지고 있다. 따라서 가족의 기능이 과거와는 많이 달라졌듯이 미래에도 변화될 것이며, 사회의 기본 단위로서 존재할 것이다.

2) 현대 가족의 문제

(1) 빈곤이나 자원의 결핍으로 인한 문제

가족생활에 필요한 경제적 자원의 결여는 가족의 생존 자체를 위협할 수 있다는 측면에서 가족생활의 곤란 중에서도 가장 기본적인 문제이다. 빈곤가족은 주로 가족의 생계를 책임지는 사람의 사망, 질병, 실업, 장애, 노령에 의해 발생하며, 빈곤으로 인한 가족문제는 다양하고도 심각하며, 심각한 경우 가족해체를 가져오기도 한다. 한편 오늘날 심각한 사회문제가 되고 있는 주택문제도 이러한 문제와 연결된다. 예를 들면, 주택의 부족문제 그리고 핵가족만이 살기 적합한 주거공간은 노인을 부양하는 데 어려움을 가져오는 요인이 될 수 있다.

(2) 가족 내 인간관계의 문제

가족구성원이 각기 모순된 욕구와 의지를 가짐으로써 가족 내의 인간관계가 왜곡되어 가족기능을 충분히 수행하지 못할 때 가족은 어려움을 겪게 된다. 즉, 가족 간의 가치관의 차이, 역할갈등, 가족구성원의 특수한 성격, 습관 등이 원인이 되어 가족생활을 유지하기 곤란하게 되는 경우이다. 물론 어느 가족이나 일정 정도의 긴장과 갈등은 가지고 있다. 그러나 심한 경우 이혼, 별거, 가출 등이 일어나며, 가족이 해체되거나 가족의 안정성을 상실하게 된다. 최근에는 특히 배우자학대나 아동학대, 노인학대와 같은 가정폭력이 증가하고 있으며, 청소년의 비행, 미혼모, 성폭행, 혼수문제로 인한 가정파탄 등의 병리적 가족문제도 증가하고 있다.

(3) 불안정가구의 증가

현대 가족의 변화를 나타내는 가장 큰 특징은 소위 불안정한 혹은 비전통적인 가족이 증가하고 있는 것이라고 말할 수 있다. 즉, 사회적 보호를 필요로 하는 문제가 있는 가구가 증가한 것이다. 최근에는 이혼율의 증가로 인한 편부모가족, 여성가구주 가족의 증가도 심각한 사회문제로 대두되고 있다. 특히 결혼 후 한두 명의 어린 자녀를 둔 상황에서 이혼하는 경우가 많기 때문에 이혼은 아동의 보호문제로 이어지기도 한다.

(4) 피부양자의 보호문제

산업화로 인해 가족의 기능 중 생산기능, 교육기능 등이 다른 사회제도로 이양되고, 현대 가족에는 재생산기능과 보호를 필요로 하는 대상자의 보호기능만 남아 있다는 것이 일반적인 지적이다. 사실상 아직 대부분의 사회적 보호를 필요로 하는 대상자, 즉 아동, 노인, 장애인, 병자 등에 대한 보호가 가족에서 이루어지고 있다. 그러나 현대 가족에서는 이들에 대한 보호문제가 점점 중차대하게 대두되고 있다. 확대가족의 유대 안에서 피부양자에 대한 보호가 자연스럽게 이루어지던 전통사회와는 달리 현대의 핵가족 안에서는 보호를 담당할 사람이 많지 않다. 그뿐만 아니라 여성의 사회참여나 취업이 증가하는 추세인데, 이것은 여성 교육수준의 확대와 경제적 욕구의 확대로 인한 필연적인 결과이며 앞으로는 더욱 증가될 전망이다. 따라서 여성이 가정 내에서 자녀를 양육하고 노인이나 병자를 돌보던 방식은 이제 더 이상 당연한 것이 될 수 없게 되었고, 결국 피부양자에 대한 보호 제공의 문제는 개인이나 개별 가족이 해결할 수 있는 상태를 벗어나고 있다.

3) 현대 가족의 문제점 해결방안

(1) 가족복지법의 제정

가족과 가족구성원을 통합적으로 보는 시각에서 현재의 각종 가족 관련법을 보완하여 정리하거나 혹은 가족관계의 기본법으로 가족복지법을 새로 입안하는 것이 바람직하다.

(2) 대통령 직속의 가족정책 심의기구 설치

가족관련 정책, 예를 들어 주택, 근로, 교육, 세제, 여성, 가족법 등은 정부의 어느 한 부서에서 통괄할 수 없다. 그러므로 국무총리 산하 혹은 대통령 직속으로 가족정책 심의기구를 설치하거나, 2~3년에 한 번씩 '가족에 관한 청와대 회의'와 같은 기구를 설치해서 가족에 관한 정책을 조정하고 통괄하여야 한다.

(3) 가족기능의 와해 전 보완적 서비스의 제공

가족정책은 가족의 기능이 실패한 후 혹은 가족이 와해된 후에 도와주는 것이 아니라, 지원이 필요할 때 가족의 기능을 회복할 수 있도록 도와주는 방향으로 지향해야 한다.

(4) 금전적 서비스는 국가가, 비금전적 서비스는 가족이 상호 보완적으로 책임

최소한의 소득보장과 의료보장은 공적 부조와 사회보험을 통하여 정부가 금전적으로 책임져야 하며, 비금전적 서비스는 가족의 기능을 일시적 혹은 부분적으로 보완하는 사회서비스를 제공하여 가족이 사회적 서비스의 도움을 받으면서 가족구성원들에게 필요한 서비스를 제공하는 책임을 져야 한다.

(5) 가족기능을 보완하는 서비스 제공

개인에 대한 직접적인 원조보다는 가족을 통하거나 아니면 가족을 직접 지원해주는 방향으로 나가야 한다. 따라서 가족에 대한 소득보장, 주택서비스, 교통편의 제공, 간호보호 역할의 완화 서비스, 예를 들면 보육서비스, 가정봉사원 서비스, 탁노서비스 등을 확대하는 것이 바람직하다.

(6) 가족은 문제의 해결사라는 전제에 도입

가족을 문제의 발원지 혹은 저장소라 인식하기보다는 가정문제의 해결사라는 전제를 도입해야 한다. 이에 가족정책은 가족의 이러한 기능을 발휘할 수 있도록 강화시키거나 회복시키는 방향으로 지향하여야 한다.

4. 가족복지실천의 원칙

다음 제시된 원칙들은 가족복지실천현장에서 사회복지사가 가족의 강점과 적극적인 선택의 자유를 추구할 수 있도록 한 기본 원리들이다. 이러한 원칙들은 사회복지의 토대가 가족의 능력에 대한 믿음을 전달하며, 긍정적 변화를 유도할 수 있다는 것을 확실하게 인식할 수 있게 해준다.

1) 가족을 돕는 가장 좋은 장소는 가정이다

집은 가족들에게 가장 자연스러운 환경이다. 집에서 가족이 상호작용하는 것을 관찰함으로써 사회복지사는 가족에게 보다 쉽게 접근할 수 있다. 가족의 사회적 상황을 인식함으로써 가족에 대한 정확한 이해가 이루어지고, 이러한 것을 기반으로 한

개입은 성공을 위한 기회를 제공한다. 집에서 사회복지사는 상호작용과 문제해결을 위한 대안에 관하여 즉각적인 피드백을 가족에게 제공할 수 있다.

2) 가족복지실천은 가족이 스스로 문제를 해결할 수 있도록 가족의 능력을 최대로 활용한다

가족복지실천의 중요한 목적 중 하나는 가족이 보다 더 기능적이 될 수 있도록 돕는 것이다. 즉각적인 해결책을 제공하는 것은 현재의 스트레스를 감소시키고 순간적인 해결이 될 수는 있으나, 가족이 앞으로 경험하게 될 예측할 수 없는 갈등을 조절할 수 있도록 준비하는 것은 아니다.

가족은 새로운 기술을 배우고 실천함으로써 변화한다. 개입의 주요 목표는 가족들이 자신에 대하여 신뢰를 가지고 독립을 촉진하는 방법으로 변화에 적극적으로 참여할 수 있도록 하는 것이다. 사회복지사는 이것을 명확하게 인식하는 것이 중요하다. 가족들이 스트레스에 대처하는 방법은 다양하다. 어떤 가족은 적절한 대처방법을 가지고 있으면서도 스트레스가 증가하면 추가적인 원조를 필요로 한다. 반면에 다른 가족들은 지속적인 원조를 필요로 할 수 있다. 모든 가족들은 그 나름대로의 독특한 강점과 약점을 동시에 가지고 있다. 그러나 어떠한 가족도 능력이나 강점에서 전적으로 부족한 것은 아니다. 이와 같이 가족의 능력에 대하여 구체적으로 정확하게 파악하는 것은 개입을 계획하기 전에 이루어져야 한다.

3) 특정 가족의 사회, 심리, 문화, 교육, 경제, 신체적 특성에 대한 사정에 기초하여 개별화된 개입이 필요하다

가족복지의 실천은 도움을 필요로 하는 특정 가족이 있는 곳부터 출발한다. 이 원칙은 사회복지사가 몇 회를 가정방문하든지 간에 동일하게 적용된다. 한 가족에게 효과적인 것이 비슷한 문제를 가진 다른 가족에게도 동일한 효과가 나타나기를 기대할 수는 없다. 미리 예정된 기준에 맞추어 개입하게 되면 특정 가족의 특별한 욕구에 적합하도록 수정할 수가 없다. 가족복지실천의 이점 중 하나는 가족의 독특성을 반영하는 개입적 상황을 미리 계획할 수 있다는 데 있다.

4) 사회복지사는 우선 가족의 긴박한 욕구에 우선하여 반응하고 난 후 장기적인 목표를 추구하여야 한다

굶주린 사람들은 음식을 우선 요구하며 배고픔을 달래고자 한다. 사회복지사는 이 사실을 기억하고 즉각적인 반응을 하고 사정해야 하며, 이러한 욕구가 충족될 수 있는 도움을 줄 수 있어야 한다. 그리고 사회복지사는 가족구성원이 기본적으로 신체적 요구와 안전의 욕구가 보장될 수 있도록 하고 그 다음 욕구를 위해 가족과 함께 노력해야 한다. 그러나 가족의 욕구는 끊임없이 변화하기 때문에 사회복지사는 가족의 변화하는 욕구에 대한 우선순위와 그때마다 무엇을 도와줄 것인지에 대하여 유연하게 대처할 수 있는 능력이 필요하다.

5) 하나의 사회체계로 가족구성원의 행동은 전체 가족에게 영향을 줄 수 있다

한 가족원의 행동은 다른 가족원에게 영향을 준다. 그러나 관심을 두어야 할 것은 특정 변화로 인해 누가 이익을 얻고 피해를 입을 것인가라는 문제이다. 이익은 가능한 한 개별 가족원의 이익보다, 전체 가족이 치르는 대가가 적은 결과를 예측하는 것이 가족에게 도움이 된다.

6) 사회복지사와 가족 간에 상호 협력적인 관계가 형성되어야 한다

사회복지사가 가족과 협력적인 관계를 형성하는 것은 무엇보다 중요하다. 사회복지사는 가족문제를 해결하기 위하여 계획단계에서는 전문적인 지식과 방법을 제공하지만 문제를 정의하고 해결하는 과정에서는 가족과 협력하여야 한다. 이런 협력적 동반관계는 공통의 문제를 확인하고 목표를 설정하고 해결책을 강구할 수 있는 힘을 부여하는 데 매우 중요한 조건으로 작용한다.

7) 가족복지실천의 목표는 인종, 지역, 신념 등에 관계없이 모든 집단을 위한 사회정의를 실현한다

가족복지의 실천은 인종, 지역, 신념 등에 관계없이 모든 집단에게 유익을 주며 사회정의를 실현해 준다. 그리고 전통적으로 소외된 가족에 대한 문제는 편견, 선입견, 특수한 환경에 대한 적응부족 등으로 무시되어 왔다. 가족복지실천의 목표는 무엇보다 가족에게 효과적인 서비스를 제공하는 것이다. 따라서 사회복지사는 도움을 필요로 하는 가족에 대하여 옹호자, 교육자, 중재자의 역할을 수행하여야 하며, 어떤 특정한 문화적 관점을 가지고 다른 관점을 강요하는 것을 경계해야 한다. 그 대신에 가족의 문화적 유산에서 강점이 무엇인지를 찾아 부각할 수 있어야 한다.

8) 가족친화적 · 여성친화적 · 양성평등적 가족정책 및 행정체계의 확립이 필요하다

가족복지실천은 가족 모두가 행복하고 편안한 생활이 되어 아름다운 생애가 되도록 서로 협력하여 선을 이룩하여야 한다.

이에 따라서 다음과 같은 과제를 수행할 수 있어야 한다.

㉠ 가족복지실천에 대한 사회적 연대의 정책이 확보되어야 한다.
㉡ 가족보호기능에 대한 사회적 지원(보육, 노인부양)이 필요하다.
㉢ 체계적 가족정책의 수립과 진행을 위한 행정체계의 구축이 필요하다.
㉣ 가족복지서비스 전달체계의 구축이 필요하다.

5. 가족사회복지사의 역할

사회복지가 점차적으로 전문화되면서 가족복지의 실천방법을 직접적으로 전달하는 사회복지사의 역할도 다양화되고 있다. 사회복지사는 가족과의 상호작용을 넓히면서 가족원조기능을 증진시키기 위해 가족과 상호 존중 및 동반자적인 관계를 형성한다.

1) 지지자의 역할

가족사회복지사의 주요 역할은 가족의 강점을 발견하여 이를 강화시켜 주는 것이다. 이처럼 가족의 강점을 알려주는 것은 가족사회복지사가 가족과 동참할 수 있게 하고 변화를 향한 동기와 낙관주의를 창출할 수 있는 유대를 발달하게끔 한다.

2) 교사 · 훈련자의 역할

가족사회복지사는 가족에게 부족한 지식이나 기술을 습득하도록 돕는다. 여기에는 가족관계에서 문제가 될 수 있는 영역, 즉 의사소통, 부모역할기술, 문제해결, 분노 조절, 갈등 해결, 가치 명료화, 금전 관리, 일상생활 기술 등에서의 결핍을 포함한다.

3) 자문가의 역할

가족사회복지사는 현재 가족이 직면한 문제에 대해 조언할 수 있다. 가족들이 자녀의 일탈행동이나 진로탐색 등 다른 곳에서 도움을 받을 수 없을 경우, 가족이 처한 상황에 대해 피드백을 제공함으로써 이들의 특정 문제를 해결하도록 돕는다.

4) 중재자의 역할

가족사회복지사는 가족원 간, 가족 간, 또는 가족과 지역사회의 갈등상황에서 해결을 중재할 수 있고 갈등상황에서 발생하는 스트레스를 감소시킬 수 있는 역할을 한다.

5) 옹호자의 역할

가족사회복지사는 가족과 가족원보다 더 큰 사회체계에서 행동을 취해야 하는 경우가 있다. 가족문제가 가족 내 가족원들의 관계에서 기인한 것이 아니라 지역 또는 사회환경의 구조적 문제로 인해 발생한 것이라면, 가족의 이익과 문제해결을 위해 사회체계로부터 가족을 옹호하는 역할을 한다.

6) 자원동원가의 역할

가족사회복지사는 사회복지 원조체계와 사회적 지지망에 대한 이론적 지식을 근거로 가족문제를 해결하는 데 필요한 지역사회 집단과 자원을 활성화시키고 동원할 수 있는 역할을 한다.

7) 가능하게 하는 자의 역할

가족사회복지사는 가족이 직면한 문제에 대해 다른 방식으로 접근할 수 있도록 기회를 확장해 준다. 또한 그들이 이용할 수 있는 서비스를 알려주고 잘 활용할 수 있도록 도와 가족의 능력과 힘을 강화시켜 주는 역할을 한다.

6. 가족복지 서비스와 가족치료

1) 가족복지 서비스

가족복지서비스는 가족의 문제를 개별적 · 심리적 · 미시적으로 해결하고 치료하는 서비스로 사후 회복적 처우라는 성격이 있다. 그러나 특수한 요구를 가진 가족문제가 점차 일반화되어 가면서 예방적 관점에서의 프로그램 개발과 실시가 필요하게 되었다.

가족복지서비스를 기능상의 특성에 따라 구분하면 다음과 같다.

(1) 가족기능 지원서비스

가족에 대한 지지적 서비스(supportive service)로 가족이 생활하고 있는 시대와 사회가 요구하는 가족의 기능을 가족 스스로가 보다 잘 수행할 수 있도록 기능의 일부를 지지하는 서비스이다. 가족의 기능을 지원하는 서비스로는 보편주의적 관점에서 제공되는 각종 가족정책(소득 · 주택 · 교육 · 보건 · 의료 보장), 가족상담, 가족치료서비스, 가족생활교육 및 부모교육 서비스, 문화 또는 여가생활 및 각종 생활정보를 제공하는 서비스 등이 있다.

(2) 가족기능 보충서비스

가족의 내부적 원인이나 가족을 둘러싼 여러 가지 사회환경 때문에 가족 스스로가 가족의 기능을 원활하게 수행하지 못할 때 가족문제가 발생하게 되는데, 이렇게 발생된 가족문제를 해결하여 가족이 안정을 찾을 수 있도록 사회가 가족의 기능을 일부 보충해 주는 서비스(supplementary service)이다.

가족의 기능을 보충해 주는 서비스로는 보육서비스, 노인과 장애인을 위한 재가서비스와 케어(care)서비스, 가정조성사업(home maker service), 노인보호서비스 등을 들 수 있다. 또한 선별주의적 관점에서 제공되는 각종 사회보장으로 국민기초생활 보장법에 의한 저소득층 가정에 제공되는 보호를 들 수 있다.

(3) 가족기능 대리서비스

대리서비스(substitute service)는 가족 스스로가 그들이 당면한 문제를 도저히 극복하거나 해결할 수 없을 때에 가족의 기능을 전적으로 수행하는 것으로 일시 또는 장기간의 가정위탁보호, 입양, 노인 및 장애인이나 아동을 수용하는 시설보호 등을 들 수 있다.

2) 가족치료

가족치료는 개인이 아닌 가족을 대상으로 하는 사회복지실천 방법 중의 하나이다. 가족체계는 가족구성원들의 하위체계를 포함하며 이와 상호작용한다. 또한 가족체계는 사회환경과도 상호작용하며 발달주기에 따라 변화하는 하나의 개방된 체계이다. 그래서 가족구성원의 역기능은 개인의 문제가 아니라 가족 전체의 역기능으로 이해되며, 구성원은 그저 '가족의 문제를 지니고 있는 사람'이 된다. 가족을 치료하는 전문가는 치료의 초점을 '사람'에서 '가족 전체'로 맞추어 가족이 모두 변화에 참여하여 상호작용할 수 있도록 해야 한다(조흥식 외, 2004).

다음은 가족치료의 주요 개념들에 대한 설명이다.

(1) 가족 항상성

가족의 항상성(homeostasis)은 가족 내의 관계를 지속적으로 유지시키는 상호작용적 과정이며 내적인 균형을 이루게 한다. 가족 간의 균형이 위태롭게 되면 이전의 상태로 돌아가려고 하는데, 이는 가족규칙을 활성화하여 지속적으로 관계를 유지할 수 있게 한다. 다시 말해, 가족구성원에게 칭찬이나 처벌을 하여 행동을 강화하는 되돌림을 통해 가족의 균형을 유지하는 것이다(조흥식 외, 2002 : 121; 허남순 외 공역, 2004 : 193).

(2) 가족규칙

가족규칙은 가족구성원 간에 지켜야 할 의무나 태도에 대한 지침, 권리를 말한다. 이는 가족 내에서 적절한 행동이라고 판단되는 것을 규범으로 구체화한 것인데, 가족성원들의 관계, 역할수행, 행동지침에 대한 지도원리이다. 이를 통해 가족은 항상성을 유지한다(사회복지사 1급 시험연구회, 2006 : 237; 허남순 외 공역, 2004 : 193-194).

(3) 순환적 인과성

순환적 인과성(circular causality)에 따르면, 한 성원의 변화는 다른 구성원들과 가족 전체에 영향을 주고, 이 영향은 다시 그 성원에게 영향을 주는 순환구조를 띠며 상호작용한다. 따라서 가족체계의 모든 행동은 반응이며, 개별성원의 문제는 순환적이다(조흥식 외, 2004).

(4) 의사소통

의사소통은 가족치료의 발달과정상 의사소통모델이 개발될 정도로 기초가 되는 주요 개념이다. 의사소통은 가족구성원 간의 정보교환을 통해 관계를 형성해 나가는 모든 행동을 의미한다. 의사소통의 기능에는 내용(content)기능과 관계(relationship)기능이 있다. 내용기능은 사실적인 정보, 의견, 감정을 전달하며, 관계기능은 정보의 전달과정에서 관계의 속성을 규정한다. 가족은 지속적인 관계로 가족규칙이나 농의에 따라 관계를 규정하는 과정을 고정화한다(이영실 외, 2010; 조흥식 외, 2004).

(5) 체계

체계에는 개방체계와 폐쇄체계가 있다. 체계이론을 가족에 적용한 것인데, 가족은 전적인 개방체계도 폐쇄체계도 아니다. 개방체계일수록 적응적이고, 변화가능성이 높으며, 넥엔트로피를 가지고 있으며, 목표지향, 침투가능한 경계, 자유로운 의사소통, 개별화의 특징을 가졌다. 반면 폐쇄체계일수록 경직된 경계를 가지고, 상대적으로 엔트로피의 위험성이 있다(신성자 외, 2000; Goldenberg & Goldenberg, 1996).

(6) 경계

가족은 어느 정도의 침투적인 경계를 가지고 외계와 교류할 수 있고, 적절한 가족 기능을 위해 하위체계들도 자신의 경계를 유지하면서 각각의 역할과 책임을 수행하며 서로 교류한다. 체계가 복잡할수록, 사정할 때 가족이 개방체계로 기능할 수 있는 능력, 가족원의 계급질서, 역할이 분담되는 방법과 가족 내 행동기준 등이 가족과 외계와의 경계를 규정짓는 규칙 등을 함께 고려해야 한다(사회복지사 1급 시험연구회, 2006 : 237).

(7) 형태발생성

형태발생성(morphogenesis)에 따르면, 가족은 항상성을 유지하면서 체계 내외의 변화에 적응하기 위한 유연성이 필요하다. 내부적으로 가족 전체의 발달주기과정에 따른 새로운 과업수행을 위해 재조직되는데, 발달단계가 옮겨가면서 새로운 욕구와 과업을 수행하기 위해 새로운 규범과 선택이 필요하며, 이에 따른 규칙의 변화가 필요한 것이다(조흥식 외, 2004).

(8) 비총합성

전체는 부분의 합보다 크다. 가족도 마찬가지다. 가족을 이해하기 위해 개별성원의 특성보다는 성원의 행동을 연결하는 상호작용이나 의사소통의 유형에 주의를 기울여야 한다(조흥식 외, 2004).

(9) 다귀결성 혹은 동귀결성

시작은 같아도 다른 결과를 가져올 수 있으며, 같은 결과도 다른 시작으로부터 올 수 있다는 원칙이다. 처음 상황이나 사건의 영향은 가족조직의 반응에 따라 달라질 수 있으며, 같은 위기상황에서도 가족에 따라 다른 대처를 보이는 현상은 다귀결성으로 설명할 수 있다(조흥식 외, 2004).

제12장 노인복지 서비스

학습목표

1. 현대사회문제와 노인문제를 비교 설명할 수 있다.
2. 노인문제의 발생요인과 과제를 도출할 수 있다.
3. 노인문제를 해결하기 위한 복지 프로그램을 설명할 수 있다.

1. 현대사회의 노인문제

1) 노인문제의 사회문제화

산업화, 도시화, 핵가족화로 특징지어지는 현대사회의 노인문제는 필연적으로 발생하는 심각한 사회문제로 부각되고 있다. 인구구조의 급속한 고령화에 따른 사회구조적 변화와 관련하여 노인의 생활 그 자체는 물론 노인을 둘러싼 사회적 환경도 제2차 세계대전 이후 큰 변화를 초래하였다.

오늘날 선진 외국에서는 65세 이상의 노인 인구가 10%를 넘어 20%대에 이르는 등 초고령 사회(super aged society)로 진입하고 있으며, 그에 따른 다양한 노인과 관련된 사회문제가 대두되고 있다. 우리나라에서도 1960년대 초반부터 본격화되기 시작한 산업화와 더불어 물질주의, 출세주의, 실용주의 등의 가치관은 전통적인 노인 부양 의식의 약화를 가져오는 등 종래의 가족체계를 붕괴시키는 결과를 가져왔다. 사회구조의 변화로 인하여 1970년대 이후부터 노인문제가 사회적 관심 영역으로 점차 부각되고 있으며, 향후 노인 인구의 급증으로 인하여 더욱 심각해질 것으로 예상되고 있다.

우리나라의 65세 이상 노인 인구는 2000년 전체 인구에서 차지하는 비율이 7%로 고령화 사회(aging society)로 진입했고, 2017년에는 전체 인구의 14.2%로 고령사회에 진입했다. 2025년에는 본격적으로 초고령사회(aged society)로 진입하게 될 것으로 예상된다.

이와 같은 인구의 고령화로 인하여 많은 사회문제가 제기되고 있다. 통계청 '2017년 노인의 연간 총소득(개인소득)'에 따르면 65세 이상 노인의 월평균 소득액은 98만 원으로, 수입원의 31%는 근로소득이다. 근로를 하는 이유로는 생계비(생활비) 73%, 용돈 마련 11.5%로, 생활비에 보탬이 되고자 근로를 하는 것으로 나타났다.

노인의 약 90.9%가 치매·중풍 등 각종 만성질환을 앓고 있으며, 만성질환으로 43.3%의 노인이 일상생활 수행상의 제한을 많이 받고 있다. 특히 치매노인은 급속하게 증가하고 있다.

사회나 가정으로부터 역할상실에 따른 소외감, 고독으로 노인들의 사회참여와 여가에 대한 욕구가 증대하고 있지만 이를 충족시킬 수 있는 여건이 미흡하고, 각종 여가시설이나 프로그램이 부족한 것이 현실이다. 노인들의 여가활동 실태를 보면 친구 만남·친가 방문·동호인 모임 등 사교활동으로 21.7%, TV시청·라디오 청취·신문 보기가 9.5%, 관광·등산·낚시·답사 등의 여행이 5.8%, 종교활동 5.1%, 바둑·장기·화투 등 3.0%, 자녀 및 손자녀 양육이 3.0% 등으로 나타나고 있다.

노인문제를 4중고(빈곤, 질병, 소외감, 고독)로 요약할 수 있겠지만 현대사회처럼 노인의 고통이 심화된 적은 일찍이 없었다. 서구 사회에서는 150~200년의 오랜 세월을 통해 노인문제에 대한 대응방안과 복지적 기반을 다져왔다. 그러나 우리 사회는 30년이라는 짧은 기간 동안에 노인문제가 급격히 대두되었기 때문에 이에 충분하게 대비하지 못했다. 즉, 노인과 그가 속한 가족은 모두 고통을 받고 있으나 사회가 그들을 돌보아 주어야 한다는 인식과 여건 마련은 아직 어려운 실정이다. 따라서 이제 우리는 노인에 대해 경로효친 규범을 가지고 추상적으로 접근할 것이 아니라는 인식의 새로운 전환과 제도적 차원에서 노인문제를 풀어 나가야 할 것이다.

2) 노인의 특성

우리나라 노인 인구의 특성은 노인문제와 노인복지정책에 중요한 단서가 된다. 또한 노인문제의 대응책을 실천하는 과정에 있어 검토되어야 할 중요한 사항이기도 하다. 노인 인구를 살펴보는 일은 노인과 연관된 문제와 그 대응책을 이해하는 데 기본적 사항이며, 노인복지실천에 있어 전체적인 맥락을 이해하여 노인복지정책의 능률성과 효과성을 높일 수 있다.

〈표 12-1〉 평균수명의 추이

(단위 : 세)

연 도	1970	1980	1990	2000	2010	2020	2030	2040	2050
전 체	59.3	65.0	70.3	74.9	79.5	82.8	84.2	85.5	86.7
남	55.8	61.0	66.1	71.0	76.0	79.6	81.2	82.6	83.9
여	63.3	69.3	74.6	78.8	82.7	85.7	87.1	88.4	89.7

출처 : 통계청(2019). 장래인구추계.

OECD 국가들의 2020년의 기대 여명은 일본이 84.4세, 스웨덴은 82.6세, 프랑스는 82.5세, 미국은 78.8세, 캐나다 82.2세, 독일 81.1세, 네덜란드 82.1세, 스위스 83.6세, 영국 81.2세 등으로 조사되고 있다. 우리나라도 선진국 수준에 이를 것으로 전망된다.

(1) 급속한 노령화 속도

일반적으로 65세 이상의 노인 인구가 전체 국민의 7% 이상이 되면 고령화 사회(aging society)라고 하며, 14% 이상이면 고령사회(aged society), 그리고 20% 이상일 때 초고령 사회(super aged society) 또는 후기 고령사회로 구분할 수 있다. 선진국의 경우에는 고령화 사회에서 고령사회로 변화하는 소요기간이 매우 길었다. 프랑스는 115년, 스웨덴은 85년, 미국은 73년, 이탈리아 61년, 그리고 일본은 24년이 걸렸다. 한국의 경우는 서방국가나 일본보다 더 빠른 속도로 17년 만에 고령화 사회에서 고령사회로 진입하였다.

〈표 12-2〉 주요 국가별 인구 고령화 속도

(65세 이상 인구비율)

국 가	도달연도			증가 소요연수	
	고령화(7%)	고령(14%)	초고령(20%)	7%→14%	14%→20%
한 국	2000	2017	2025	17	8
일 본	1970	1994	2006	24	12
프랑스	1864	1979	2018	115	39
이탈리아	1927	1988	2006	61	18
미 국	1942	2015	2036	73	21
스웨덴	1887	1972	2014	85	42

출처 : 통계청(2019). 국제통계연감 : 기대수명.

프랑스, 스웨덴, 미국과 같은 서방 국가들에서는 산업발달과 더불어 노인 인구가 증가하기 시작했고, 또한 인구의 고령화 기간이 길었기 때문에 노인문제 해결을 위한 자원조달과 서비스 개발을 비교적 오랜 기간 동안 점진적이고 체계적인 방법으로 실시할 수 있었다. 그러나 우리나라 경우에는 매우 짧은 기간 동안 급격한 사회변동과 아울러 고령인구가 급증하기 때문에 각종 노인문제가 심각하게 대두되고 있다.

(2) 여성노인 인구의 비중 증가

우리나라 노인인구의 특성 가운데 하나는 여성노인이 남성노인에 비하여 많다는 점이다. 통계청 '2019년 장래가구추계'에 의하면, 노인 인구 중 여성노인 인구를 100으로 했을 때 남성노인 인구를 이에 대비해 볼 때 75이며, 2030년에는 83이고, 2040년에는 86이 될 것으로 전망된다. 이러한 남성노인 인구의 증가는 의료기술의 발달 및 건강에 대한 관심 고조로 남성노인의 사망률이 낮아지고 있기 때문이다.

일반적으로 여성노인이 남성노인에 비해 그 수가 많다. 더욱이 문제는 연령이 높을수록 여성노인 인구가 더욱 많다는 것이다. 따라서 노인문제는 곧 여성노인 문제라는 점을 인식하고 노인문제의 해결책 혹은 대응책을 구상하고 실천하는 과정에서 이러한 특성을 이해하고 접근해야 할 것이다.

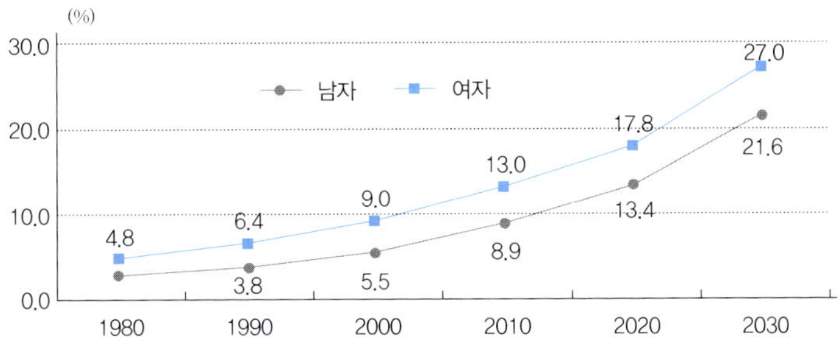

그림 12-1 65세 이상 인구 구성비

출처 : 통계청(2019). 고령자통계.

(3) 질병 · 장애노인의 증가

노인들은 연령이 증가하면서 신체적 · 정신적으로 약화 · 위축되면서 각종 만성질환을 앓고 있으며, 특히 장기간의 만성질환은 장애로 이환되어 일상생활을 수행하는데 상당한 제약을 가져오게 된다. 특히 신체적 제약은 의료비의 지출을 인한 경제적 곤란을 가져오며, 사회활동의 제한, 외로움 · 소외감 · 자존감의 상실 등을 동반하게 된다.

노인인구의 증가는 바로 장애노인이나 보호대상노인의 증가를 의미한다. 더욱이 핵가족화의 지전이나 각종 사고 증가로 노인가구나 독거노인이 증가하여 장애노인이나 일상생활상의 거동불편노인의 수가 증가하고 있는 추세이다. 노인들에 대한 사회적 복지정책이 요망되고 있다고 하겠다.

〈표 12-3〉 65세 이상 인구의 사망원인 및 사망인원

(단위 : 세, 인구 10만 명당)

나이	1위	2위	3위	4위	5위
60~69	암 (285.6)	심장질환 (61.4)	뇌혈관질환 (43.4)	고의적자해(자살) (32.9)	간질환 (26.7)
70~79	암 (715.5)	심장질환 (216.0)	뇌혈관질환 (177.5)	폐렴 (144.0)	당뇨병 (75.1)
80 이상	암 (1425.8)	심장질환 (1060.2)	폐렴 (978.3)	뇌혈관질환 (718.4)	알츠하이머병 (315.8)

출처 : 통계청(2019). 2018년 사망원인통계연보.

2. 주요 노인문제

1) 경제적 빈곤문제

노인이 직면하는 경제적 문제는 바로 빈곤을 의미한다. 현대 산업사회에서 빈곤문제는 사실 노인연령층에서 가장 광범위하게 나타나고 심각하게 영향을 미치는 문제이다. 노인의 빈곤문제는 우리나라뿐만 아니라 서구에서도 쉽게 볼 수 있는 현상이다.

경제협력개발기구(OECD)에 따르면 우리나라의 65세 이상 노인가구의 상대적 빈곤율(2017년 가계금융조사)은 42.2%로 OECD 회원국 중 가장 높은 것으로, OECD 국가 노인가구 평균 빈곤율 12.1%의 3.5배에 달하는 수치이다. 공공사회복지지출은 GDP 대비 11.1%로 OECD평균 20.1%의 절반 수준이고, 이 중 현금지원이 차지하는 비중은 42%로, OECD 평균의 60%와 비교했을 때 현금지원 역시 낮은 수준이다.

〈표 12-4〉 일반적 특성에 따른 노인의 연간 총소득

구 분	특 성	연간 평균소득(만 원)
평 균	소계	1,176.5
지역별	동부	1,215.7
	읍 · 면부	1,091.1
성 별	남자	1,697.1
	여자	791.9
연령별	65~69세	1,412.1
	70~74세	1,137.6
	75~79세	1,092.1
	80~84세	922.1
	85세 이상	996.8
결혼상태별	배우자 있음	1,275.8
	배우자 없음	1,004.7

가구형태별	노인독거	1,082.5
	노인부부	1,263.1
	자녀동거	1,078.1
	기타	1,258.4
교육수준별	무학(글자모름)	695.2
	무학(글자해독)	800.5
	초등학교	973.9
	중학교	1,191.8
	고등학교	1,563.4
	전문대학 이상	2,472.6
현 취업상태	취업중	1,629.0
	미취업	979.7
기능상태	제한 없음	1,292.9
	제한 있음	833.4

출처 : 통계청(2019). 2018 보건복지부 노인실태조사.

2018년 노인실태조사에 따르면 노인의 연간 평균소득액은 1,176.5만 원으로, 여성일수록, 연령이 높을수록, 배우자가 없을수록, 홀로된 노인일수록, 교육수준이 낮을수록, 현재 미취업자일수록, 기능상태가 제한될수록 연간 평균소득이 낮은 것으로 나타났다.

2) 건강과 장애문제

노인이 되면 건강의 악화로 질병에 걸릴 확률, 유병률이 높다는 사실은 잘 알려진 내용이다. 연령이 증가할수록 이러한 유병률이 증가하는데 65～69세 노인은 89.7%, 70～74세 노인은 92.1%, 75세 이상 노인은 91.3%인 것으로 나타났다. 국민건강에 관한 한 조사 결과를 보면, 60세 이상 노인은 만성환자율과 만성이환율이 전체 연령에 비해 3배 이상 높은 것으로 드러났다. 노인은 만성질환자가 많은데, 60세 이상 인구의 3.6%, 65세 이상 인구의 4.5%는 와상노인이라는 조사결과가 보고되고 있다.

교육수준이 높을수록 만성질환 유병률은 대체로 감소하는 경향이며, 가구소득에 따른 만성질환 유병률은 일정한 차이가 보이지 않으나, 2개 이상의 만성질병을 가진 비율은 가구소득이 적을수록 대체로 증가하는 경향을 보이고 있다. 기능상태에 제한이 없는 만성질환 유병률은 89.3%, 제한이 있는 경우는 94.4%로 더 높았다.

3) 고독과 소외문제

현대 산업사회는 특성상 노인을 역할과 심리적인 면에서 소외시키는 속성이 있다. 산업화 이전 사회에서 노인은 경험과 지식의 소유자로서 젊은이와 후손들에게 전달할 만한 것을 소유하고 있었다. 또 문화적·가치론적인 면에서도 동시에 존경받는 존재로서 인식되어 왔다. 특히 가부장적인 가족구조 역시 사회 전반적인 환경과 연관되어 있지만, 노인들로 하여금 가정에서 보호받고 존경받는 위치를 유지할 수 있는 틀이었다.

산업사회는 이러한 노인에게 우호적인 여건과 구조를 해체시키고 노인들을 젊은층과 마찬가지로 능력에 따라 대우받고 경쟁하는 존재로 변화시켰다. 가족구조조차 핵가족화되면서 노인부양의 문제가 대두되었다. 가치와 문화 역시 새로운 산업사회의 논리에 따라 평등성과 업적주의와 합리주의로 대체되어 갔다. 반면에 노인은 끊임없이 변화하는 기술과 지식에 적응하는 역량이 젊은층과 비교할 때 떨어지면서 소위 '생산성'의 문제로 산업현장에서 정년제도를 통해 강제퇴직해야 하는 처지에 놓이게 되었다. 결과적으로 노인은 사회의 중심부에서 주변부로 밀려나는 위치로 전락하여 지위가 상실되고 이에 따라 고독과 소외가 함께 밀려드는 것으로 풀이되고 있다.

특히 노인들은 직장에서 은퇴하는 것 이외에 자녀들의 독립으로 부모역할의 약화, 친구들의 사망으로 인한 관계 상실, 그리고 경제적 여건의 위축, 건강의 약화 등 연령이 증가할수록 그 역할이 감소하고 있다. 심리적으로 고독과 소외로 인하여 다양한 어려움을 경험하게 된다. 역할의 상실은 노인 개인의 자아개념과 사회적 정체감의 혼란을 가져오고 노년기 사회적응상의 곤란을 유발시킨다. 즉, 노인의 역할상실, 고독과 소외문제는 노인의 경제적·사회적 위치와 가치 측면의 권위 등과 관련되어 문제를 발생시키고 있다.

노인문제 중 경제적 문제나 질병 등의 건강문제 등에 대하여 상당한 정책적 관심과 연구가 진전된 반면에 노인의 심리적 고독과 소외, 그리고 사회적 역할상실문제를 해결하기 위한 연구나 실천적 프로그램과 정책개발은 상대적으로 간과되어 왔다. 그러므로 이 부문의 실천 프로그램과 구체적인 정책개발이 요청된다.

〈표 12-5〉 노인문제

노인문제	내 용
질 병	• 만성질환, 퇴행성질환, 성인병 등 여러 질병으로 인한 고통 • 발병률이 다른 연령층에 비해 매우 높음 • 고독, 친구나 가족의 죽음, 퇴직, 지위 상실, 소득 감소, 육체적 악화 등으로 인한 스트레스가 노인의 발병률을 높이는 요인
빈 곤	• 빈민의 상당수가 노인 • 국가의 사회보장제도는 빈곤 노인에게 최저생계비 이상을 보장해 주지 못하고 있는 실정
정서적 문제	• 심리사회적 상실감(사랑하는 사람의 사망으로 인한)과 인생 목표의 상실 등으로 인해 노인들의 상당수가 우울과 같은 정서적 문제를 안고 있음 • 노인 우울은 자살로 이어지기도 함
노인차별	• 나이를 이유로 노인을 차별하고 편견을 갖는 것 • 노인에 대한 부정적인 이미지와 태도
퇴 직	• 노인은 지적 · 신체적 근로능력을 보유하고 있음에도 정년제도에 의해 강제퇴직 • 사람을 직업으로 평가하는 경향이 강한 현대사회에서 직업이 없는 노인은 소외의 대상
가족과 친구의 상실	• 가족이나 친구의 사망, 자녀의 분가와 독립은 노인을 고독하게 만드는 요인
노인학대	• 노인에 대한 신체적 · 정서적 학대, 노인의 경제적 이용, 방임 • 노인을 부양하는 가족이나 노인시설의 직원에 의해 주로 발생
영양상태의 악화	• 이동의 부자유, 영양에 대한 지식의 부족, 경제적 곤란, 치아 상태, 조리능력의 저하 등으로 인해 노인의 영양은 만성적 악화상태에 있음
사 망	• 요양원 등 시설에서 사망하는 노인(점차 증가하는 추세)의 경우 인간존엄성을 상실한 채 사망할 확률이 높음
성문제	• 노인도 성적 욕구가 있으나 노인의 성에 대한 사회적 인식은 부정적

출처 : 원석조(2019). 사회복지개론. 노인복지, p. 261.

3. 노인문제의 발생요인

노인문제의 발생요인은 인구학적 요인, 가족관계 요인, 사회적 요인, 문화적 요인으로 구분할 수 있다(이석원, 1999 : 5-12). 이 네 가지 요인들이 개별적으로 또는 상호 연계되어 노인의 일상생활동작(ADL)을 저하시키고 또한 가족들의 노인부양 기능을 약화시키고 있다.

1) 인구학적 요인

(1) 평균수명의 연장

지난 1970년 우리 국민의 평균수명은 59.3세였는데 2010년에 79.5세, 2020년에는 82.8세가 되어 과거 50년 동안 평균수명이 23.5세가 증가되었다. 우리 국민의 평균수명은 점차 증가할 전망이다.

(2) 고령인구의 증가

국민의 수명과 평균수명이 연장됨에 따라 고령인구가 증가하고 있다. 2000년에 339만 5천 명(7.2%)이고, 2017년에 711만 5천 명(14.2%)이었다. 2025년에는 1051만 1천 명(20.3%)에 이를 것으로 예측되고 있다. 중요한 사실은 80세가 넘어 심신기능이 허약하고 경제력도 부족한 후기 고령노인들이 급증하고 있다. 이에 따라 일상생활동작(ADL) 및 수단적 일상생활동작(IADL)이 저하되어 자립적인 가정생활을 계속할 수 없는 의존성 노인이 증가하고, 이들의 생계보호와 장기요양이 커다란 사회문제가 될 것이다.

(3) 고령화 사회의 도래

한국은 서구 복지선진국가나 일본과는 달리 빠른 속도로 17년 만에 고령화 사회에서 고령사회로 진입하였다. 프랑스, 스웨덴, 미국과 같은 서구 국가들에서는 산업발달과 더불어 노인 인구가 증가하기 시작했다. 또한 인구의 고령화 기간이 길었기 때문에 노인문제 해결을 위한 자원조달과 서비스 개발을 비교적 오랜 기간 동안 점진적이고 체계적인 방법으로 실시할 수 있었다. 그러나 우리나라의 경우에는 짧은 기간 동안에 급격한 사회변동과 아울러 고령인구가 급증하고 있기 때문에 각종 노인문제가 심각하게 대두되고 있다.

(4) 시설보호대상 노인의 증가

우리나라 65세 이상 노인 대부분(90.9%)이 관절염, 만성요통, 고혈압 등의 퇴행성 만성질환을 가지고 있으며, 연령이 증가할수록 만성질환 유병률은 높아지는 경향을 보이고 있다. 심신기능장애로 ADL 및 IADL의 제한을 가진 요보호노인의 수가 증가하고 있다.

ADL상에 있어 '목욕하기'를 할 때 도움을 받는 경우가 6.5%에 이르면서 12개 ADL 항목 가운데 수행능력상 가장 문제가 많은 것으로 나타난다. 다음으로 어려운 항목으로는 전체 노인의 경우 '옷 벗고 입기(3.7%)'와 '소변 조절하기(3.6%)'로 밝혀졌다. IADL 항목 가운데 '몸 단장하기'와 '약 챙겨먹기' 항목을 제외하고는 노인 10명 중 2～3명은 도움이 필요한 것으로 나타났다.

대부분의 노인들은 다소간의 기능장애가 있어도 필요한 도움을 받을 수 있으면 가정에서 자율적인 생활을 계속할 수 있다. 그러나 중요한 문제는 남의 도움 없이 스스로 삶을 영위해 갈 수 없는 ADL기능을 전혀 수행할 수 없는 의존성 노인들이다.

2) 가족관계 요인

최근 우리나라가 산업화, 도시화, 핵가족화가 계속되면서 노인들이 자녀들과 별거하는 현상이 증가하고 있다. 2017년 노인실태조사 결과를 보면 노인 중 23.6%가 노인독거가구, 48.4%가 노인부부가구, 23.7%가 자녀동거가구에서 생활하고 있고, 성별 차이가 커 남자노인의 10.8%가 독거인 것에 비하여 여자노인은 동 비율이 33.0%에 달하고 있다.

노인단독가구의 경우(독거+부부가구) 약 1/3이 자녀의 결혼으로 인한 것인 반면, 기존 거주지에 생활하고 싶거나 경제적 및 신체적 독립성이 있어 단독가구를 형성하는 노인의 자발적인 선택에 의한 것이 1/3, 자녀의 경제적 의존성이나 거주거리 등 자녀 요인에 의한 것이 약 1/3이다. 단독가구 생활상의 어려움이 없다는 응답이 44.5%이지만 후기 노인과 독거노인의 경우 약 80% 정도가 어려움을 경험하고 있다. 단독가구 생활상 어려움의 이유로는 아플 때 간호문제(19.0%)와 경제적 불안감(17.3%), 심리적 불안감 또는 외로움(10.3%)이다. 기혼자녀와 동거하는 경우 규범적인 이유로 인한 동거는 14.8%이며, 외로움, 노인이 필요로 하는 경제적 및 도구적인 도움에 의한 동거가 42.3%, 자녀의 경제적 및 도구적인 필요성에 의한 동거가 42.1%로 다양하다.

3) 사회적 요인

1960년대부터 급격한 산업화, 도시화, 핵가족화가 나타나면서, 농업중심의 산업구조에서 공업중심의 산업구조로의 변화는 인구의 수평적 이동을 가져와 결과적으로 도시 인구의 증가를 가져오게 하였다.

1966년도 도시 인구는 전체 인구의 33.5%에 불과했으나, 1990년에는 73.3%로 증가했고, 2010년 통계조사에 의하면 우리나라 인구의 82.9%가 도시에 살고 있는 것으로 보고되었다. 2020년 기준 도시화율은 85.4%에 이르고 있다.

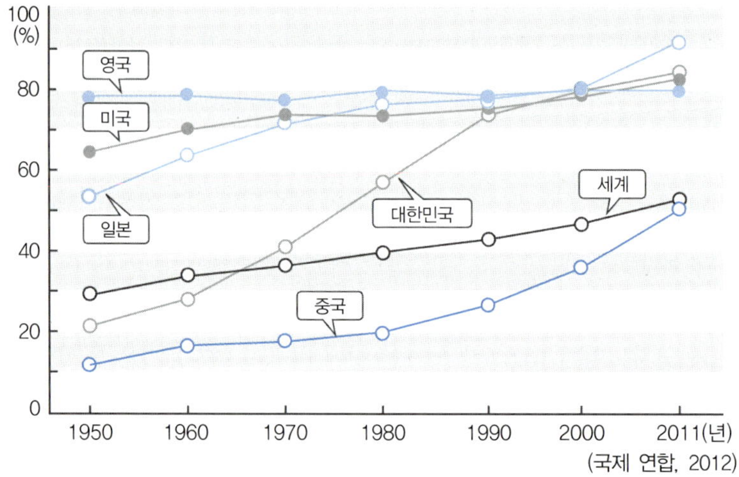

그림 12-2 국가별 도시화율

출처 : 통계청(2019), 국제통계연감 : 도시화율.

4) 문화적 요인

전통 사회에서 노인부양은 가족에 의해서 제공되었지만 산업화, 도시화, 핵가족화 등 사회환경의 변화와 아울러 국민들의 경로효친사상이나 자녀들의 효도관이 변화하고 있다. 효(孝)의 실천에 있어서 과거의 무조건 복종과 봉양에서 현실조건에 맞는 실용적이고 합리적인 방법으로 변화하고 있다. 자녀들은 과거 부자(父子)중심의 전통적인 대가족주의 가치관에서 부부와 자녀만을 중심으로 한 핵가족 단위 생활체계로 변화하고 있다. 더 나아가 과거 가문과 가족을 중요시하던 경향에서 개인을 더 중시하는 경향으로 바뀌고 있다. 이러한 변화는 노인의 부양문제가 가족에게만 의존할 수 없는 요인으로 작용하도록 하고 있다.

4. 노인문제 해결을 위한 노인복지 프로그램

사회복지의 노력과 활동 중에 노인, 혹은 노후에 인간다운 생활을 유지할 수 있도록 그들의 기본 욕구를 충족하는 사회적 노력과 활동을 노인복지라고 정의한다. 그리고 노인 혹은 노후에 직면할 수 있는 각종 욕구와 문제를 해결하고 예방하려는 사회적 노력의 총체를 노인복지라고 할 수 있다.

노인복지 프로그램이란 노인복지를 증진하는 사회적·국가적 노력인 노인복지정책이다. 즉, 노인복지정책은 노인복지의 1차적인 책임에 관심을 가진 개념이다. 이는 노인문제를 해결·예방하려고 노력하는 주체가 정부이기에 정책이라는 개념을 사용하고 있는 것이며, 그 구체적인 내용이 노인복지 프로그램이다.

또한 노인문제는 기본적으로 생리적 욕구와 안정의 욕구가 충족되지 않음으로써 발생한다. 그러므로 인간생존을 위한 기본적인 경제적 불안정에서 발생하는 빈곤감, 그리고 건강의 약화로 인한 질병의 문제는 노인에게 있어서 가장 심각한 문제일 것이다.

이를 위해서는 정책 프로그램으로서 소득보장정책, 주거보장정책, 보건의료보장정책 등이 제공되어야 한다.

1) 소득보장정책

노인의 경제적 빈곤을 예방하거나 해결하는 사회적 노력이다. 소득보장의 효과를 가져오는 방법으로는 일반적으로 사회보험, 공공부조, 사회수당제도 등의 직접적인 방법과 노인들에게 특별히 소득보장을 촉진하기 위한 취업지원, 세제혜택 등 간접적인 방법이 있다.

(1) 사회보험

사회보험은 노령, 장애, 사망, 질병, 산업재해, 실업 등의 사회적으로 공통된 위험이 발생했을 경우 피보험자의 기여를 기초로 제공되는 급여방식이다. 민간보험과는 달리 강제적용과 국가가 보험자가 되어 안정적으로 재원을 관리하고 있다. 노인복지정책과 가장 밀접한 사회보험으로는 노령연금제도가 있으며, 우리나라 노령연금제도로는 공무원연금, 군인연금, 사립학교교직원연금, 국민연금 등이 있다.

(2) 공공부조

공공부조는 일반조세를 재원으로 급여가 제공되며, 자산조사에 의한 개별적인 욕구의 측정과 확인이 급여자격의 조건이 된다. 우리나라의 경우 국민기초생활보장사업과 의료급여가 있는데, 노인은 국민기초생활보장 및 의료급여수급자 집단의 중요 구성원이 되고 있다.

(3) 사회수당

사회수당은 인구학적 특성이나 연령에 의하여 구분되는 것으로서 일정한 범주에 속하는 사람들에게 국가가 일반조세를 재원으로 하여 급여를 제공하는 제도이다. 우리나라의 경우는 기초노령연금제도나 노부모를 모시는 가구에 노부모부양수당을 마련하여 급여 시에 제공하고 있는 정도이다.

2) 보건의료보장정책

노인의료보장은 노인이 건강하고 질병을 손쉽게 해결할 수 있도록 각종 보건의료 서비스를 제공하는 것에서부터 재활에 이르는 전반적인 서비스를 말한다. 우리나라

보건의료보장제도는 사회보험으로서 국민건강보험제도와 공공부조로서 의료급여(의료보호)와 노인건강진단사업, 노인장기요양보험이 있다.

〈표 12-6〉 노인건강진단 항목 : 1차 건강진단

기본진료	혈액검사	기타 검사
1. 진찰(시진, 청진, 촉진, 문진) 2. 체위검사(신장, 체중, 근거리 및 원거리 시력, 청력, 혈압) 3. 치과검사(우식증, 결손치 치주질환) 4. 치매검사	1. 혈색소 2. 총콜레스테롤 3. 혈청지오티 4. 혈청지피티 5. 혈당	1. 요검사(요당, 요단백, 요잠혈) 2. 안검사(정밀안저검사, 양측) 3. 흉부 X선 간접촬영 4. 간이정신상태검사(MMSE-K)

출처 : 보건복지부(2019).

(1) 국민건강보험제도

우리나라의 의료보험제도는 공무원 및 사립학교교직원 의료보험, 직장의료보험, 지역의료보험 등 세 가지로 분립되어 있는 것을 국민건강보험으로 통합하여 운영하고 있다. 노인진료비는 2017년 27조 6천 533억 원에 이어 2018년 31조 6천 527억 원으로 30조 원을 돌파하였고, 2017년 39.9%에 이어 2018년 40.8%로 40%대로 올라섰다. 65세 이상 1인당 연간 진료비는 2017년 415만 4천 원, 2018년 454만 4천 원 등으로 상승했다. 2018년 노인 1인당 연간 진료비(454만 4천 원)는 전체 건강보험 적용인구 1인당 연간 진료비(152만 3천 원)의 3배 수준이다. 노인진료비가 급증하는 것은 우리나라가 세계에서 유례없는 인구구조의 급격한 고령화로 노인 인구 비율이 지속해서 높아지면서 노인성 질환과 만성질환이 증가하기 때문으로 풀이된다.

(2) 의료급여제도

의료급여제도는 국민기초생활보장수급권자를 대상으로 한 공공부조사업으로서, 2018년 기준 의료급여수급권자 가운데 65세 이상은 104.4일로 65세 미만 68.4일의 1.5배였다. 1인당 급여비도 65세 이상은 7,083천 원, 65세 미만 4,048천 원의 1.8배였다.

(3) 노인건강진단제도

노인건강진단제도는 노인복지법상 규정된 보건의료 서비스에 속하는데, 65세 이상 노인에 대하여 건강진단과 보건교육을 실시할 수 있도록 되어있다. 노인건강진단제도는 질병의 조기발견 및 조기치료로 노인의 건강을 유지하고 증진시켜 노인복지 증진 도모를 목적으로 추진하고 있다.

(4) 노인장기요양보험제도

노인장기요양보험제도는 고령이나 노인성 질병 등으로 인해 6개월 이상 동안 혼자서 일상생활을 수행하기 어려운 노인에게 신체활동 또는 가사지원 등 장기요양급여를 제공하는 사회보험제도이다. 수급자에게는 배설, 목욕, 식사, 취사, 조리, 세탁, 청소, 간호, 진료의 보조 또는 요양상의 상담 등 다양한 방식으로 장기요양급여를 제공하게 된다.

3) 노인복지 서비스정책

노인복지 서비스는 소득, 주택 및 보건의료와는 달리 노인이 가진 심리적·사회적 욕구와 연관된 사회적 서비스를 말한다. 노인욕구의 충족은 대응책으로 제공되는 각종 사회복지 서비스 혹은 사회적 서비스로서 비화폐적·비물질적 급여의 성격을 지닌다. 또는 노인복지의 급여는 대인관계 혹은 사회생활, 일상생활상의 불편을 감소시켜 보다 인간다운 생활을 영위할 수 있도록 하는 서비스라고 할 수 있다.

노인복지법에 의한 노인복지 서비스 체계를 살펴보면, 노인복지법에 규정되어 있는 노인주거복지시설, 노인의료복지시설, 노인여가복지시설, 재가노인복지시설 등으로 구분할 수 있다.

(1) 노인주거복지시설

① 양로시설 : 노인을 입소시켜 무료 또는 저렴한 요금으로 급식 및 기타 일상생활에 필요한 편의 제공을 목적으로 하는 시설이다.

② 노인공동생활가정 : 노인에게 가정과 같은 주거여건과 급식, 그 밖에 일상생활에 필요한 편의 제공을 목적으로 하는 시설이다.

③ 노인복지주택 : 노인에게 주거시설을 분양 또는 임대하여 주거의 편의・생활지도・상담 및 안전관리 등 일상생활에 필요한 편의 제공을 목적으로 하는 시설이다.

(2) 노인의료복지시설

① 노인요양시설 : 치매・중풍 등 노인성 질환 등으로 심신에 상당한 장애가 발생하여 도움을 필요로 하는 노인을 입소시켜 급식 및 요양, 기타 일상생활에 필요한 편의 제공을 목적으로 하는 시설이다.

② 노인요양공동생활가정 : 치매・중풍 등 노인성 질환 등으로 심신에 상당한 장애가 발생하여 도움을 필요로 하는 노인에게 가정과 같은 주거여건과 급식・요양 그 밖에 일상생활에 필요한 편의 제공을 목적으로 하는 시설이다.

③ 노인전문병원 : 주로 노인을 대상으로 의료를 행하는 시설이다.

(3) 노인여가복지시설

① 노인복지관 : 무료 또는 저렴한 요금으로 노인에 대하여 각종 상담에 응하고, 건강의 증진・교양・오락・기타 여가활동을 할 수 있는 장소를 제공함을 목적으로 하는 시설이다.

② 경로당 : 지역노인들이 자율적으로 친목도모, 취미활동, 공동작업장 운영 및 각종 정보교환과 기타 여가활동을 할 수 있도록 하는 장소를 제공함을 목적으로 하는 시설이다. 특히 노후를 맞아 현대 산업사회의 일선에서 물러난 노인들에게 있어서 여가란 매우 중요한 삶의 한 요소로 부각되고 있기에 경로당은 노인들이 동년배와 어울려 대화를 나누면서 취미와 오락활동을 할 수 있고 다방면의 지식을 획득할 수 있는 장소이다.

③ 노인교실 : 노인들에 대하여 사회활동 참여 욕구를 충족시키기 위하여 건전한 취미생활・노후건강 유지・소득보장 기타 일상생활과 관련한 학습 프로그램 제공을 목적으로 하는 시설이다.

④ 노인휴양소 : 노인들에 대하여 심신의 휴양과 관련한 위생시설・여가시설 기타 편의시설을 단기간 제공하는 것을 목적으로 하는 시설이다.

(4) 재가노인복지시설

① 방문요양서비스 : 신체적 · 정신적 장애로 일상생활을 영위하기 곤란한 노인이 있는 가정에 요양보호사를 파견하여 노인의 신체적 서비스와 일상생활에 필요한 각종 편의를 제공하여 지역사회 안에서 건전하고 안정된 노후생활을 영위하도록 하는 서비스이다.

② 주 · 야간보호시설 : 부득이한 사유로 가족의 보호를 받을 수 없는 심신이 허약한 노인과 장애노인을 주간 또는 야간 동안 보호시설에 입소시켜 필요한 각종 편의를 제공하여 이들의 생활안정과 심신기능의 유지 · 향상을 도모하고, 그 가족의 신체적 · 정신적 부담을 덜어 주기 위한 시설이다.

③ 단기보호시설 : 부득이한 사유로 가족의 보호를 받을 수 없어 일시적으로 보호가 필요한 심신이 허약한 노인과 장애노인을 시설에 단기간 입소시켜 보호함으로써 노인 및 노인가정의 복지증진을 도모하기 위한 시설이다.

④ 방문목욕서비스 : 신체적 · 정신적 장애로 일상생활을 영위하기 곤란한 노인이 있는 가정을 방문하여 요양보호사가 목욕을 제공하는 서비스이다.

⑤ 그 밖의 서비스 : 그 밖에 재가노인에게 제공하는 서비스로 보건복지부령에 정하는 서비스이다.

4) 주택보장정책

우리나라에서 주택문제는 비단 노인들만이 아니라 모든 국민들이 부담을 안고 있는 문제이다. 주택문제는 사람의 기본적 욕구의 하나로 인간다운 생활을 위해 반드시 요구되는 것이지만, 주택가격이 높아 소유가 쉽지 않다. 그래서 사회정책적으로 국가에서 임대주택이나 각종 융자제도를 만들어 국민들로 하여금 주택문제가 걸림돌이 되어 경제적 어려움이 가중되지 않도록 노력하고 있는 분야이다.

노인은 다른 연령계층에 비하여 더욱 안락하고 쾌적한 주거가 요청되는데, 그 이유는 신체적 · 심리적인 기능이 약화되어 어려움이 가중되기 때문이다. 노인주택문제를 해결하기 위해서는 노인을 위한 영구임대아파트를 정부가 직접 관리 · 운영하고, 노부모를 부양하는 가족들을 위한 '3세대형 주택'을 개발하여 보급해야 할 필요가 있다.

제13장 장애인복지 서비스

학습목표

1. 장애의 유형과 장애인복지의 이념을 설명할 수 있다.
2. 장애인의 재활복지 서비스에 대해 설명할 수 있다.
3. 장애인복지의 현 실태와 제도개선 및 과제를 도출할 수 있다.

장애인복지란 국가나 사회적 수준에서 장애인에 대한 인간으로서의 존엄한 권리를 보장하고 사회적으로 동등한 대우를 받도록 하는 제반 조치를 말한다. 따라서 장애인복지의 기본 이념은 장애인 인권의 존중, 생명의 존중, 전인격의 존중, 사회통합의 존중, 평등의식의 존중을 통한 장애인의 완전한 사회참여와 통합을 보장하는 것이다. 이를 달성하기 위해서는 개별적 수준에서 장애인 개인의 능력을 개발하고 적절한 사회적 역할을 부여해야 하며, 집합적 수준에서 사회환경을 개선해야 한다

1. 장애인복지의 개념

장애인복지는 사회복지의 한 분야로서 여러 종류의 심신장애로 인해 생활상의 곤란을 겪고 있는 사람에게 각종 재활을 통하여 사회적 인식 및 물리적 환경을 개선하여 모든 분야에서 사회적 생활이 보장되고 심리적으로 안정된 삶을 영위하도록 원조하는 국가 및 사회의 조직적 노력의 총체를 말한다. 이러한 장애인복지는 장애인이 가지고 있는 잔존능력을 최대한 개발하여 사회적응이 가능하도록 하고 국민운동 또는 주민운동 등에 의하여 장애인을 그 지역사회 내에 포용할 수 있는 정상화(normalization)와 사회통합(social integration) 이념을 기초로 해야 한다.

일반적으로 장애인은 신체 또는 정신의 장애로 인해 생활상 불편한 사람으로 이해된다. 그러나 장애인의 문제를 보다 구체적으로 이해하기 위해서는 다음 몇 가지 측면에서 그 의미를 파악해야 한다.

- 첫째, 장애인이란 해부학적 · 신체구조학적 지능 및 심리적인 이상 또는 이를 상실한 사람을 의미한다. 따라서 장애인이라 하면 시각장애인, 청각장애인, 지체장애인, 언어장애인, 지적장애, 정서장애인 등으로 기타 외부로 현저하게 나타나는 비정상적인 특성을 가진 사람을 말한다.
- 둘째, 장애인을 주로 기능적인 면에 입각하여 본 것으로, 어떠한 만성질환의 이유에서 자기 혼자 일상생활을 해나가는 데 필요한 기능을 완전히 발휘하지 못하는 사람을 의미한다.
- 셋째, 장애인을 행동규범을 중심으로 관찰하며, 일종의 장애를 가진 당사자가 자기 자신의 장애에 대해서 어떻게 반응을 보이고 있는가에 초점을 맞춘다. 장애는 반드시 외부적인 것에만 국한되는 것이 아니다.

세계보건기구(WHO)에서 발표한 국제장애분류에서는 장애를 세 가지 측면으로 설명하고 있다.

- 첫째, 기능장애(impairment)란 심리적 · 신체적으로 또는 해부학적인 구조나 기능의 일부가 상실된 결과로 인해 나타나는 능력저하를 말한다.
- 둘째, 능력장애(disability)란 기능장애의 결과로 인해 나타나는 능력의 제약 또는 결여를 말한다. 이것은 정상적이라고 생각할 수 있는 방법 또는 범위에서 행하는 능력이 제한을 받거나 결여된 상태이다.
- 셋째, 사회적 불리(handicap)란 기능장애나 기능저하의 결과로 개인에게 나타나는 불리 때문에 그 개인의 특성(연령, 성, 사회문화적 요인)에 따라서 역할을 수행하는 데 제한을 받거나 지장을 초래하는 경우를 말한다.

2. 장애인복지의 이념

장애인복지의 기본 이념은 인간의 가치실현이다. 각 인간은 존중받을 만한 가치를 지니며 또한 민주사회 내에서 생계를 유지할 수 있는 천부의 권리를 부여받았다. 장애인복지는 다음과 같은 이념적 특징들을 갖고 있다.

1) 인권의 존중

현대사회는 개개인에게 자아실현의 기회를 보장해 주는 것을 기본적인 의무로 간주하고 있다. 독특한 개별적 특성을 지닌 개인이 자아실현을 성취하기 위한 조건은 '인권보장'이다. 사회적 소수이며 상대적 약자계층인 장애인의 인간으로서의 당연한 권리에 대하여 사회 전체가 책임을 공유해야 한다.

2) 생명의 존중

모든 인간은 존귀한 존재이며, 삶의 권리에 있어서도 경중(輕重)이 있을 수 없다는 인식에 기초하여 각종 재활대책에 대하여 정당한 가치를 부여하는 것이다. 최근 장애의 중증화, 중복화, 다양화 경향에 따라 더욱 장애인의 생명을 존중할 수 있는 재활 이념의 확립이 요청된다.

3) 전인격의 존중

장애인은 비록 장애를 가지고 있으나 한 사람으로서 전인격적 존재이다. 장애를 지닌 신체의 일부분에 주목하여 사람으로서의 본질을 왜곡해서는 안 된다. 장애를 그 삶이 지닌 신체의 일부이며 건전한 사람의 한 부분에 더해진 하나의 특징으로 간주해야 할 것이다.

4) 정상화(Normalization)의 존중

장애인재활의 이념 가운데 특히 강조되고 있는 것은 정상화이다. 이것은 장애를 가진 사람을 장애인으로 취급하기 이전에 한 사람의 인간으로서 보통 생활환경 속에서 정상적인 생활이 가능한 사회를 구현하기 위하여 장애인 개인을 비롯하여 사회 전체가 집합주의적 노력을 하자는 것이다.

5) 평등의식의 존중

장애인이 직면하고 있는 근본적인 문제는 편견이나 차별 등의 구조적인 문제로서, 이것은 장애인에게 장애가 있다는 것 이상으로 중요한 문제이다. 장애인이 장애를 극복했다 할지라도 장애를 가졌다는 이유만으로 사회에서 냉대와 무관심, 선입견 등으로 장애인을 대하는 것은 장애인을 심리적・사회적으로 위축시키거나 사회적으로 격리시키는 것이다.

3. 장애의 유형

1) 시각장애

시각장애란 시각의 장애로 인하여 정상적인 방법으로는 교육, 일상생활활동, 직업활동을 할 수 없어, 특수한 방법과 도구를 사용해야 하는 사람을 의미한다. 또한, 물체를 식별하는 기능상의 장애를 지닌 것을 의미하며, 시각상의 여러 가지 기능장애를 시각장애라 한다.

시각장애의 분류는 시력의 기능에 의하여 이루어지며 전혀 사물을 볼 수 없는 '맹(盲)'과 사물을 파악하는 것이 거의 가능한 '약시'로 대별된다.

2) 청각・언어장애

청각장애란 소리를 듣는 청각기관의 이상 또는 중추기관에 이상이 생겨 의사소통에 지장이 있는 경우를 의미한다. 언어장애는 선천적 또는 후천적 원인으로 언어습득 및 발달에 지장을 초래하여 의사소통에 곤란을 느끼고 이로 인하여 사회적응에 문제를 초래하는 경우를 의미한다.

청각장애는 '농'과 '난청'으로 나누어지며, '농'은 완전히 들을 수 없는 경우이고, '난청'은 보청기나 여타의 방법으로 어느 정도는 들을 수 있는 상태를 의미한다. 각각은

dB수준을 사용하여 구분하는데, '농'은 보청기를 착용하거나 착용하지 않은 상태에서 귀만으로 말을 들어 이해할 수 없을 정도(보통은 70dB 이상)로 청각에 장애가 있는 사람이며, '난청'은 보청기를 착용하거나 착용하지 않은 상태에서 귀만으로 말을 들어 이해하는 것이 불가능하지는 않으나 어려운 정도(보통은 35~69dB)로 청각에 장애가 있는 사람이다.

또한 언어장애는 '기능적인 언어장애'와 '기관적인 언어장애'로 분류하며, 세부적으로는 언어발달지체, 조음장애, 구개열장애, 뇌성마비언어장애, 실어증, 음성장애, 리듬장애, 청력손실로 인한 언어장애로 분류한다.

〈표 13-1〉 장애분류표

대분류	중분류	소분류	세분류
신체적 장애	외부 신체기능의 장애	지체장애	절단장애, 관절장애, 지체기능장애, 변형 등의 장애
		뇌병변장애	뇌의 손상으로 인한 복합적인 장애
		시각장애	시력장애, 시야결손장애
		청각장애	청력장애, 평형기능장애
		언어장애	언어장애, 음성장애, 구어장애
		안면장애	안면부의 추상, 함몰, 비후 등 변형으로 인한 장애
	내부기관의 장애	신장장애	투석치료중이거나 신장을 이식 받은 경우
		심장장애	일상생활이 현저히 제한되는 심장기능 이상
		간장애	일상생활이 현저히 제한되는 만성 · 중증의 간기능 이상
		호흡기장애	일상생활이 현저히 제한되는 만성 · 중증의 호흡기기능 이상
		장루 · 요루장애	일상생활이 현저히 제한되는 장루 · 요루
		뇌전증장애	일상생활이 현저히 제한되는 만성 · 중증의 뇌전증
정신적 장애	발달장애	지적장애	지능지수가 70 이하인 경우
		자폐성장애	소아청소년 자폐 등 자폐성 장애
	정신장애	정신장애	조현병, 조현정동장애, 양극성정동장애, 재발성우울장애

출처 : 보건복지부(2019). 장애정도 판정기준(보건복지부 고시 제2019-117).

3) 지체장애

지체장애란 지체부자유 상태, 즉 신체의 골격, 근육, 신경 등 어느 부분에 질병이나 외상으로 인한 기능장애가 영구적으로 남아 있는 경우를 말하며 주로 운동기능과 감각기능의 장애를 의미한다.

지체장애는 그 원인에 의하여 뇌성마비, 소아마비, 신경장애, 척수장애, 뇌졸중, 절단장애 등으로 구분한다.

〈표 13-2〉 장애인 현황(2018년 12월 기준)

(단위 : 명)

장애유형	1급	2급	3급	4급	5급	6급	합 계
합계	198,281	342,160	443,328	385,205	567,295	649,607	2,585,876
지체	33,240	62,211	149,707	233,449	357,929	401,996	1,238,532
시각	31,697	6,410	11,244	13,229	20,679	169,698	252,957
청각	6,982	44,821	43,856	79,934	118,782	48,207	342,582
언어	98	2,174	8,402	10,068	2	0	20,744
지적	50,503	72,445	83,969	0	0	0	206,917
뇌병변	55,644	48,292	55,847	32,490	31,105	29,705	253,083
자폐성	10,472	12,158	4,073	0	0	0	26,703
정신	2,098	27,815	72,227	0	0	0	102,140
신장	5,325	60,550	53	794	21,170	0	87,892
심장	120	637	3,637	56	854	0	5,304
호흡기	1,657	3,443	6,446	9	206	0	11,761
간	207	249	469	389	11,210	0	12,524
안면	98	421	899	1,165	105	1	2,689
장루 · 요루	8	125	1,232	9,526	4,136	0	15,027
뇌전증	132	409	1,267	4,096	1,117	0	7,021

출처 : 보건복지부(2019). 장애인 현황(2018. 12).

4) 지적장애

지적장애는 지능의 발달이 정지되거나 불완전한 상태에 있어 일상생활과 사회적응이 곤란한 경우를 말한다. 지적장애는 발달과정에 있어서 생존에 필요한 여러 기술들의 기능 저하로 표현될 수 있는데, 지능의 여러 측면들인 인지기능, 언어, 운동,

그리고 사회적 기능에서의 기능 저하로 특징지어지며, 확진을 내리기 위해서는 반드시 표준화된 지능검사를 시행하여 지능지수가 70 이하임이 증명되어야 한다.

지적장애의 공통점은 첫째, 발생원인이 다양하고, 둘째, 정신발육이 항구적으로 지진하며, 셋째, 지적능력이 열악하고, 넷째, 사회생활의 적응이 곤란한 증후군이라고 할 수 있다. 즉, 적응행동에 결함이 있을 때만 지적장애로 규정한다.

5) 내부기관의 장애

내부장애란 인간의 몸속에 있는 각종 장기에 장애가 있는 것을 말한다. 장기의 종류에 따라 내부장애의 종류도 다양하다. 내부기관에는 폐와 같은 호흡기관, 심장 같은 순환기관, 위장이나 췌장 같은 소화기관, 신장 같은 비뇨기관, 내분비기관 등이 있는데, 어떤 종류의 장기기능장애를 내부장애에 포함시킬 것인지에 대해서는 전문의를 중심으로 한 전문가들의 의견을 수렴해야 한다. 그리고 무엇보다 장기적으로 지속되는 만성질환을 우선적으로 포함시켜야 한다. 만성심장질환이나 만성신장질환 같은 것은 치료가 어렵고, 일상적 활동에 많은 제약을 수반하므로 주요한 내부장애라고 할 수 있다.

6) 정신장애

사회복지적 차원에서 정신장애와 정신질환을 구분하여 사용해야 할 필요가 있다. 정신질환은 정신병적인 것과 신경증적인 것을 포함하고 현재 질병과정이 진행되는 것을 지칭하는 것이다. 정신장애는 어떤 조건에 의하여 영구적이거나 반영구적인 정신적 장애를 갖게 되거나 질병으로 인하여 이전의 정신적 기능의 상태로 되돌아갈 수 없는 것을 말한다. 즉, 정신장애라고 할 때는 우선 시간상 영구적 또는 반영구적인 것으로서 장기간 지속되어야 하며, 이로 인하여 일상적 활동에 제약을 받아야 한다. 정신장애인은 진단상으로 일과성 기질적 정신병 상태를 제외한 모든 기질적 정신병 상태, 기타 정신병, 인격장애, 성도착 및 성적 장애, 정신발육지연(지적장애) 등을 지닌 자로서 일상생활에서의 역할 수행(개인적, 가족내외적) 장애를 갖고 있으며, 그 지속기간이 적어도 6개월 이상인 사람을 의미한다. 이들은 장애가 장기화됨에 따라 재입원의 반복, 가족기능의 약화, 경제적 및 사회적 적응문제를 지니며, 치료보다는 보호적 성격을 띠게 되는데, 이에 따라 사회복지적 차원에서의 접근이 필요하다.

〈표 13-3〉 장애인의 종류 및 기준

종 류	기 준
지체 장애인	가. 한 팔, 한 다리 또는 몸통의 기능에 영속적인 장애가 있는 사람 나. 한 손의 엄지손가락을 지골(指骨 : 손가락 뼈) 관절 이상의 부위에서 잃은 사람 또는 한 손의 둘째 손가락을 포함한 두 개 이상의 손가락을 모두 제1지골 관절 이상의 부위에서 잃은 사람 다. 한 다리를 가로발목뼈관절(lisfranc joint) 이상의 부위에서 잃은 사람 라. 두 발의 발가락을 모두 잃은 사람 마. 한 손의 엄지손가락 기능을 잃은 사람 또는 한 손의 둘째 손가락을 포함한 손가락 두 개 이상의 기능을 잃은 사람 바. 왜소증으로 키가 심하게 작거나 척추에 현저한 변형 또는 기형이 있는 사람 사. 지체(肢體)에 위 각 목의 어느 하나에 해당하는 장애정도 이상의 장애가 있다고 인정되는 사람
뇌병변 장애인	뇌성마비, 외상성 뇌손상, 뇌졸중(腦卒中) 등 뇌의 기질적 병변으로 인하여 발생한 신체적 장애로 보행이나 일상생활의 동작 등에 상당한 제약을 받는 사람
시각 장애인	가. 나쁜 눈의 시력(공인된 시력표에 따라 측정된 교정시력을 말한다. 이하 같다)이 0.02 이하인 사람 나. 좋은 눈의 시력이 0.2 이하인 사람 다. 두 눈의 시야가 각각 주시점에서 10도 이하로 남은 사람 라. 두 눈의 시야 2분의 1 이상을 잃은 사람
청각 장애인	가. 두 귀의 청력 손실이 각각 60데시벨(dB) 이상인 사람 나. 한 귀의 청력 손실이 80데시벨 이상, 다른 귀의 청력 손실이 40데시벨 이상인 사람 다. 두 귀에 들리는 보통 말소리의 명료도가 50퍼센트 이하인 사람 라. 평형 기능에 상당한 장애가 있는 사람
언어 장애인	음성 기능이나 언어 기능에 영속적으로 상당한 장애가 있는 사람
지적 장애인	정신 발육이 항구적으로 지체되어 지적 능력의 발달이 불충분하거나 불완전하고 자신의 일을 처리하는 것과 사회생활에 적응하는 것이 상당히 곤란한 사람
자폐성 장애인	소아기 자폐증, 비전형적 자폐증에 따른 언어 · 신체표현 · 자기조절 · 사회적응 기능 및 능력의 장애로 인하여 일상생활이나 사회생활에 상당한 제약을 받아 다른 사람의 도움이 필요한 사람
정신성 장애인	지속적인 양극성 정동장애(情動障碍, 여러 현실 상황에서 부적절한 정서 반응을 보이는 장애), 조현병, 조현정동장애(調絃情動障碍) 및 재발성 우울장애에 따른 감정조절 · 행동 · 사고 기능 및 능력의 장애로 인하여 일상생활이나 사회생활에 상당한 제약을 받아 다른 사람의 도움이 필요한 사람

신장 장애인	신장의 기능장애로 인하여 혈액투석이나 복막투석을 지속적으로 받아야 하거나 신장기능의 영속적인 장애로 인하여 일상생활에 상당한 제약을 받는 사람
심장 장애인	심장의 기능부전으로 인한 호흡곤란 등의 장애로 일상생활에 상당한 제약을 받는 사람
호흡기 장애인	폐나 기관지 등 호흡기관의 만성적 기능부전으로 인한 호흡기능의 장애로 일상생활에 상당한 제약을 받는 사람
간 장애인	간의 만성적 기능부전과 그에 따른 합병증 등으로 인한 간기능의 장애로 일상생활에 상당한 제약을 받는 사람
안면 장애인	안면 부위의 변형이나 기형으로 사회생활에 상당한 제약을 받는 사람
장루 · 요루 장애인	배변기능이나 배뇨기능의 장애로 인하여 장루(腸瘻) 또는 요루(尿瘻)를 시술하여 일상생활에 상당한 제약을 받는 사람
뇌전증 장애인	뇌전증에 의한 뇌신경세포의 장애로 인하여 일상생활이나 사회생활에 상당한 제약을 받아 다른 사람의 도움이 필요한 사람

출처 : 장애인복지법 시행령(2019). 장애의 종류 및 기준에 따른 장애인.

4. 장애인의 재활

재활(rehabilitation)이란 심신장애인에게 의료적 · 사회적 · 교육적 · 직업적인 재훈련 통합적 · 협동적으로 실시함으로써 장애인이 가진 잠재적 능력을 개발시켜 독립적인 삶을 살아가도록 하는 것이다. 재활의 어원은 라틴어인 'habitas'에서 유래된 것으로 '할 수 있다'는 의미이며, 인간이면 누구나 누려야 할 권리, 자격, 존엄이 어떤 원인에 의하여 손상되었기 때문에 손상된 그의 권리, 자격, 존엄을 회복시키는 것을 의미한다.

재활은 단편적인 것이 아니고 전인적인 개념으로, 장애인의 잠재능력에 대한 신뢰, 인간의 효용성과 적응성을 길러 주는 것, 인도주의에 바탕하며, 자기실현을 위한 동기 조성을 전제로 한다. 그리고 인간을 만족하고 생산적인 생활에 이르게 하는 것을 목적으로 한다.

재활의 기본 이념은 인간 존재로서의 가치실현과 각 개인은 존경받을 만한 가치를 지니고 있고, 민주사회 내에서 생계를 유지할 수 있는 천부의 권리를 부여받았다는 것이다. 이러한 이념에는 다음 세 가지의 원리가 포함되어 있다.

첫째, 모든 사람은 기회균등이 보장되어야 한다.

둘째, 인간은 전인격적 존재로, 개인은 신체적 · 정신적 · 사회적 · 직업적 또는 경제적 부문으로 나누어질 수 없고 각 부분은 전체를 형성하는 다른 부분과 상호작용한다.

셋째, 모든 인간은 독특한 존재이다. 각 개인마다 독특한 요구와 소질, 대처방법 및 목표가 있다.

재활은 장애인이 자신의 장애를 극복하고 잔존기능을 최대한으로 살려 사회의 구성원으로 자립생활을 하도록 원조하는 것이다. 이 목표에 도달하기 위해서는 장애인을 전인적인 관점에서 평가 · 판정하고 그 결과에 따라 재활실시 계획을 일관된 체계하에서 실시해야 한다. 그러므로 재활 프로그램의 방향은 장애인에 대한 재활의 목표, 재활의 시기와 장소, 그리고 장애의 수용에 초점을 두어야 한다.

1) 의료재활

의료재활은 종합적인 재활사업의 첫 단계이며, 중심적인 역할을 담당하는 분야이다. WHO는 의료재활의 개념을 질병이나 사고에 의한 후유증, 만성질환, 노인병 등 치료기간이 장기화되기 쉬운 환자의 잠재능력을 활동시켜 자연치료를 적극적으로 촉진시키는 기술이며, 내과적 · 외과적 치료의 응용과 함께 소위 물리적 · 심리적 수단을 보완하고 보충하는 의료적 조처이다. 이것은 단지 치료를 위한 간호조치만이 아니고 물리치료(PT), 작업치료(OT), 언어치료(ST), 보장구의 처치와 훈련, 의료사회사업가에 의한 원조 등을 포함, 의료의 가능성을 최대로 확대하려는 적극적인 재활원조이다.

재활의학은 장애인들이 가장 많이 이용하는 의학전문 분야라고 할 수 있다. 기능장애(impairment)는 내과나 외과적인 방법으로 치료해야 하고, 능력저하(disability)는 재활의학적으로 관리해 주어야 하며, 사회적 불리(handicap)는 사회복지정책으로 처리되어야 한다. 그런데 질병의 치료와 재활의학적 관리, 그리고 사회복지제도는 매우 밀접하게 연관되어 있다. 질병치료를 중심으로 재활의학적 관리를 성공적으로 이룰 수 있으며, 재활의학의 발달이 전제되어야 장애인복지제도가 정착될 수 있다.

재활의학의 목적은 '일상생활 동작의 기능을 일부 상실했을 때 이를 육체적인 면뿐만 아니라 정신적 · 사회적 · 직업적 측면까지 성취할 수 있는 최고의 수준까지 올려 주어, 환자가 보다 즐겁고 보람되며 생산적인 삶을 살도록 해주는 것'이다.

장애인에 대한 재활 서비스는 서둘수록 그 효과가 빨리 나타나고 보다 높은 기능을 오랫동안 유지할 수 있다.

2) 교육재활

교육재활이란 장애인이 가지고 있는 능력을 최대한으로 향상・발휘시켜 개인이 지닌 잠재능력을 개발하여 사회에 스스로 적응할 수 있도록 도움을 주는 교육제도와 교육방법 및 기술을 총칭한다. 이러한 교육을 특수교육이라고 하는데, 특수교육이란 특수아동의 독특한 교육적 요구에 알맞게 특별히 설계한 교육을 말한다. 여기에는 특수시설, 특수 교육자료, 특수 교육기술 등이 필요하다. 그리고 특수교육은 의학적 치료와 직업적 훈련기술을 병행함으로써 장애인의 재활사업에 있어 더 큰 효과를 가져올 수 있다.

〈표 13-4〉 특수교육의 개념 변화

현재의 개념	미래의 개념
• 교육은 특권이다.	• 교육은 권리이다.
• 수업에서 곤란한 아동을 내보냈다.	• 누구라도 교육에서 거절할 수 없다.
• 교육의 결정은 기관이 했다.	• 교육의 결정은 개인이 한다.
• 표준화된 검사가 실시된다.	• 영역별 검사의 중요성이 부각된다.
• 평점(grading)은 학급 내에서 경쟁적이다.	• 평점은 개인의 목표와 관계가 있다.
• 검사는 교육의 예언에 사용된다.	• 검사는 교육의 결정에 사용된다.
• 적성은 직업적 특성이다.	• 적성은 개인이 최선의 방법으로 학습하는 것이다.
• 적성과 교육조치는 분리해서 다루어왔다.	• 적성은 교육적 조치와 통합되는 범위에서 개념화되었다.
• 학습의 곤란은 아동의 책임이다.	• 학습상의 곤란은 아동과 관계되어 있는 환경의 공동책임이다.
• 평가는 아동에게만 초점이 있다.	• 평가는 아동과 그의 생활교육 배치 등에 초점이 맞춰진다.
• 특수아동은 소극적으로 명칭을 붙여 배치된다.	• 특수아동은 기능적으로 적절한 특성의 범위 내에서 또 가장 적절한 교수절차에 부응하여 다루어진다.

출처 : 강용규 외(2017). 사회복지개론 재인용.

「장애인 등에 대한 특수교육법」에서 규정하고 있는 특수교육대상자는 시각장애, 청각장애, 지적장애, 지체장애, 정서・행동장애, 자폐성 장애, 의사소통장애, 학습장애, 건강장애, 발달지체, 그 밖에 대통령령으로 정하는 장애를 지닌 자들이다. 이들은 특수학교와 특수학급에서 교육부부령이 규정하는 교과과정과 학과교육을 장애종별과 정도에 따라 이수하고 의료적인 조치와 직업교육을 병행함으로써 장애인의 사회적 자립생활을 적극적으로 고양하도록 한다.

3) 직업재활

직업재활이란 심신의 결함을 지닌 장애인들의 신체적・정신적・사회적・직업적・경제적 능력을 최대한으로 찾아 배양해 주어 근로의 권리와 의무를 정상인과 동일하게 하는 것이다. 장애인의 성공적인 사회통합을 위한 최대한의 과제인 자립생활을 영위하도록 하는 것은 장애인의 재활사업 중 가장 중요한 핵심요소가 된다. 그러나 심신의 능력 손상을 입은 사람들을 사회적으로 또는 직업적으로 자립하게 하는 것은 결코 쉬운 일이 아니라, 사회적인 수용도 용이하지 않기 때문에 사회적 차별이나 편견을 불식시키는 일에는 많은 어려움이 따른다.

직업재활은 이들이 취업할 수 있다는 사실과 취업을 함으로써 가족의 일원으로 인정받거나 가장이 될 수 있으며, 기업에서는 신뢰받는 인력으로, 사회에서는 떳떳한 생산적 시민으로 또는 사회적 지도자로서 활동할 수 있다고 하는 점에서 그 의의가 매우 크다. 또한 직업적 재활은 의료적・심리적・교육적 재활과 함께 총체적 재활에 기여하여 전인격적 발달에도 상당한 도움이 된다.

직업재활의 대상은 심신의 결함으로 직업을 갖는 데 큰 지장과 방해가 있으나 일정한 의료적・직업적・교육적・사회적 대책을 마련해 주면 직업을 가질 수 있는 가능성이 있는 장애인으로 제한한다.

4) 사회적 재활

사회적 재활은 장애인의 '완전함과 평등'의 이념에 입각한다. 이들이 아무런 차별과 불편을 느끼지 않고 그가 속한 사회의 주류 문화를 공유하면서 직업생활, 가정생활 등의 사회생활을 충분히 영위할 수 있도록 해야 한다. 이를 위해 국민의 수동적 태도와 사회적 인식 개선이 이루어져야 한다. 이 장애인이 의학적으로 치료되고 직업기술을 습득한 것만으로는 충분하다고 할 수 없으며 인간이 사회생활을 영위해 나가는 데 따르는 욕구 전반에 관심을 가지고 장애인이 일반 사회의 한 성원이 될 수 있도록 장애인과 사회의 관계를 물심양면으로 개선하는 것을 목표로 한다. 이와 같이 사회적 재활은 장애인에 대한 사람들의 태도가 포용적이어야 하며, 물리적 환경이 장애인들의 접근을 용이하도록 해야 한다.

5) 심리적 재활

장애인의 공통된 심리적 상황은 사회적 열등감(inferiority feeling)과 불안(anxiety)이다. 장애인은 자기 신체의 일부분에 장애가 있음으로 인해서 정신적인 장애를 가지기 쉽다. 이는 사회의 정상인들이 가진 장애인에 대한 편견과 인식의 잘못에서 오는 이중(twofold)의 장애라고 볼 수 있다. 이러한 장애를 없애고 사회적 기능을 최대로 수행할 수 있도록 하는 것이 심리적 재활이다.

심리적 재활의 중심과제는 직업재활, 의료재활, 교육재활 등으로 사회적응은 용이하지만 정서나 심리적인 측면에서 사회복귀가 어려운 장애인을 원조하는 것이다. 즉, 장애인의 심리 재활에 문제가 되는 열등감, 의존심, 몰이해에 대한 공포, 장애를 숨기려는 욕구 등을 극복할 수 있게끔 도와야 한다.

5. 장애인복지의 과제

1) 소득보장의 구체화

장애라는 상황이 일차적으로 야기하는 문제는 소득기회의 상실이나 소득중단으로 인한 빈곤에 있다. 따라서 장애인에 대한 소득보장의 필요성은 다른 어떠한 사회적 개입보다도 일차적인 우선순위를 가질 수밖에 없다. 이러한 상황에 적절히 대응하기 위해서는 장애로 인한 소득기회가 상실된 사람에 대해 최저생계비를 보장할 수 있는 소득보장제도가 마련되어야 한다. 그리고 소득에 대한 사회적 불리함을 보충하기 위해서는 각종 세제상의 혜택이 다양하게 마련되어야 한다.

2) 장애인 고용의 확대와 질적 개선

의료재활과 교육재활을 통하여 장애인의 자립의욕과 준비성이 향상되었다고 하더라도 고용의 확보는 받아들이는 측의 고용의사가 분명할 때 비로소 성립되는 것이다. 장애인의 취업 문제는 상당히 어려운 난제라고 할 수 있다. 「장애인고용촉진 및 직업재활법」에 의한 법률적 강제와 규정만으로는 장애인에 대한 고용을 증진시킬 수 없다. 이유인 즉, 장애인을 의무적으로 고용해야 하는 일정 규모 이상의 기업들이 장애인을 고용하기보다는 고용부담금을 납부하는 방법으로 장애인의 고용을 기피하고 있기 때문이다. 이러한 문제를 완화하기 위해서는 장애인 고용에 대한 기업의 사회적 책임성을 강조하고 장애인도 일정한 교육을 이수하면 잠재능력을 충분히 발휘하여 생산적 기여를 할 수 있다는 사실을 보여줘야 한다.

3) 교육기회의 확대와 통합교육의 실시

모든 장애아동들이 적절한 교육을 받을 수 있도록 조기교육과 중등교육 이후의 교육을 강화하는 일련의 조치들이 필요하다. 또한 장애아동의 교육적 접근은 일회적인 교육에서 끝나는 것이 아니라 성인이 된 후에도 지속적인 관리와 평생교육을 통하여 궁극적으로 직업재활과 사회통합이 연결될 수 있도록 교육방향이 전환되어야 한다. 이를 위해서 고등학교 졸업 이후에 직업과 연결되어 정규적인 교육을 받을 수 있도록 하는 직업교육 과정을 개설하여 장애인 사회통합의 기초를 확보해야 할 것이다. 특히 교육은 사회통합을 이루기 위한 가장 기본적인 자질 향상을 위해서 매우 중요하며 이를 위하여 특수교육시설의 현대화와 일반아동과의 동질성 회복을 위한 통합교육으로의 전환이 요청된다.

4) 의료재활 서비스의 확대

모든 장애인이 적절한 의료 서비스를 받을 수 있도록 일정 규모 이상의 종합병원에 재활의학과를 설치하고 재활 관련 전문인(물리치료사, 작업치료사, 언어치료사)을 양성하여 의료재활 서비스 수혜 기회를 확대해야 한다. 아울러 장애로 인한 기능장애를 최소화할 수 있도록 원조하는 보장구의 개발과 이를 과학화하기 위한 재활공학 분야의 국가적 지원과 정책적 배려가 필요하다.

5) 지역사회통합을 위한 서비스의 적극화

최근 장애인복지의 경향은 지역사회 내에서의 재활을 강화하고 있다. 지역사회 내에서의 재활은 장애인이 살고 있는 가정이 지역사회 속에서 함께 자연스럽게 어울려 살아가는 것을 말한다. 이러한 의미에서 지역사회를 기반으로 하는 서비스의 기능들이 보다 적극적으로 지원될 수 있는 방안이 모색되어야 한다.

6) 사회환경의 개선

사회환경은 도시나 건축시설 등에서 부딪치는 물리적인 환경, 사회의 편견이나 무관심, 그리고 정책상의 불합리성으로 인해 경험하는 사회적 환경 등으로 구성된다. 장애인 재활에서 사회환경의 개선은 총체적인 재활의 기초를 형성하는 부분이며, 이는 단순히 하나의 대책이나 개선에 의해 완성될 수 있는 영역이 아니다. 종합적인 계획에 의해서 물리적 환경과 사회적 환경을 병행해서 개선시키는 장기적인 과정인 것이다.

제14장 의료사회사업 및 자원봉사활동

학습목표

1. 의료사회사업의 실천영역과 의료사회사업가의 역할에 대해 설명할 수 있다.
2. 정신건강증진사업의 업무와 기능에 대해서 설명할 수 있다.
3. 자원봉사활동의 기능과 역할에 대해 설명할 수 있다.

의료사회사업(medical social work)은 사회복지의 한 실천분야로서 인간의 신체적·정신적 건강의 문제에 개입하는 전문적인 사회사업활동이다. 현대사회에서 의료문제는 더 이상 한 개인이나 가정의 문제가 아니라 사회적 문제이며, 이에 대한 대책도 사회적 차원에서 이루어져야 한다.

이러한 측면에서 의료사회사업은 질병으로 인한 심리·사회적인 문제를 해결하고 우리 사회의 보건 및 의료복지의 수준을 향상시키는 전문적이고 정책적인 접근이다. 의료사회사업은 크게 일반 의료사회사업과 정신보건사회사업, 그리고 재활 의료사회사업으로 나누어진다.

1. 의료사회사업

1) 의료사회사업의 정의

의료문제에 대한 사회복지적 차원에서 개입하는 의료사회사업은 미시적(수단적) 개념과 거시적(정책적) 개념으로 정의된다. 미시적 개념의 의료사회사업은 사회복지사가 보건의료기관 의료팀의 일원으로 참여하여 사회복지의 전문적 방법을 활용하여 환자 및 가족의 다양한 심리·사회적 문제를 해결해 주는 활동이다. 거시적 개념의 의료사회사업은 사회복지사가 질병의 예방과 건강증진을 지향하는 의료복지를 달성하기 위해 보건의료 영역에서 사회복지의 정책적 방법을 활용하여 의료정책 및 서비스 전달체계의 효율적인 운영에 참여하는 보다 광범위한 활동이다.

따라서 의료사회사업은 질병이 있는 환자와 그 가족을 대상으로 그들의 심리·사회적인 기능을 향상하는 전문적 접근인 동시에 우리 사회의 의료복지의 수준을 높이기 위한 의료정책 및 의료전달체계에 관여하는 정책적인 접근을 의미한다.

2) 의료사회사업의 대상과 역할

(1) 의료사회사업의 대상

의료사회사업의 대상은 의료문제와 질병을 가진 환자 및 가족, 그리고 질병을 야기할 수 있는 주변 여건이다. 따라서 의료사회사업의 대상을 몇 가지로 구분하면 다음과 같다.

첫째, 심리적 문제로, 사람은 질병에 걸리게 되면 다양한 심리적·정서적 반응을 나타내게 된다. 환자가 나타내는 불합리한 반응에는 건강에 대한 지나친 걱정, 자기중심적인 생각과 태도, 의존성 및 애정욕구, 불안과 공포, 열등의식과 공격성 등을 나열할 수 있는데 이는 환자의 질병치료에 부정적인 영향을 줄 수 있다. 따라서 환자의 부정적인 반응을 다루어 객관적이며 수용적인 자세를 견지할 수 있도록 하는 의료 서비스가 요구된다.

둘째, 사회적 문제로, 질병으로 인해 발생하는 직업문제를 들 수 있다. 환자가 입원하게 되면 환자와 그의 가족들은 실업에 대한 불안감과 장기요양으로 인한 직업전환 및 노동조건의 수용 여부, 과중한 업무에 대한 불안감에 빠지게 되면서 걱정을 하게 된다. 퇴원 후에도 복직에 대한 걱정과 함께 직업 및 인간관계상의 적응문제로 어려움을 겪게 된다. 따라서 질병으로 인한 사회적 문제의 악순환을 해결하는 다양한 프로그램이 요구된다.

셋째, 경제적 문제로, 환자의 질병에 따른 경제적 문제에는 치료비와 요양비, 생활비와 자녀교육비 등이 있다. 경제적 문제가 있는 환자에게는 그 조달을 위한 자원 활용이 필요하다. 따라서 환자들의 경제적 부담을 덜어주는 방안으로서 지역의 후원체계와 자원체계를 동원하고 이를 적극 활용하는 노력이 요구된다.

넷째, 정신 · 신체질환의 문제로, 환자의 신체상태를 악화시키는 조건에는 질환에 의한 것 이외에도 스트레스 및 갈등과 같은 심인적인 것도 있다. 즉, 정서와 밀접한 관계가 있는 자율신경계의 불균형적인 상황이 오래 지속되면 신체질병으로 나타나는데, 정신신체질환(psychosomatic disease)을 상담하고 치료하기 위한 의료 서비스가 요구된다.

(2) 의료사회사업가의 역할

의료사회사업가(medical social worker)가 전문적 활동을 수행하기 위해서는 먼저 환자를 전인적으로 이해하는 인간 존엄성에 대한 확신을 가져야 한다. 또한 환자의 질병과 증상을 이해할 수 있는 지식과 의료팀(medical team)과의 협력을 유지하기 위한 인간관계의 능력, 그리고 환자를 위해 지역사회의 다양한 자원을 동원하고 활용하는 기술을 갖고 있어야 한다. 의료사회사업가들이 보건의료기관에서 수행하는 공통적인 역할은 다음과 같다.

① 치료자의 역할

환자의 심리적인 문제는 질병치료에 부정적인 영향을 미칠 수 있으므로, 의료사회사업가는 개별적이고 집단적인 활동을 통하여 환자에게 안정감과 자신감 그리고 용기를 갖도록 지지해 준다. 또한 환자가 처한 다양한 문세를 해결하도록 돕는 치료적인 역할을 수행해야 한다. 그리고 가족을 대상으로 한 환자의 질병 이해와 대처방안을 상담해 주어 환자에게 도움이 되도록 한다.

② 서비스 조정자의 역할

치료팀의 일원으로서 의료사회사업가는 환자에 대한 심리 · 사회적인 정보를 의료팀에게 제공하여 환자의 전인적인 이해를 증진시키고 의료팀의 종합적이고도 통합적인 서비스를 위한 협력과 조정역할을 담당한다. 또한 의료보장이 미비한 경우에는 치료비 문제를 위한 병원 내의 조정절차 및 외부자원의 활용을 위한 조정역할도 수행한다.

③ 자원동원자의 역할

의료적 치료나 재활과정은 많은 인적 · 물적 · 제도적인 자원을 요구한다. 의료사회사업가는 병원 내의 의료자원(medical resources)을 활용하기 위해 노력하는 것은 물론 환자의 회복과 재활, 사회복귀를 위한 필요한 지역의 공・사적인 자원을 조직하고 동원하는 역할을 수행한다.

④ 재활치료와 교정자의 역할

재활의료팀에서 심리・사회적 측면의 조사연구와 평가, 치료, 훈련, 지도 및 서비스의 계획에 협력하여 생활지도, 심리・사회적이고 직업적인 재활과정에 참여한다. 특히 장애로 인한 심리・사회적인 문제나 행동반응, 즉 자기중심성, 비사회성, 퇴행, 불안 등을 치료하고 교정하는 역할을 수행한다.

이러한 의료사회사업가의 역할은 의료기관(medical setting)에 따라 상이하다. 그러나 의료사회사업가들은 현재 심리・사회・정신적 문제해결 업무, 교육 및 연구업무, 사회복귀 및 재활 문제해결 업무, 경제적 문제해결 업무, 지역사회 자원연결 업무 등을 공통적으로 수행하고 있다.

3) 의료사회사업의 실천영역

의료사회사업은 종합병원, 병원, 의원, 보건소, 요양원, 재활원 혹은 재활병동에서 이루어진다.

(1) 일반 의료사회사업의 실천영역

의료사회사업의 활동은 현대 의학의 전문화와 병원운영의 합리화 등으로 전인적인 진료가 곤란한 문제를 비롯하여 환자의 질병치료과정에서 발생하는 심리・사회적 문제와 빈곤 환자의 치료비 문제, 퇴원 후의 생활문제 등을 해결하는 부분에 역점을 두고 있다. 구체적으로는 고혈압, 뇌졸중, 암환자, 당뇨환자와 같은 성인병 환자의 심리・사회적 문제와 임종환자, 화상환자, 만성질환자 및 그 가족들이 갖고 있는 다양한 욕구들을 충족시키기 위한 활동을 한다.

일반 의료사회사업가들은 첫째, 환자와 그 가족에 대하여 질병의 성격과 질병치료에 관련되는 심리・사회적 문제를 이해시키고 치료계획에 적극 참여하도록 돕는다. 둘째, 의료팀에 대하여 환자의 치료에 있어 사회경제적 배경과 가족력(family history)을 비롯한 개인력에 대한 정보를 조사・수집하고 전반적인 치료과정에 반영한다. 이를 통해 의료팀이 환자를 전인적으로 이해하여 서비스를 제공하도록 돕는다. 셋째, 퇴원계획과 사후지도로서 환자의 재활과 사회복귀를 효과적으로 성취시킬 수 있도록 지역사회의 자원을 동원하고 연결한다.

(2) 재활의료사회사업의 실천영역

재활의료사회사업(rehabilitation social work)은 재활의료시설이나 재활기관에서 장애의 기능 회복과 잠재능력의 향상을 위해 사회복지사가 재활팀의 일원이 되어 환자의 심리와 사회적, 직업적, 교육적 재활을 돕는 활동을 말한다. 재활에는 장애인들의 신체적 기능을 회복하게 하는 신체적 재활, 자기장애를 극복하고 사회에 복귀하여 원만한 적응을 하도록 하는 정신사회적 재활, 환자의 사회적응에 꼭 필요한 직업적 재활 등이 포함된다.

이에 따라 의료사회복지사는 치료 및 재활팀의 협력자로서 심리·사회적 치료나 교정·장애의 정도를 평가·진단하고 훈련 및 서비스 내용에 대한 계획의 참여자, 재활에 필요한 인적·물적·정신적 자원을 활용하는 자원동원자, 장애인에 대한 편견을 교정하고 우리 사회에서 장애의 출현을 예방하는 각종 사회계몽, 교육활동을 담당하는 사회교육자, 연구자로서 활동한다.

4) 정신건강증진사업

(1) 정신건강증진사업의 정의

정신건강증진사업(mental health social work)이란 정신건강증진영역에서 행해지는 일련의 사회사업활동을 의미한다. 즉, 정신건강 관련 교육·상담, 정신질환의 예방·치료, 정신질환자의 재활, 정신건강에 영향을 미치는 사회복지·교육·주거·근로 환경의 개선 등을 통하여 국민의 정신건강을 증진시키는 사업을 말하며, 정신건강전문요원 중 정신건강사회복지사들의 주된 활동을 말한다.

정신건강사회복지사란 정신건강증진영역에서 활동하고 있는 정신건강전문요원 중의 하나인 사회복지사를 말하는데, 이들은 기본적으로 사회복지사 1급의 자격을 소지하고 정신건강복지법(약칭)에서 요구하는 수련을 거쳐 보건복지부장관으로부터 자격증을 취득한 자를 의미한다. 정신건강전문팀 구성은 정신과 의사를 비롯하여 정신건강사회복지사, 정신건강간호사, 정신건강임상심리사 등이 포함된다.

정신건강증진사업의 개념을 구체적으로 살펴보면 첫째, 대상은 정신적·정서적·사회적 생활상의 문제를 가지고 정신의료기관에 찾아온 정신질환자를 말한다. 둘째, 문제는 정신적·정서적으로 건강하지 못한 상태, 즉 환경의 압력에 의해 성격의 요소들이 왜곡되어 있어 사회적 역할을 적절히 수행할 수 없는 상태이다. 셋째, 장소는 주로 정신의료기관, 정신요양시설 및 정신재활시설, 사회복지사업법에 따른 사회복지시설, 학교 및 사업장과 연계체계를 구축하여 지역사회에서 규정에 따라 정신질환자 복지서비스 지원사업을 하는 기관 또는 단체가 해당된다. 넷째, 실천과정은 정신건강전문팀의 협력하에 사회사업의 실천론과 기술론을 활용하는 것을 말한다. 다섯째, 목적은 환자의 정신건강회복, 사회적응을 향상시키는 것은 물론 정신장애인의 삶의 질 향상과 나아가 지역의 정신건강증진운동에 참여하는 데 있다.

(2) 정신건강증진사업의 기능

정신건강증진사업의 기능은 그 실천현장의 특성에 따라 달라질 수 있다. 몇 가지 공통적인 기능을 제시하면 다음과 같다.

첫째, 정신건강사회복지사는 환자의 개인력과 가족력, 그리고 사회력에 관한 정확한 정보를 수집하여 정신건강전문팀과 협력한다. 이것은 환자의 성격형성에 미치는 사회적 · 정서적 · 심리적인 요인을 파악하기 위해서이다.

둘째, 정신건강전문팀의 진단이 내려지면 정신건강사회복지사는 개별 및 집단치료, 가족치료, 작업치료, 레크리에이션 요법, 야외요법 등으로 문제영역에 개입한다.

셋째, 정신건강사회복지사는 병원 내 프로그램 계획과 정책결정에 참여함으로써, 의도적인 목적을 가지고 환자의 재사회화는 물론 환자의 잠재능력의 개발과 사회기능의 향상을 위해서 노력한다.

넷째, 병실 프로그램에 유익한 지역사회자원 활용과 낮 병원(day hospital)에 유용한 자원연결, 퇴원 후 지역사회 자조집단 연결, 사회복지관 내 재활훈련, 정신재활시설 연결, 직업재활을 위한 보호작업장 연결, 임시취업 소개 및 연계, 그리고 집단주거시설 연결 등의 노력을 한다.

다섯째, 정신건강증진에 관한 홍보와 교육 프로그램 개발, 환자가족 교육과 자문, 지역사회 주민에 대한 정신건강증진 홍보와 정신장애인에 대한 낙인을 감소시키는 활동에 참여한다.

여섯째, 회복기에 있는 정신질환자의 재활을 위한 욕구, 지역사회 정신건강증진센터 또는 정신재활시설에 대한 지역주민의 인식, 정신장애인의 욕구조사, 정신재활 프로그램의 개발, 가족의 욕구, 정신장애에 대한 주민들의 의식개선, 그리고 정신건강증진사업의 발전을 위한 각종 조사·연구사업에 참여한다.

(3) 정신건강사회복지사의 역할과 업무

정신건강전문요원으로서 정신건강사회복지사들은 정신질환자에 대한 개인력 조사 및 사회조사, 정신질환자와 그 가족에 대한 사회사업지도 및 방문지도를 고유 업무로 하며, 이를 수행하도록 규정하고 있다.

정신건강사회복지사들은 그가 어떤 정신건강증진시설에서 근무하는가에 따라 그 업무가 달라진다고 할 수 있다. 대표적인 정신건강증진시설에는 정신의료기관, 정신요양시설 및 정신재활시설이 있다.

〈표 14-1〉 정신건강전문요원의 업무 범위

종 별	업무 범위
공통 업무	• 정신건강증진시설의 운영 • 정신질환자의 사회복귀 촉진을 위한 생활훈련 및 직업훈련 • 정신질환자와 그 가족에 대한 교육 · 지도 및 상담 • 진단 및 보호의 신청 • 정신질환 예방활동 및 정신건강증진에 관한 조사 · 연구 • 기타 정신질환자의 사회적응 및 직업재활을 위한 보건복지부장관이 정하는 활동
정신건강 사회복지사	• 정신질환에 대한 개인력 조사 및 사회조사 • 정신질환자 및 그 가족에 대한 사회사업지도 및 방문지도
정신건강 간호사	• 정신질환자의 병력에 대한 자료수집, 병세에 대한 판단 · 분류 및 그에 따른 환자관리활동 • 정신질환자에 대한 간호
정신건강 임상심리사	• 정신질환자에 대한 심리평가 • 정신질환자와 그 가족에 대한 심리상담

첫째, 정신의료기관은 정신건강사회복지사에게 이차적인 실천의 장이 된다는 점이 특징이며, 정신건강증진팀과 협력하여 여러 가지 역할을 수행하게 된다. 초기 면접과 사정 단계에서는 환자의 개인력, 사회력, 가족력에 대한 심리・사회적 사정, 사회환경 및 경제능력조사를 실시한다. 치료단계에서는 환자와 그 가족에 대한 상담 및 교육, 그리고 다양한 훈련 프로그램의 실시, 환경치료 등을 수행한다. 퇴원 및 사후관리 단계에서는 환자의 퇴원 후 사회복귀 및 사회적응을 위한 재활계획 및 지도를 행하며, 이를 위해서 다양한 지역사회기관 및 정신재활시설이나 정신요양시설로의 원만한 이전을 위한 연결 업무를 담당한다.

둘째, 정신재활시설은 정신의료기관에 입원시키거나 정신요양시설에 입소시키지 않고, 사회복귀 촉진을 위한 훈련을 주로 한다. 종류는 생활시설과 재활훈련시설이 있다. 생활시설은 정신질환자 등이 생활할 수 있도록 주로 의식주 서비스를 제공하는 시설을 말한다. 재활훈련시설은 정신질환자 등이 지역사회에서 직업활동과 사회생활을 할 수 있도록 주로 상담・교육・취업・여가・문화・사회참여 등 각종 재활활동을 지원하는 시설을 말한다. 이러한 정신재활시설에서는 정신의료기관에서처럼 팀 접근을 하고 있으나 사회재활에 초점을 두고 있어, 정신과의사보다는 정신건강사회복지사들이 주도적으로 이러한 프로그램을 운영・관리하고 있다.

셋째, 정신요양시설에서는 정신의료기관에서 의뢰된 정신질환자와 만성정신질환자들을 입소시켜 요양과 사회복귀 촉진을 위한 훈련을 제공하고 있다. 이곳의 특징적인 업무는 환자자치회 구성, 최소한의 규제원칙에 따른 환경치료와 환자의 권익체계 도입 및 관리업무 등을 하고 있다.

2. 자원봉사 활동

1) 자원봉사활동의 개념

(1) 자원봉사의 개념

자원봉사라는 용어는 자원봉사, 자원봉사활동이라는 용어로 함께 사용되고 있다. 자원봉사는 '자유의지(free will)'라는 뜻을 가진 라틴어 'voluntas'에서 유래되었고 자원봉사자는 'volunteer'로서 'volo(의지)'에서 유래하고 있다. 자원봉사의 어법의 의미를 살펴보면 법적 의미로서는 '임의대의자, 무상보상자'의 뜻이다. 명사의 의미로는 '지원자, 유지자'이고, 형용사적 의미는 '지원의, 유지의, 자발적인' 뜻이며, 동사적 의미로는 '지원병이 되다, ~을 자진해서 한다, ~을 자발적으로 하다'는 뜻이다.

이를 종합해 보면, 자원봉사란 자유의지를 바탕으로 한 사회봉사를 의미한다고 볼 수 있으며, 이러한 활동을 자원봉사활동(voluntary services)이라고 말하며, 이러한 활동을 하는 사람을 자원봉사자, 즉 볼런티어(volunteer)라고 한다. 자원봉사자는 금전적인 보상(대가) 없이 또는 어떤 경우는 사례금과 같은 최소한의 지불을 받고 다른 사람에게 서비스・기술・시간・경험을 제공하는 사람이라고 정의한다.

(2) 자원봉사의 정의

자원봉사활동의 개념은 국가나 사회, 학자, 활동분야에 따라 다양하게 전개되어 조금씩 상이하게 정의되고 있는데, 그 개념을 살펴보면 다음과 같다.

사회사업사전(Encyclopedia of Social Work)의 경우에 자원봉사란 개인, 집단, 지역사회에서 발생하고 있는 여러 가지 사회문제의 영향을 예방하고 통제하며 혹은 개선하는 일에 종사하고 있는 공・사의 여러 조직에 대하여 주어진 여러 가지 서비스를 하는 활동이라고 풀이하고 있다.

영국의 자원봉사센터는 자원봉사활동을 '자신이나 직접적인 가족이 아닌 다른 사람을 위해 직접적인 보상 없이 그리고 국가나 기관에 의해 요구되는 것이 아닌 자율적인 선택에 의해 수행되는 활동'이라고 정의하고 있다.

일본의 사회복지사업사전에 의하면, '자원봉사란 사회복지사업 또는 그것과 관련된 일을 한 후에 반대급부(보수・지위・영역의 교환)를 요구함이 없이 자의로 사회복지를 향상시키기 위한 활동'을 말한다.

미국의 사회사업 백과사전에서는 '자원봉사란 모든 형태의 사회복지활동에 관여하고 있는 공적 또는 민간기관들을 위해 보상 없이 그들의 서비스를 자유롭게 제공하는 활동'을 의미한다.

이와 같은 개념들을 정리해 보면 자원봉사의 정의는 다음과 같다.

자원봉사란 개인, 집단, 지역사회의 문제를 치료하고 예방하며 공동 복지목표를 위한 개인적·사회적인 노력에 반대급부 없이 자발적으로 협력 또는 직접 참여하는 활동이며, 자원봉사활동은 기존의 사회기관, 사회복지기관을 중심으로 지역사회의 국가편익을 위하여 일하는 모든 사회기관 및 조직에서의 활동이라고 정의할 수 있다.

〈표 14-2〉 2017년 자원봉사자 실태조사(자원봉사자 개인특성별 비교)

구 분	특 징
남 녀	• 남녀 자원봉사 참여율 2014 : 남자-20.5%, 여자-24.5% 2017 : 남자-18.1%, 여자-24.6%
연 령	• 4~50대가 참여율이 높으며, 2017에는 과거보다 2~30대가 큰 폭으로 증가하였다. • 남성은 40대가 많이 참여하였고, 특히 30대, 50대가 저조하였다. 여성은 4~50대가 참여율이 높았다.
교육 수준	• 학력이 높을수록 자원봉사에 참여하는 추세가 높아지고 있지만, 저학력층의 참여가 20%쯤으로 높아진 것은 저학력층이 많은 노인층 참여의 확대와 관련이 있는 것으로 추정된다.
소득 수준	• 고소득층의 참여는 높고 저소득층 참여는 여전히 낮은 추세가 지속되고 있다. 특히 월 400만 원 이상의 소득에서 참여율이 높았다.
활동기관	• 자원봉사활동이 가장 많이 이뤄진 활동기관은 종교단체와 사회복지기관이 각각 29.8%, 29.6%로 기관들 중 높은 비중을 차지하고 있다.
활동분야	• 자원봉사 활동분야는 매우 다양하다. 가장 많은 활동이 이뤄지는 분야는 일손돕기와 대인서비스이다. 반면에 행정사무보조, 캠페인, 지역사회개발 활동은 최하위에 머물러 있다.
참여동기	• 참여동기는 '사회문제 해결', '시민의 의무화 책임', '여가시간 활용', '다양한 경험', '많이 가진 자의 의무', '스스로 위로받기' 순으로 나왔다.
참여경로 및 참여요청	• 참여경로는 '누군가의 요청'이 42.4% 가장 많고, 또 '소속된 단체(종교단체 포함)나 조직, 학교 및 직장' 또한 40.8%로 많았다. • 참여요청은 자원봉사자 60.2%, 비자원봉사자 6.1%이었다.
활동시간과 기간	• 자원봉사자의 '지난 1년간' 활동시간은 1회당 평균 3.4시간이며, 1인당 연평균 35.2시간 활동하였다. 활동 횟수는 연평균 10.5회이다.

출처 : 행정안전부(2018). 2017 자원봉사활동 실태조사 및 활성화 방안 연구. 한국자원봉사문화.

2) 자원봉사활동의 의의

(1) 자원봉사활동의 의의

급속한 산업화와 도시화로 인해 현대사회는 과거와 비교할 때 사회가 요구하는 인간상에 있어서도 많은 변화가 일어났다. 이에 타인을 존중하고 배려하는 공동체적 인간형보다 자신만을 중시하는 개인능력형이 돋보이는 사회가 되었고, 이는 결국 개인과 개인, 계층과 계층 사이의 단절을 가져와 인간성이 비교적 결여된 사회가 됨과 동시에 현대사회의 모든 사회문제들을 야기하는 주요 원인이 되었다. 현대사회의 이러한 문제적 상황하에서, 인간이 인간답게 살 수 있는 생활환경의 보장이 절실하게 요구되고 있다. 이러한 사회적 욕구에 부응할 수 있는 하나의 대안으로서 자원봉사체계의 구축이 제시되고 있다.

〈표 14-3〉 OECD 주요 선진국 자원봉사 참여율 비교(2015)

국가	영국	뉴질랜드	미국	호주	한국	일본	독일	스웨덴	평균
참여율	33%	44%	46%	40%	18%	23%	27%	15%	24.1%

비교 : 자원봉사는 OECD 34개국 평균이 24.1%, 최고 미국(46%)부터 터키(5%)까지, 10배 이상 차이가 있다. 한국은 18%로 중하위에 있다. 기부는 OECD 34개국 평균이 43.6%로 최고 호주(73%)부터 그리스(9%)에 이르며, 커다란 차이가 있다. 한국은 35%로 21위 하위권에 미물러 있다. 이웃 돕기는 OECD 34개국 평균이 49.4%로 최고 미국(73%)부터 일본(25%)에 이른다. 한국은 46%로 23위 하위권에 머물러 있다.
출처 : 행정안전부(2018). 2017 자원봉사활동 실태조사 및 활성화 방안 연구. 한국자원봉사문화.

자원봉사활동(volunteer activity)이란 물질적인 반대급부 없이 자발적으로 다른 사람이나 사회를 위해 봉사하는 사람들의 다양한 행위를 의미한다. 자기중심적인 일방적인 행동이 아니라 문제를 갖고 있는 당사자의 욕구에 귀를 기울이고, 문제의 실상이 무엇인가를 규명한다. 또한 문제에서 벗어날 수 있도록 도와주면서, 당사자의 잠재력을 발휘할 수 있는 기회를 제공함으로써 나아가 자기 스스로의 힘으로 살아가는 기쁨을 경험할 수 있는 용기를 북돋아 주는 활동이라고 할 수 있다. 인간의 다양한 문제해결을 통하여 인간이 갖고 있는 여러 가지의 욕구를 충족하고, 사회적 자원을 적절히 연결하는 데 그 1차적 목적이 있다. 그러므로 사회복지는 실천영역에 있어 자원봉사활동의 활용이 매우 중요하다고 할 수 있겠다. 활동의 참여는 민주시민공동체의 형성과 성숙을 위해 절대적으로 필요한 시민의 권리이자 의무이고, 다음 네 가지의 주요 특성을 가지고 있다.

첫째, 자발성이다. 자원봉사활동을 통하여 이웃과 지역사회의 문제를 자신의 일로 받아들여 스스로 해결하고자 하는 노력을 필요로 한다.

둘째, 공익성이다. 개인이나 가족의 이해를 넘어 다른 사람들의 안녕과 복지, 나아가서 사회 전반적인 삶의 질을 향상시키고자 노력한다.

셋째, 무상성이다. 보수나 권력, 지위 등의 아무런 반대급부도 바라지 않고 오직 정신적인 보람과 만족만을 추구한다.

넷째, 지속성이다. 한두 번의 활동참여로 중단되는 것이 아니라 지속적으로 꾸준히 실천하는 것이다.

자원봉사활동은 개인의 자아실현(self-actualization)과 승인욕구의 충족 및 삶의 질 향상에 기여하고, 현대 산업화의 결과로 해체된 공동체 사회에 나눔과 참여의 원리를 재형성한다. 아울러 핵가족화 및 현대사회적 현상으로 가족기능이 취약한 가정에 대인적 서비스를 지원하여 가정의 기능을 유지시킴으로써 국가가 제공하는 공적 및 제도적 서비스를 보완하는 기능을 수행한다는 점에서 그 의미를 찾을 수 있다.

구체적으로 자원봉사활동의 참여가 개인에게 끼치는 영향은 삶의 보람 및 자기성장의 기회 제공, 지역사회 이해의 기회 제공, 그리고 봉사자 자신의 경력으로의 인정 등을 들 수 있다. 반면, 자원봉사활동의 참여가 사회 전체에 끼치는 영향으로는 인력자원의 효과적 활용, 계층 간 화합의 효과와 사회문제의 예방 및 해결, 바람직한 사회변화와 함께 건전한 지역사회 공동체 문화 건설에 기여, 그리고 사회복지제도의 불완전성 보완 및 강화 등을 꼽을 수 있다.

자원봉사활동이 효과적으로 시행되기 위해서는 관련되는 부분들 간의 유기적인 협조체계의 구축이 절대적으로 요구되고 있다. 현재 자원봉사활동의 시행과정에서 나타나는 문제점은 몇 가지가 있다. 먼저 개인적 측면의 문제점으로는 자원봉사활동에 대한 의식 및 이해의 부족에서 오는 타율적이고 형식적인 활동이 될 가능성이 있다는 점과 사회복지 관련 시설 등에서 기관장의 이해 부족이나 자원봉사관리자의

미비로 자원봉사자가 보람을 느낄 수 있는 봉사 프로그램의 제공이 이루어지지 않고 있다는 점 등을 들 수 있다. 또한 제도적 측면의 문제점으로는 자원봉사활동을 전문적이고 체계적으로 육성하고 관리할 수 있는 준비가 미흡하다는 점이다.

보다 구체적으로 열거해 본다면, 우선 자원봉사자 측면의 문제점으로는 첫째, 자원봉사에 대한 의식 및 책임감의 결여 등에 의한 높은 중도탈락비율을 지적할 수 있다. 둘째, 인구이동에 따라 타 지역으로의 전출로 인한 봉사활동의 비지속성, 셋째, 전문분야의 개발을 통해 성장하고자 하는 창의력 부족 등을 들 수 있다. 그리고 사회복지시설 등 수혜자 측면의 문제점으로는 첫째, 자원봉사자가 보람을 느낄 수 있는 봉사분야의 제공이 미흡하고, 둘째, 자원봉사활동을 지도할 수 있는 자원봉사 관리자가 부족하며, 셋째, 자원봉사 관련단체 기관장 등의 이해부족으로 자원봉사활동을 발전시키려는 의식이 부족하다는 점 등을 제시할 수 있다.

(2) 자원봉사활동의 가치

자원봉사활동은 단순히 주는 자와 받는 자와의 관계가 아닌 인간적 존재로서 스스로 타인과 더불어 선한 활동을 함으로써 자기실현을 위한 하나의 기회가 될 수 있다. 즉, 자신을 찾는 일이나 자기를 성취하는 일 등이 자원봉사활동을 통해 가능하다는 것이다. 이러한 가치를 고찰하면 다음과 같다.

첫째, 인간성을 회복하고 가정의 기능을 회복하며 이를 보완한다.
둘째, 지역사회를 회복하고 개발시킨다.
셋째, 한 사람 한 사람의 마음과 마음을 엮어가는 활동이다.
넷째, 만남과 나눔의 활동이다.
다섯째, 민주복지시민의 능력을 몸에 익혀 가는 활동이다.
여섯째, 인간 상호 간의 공동복지를 실현하기 위한 활동 등이다.

3) 자원봉사의 철학

사회복지철학은 결국 인간이 한계상황에서 자기의 생존을 실현해 가는 과정상의 신념이다. 즉, 인간이 사회 생존상의 자기실존을 위하여 활동하는 신념의 철학이다.

사회복지철학을 음미하여 보면 사회철학(social philosophy)과 복지철학(philosophy of welfare)의 합성어이다.

사회철학은 사회인식의 관점, 국가사회관, 인간의 행동기준, 사회과학의 철학적 기반으로 볼 수 있으며, 복지철학은 인간이란 무엇인가, 복지란 무엇인가, 인간의 공생·공존·사회적 감성과 자기보전의 조화의 감정을 말한다. 이런 점에서 사회복지 철학은 평화, 인권, 희망을 목표로 하는 인간의 사회적 공존·공생정신이며 생존과 실존의 신념체계로 생각할 수 있다. 이러한 측면을 고려할 때 자원봉사철학 역시 이에 해당하는 체계로 간주해야 할 것이다.

(1) 자원봉사주의

자원봉사주의(voluntarism)란 인간의 공동복지 목표를 달성하기 위한 공동참여 노력을 중요시하며, 자발정신, 자유의지, 자원복지활동 및 자원복지기관을 통합한 개념이다.

자원봉사활동은 인간성의 상실과 가정과 지역사회의 해체에 대하여 공동사회를 기본으로 한 각자의 자유의지 혹은 자발정신의 발동으로서 생기는 주체적인 활동을 의미한다. 한편, 인간존중의 신화 또는 철학·종교적인 자원봉사주의 철학에 기초하기도 하는 자원봉사주의의 기반을 살펴보면 다음과 같다.

첫째, 하느님을 중심으로 한 삶에는 이웃사랑, 바람직한 것, 선을 위한 자기희생, 자발적인 행동을 기반으로 삼고 있다.

둘째, 매일의 일상생활을 중심으로 한 삶에는 긍정적 입장, 감사하는 마음, 지역사회 일원으로서 이웃이라고 하는 공동사회 구축, 개선과 향상, 발전에 대한 책임의식, 지역사회에 대한 긍정적 감정, 사회적 연대감, 선의와 근린애, 자기희생에 의한 자발적 활동을 기반으로 삼고 있다.

따라서 지역이기주의와 개인주의로 점철된 현대사회의 다양한 개인적 및 사회적 문제를 해소해 나가기 위해서는 이와 같은 자원봉사의 기반을 바탕으로 하는 시민정신을 발전해야 한다.

(2) 민주주의 철학과 자원봉사활동

민주주의는 자유와 평등의 규범적 산물이다. 따라서 민주주의 철학은 인간존중과 사회적 책임을 강조하고 있으며 자원봉사활동은 지역사회 감정의 형성을 위한 사랑의 활동으로서 전 국민을 주체로 한다. 그 방법은 전 국민이 직접·간접적으로 협조 내지는 참여하는 것에 있다. 또한 자원봉사활동의 목적은 전 국민의 공동복지와 복지사회 실현을 위한 자발적인 활동을 하는 데 있다.

(3) 자원봉사의 성격

자원봉사의 성격은 여러 가지로 규정해 볼 수 있으나, 이 장에서는 자원봉사의 가치관, 자원봉사활동의 목적, 자원봉사활동의 기초 지식, 자원봉사활동의 기본적 방법, 자원봉사활동에 필요한 기본적 기술 등 크게 다섯 가지로 나누어 설명하고자 한다.

첫째, 자원봉사활동의 가치관은 모든 사람이 평등하고 존중받아야 한다는 인식이다. 인간의 존엄성을 믿고 개인에게 관심을 가지며 관계를 맺음에 있어서도 인간의 존엄을 바탕으로 해야 한다. 인간은 자아실현 능력을 갖고 있으며 개인의 자주성, 독립성을 지니고 있기에 인간의 욕구는 개인에 따라 특징이 있고 다르다는 것을 인지해야 한다. 인간은 상호 간의 책임을 느끼며 개인과 사회는 상호간에 사회적 연대책임이 있다. 개인은 자신의 문제에 대처할 수 있는 충분한 잠재력을 가지고 있으며 이러한 잠재력을 개발하여 자신의 문제를 해결하도록 해야 한다. 사회는 각 개인의 자아실현에 방해가 되는 걸림돌을 제거해야 할 책임이 있다.

둘째, 자원봉사활동의 목적은 개인 또는 집단으로 하여금 자신들이 가지고 있는 문제를 확인, 해결, 극소화하는 것에 있다. 개인, 집단, 환경 내에 존재하는 잠재력의 영역을 발견하고 확인한다. 단순한 치료적 내지 예방적인 활동을 넘어서 개인, 집단, 지역사회가 소유한 잠재력을 극대화한다.

셋째, 자원봉사활동의 기초 지식은 인간관계 개선과 행동에 대한 인지부터 있어야 한다. 인간의 의사소통을 위한 다양한 기술방법 지식을 습득해야 하며, 집단의 과정을 이해하는 기술을 가져야 한다. 개인, 집단, 지역사회의 형성에 문화적 요인, 즉 유산이 어떤 의미와 영향을 주는가가 이해되어야 함과 동시에 인간개발에 대한 이해가 있어야 한다. 지역사회의 본질 이해에 대한 지식과 자기 자신에 대한 지식 습득을 가져야 한다.

넷째, 자원봉사의 기본적 방법(사회복지의 전문적 실천기술론)은 개별지도사업(case work), 집단지도사업(group work), 지역사회조직사업(community organization), 사회조사(social welfare research), 사회복지행정(social welfare administration) 등이 있다.

다섯째, 자원봉사활동에 필요한 기본적 기술은 인간을 돕는 여러 가지 방법 및 기법을 효과적으로 활용해야 한다. 자원봉사의 대상인 개인 내지 집단이 도움을 주고자 하는 사람의 의도와 역할을 분명히 이해하고, 문제해결의 과정에 대상자가 참여할 수 있도록 유도할 수 있어야 한다.

(4) 자원봉사자의 기술적 자질

자원봉사자가 가져야 할 기술적 자질은 다음과 같다.

첫째, 공감 내지 감정이입(empathy) 또는 이해능력의 소유자라야 한다. 인간 상호간의 이해, 강화, 자원봉사 대상자와의 공감, 상황, 입장에서 동화할 수 있다는 능력에 대한 확신이 있어야 한다.

둘째, 존경심 또는 보살핌 능력의 소유자여야 한다. 자원봉사 대상자의 독자성과 존엄성을 수용할 수 있는 사람이어야 한다.

셋째, 따뜻함을 전달하는 능력의 소유자이어야 한다. 자원봉사 대상자의 안녕, 복지, 비언어적 방법으로 주의, 보살핌, 그리고 관심을 가진다.

넷째, 진실성 또는 순수성의 소유자라야 한다. 사실 그대로 솔직하게 대화할 수 있어야 한다.

다섯째, 대결 내지 직면의 기술 소유자라야 한다. 행동의 명확화와 검토, 분석이 있어야 한다.

여섯째, 자아노출의 소유자라야 한다. 자원봉사 대상자와 함께 나눌 수 있는 능력과 동등한 인격적 관계를 유지해야 한다.

4) 자원봉사활동의 기능과 역할

(1) 자원봉사활동의 기능

- 민주적인 생활방식을 필요로 한다.
- 사회의 비인간적인 분위기를 보다 인간적인 분위기로 전환시키는 계기를 마련한다.
- 근본적이고 무리 없는 사회개혁을 추진해 나가는 기능이다.
- 개인의 성숙과 사회제도의 변화를 초래하는 기능이다.
- 개인의 사회에 대한 인식을 확대하고 유대를 공고히 하는 기능이다.

(2) 자원봉사활동의 역할

- 치료적 또는 재활적 서비스를 요청하는 조건 및 문제 확인
- 정책결정
- 직접 서비스 제공
- 공동모금의 활동
- 조직 및 기관의 대변인, 프로그램과 그들이 지향하는 문제해석
- 프로그램에 대한 지역사회의 반응과 평가, 보고
- 지역사회 계획에 협력
- 새로운 서비스 전달체계 개발
- 사회적 약자계층(저소득층 등)을 변화시키는 일
- 사회행동(시민운동 등)을 통한 중요 사업 수행 확인

(3) 자원봉사활동의 분야

- 지역사회조직 분야
- 지역사회행동 프로그램 분야
- 병원 프로그램 분야
- 직업훈련 프로그램 분야
- 레크리에이션 분야
- 가정과 아동복지 분야

- 교육분야
- 지역사회개발 분야
- 주택과 도시재개발
- 교정사업
- 직접 서비스 분야 · 쟁점/변화/변호활동 분야
- 시민참여 분야
- 사회복지기관의 관리 및 통합 분야
- 자조활동분야
- 취학 전 아동교육 프로그램
- 사회복지 분야 프로그램
- 주택 프로그램 분야
- 기타

5) 자원봉사의 내용과 방향

(1) 자원봉사활동의 내용

① 고도로 체계화 또는 전문화된 일

② 국가사회의 요구에 따라 일정한 절차를 거쳐 결정하는 일

③ 섭외 · 홍보활동 또는 모금활동에 관한 일

④ 기관의 행정결정에 참여하거나 자문의 역할을 담당하는 일

⑤ 개인과 사회를 동시에 중요하게 다루는 개인적인 사회서비스

⑥ 민간중심의 사회복지 서비스 활동

(2) 자원봉사자들이 해야 할 일

① 직접적 서비스를 제공하는 일

- 자원봉사 대상자나 자원봉사 대상자 집단과 직접 대면해서 관계를 맺고 서비스를 제공하는 일
- 문제를 가진 사람들과의 상담(counseling), 개별지도, 집단지도
- 일상생활의 잡다한 문제들을 해결해 주거나 편의를 제공하는 일

② 기관의 사무직 내지 행정적인 업무를 처리해 주는 일

- 기관에서 서류분류 및 정리, 접수업무, 전화응답, 우편업무처리 등 잡무를 처리하거나 중요한 행정적 업무처리

③ 섭외 · 홍보활동 또는 모금활동의 경우

- 기관의 생존을 위한 다양한 홍보활동 내지 모금역할에 기여하는 일
- 여타 기관 간의 상호 협조 · 보완관계를 형성하는 일
- 지역사회자원의 이용 · 활용 및 조정의 역할을 돕는 일

④ 기관의 정책결정에 참여하거나 자문의 역할을 담당하는 일

- 경영, 행정에 경험이 많은 사람이거나 정책결정을 위한 위원회 또는 자문위원회의 대상으로서 기관의 존속과 발전에 이바지하는 일
- 전문지식을 소유한 자로서 전문분야의 지식과 기술을 활동에 적용하는 일

(3) 자원봉사자의 기본 자세와 태도

① 자원봉사자의 기본 자세

㉠ 자신이 관심을 갖고 있는 일에서부터 시작한다.

㉡ 자기 주위에 있는 일부터 시작된다. 즉, 가정, 이웃, 지역사회로부터 출발한다.

㉢ 상대방의 필요에 따라서 상대방의 입장에서 활동하되 상대방이 의존심(의타심)을 갖지 않도록 한다. 이를 위해서는 먼저 신뢰관계를 형성하는 것이 필요하다.

㉣ 항상 웃는 얼굴로 공손한 언어를 사용하고 겸소하며 단정한 복장을 한다.

㉤ 활동은 세밀한 계획하에 서비스를 마칠 때까지 계속해서 하되 무리하지 않도록 한다.

㉥ 매사에 약속을 지키며, 책임 있는 언동과 신뢰받는 활동이 되어야 한다.

㉦ 활동의 한계를 명확히 하고, 일의 양, 시간, 목적, 사람 수 등의 한계를 정하여 시작할 것이며, 봉사자 간에 서로 이해해야 한다.

㉧ 활동을 점검하고 일의 경과를 기록하여 평가와 지도, 발전을 기록한 자료를 남겨야 한다.

ⓩ 활동은 항상 겸손한 태도와 감사한 마음과 기쁨으로 시작하고, 상호간에 감사함과 보람으로 마칠 수 있도록 노력한다.

ⓧ 활동은 계속할 수 있도록 스스로 학습하여 자신을 성장시킨다.

ⓚ 활동하는 기관에 정성과 신의를 다한다.

ⓣ 자신의 올바른 활동은 모든 자원봉사자를 대표하는 것이라는 마음으로 한다.

ⓟ 활동 중에 취득한 각종 비밀과 활동하고 있는 기관의 업무에 관련된 비밀은 보장한다.

ⓗ 가족과 이웃, 그리고 전 국민을 '자원복지화'하는 것을 목표로 적극적인 자세를 갖는다.

② 자원봉사자의 기본 태도

㉠ 자신에 대한 확신과 타인에 대한 개방적 태도를 가져야 한다(예 열린 마음, 겸손한 마음을 가지며, 선입견, 거만한 태도 등은 버린다).

㉡ 온정과 친밀함을 유지한다(예 따뜻함, 수용, 신뢰성을 가지며 분열, 비인간화, 사회양극화 등은 제거한다).

㉢ 일에 대한 긍정적 의미 그리고 협력적 태도를 배양한다.

③ 자원봉사자에 기대되는 효과

㉠ 자원봉사활동은 자기존엄성과 지역사회에 대한 애착과 존경하는 감정을 가져다준다.

㉡ 자원봉사활동을 한 후에 얻는 성취감으로 인해 자신감과 기쁨을 느끼게 된다.

㉢ 자원봉사를 통해 자신의 인간관계를 넓힌다. 다양한 직종, 성별, 연령을 가진 타인과의 만남으로 새로운 지식, 정보, 취미를 얻을 수 있으며 의사소통의 훈련기회를 얻게 된다.

㉣ 인간의 여러 욕구 중 가치가 있는 것으로, 남에게 필요한 존재가 됨으로써 능력을 인정받고자 하는 욕구를 충족시켜 준다.

㉤ 자원봉사는 일에 대한 금전적 보상은 없으나 지역사회에서 가치 있는 존재

로서 인정받게 되는 만족감을 얻게 된다.

ⓑ 자원봉사는 사회의 여러 가지 면을 볼 수 있도록 해주므로 신체적 · 정신적 · 정서적 건강을 지켜주고 건전한 삶의 목적을 제시해 준다.

ⓢ 지속적인 자원봉사활동을 통해 새로운 지식과 기술을 배울 수 있게 되며, 자신의 능력개발과 발전의 기회를 제공한다.

④ 우리나라 자원봉사활동의 특성

㉠ 낮은 참여율과 짧은 지속도

㉡ 여성 위주 그리고 학생층 위주의 참여형태

㉢ 신 · 구교를 포함한 기독교인들의 전통적 참여형태 유지

㉣ 동기와 욕구에 있어 이타적 · 사회적 책임의식보다는 이기적 · 경험 추구적 욕구동기에 의해 주도되는 참여형태

㉤ 자원봉사의 유도과정을 합리적으로 처리하는 자원봉사자 관리제도 및 실천의 결여

(4) 자원봉사의 방향

첫째, 지역주민 전체가 참여하는 하나의 운동으로서 지역사회 내에 뿌리를 내리는 일상적이고 지속적인 시민활동으로 정착되어야 한다.

둘째, 지역주민들 간의 공동체 의식과 연대감을 향상, 고취시키고 민주적인 시민정신을 발휘할 수 있는 풍토가 조성되어야 한다.

셋째, 지역사회의 문제를 파악하고 자체적으로 해결하는 자치조직활동과 지역복지의 향상을 위한 사랑의 실천활동으로서 소외계층의 문제와 복지개선을 위한 활동의 성격을 규명해야 한다.

넷째, 지역사회의 삶의 질을 개선하고 소외계층을 위한 봉사활동으로서 국가적 운동으로 전개해야 한다.

다섯째, 자원봉사자들의 투철한 사명감과 목표가 있어야 하고 자원봉사활동의 지속성이 강조되는 방향으로 나아가야 한다.

여섯째, 자원봉사활동은 자원봉사자 자신의 능력을 개발하고 발전해야 하며, 보다

직접적이고 전문적으로 인간을 돕는 활동에 참여하는 경향으로 나아가야 한다.

일곱째, 지역복지활동에 능동적이고 적극적인 참여자, 복지국가 및 복지사회건설의 실천자, 신 사회운동의 선구자로 나아가야 한다.

여덟째, 세계자원봉사연합회(IAVE)와 더불어 국제적 구호를 통한 난민과 이재민 및 저소득층의 생활보호, 개발도상국 낙후지역 주민들의 생활보호, 국내·외 외국근로자의 후원 및 보호, 국제적 친선도모 등의 영역에서 상호 프로그램으로 연결되어 자원봉사의 세계화를 추진하는 방향으로 발전되어야 할 것이다.

참고문헌

강용규 외(2009). 사회복지정책론. 서울 : 청목출판사.

강용규 외(2017). 사회복지개론. 경기 : 공동체.

강준렬(1997). 지역사회복지와 사회복지관. 서울 : 동인.

고명수 외(2018). 사회복지개론. 경기 : 정민사.

고수현(2001). 한국사회보장론. 서울 : 형설출판사.

고정자(2001). 노인복지학개론. 서울 : 형설출판사.

곽효문(2001). 복지정책론. 서울 : 제일법규.

국민건강보험공단(2019). 노인장기요양보험.

국민연금공단(2019). 노령연금.

____________(2019). 연금급여.

권도용(1997). 장애인재활복지－체계와 실태 . 서울 : 홍익재.

권중돈(2019). 사회복지학개론. 서울 : 학지사.

김규수(1991). 의료사회사업론. 서울 : 형설출판사.

______(1999). 의료사회사업실천론. 서울 : 형설출판사.

______(2006). 가족치료 : 이론과 실제. 경기 : 양서원.

______(2010). 정신보건사회복지실천론. 서울 : 형설출판사.

김기원(2001). 사회복지조사론. 서울 : 나눔의집.

김기태(2001). 정신보건복지론. 경기 : 양서원.

김만두 · 한혜경(1993). 현대사회복지개론. 서울 : 홍익재.

______________(2001). 현대사회복지개론. 서울 : 홍익재.

김범수 외(2001). 자원봉사의 이해. 서울 : 학지사.

김상균 외(2001). 사회복지개론. 경기 : 나남출판.

김성이 외(2013). 청소년복지학. 경기 : 양서원.

김성천(2018). 사회복지학개론 원리와 실제. 서울 : 학지사.

김애순 외(1997). 청년기 갈등과 자기이해. 서울 : 중앙적성출판사.

김영모(1991). 자원복지 이론과 실제. 서울 : 홍익재.

______(1999). 사회복지학. 서울 : 한국복지정책연구소.

______(1999). 사회정책. 서울 : 한국복지정책연구소출판부.
______(2000). 사회복지학(개정판). 서울 : 고헌출판부.
______(2001). 지역사회복지론. 서울 : 고헌출판부.
김영모 외(1999). 현대사회보장론. 서울 : 한국복지정책연구소출판부.
김영종(1998, 2001). 사회복지행정. 서울 : 학지사.
______(2001). 사회복지조사방법론. 서울 : 학지사.
김용득 · 유동철(1999). 한국 장애인복지의 이해. 서울 : 인간과복지.
김익균 · 고순철(2000). 한국지역사회복지론. 서울 : 대학출판사.
김정열 외(2014). 청소년복지론. 경기 : 공동체.
김정헌(2000). 복지행정론. 서울 : 인쇄마당.
김태성(2001). 사회복지정책의 이해. 경기 : 나남출판.
______(2006). 사회보장론. 서울 : 청목출판사.
김태수 · 백종섭 · 신희영(2001). 복지행정론. 서울 : 대영문화사.
김통원(1998). 사회봉사론. 서울 : 성균관대학교출판부.
김현용 외(1997). 현대사회와 아동. 서울 : 소화.
김형식 · 이영철 · 신준섭(2001). 사회복지행정론. 서울 : 동인.
김형준(2019). 사회복지학개론. 서울 : 배움.
김혜원(2010). 청소년기에 나타나는 심리적 특성과 관련 부적응행동. 세계 청소년학 아카데미 편. 글로벌시대 비판청소년학. 세계청소년아카데미.
나석권(1998). 복지행정론. 서울 : 대왕사.
남기민(2001). 현대사회복지학의 이해. 경기 : 양서원.
남상만 외 2인(1999). 장애인복지개론. 서울 : 홍익재.
남세진 · 최성재(1992). 사회복지조사방법론. 서울 : 서울대학교출판부.
남일재 외(2016). 사회복지학개론. 경기 : 공동체
남찬섭 역(2001). 영국사회복지발달사. 서울 : 인간과 복지.
노병일(1999). 사회보장론. 서울 : 대학출판사.
류기형 외(1999). 자원봉사론. 경기 : 양서원.
류종춘 · 양경희 · 이시진 · 이애련 · 추인호 · 한영렬(2012). 가족복지론. 경기 : 정민사.
모지환 외(2005). 사회보장론. 서울 : 학지사.
미래창조과학부 · 한국정보화진흥원(2013). 2012 인터넷중독실태조사.
박경일(2001). 사회복지학강의. 경기 : 양서원.
______(2009). 사회복지정책론. 경기 : 공동체.
박경일 외(2001). 사회복지학강의. 경기 : 양서원.
박광덕(1998). 현대사회복지정책론. 서울 : 박영사.

박미석(2005). 가정복지 실현을 위한 가정생활교육 확산 기초연구. 한국가족자원경영학회지, 9(1).
박상범(1999). 사회보험론. 부산 : 세종출판사.
박석돈(2001). 사회복지 서비스법(제8판). 서울 : 삼영사.
______(2002). 사회보장론. 경기 : 양서원.
박옥희(2001). 장애인복지개론. 서울 : 학문사.
박용순(2000). 사회복지개론. 서울 : 학지사.
박차상(1999). 한국사회복지행정론. 서울 : 대학출판사.
박차상 외(2001). 현대사회복지학. 경기 : 양서원.
박태룡(2000). 사회복지행정론. 서울 : 홍익출판사.
박희경 외(1998). 현대청년심리학. 서울 : 학문사.
배광웅·황의경(1995). 심신장애인재활복지론. 서울 : 홍익재.
백사인 외(2015). 청소년복지론. 서울 : 창지사.
법제처(2019).
보건복지부(1997). 21세기 고령화 사회를 대비한 노인보건복지 중장기 발전계획(1999. 1. 27).
______(1999). 사회복지관 설치운영 규정.
______(2005). 2005년 노인보건복지사업안내.
______(2010). 2010년 장애인구현황.
______(2019).
______(2019). 2018 의료급여통계.
______(2019). 2020 의료급여사업안내.
______(2019). 2020년 국민기초생활보장사업 안내.
______(2019). e-나라지표. 가정위탁국내입양소년소녀가정현황(2018).
______(2019). 장애인 현황(2018. 12).
______(2019). 장애정도 판단기준(보건복지부 고시 제2019-117).
______(2019). 조직도.
보건복지부·법무부·여성가족부(2017). 2017년 전국 다문화가족 실태조사.
보건복지부·서울대 사회복지연구소(2004). 외국의 빈곤정책동향 및 비교분석.
보건복지포럼(2011). 미래한국가족의 변화와 정책과제.
볼런티어21(2008). 2008 전국 자원봉사활동 및 기부 실태조사연구.
______(2011). 2011 전국 자원봉사활동 및 기부 실태조사연구.
봉민근(1999). 사회복지정책론. 서울 : 학문사.
부산여자대학교 사회과학연구소(1997). 빈곤문제와 사회발전. 부산 : 세종출판사.
사회복지학회 추계공동학술대회 자료집. 한국가족사회복지학회, 21-46.

성규탁(1993). 사회복지행정론. 서울 : 법문사.

성영혜(2001). 사회복지개론. 서울 : 형설출판사.

손용근(2019). 사회복지학개론. 서울 : 서울고시각.

송명자(1995). 발달심리학. 서울 : 학지사.

송정부(1992). 사회복지학연구. 서울 : 법지사.

신섭중 외(1997). 현대복지학총람. 서울 : 대학출판사.

신재명(2000). 사회복지학총론. 서울 : 청목출판사.

아동복지법(2019).

양석호(1991). 청소년 건전 육성을 위한 지역사회의 역할. 밝은 사회 건전한 청소년. 체육청소년부.

양옥경 외(2001). 사회복지실천론. 경기 : 나남출판.

양점도 외(2014). 사회복지개론. 경기 : 공동체

양정하 외(2001). 사회복지정책론. 경기 : 양서원.

엄명용 외(2004). 사회복지실천기술의 이해. 서울 : 학지사.

여성가족부(2016). 2016년 청소년백서.

__________(2016, 2017, 2019).

__________(2017). 2017년 전국다문화가족실태조사 연구.

__________(2017). 2017년도 가정폭력 피해자 지원시설 운영실적.

__________(2018). 2018년도 한부모가족지원사업안내.

__________(2018). 전국 가정폭력 실태조사.

__________(2018). 홈페이지.

오오하시 켄사쿠(1997). 지역사회복지론. 서울 : 신한.

오혜경(1997). 장애인복지학입문. 서울 : 아시아미디어리서치.

오혜경 · 김용석(2000). 사회복지자료분석론. 서울 : 학지사.

우수명(1999). 마우스로 잡는 SPSS 8.0. 서울 : 인간과 복지.

원석조(1987). 지방자치제하의 지역복지모델에 관한 연구. 사회정책연구 제9집. 서울 : 한국복지정책연구소출판부.

______(2002). 사회보장론. 경기 : 양서원.

______(2019). 사회복지개론. 경기 : 양서원.

윤현숙 외(2001). 의료사회사업론. 경기 : 나남출판.

이계탁(1997). 복지행정학강의. 경기 : 나남출판.

이석원(1998). 노인복지시설의 문제점 및 개선방안 : 무료노인복지시설을 중심으로. 청주대학교 행정대학원 석사학위논문.

이성기(2019). 사회복지학개론. 경기 : 양성원.

이성기 외(2018). 사회복지학개론. 경기 : 양성원.
이성록 편역(1999). 자원봉사활동 관리조정론. 서울 : 학문사.
이숙종 외(1997). 아동복지의 이해. 서울 : 학문사.
이영철 외(2000). 사회복지학. 경기 : 양서원.
이영철 외(2001). 사회복지학. 경기 : 양서원.
이옥주 외(1996). 청소년가족상담. 서울 : 청소년대화의 광장.
이윤로(2000). 정신보건사회복지론. 서울 : 학지사.
이윤로 · 홍영수(2001). 의료사회사업론. 서울 : 학지사.
이인수(2001). 노년기 생활과학. 경기 : 양서원.
이인재 외(2001). 사회보장론. 경기 : 나남출판.
이인재 · 이선우 · 류진석(2000). 사회복지통계분석. 경기 : 나남출판.
이종복 외(1998). 현대청소년복지론. 경기 : 양서원.
이춘재 외(1988). 청년심리학. 서울 : 중앙적성출판사.
이태희 외(2018). 청소년복지론. 경기 : 지식공동체.
임상사회사업연구회 편(1999). 사회복지실천과 임상사회사업. 서울 : 학문사.
임영식(1999). 청소년 발달의 이론적 접근. 청소년학 총론. 한국청소년학회.
임영식 외(2004). 청소년심리의 이해. 서울 : 학문사.
장애인복지법 시행령(2019). 장애의 종류 및 기순에 따른 장애인.
장인협(1989). 사회사업실천방법론(상). 서울 : 서울대학교출판부.
장인협 외(1999). 사회복지학. 서울 : 서울대학교출판부.
장인협 외(2001). 사회복지학. 서울 : 서울대학교출판부.
장인협 · 오정수(2001). 아동 · 청소년복지론. 서울 : 서울대학교출판부.
장인협 · 이정호(1999). 사회복지행정론. 서울 : 서울대학교출판부.
전수일 · 봉민근(1999). 지방복지행정론. 서울 : 학문사.
전용호(1997). 장애인복지론. 서울 : 학문사.
전재일 외(2000). 사회복지정책론. 서울 : 형설출판사.
전재일 외(2001). 사회복지실천론. 서울 : 형설출판사.
정경희 외(1998). 1998년도 전국 노인생활실태 및 복지욕구조사. 한국보건사회연구원.
정영숙 · 이현지(2003). 장애인복지론. 경기 : 현학사.
정영윤(1992). 심리학분야에서의 청소년연구 동향과 과제. 청소년연구의 동향과 과제. 한국청소년연구원.
정원철(2000). 정신보건사회사업론. 서울 : 학문사.
조상원 편저(1984). 법전. 서울 : 현암사.
조휘일(1998). 현대사회와 자원봉사. 서울 : 홍익재.

조흥식(2019). 사회복지학개론. 서울 : 창지사.
______(2019). 사회복지학개론. 서울 : 창지사.
주성수(2013). 자원봉사 문화와 제도. 서울 : 한양대학교출판부.
______(2016). 나눔문화 : 기부, 자원봉사, 이웃돕기, 시민참여. 서울 : 한양대학교출판부.
주성수 외(2012). 자원봉사 진흥을 위한 제2차 국가기본계획. 행정안전부.
주성수 외(2014). 전국 자원봉사 실태조사와 활성화 방안 연구. 행정안전부.
진영석(1998). 정신의학사회사업. 서울 : 형설출판사.
차용준(1998). 복지행정 총론. 전북 : 전주대학교출판부.
채구묵(2001). 사회복지조사방법론. 경기 : 양서원.
______(2001). 현대사회과학 통계분석. 경기 : 나남출판.
천정웅(2013). 청소년복지론. 양서원.
______(2016). 청소년복지론. 양서원.
천정웅 · 김윤나 · 이채식 · 전경숙(2016). 청소년복지론. 신정.
청소년기본법(2019).
최성재 · 남기민(2001). 사회복지행정론. 경기 : 나남출판.
최순남(1999). 현대노인복지론. 서울 : 한신대학교출판부.
최용민(1998). 현대복지행정의 이해. 서울 : 학문사.
최일섭(1996). 지역사회복지론. 서울 : 서울대학교출판부.
최일섭 외(2001). 사회복지조사론. 서울 : 동인.
최일섭 · 류진석(1998). 지역사회복지론. 서울 : 서울대학교출판부.
최항순(1999). 복지행정론. 서울 : 신원문화사.
최현미 · 한인영(2000). 의료사회사업론. 서울 : 학문사.
통계청(1999, 2003, 2006, 2009, 2011, 2015). 사회조사 data file.
______(2015). 국내 나눔 실태 2015.
______(2010). 고령자통계.
______(2019). 국제통계연감 : 도시화율.
______(2019). 2018 보건복지부 노인실태조사.
______(2019). 2018년 사망원인통계연보.
______(2019). e나라지표.
______(2019). 고령자통계.
______(2019). 국제통계연감 : 기대수명.
______(2019). 장래인구추계.
한국사회과학연구소(1998). 한국 사회복지의 현황과 쟁점. 서울 : 인간과 복지.
한국사회복지사협회(2018)

한국사회복지실천학회(2005). 사회복지개론. 서울 : 유풍출판사.
한국청소년연구원(1993). 외국의 청소년복지정책연구.
한상철(1999). 심리적 특성의 발달. 청소년학총론. 한국청소년학회.
함세남 외(2001). 사회복지 역사와 철학. 서울 : 학지사.
행정안전부(2018). 2017 자원봉사활동 실태조사 및 활성화 방안 연구. 한국자원봉사문화.
현외성(2000). 사회복지정책강론. 경기 : 양서원.
______(2001). 사회복지정책강론. 경기 : 양서원.
______(2001). 한국노인복지학강론. 서울 : 유풍출판사.
홍봉선 · 남미애(2014). 청소년복지론. 경기 : 공동체.
_____________(2015). 청소년복지론. 경기 : 공동체.

A. 루빈 · E. 바비(2000). 사회복지조사방법론. 경기 : 나남출판.
e-나라지표. http://www.index.go.kr
http://www.longtermcare.or.kr
Kohlberg, L.(1969). Stage and sequence : The cognitive developmental approach to socialization. In D. A. Goslin(Ed.), *Hanbook of Socialization Theory and Research*. Chicago : Rand McNally.
OECD. Revenue Statistics(2018년판).
W. A. Friedlander, & R. Z. Apte(1980). *Introduction to Social Welfare*. Englewood Cliffs, N. J : Prentice Hall., fifth edition, p. 4.

찾아보기

저/자/약/력

■ **강용규**

사회복지학 박사
현) 삼육보건대학교 노인복지과 교수
저서) 사회복지학개론, 사회복지행정론, 사회복지법제론, 사회복지정책론, 장애인복지론 등

■ **정재필**

사회복지학 박사
현) 수성대학교 보건복지경영과 교수
저서) 사회복지학개론, 청소년복지론, 가족복지론, 보고행정업무 운영의 실제 등

■ **김영호**

철학 박사
현) 서정대학교 사회복지행정과 교수
저서) 사회복지정책론, SEPI에니어그램 1단계~5단계 교재, 에니어그램 해석과 활용, 에니어그램 상담사 교재, EPT부모교육사 교재

사회복지학개론

|공저자| 강용규 · 정재필 · 김영호

|1판 1쇄| 발행 2023년 1월 30일

|발행인| 김동훈

|발행처| 공동체

|주소| 경기도 고양시 일산동구 호수로 358-39, 동문타워 I 905호(백석동)
|전화| 031) 814-3000(대표)
|팩스| 031) 814-3100
|홈페이지| www.compub.co.kr
|전자우편| compub@naver.com
|출판등록| 2005년 10월 6일
|등록번호| 제396-2005-36호

|ISBN| 979-11-6725-273-9
정가 19,000원

| 메모 |

| 메모 |